1 MONTH OF
FREE
READING

at
www.ForgottenBooks.com

By purchasing this book you are eligible for one month membership to ForgottenBooks.com, giving you unlimited access to our entire collection of over 1,000,000 titles via our web site and mobile apps.

To claim your free month visit:
www.forgottenbooks.com/free605584

ISBN 978-0-666-70089-6
PIBN 10605584

This book is a reproduction of an important historical work. Forgotten Books uses
state-of-the-art technology to digitally reconstruct the work, preserving the original format
whilst repairing imperfections present in the aged copy. In rare cases, an imperfection in
the original, such as a blemish or missing page, may be replicated in our edition. We do,
however, repair the vast majority of imperfections successfully; any imperfections that
remain are intentionally left to preserve the state of such historical works.

GESCHICHTE

DES

RANZÖSISCHEN ROMANS

VON

DR. WOLFGANG VON WURZBACH

PRIVATDOZENT AN DER UNIVERSITÄT WIEN

I. BAND

VON DEN ANFÄNGEN BIS ZUM ENDE
DES XVII. JAHRHUNDERTS

HEIDELBERG 1912
CARL WINTER'S UNIVERSITÄTSBUCHHANDLUNG

erlags-Nr. 804.

Herrn Professor

Dr. Philipp August Becker

in aufrichtiger Verehrung

zugeeignet

vom Verfasser.

Vorwort.

Das Werk, dessen ersten Band wir hiermit der Öffentlichkeit übergeben, ist aus Vorlesungen hervorgegangen, welche in den Jahren 1910—12 an der Wiener Universität gehalten wurden. Es ist auf drei Bände berechnet. Der vorliegende erste behandelt die Geschichte des französischen Romans von den Anfängen bis zum Jahre 1700, der zweite wird das XVIII. Jahrhundert, der dritte das XIX. Jahrhundert zum Gegenstande haben.

Es fehlte bisher sowohl in der französischen wie in der deutschen Literatur an einer umfassenden, wissenschaftlichen Ansprüchen genügenden Darstellung dieses ausgebreiteten und interessanten Stoffes. Wer sich über die Entwicklung des französischen Romans unterrichten wollte, war fast ausschließlich auf die allgemeinen französischen Literaturgeschichten angewiesen, welche dieses Genre als Teil eines größeren Komplexes besprechen und über viele Phasen desselben keine befriedigende Auskunft geben. Nur für einzelne Epochen und Strömungen kamen uns Vorarbeiten zustatten.

Wir waren bestrebt an dem Charakter eines Elementarbuches festzuhalten und haben uns besonders in der Geschichte des mittelalterlichen Romans größter Kürze befleißigt, um die neuere Zeit mit der ihr gebührenden Ausführlichkeit behandeln und auf die Individualität der bedeutenden Autoren näher eingehen zu können. In den Noten, welche den einzelnen Kapiteln beigegeben sind, ist das wichtigste bibliographische Material übersichtlich zusammengestellt.

Wien, im September 1912.

Dr. Wolfgang von Wurzbach.

Inhalt.

Einleitung.

Die moderne Theorie versteht unter einem Roman eine zusammenhängende, in Prosa abgefaßte Erzählung von größerem Umfang, die den Entwicklungsgang und das Schicksal einer oder mehrerer Personen (Held, Heldin) vom Beginn ihres Strebens nach einer bestimmten Richtung bis zum Abschluß desselben zum Gegenstand hat; also z. B. von dem Augenblick, da sich der Held in die Heldin verliebt bis zur Heirat oder bis zu seinem Tode. Der Roman muß eine größere Reihe von Vorgängen enthalten, die eine gewisse Einheit bilden, welche Einheit aber nicht so strenge normiert ist wie jene der Handlung im Drama. In der Prosaform liegt die wenigstens äußerliche Abgrenzung des Romans vom Epos, im Umfang die Abgrenzung von der Novelle, die einen einzelnen Vorfall, eine interessante, neuartige, überraschende Begebenheit erzählen soll. Man verlangt vom Roman insbesondere noch psychologische Tiefe, sorgfältige Charakteristik der Personen, genaue Analyse der Gefühle und wahrheitsgetreue Darstellung der Lebensverhältnisse der betreffenden Zeit. Bevor der Roman diesen weitgehenden Anforderungen genügte, hatte er wie alle Dichtungsarten einen langen, mannigfach gewundenen Weg zu durchlaufen, und er hat sich aus dunklen, höchst unvollkommenen Anfängen nur langsam zu jener Kunstform entwickelt, welche er heute besitzt. Das Mutterland des modernen Romans ist Frankreich, worauf schon der Name dieser Literaturgattung hinweist.

Über die Herkunft des Ausdrucks Roman herrschten früher die abenteuerlichsten Ansichten. Heute weiß man,

daß das Wort mit allen seinen Ableitungen in letzter
Linie auf *Roma* (Rom) zurückgeht. *Lingua romana* bezeichnete die Volkssprache im Gegensatz zu *sermo latinus*.
Die noch übliche Bezeichnung «*romance*» für das Spanische
und Portugiesische, das «Rumänische», das «Rumonsch»
in Graubünden geben davon dauerndes Zeugnis. In Frankreich verdrängten erst im XV. Jahrhundert die Ausdrücke
«*français*» und «*provençal*» das alte «*romanz*», ja es
bildete sich ein förmlicher Gegensatz zwischen «*roman
antique*» und «*français moderne*». Da nun im frühen
Mittelalter alle Schriften, welche auf wissenschaftliche oder
sonstige Authentizität Anspruch erhoben und ernst genommen werden wollten, die gesamte theologische Literatur,
die Legenden, die juristischen und medizinischen Kompendien, die historischen Werke und Chroniken, lateinisch
geschrieben wurden, nannte man «romanisch» (in Frankreich «*romanz*») jene Werke, die in der Volkssprache verfaßt waren, und zwar zunächst mit Rücksicht auf den
Gegensatz solche nach lateinischen Quellen (z. B. *Roman
de Brut*, *Roman de Troie*), dann auch andere, wie die
Gedichte Chrestiens de Troyes. Dadurch, daß die Werke
in der Volkssprache nicht wissenschaftlichen Charakter
hatten, sondern auf Erfindung beruhten, gewann das Wort
«*romanz*» allmählich die Bedeutung einer Erzählung, und
da es ja noch keine Prosaliteratur gab, einer Erzählung
in Versen (*Roman de la Rose*, *Roman de Renart*). Später
wurde diese Bezeichnung auch auf die Prosaerzählung
übertragen, und man nannte nun «*romanz*», was früher
«*conte*», «*histoire*», «*chronique*» geheißen hatte. *Tristan*,
Merlin, *Lancelot* nennen sich schon Romane. Man sah
nun in dem Worte «*romanz*» das stimmhafte s für eine
Flexionsendung an und bildete dazu den Akkusativ
«*romant*», der sich lange erhielt und von dem dann die
Ausdrücke «*romantique*», «*romantisme*», «*romantiser*» usw.
abgeleitet wurden, welche aus dem Französischen in die
anderen Sprachen übergegangen sind. Sie bezeichnen
Eigenschaften oder Vorgänge in der Art der Romane,

etwas nicht Wirkliches, Phantastisches, Abenteuerliches, Pittoreskes, und wurden in der ersten Hälfte des XIX. Jahrhunderts im Gegensatz zu klassisch (nach den Regeln der Alten), in der zweiten Hälfte im Gegensatz zu realistisch (tatsächlich) gebraucht.

Es erschien in früherer Zeit und erscheint uns noch heute auf den ersten Blick etwas auffallend, daß in der Entwickelung der Erzählungsliteratur der Vers der Prosa voranging. Wir würden eher das Gegenteil erwarten, weil wir den Vers für die höhere, vollendetere Art sprachlicher Äußerung halten. Das Phänomen erklärt sich daraus, daß die älteren Werke zum mündlichen Vortrag bestimmt waren und sich dazu die poetische Form ungleich besser eignet als die prosaische. Auch entsprach der Vers besser den erhabenen Sujets. Das Volk erzählte sich natürlich seine Märchen und Fabeln stets in Prosa, man hielt dergleichen jedoch einer Aufzeichnung nicht für würdig, und was bleibenden Wert haben sollte, mußte in gebundener Rede verfaßt sein. Dies wurde anders, als gegen Ende des Mittelalters die allgemeine Bildung weitere Kreise ergriff. Als die Lesekunst größere Verbreitung gewann, als das Selbstlesen das Vorlesen ersetzte und an die Stelle der Handschrift das gedruckte Buch trat, waren auch die Tage des Versromans gezählt. Die alten Stoffe besaßen noch ihre Anziehungskraft, aber die Form bedurfte einer Umwandlung. Die ältesten Romane sind Prosaauflösungen von Epen und haben, abgesehen von der äußeren Form, mit Romanen nach heutigen Begriffen wenig gemein. Allmählich erfolgte dann eine stoffliche Scheidung, man überließ dem immer seltener gepflegten Epos die wichtigen, historischen Gegenstände und verlangte vom Roman wie von der Novelle, daß er frei erfundene Stoffe des Privatlebens behandle. Vereinzelte Durchkreuzungen dieses Prinzips fanden indes immer statt, und es gab bis in die neueste Zeit epische Behandlungen romanhafter und romanhafte Behandlungen epischer Stoffe.

So ist der Roman stets ein Zeichen vorgeschrittener

literarischer Entwicklung und die Literaturgeschichte aller
Völker zeigt, daß, vom Drama abgesehen, sämtliche
Gattungen der Poesie — Lyrik, Epos, Novelle — früher
zur Vollendung gelangen als er, ja daß in den genannten
Arten dichterischer Gestaltung oft eine große Stufe erreicht wird, ehe auch nur Anfänge der Romandichtung
zu konstatieren sind. Die orientalischen Völker (Chi-
nesen, Araber, Perser usw.), deren Schrifttum so alt und
reich ist, weisen erst im späten Mittelalter eine Romandichtung auf. Die griechische Literatur besaß eine
große Zahl gewaltiger Werke, ehe sich in der Zeit der
Dekadenz der sogenannte spätgriechische Roman entwickelte.
Die römische Literatur, die ihr an Fülle wenig nachsteht,
hat nur einen einzigen satirischen Sittenroman hervor-
gebracht (Petronius). Unter den neueren europäischen
Literaturen ging die französische den andern auch auf
diesem Gebiete voran, aber auch in Frankreich wurden
Hunderte von Gedichten mit Hunderttausenden von Versen
geschrieben, ehe die Prosaerzählung ihre ersten schüchternen
Blüten trieb. Italien, das sich im XIV. Jahrhundert in
der Epik *(Divina Commedia)* und in der Novelle *(Decameron)* zu so bedeutender Höhe erhob, begnügte sich
auf dem Gebiete des Romans mit psychologisch immerhin
bemerkenswerten Ansätzen *(Vita nuova, Ameto, Fiammetta)*.
Sein Einfluß in der Romandichtung war stets gering und
beschränkte sich in der Folgezeit auf das pastorale Genre
(Sannazaros *Arcadia*, 1502). Spanien hatte eine umfangreiche alte Heldendichtung aufzuweisen, ehe es im XIV. Jahrhundert nach französischem Muster seine Ritterromane in
Prosa *(Amadis)* schuf, und gab erst im XVI. und XVII. Jahrhundert den anderen Ländern den von Italien über-
nommenen Schäferroman (Montemayors *Diana*, 1542) und
seinen eigenen originellen realistischen Roman *(Lazarillo
de Tormes*, 1553; *Don Quixote*, 1605). England ging
anfangs die von Frankreich und Spanien vorgezeichneten
Wege des Ritterromans (Malorys *Morte d'Arthur*, ca. 1470)
und des Schäferromans (Sidneys *Arcadia*, 1593) und wurde

erst im XVIII. Jahrhundert durch seinen Familienroman (Richardson) auf dem Kontinent richtunggebend. Wolfram von Eschenbach, Gottfried von Straßburg, Hartmann von Aue und die anderen großen Dichter der mittelhochdeutschen Zeit waren seit 200—300 Jahren tot, ehe sich ein deutscher Roman zu bilden begann. Seine bescheidenen Anfänge liegen in den Volksbüchern des XV. und XVI. Jahrhunderts, die ihrerseits meist auf französischen Vorlagen beruhen. Im XVII. Jahrhundert folgen in Deutschland die Modekrankheiten der Ritter-, Schäfer-, der heroisch-galanten und Schelmenromane nach den Vorbildern des *Amadis*, der *Diana enamorada* und *Astrée*, der Romane von Gomberville, La Calprenède und Mlle. de Scudéry und der spanischen Picaros. Auch das XVIII. und ein großer Teil des XIX. Jahrhunderts zeigt Deutschland unter dem französischen Joch, und erst spät tritt eine selbständige Entwicklung an die Stelle der Nachahmung. Die slavischen und skandinavischen Länder haben erst in den letzten Dezennien eine richtige Romanliteratur aufzuweisen.

Diese kurzen Angaben zeigen, daß der Roman, von einzelnen Erscheinungen abgesehen, überall in ziemlich später Zeit auftritt, daß dieselben Strömungen in allen Literaturen wiederkehren und daß Frankreich in der Romandichtung der neueren Zeit eine entschiedene Führerrolle innehat. Man hat vielfach nach den Gründen dieser Hegemonie gefragt, die auf diesem wie auf dramatischem Gebiete zeitweise in eine wahre Tyrannei des französischen Geschmackes ausartete, und die sich in der Wahl der Stoffe, in Auffassung, Behandlung und Form der Werke kundgibt. Sie liegen wohl zunächst in der politischen Stellung des französischen Volkes, die besonders seit den Zeiten Ludwigs XIV. in Europa dominierend war. Diese hatte eine ungeheuere Verbreitung der französischen Sprache und der darin verfaßten Werke zur Folge. Nicht minder liegen die Gründe aber in der großen literarischen Begabung des französischen Volkes, in seiner eigentümlichen

Gabe poetische Stoffe aufzufassen und wiederzugeben — eine Gabe, die auf alle Völker stets eine große Anziehung ausübte, ohne von der anderen Seite ein gleich starkes Gegengewicht zu erhalten. Diese stets anerkannte Eigenschaft des französischen Geistes zeigt sich nirgends so deutlich und so imponierend wie in der Entwicklung der Romanliteratur.

Literatur. Vgl. P. Völcker, *Bedeutungsentwicklung des Wortes Roman* (Zeitschrift f. roman. Philologie X, S. 485 ff.).

Erster Teil.
Der Roman des Mittelalters.

I. Die Anfänge der Prosadichtung.

Wie überall so gab es auch in Frankreich eine große
poetische Literatur, ehe man die Eignung der Prosa für
die literarische Darstellung und speziell für die Erzählung
erkannte. Zur ersten Verwendung der Prosa gab ein rein
praktisches Bedürfnis Anlaß. Man bediente sich ihrer
zunächst zur Übersetzung solcher Werke, bei welchen es
auf die unverfälschte Wiedergabe eines authentischen
Textes ankam, zur Übersetzung der Bibel und religiöser
Schriften aus dem Lateinischen, wo Vers und Reim leicht
zu Ungenauigkeiten führen konnten. So wird die französische Prosa im Anfang des XII. Jahrhunderts in Übersetzungen aus dem Alten Testament, im anglonormannischen
(Oxforder und Cambridger) Psalter, in der freieren Wiedergabe der Bücher der Könige, der Richter, der Makkabäer
usw. angewendet. Es folgen Übertragungen der Predigten
Bernhards von Clairvaux (Ende des XII. Jahrhunderts),
der Homilien Gregors und verschiedener Legenden. Seit
dieser Zeit erscheint die Prosa auch in historischen
Schriften, Chroniken, Kreuzzugsberichten, und nach 1205
tritt ein Übersetzer des Pseudo-Turpin, Pierre, nachdrück-
lich für die Prosa in den historischen Schriften ein, da
diese leicht zu Abweichungen von der Quelle verleiten.
Bald folgen denn auch sehr bedeutende historische Werke
in Prosa, die einen großen Fortschritt gegenüber den

Reimchroniken der älteren Zeit bedeuten (Villehardouin, *Conqueste de Constantinople*, ca. 1210; Joinville, *Histoire de S. Louis*, ca. 1300).

Die Anfänge der französischen Prosaerzählung reichen bis an die Wende des XIII. Jahrhunderts zurück. An der Spitze derselben steht eines der lieblichsten Werke, welche die Literatur zu verzeichnen hat, die Chantefable von Aucassin und Nicolete, die, sofern man mehr auf den Inhalt als auf die Form Rücksicht nimmt, schon füglich als ein kleiner Roman angesehen werden kann. Sie wurde um das Jahr 1200 von einem uns unbekannten Verfasser im französischen Belgien niedergeschrieben und erzählt in naiv-schalkhaftem Tone und mit echt französischer Grazie die traurigen und freudigen Erlebnisse zweier Liebenden bis zu ihrer Vereinigung. Aucassin ist der Sohn des Grafen von Beaucaire in der Provence, Nicolete ein armes Mädchen, das als Kind von Sarazenen dahin verkauft wurde. Aucassin darf Nicolete nicht heiraten, weil sie ihm nicht ebenbürtig ist, aber weder Kerkerhaft, noch sonstige Zwangsmittel seines Vaters vermögen sein Herz ihr abwendig zu machen. Sie fliehen gemeinsam, werden in das närrische Land Torelore (*Tureluru*, Lirum Larum, die verkehrte Welt) verschlagen und voneinander getrennt, bis sich endlich herausstellt, daß Nicolete die Tochter des Königs von Carthago ist. Um der verhaßten Heirat mit einem ungeliebten Heiden zu entgehen, zieht sie in Spielmannstracht in der Welt umher, findet den Geliebten, singt vor ihm und gibt sich zu erkennen. Nun kann er die Königstochter heimführen.

Die Handlung erinnert in ihren Grundzügen an die spätgriechischen Romane und speziell an die ursprünglich byzantinische, in allen europäischen Literaturen verbreitete Geschichte von Flore und Blancheflore, die in zwei altfranzösischen Gedichten und in mittelhochdeutscher Nachdichtung von Conrad Fleck (ca. 1230) vorliegt und die auch von Boccaccio im *Filocolo* und danach in einem deutschen Volksbuch behandelt wurde. Für den orientalischen Ursprung spricht der Name Aucassin (Al-Kâsim). In den Vorgängen vermißt man jeden geschichtlichen Anhalt. Es gab niemals Grafen von Beaucaire, und Töchter des Königs oder des Herzogs von Carthago kommen nur in Märchen vor. Die Originalität des Werkes liegt jedoch nicht im Stoff, sondern in der reizend natürlichen und dabei doch so künstlerischen Darstellung, über die der ganze Duft des Minnelebens hingegossen ist. «Die Geistesanmut des Dichters, sagt Hertz (S. 436), sein frischer, freier Blick ins Leben, sein liebenswürdiger, in der Ironie der Übertreibung sich gefallender poetischer Übermut verleihen seiner Erzählung einen unvergänglichen Jugendreiz bis zu dem Wendepunkt, wo die Geschichte den Boden der Wirklichkeit verläßt und sich nach fabelhaften Ländern verirrt. Da verliert der Dichter mit einemmal den innern Anteil an den Schicksalen seiner Lieblinge und macht sich in leichtfertiger Sorglosigkeit den Abschluß allzu bequem.» — Echt französisch und gar nicht mittelalterlich mutet es an, wenn der Held erklärt, daß er die Hölle mit ihren amüsanten Bewohnern dem langweiligen Himmel vorziehe, oder wenn er den König von Torelore im Männerkindbett (couvade) antrifft, während die Frau in den Krieg zieht, in dem allerdings nur mit Holzäpfeln, Eiern und frischen Käsen gekämpft wird. «Er erzählt mit der ernsthaftesten Stimme von der Welt; wer ihm aber näher tritt, der bemerkt das überlegene Lächeln, das um seine Lippen spielt» (Hertz).

Die Form der Chantefable (Singemäre), der Wechsel von Prosaabschnitten mit assonierenden siebensilbigen Versen, denen in der einzigen Handschrift der Bibliothèque nationale auch die Melodien beigegeben sind, ist in der französischen Literatur eine ziemlich vereinzelte. Da sie in den orientalischen Literaturen und bisweilen auch in abendländischen Märchen begegnet, hielt sie Hertz für eine typische Form, welche bei den verschiedenen Völkern der reinen Verserzählung vorangegangen sei. Über ihren Zweck im vorliegenden Falle sind die verschiedensten

Vermutungen aufgestellt worden. Meyer-Lübke beobachtete
zuerst eine gewisse Gesetzmäßigkeit in dem erwähnten
Wechsel, insoferne als die Handlung in Prosa erzählt
wird, der Vers dagegen eintritt, sobald das Gefühl vor-
herrscht, und kam zu der Ansicht, daß hier eine Art von
weltlichem Drama vorliege. Wie dem auch sei, der Verfasser war gewiß auch ein trefflicher Erzähler. Sein Werk
diente einer Oper von Sedaine (*A. et N. ou les mœurs du
bon vieux temps*, 1779, Musik von Grétry), dem Platenschen
Schauspiel «Treue um Treue» (1824), einer romantischen
Oper von J. F. Koreff (Musik von G. A. Schneider, 1822)
sowie zahlreichen anderen Dramatisierungen zur Grundlage. Uhland plante 1810 eine Nachdichtung. Heine
erinnerte sich der alten Fabel in einem Sonett.

Im XIII. Jahrhundert finden wir noch einige Prosa-
novellen *(Istoires)*, die als früheste Auflösungen von Gedichten und als erste Vorarbeiten für den Roman Beachtung verdienen. Mehrere derselben haben noch dreihundert
Jahre später Neubearbeitungen erlebt. Li contes dou roi
Coustant l'empereur hält sich in Handlung und Wort-
laut an den kurzen Versroman vom *Empereur Coustant
de Constantinople,* der nach unbekannter, wahrscheinlich
auch byzantinischer Quelle die Unvermeidlichkeit des
Schicksals dartun will. Die Geschichte hat Parallelen in
volkstümlichen Erzählungen der verschiedensten Völker.
Einem byzantinischen Kaiser Floriien wird prophezeit,
daß der eben geborene Sohn eines Astrologen seine (des
Kaisers) Tochter heiraten und den Thron besteigen werde.
Um dies zu vereiteln, will er das Kind ertränken lassen,
allein der damit Beauftragte unterläßt es aus Mitleid.
Der Knabe wird von einem Abte gefunden und gegen
die hohe Summe von 80 Besants d'or (daher der Name
Coustant) von einem Arzt zur Erziehung übernommen.
Herangewachsen begegnet er dem Kaiser, der sich seiner
neuerdings entledigen will und ihn mit einem Uriasbrief
an einen Vasallen schickt. Der Brief gelangt indes in
die Hände der Prinzessin, die ihn mit einem andern ver-

tauscht, worin seine Vermählung mit ihr angeordnet wird.
Diese wird vollzogen und Coustant wird Kaiser, wie es die
Prophezeiung verhieß. Der Erzähler entfaltet an manchen
Stellen, speziell in einer Gartenszene zwischen Coustant
und der Prinzessin, eine Kunst der Darstellung, welche
die seines Vorbildes in Schatten stellt.

Eine Bearbeitung des *Roman de la Violette* (ca. 1225),
der die Prosaautoren dauernd anzog (s. u. Kap. VI) lieferte
der Chrestien-Fortsetzer Gerbert de Montreuil unter
dem Titel Du roy Flore et de la belle Jeanne. Wie in
der Vorlage, so wird auch hier um die Tugend einer
Frau gewettet. Es ist derselbe Stoff, der in der anonymen
Verserzählung *Le comte de Poitiers*, im *Guillaume de Dole
(Conte de la rose)*, in einer Novelle Boccaccios (II. 9), in
Shakespeares *Cymbeline* und in Webers *Euryanthe* wiederkehrt. Während im Veilchenroman Lisiard die keusche
Euryant im Bade belauscht und so von dem Veilchenmal
auf ihrer Brust Kenntnis erlangt, kann in der Prosaerzählung Raoul dem vertrauensseligen Robert nur sagen,
was er bemerkt hat, als er Jehanne gelegentlich belästigte.
Aber es genügt, um jenen glauben zu machen, daß er
die Wette verloren habe. Jehanne folgt ihrem Manne
durch sieben Jahre als Knappe verkleidet und lebt mit
ihm, ohne von ihm erkannt zu werden, bis er sie schließlich nach Entlarvung des Verleumders in Liebe wieder
aufnimmt. Nach Roberts Tod läßt sie der wohl dem
Hennegau angehörende Verfasser den König Flores von
Elsaß heiraten, der von zwei früheren Frauen keine
Kinder hatte und den sie mit einem Sohn, dem Kaiser
Florens von Konstantinopel, und einer Tochter, der
Königin Florie von Ungarn, beschenkt.

La comtesse de Ponthieu ist eine Umkehrung
der Geschichte des Grafen von Gleichen mit Reminiszenzen an den Apolloniusroman. Die Heldin, eine Tochter
des Grafen von Saint-Pol, vermählt sich mit Thibaut von
Dommart, wird von Räubern geschändet, im Auftrag
ihres Vaters in einem Fasse ins Meer geworfen, gerettet

und an den Sultan von Almeria verkauft, der sie heiratet.
Auf einer Kreuzfahrt kommt ihr erster Mann in türkische
Gefangenschaft, die Sultanin erkennt ihn und entflieht
gemeinschaftlich mit ihm und ihren Kindern. Nachdem
ihre zweite Ehe kirchlich gelöst wurde, besteht die erste
wieder zu Recht. Da ihre Tochter die Mutter Saladins gewesen sein soll, wurde die Geschichte auch in die
Chronique d'outremer (De la prise de Jerusalem par Saladin)
aufgenommen und ging auf diesem Wege in den Roman
von Jehan d'Avesnes über (s. u. Kap. VI).

Eine aparte Stellung nimmt unter diesen Erzählungen
die anglonormannische Histoire de Foulques Fitz
Warin ein, insofern als darin historisches Material zu
einem Abenteuerroman verarbeitet erscheint. Sie beruht
wahrscheinlich auf einer noch im XVIII. Jahrhundert
handschriftlich vorhanden gewesenen Versdichtung.. Personen und Ereignisse führen uns in die Zeit des englischen Königs Johann ohne Land. Der Held ist
Fouques III., der sich (ca. 1200) mit seinen Verwandten
gegen Johann infolge eines Zwistes beim Schachspiel (vgl.
den Roman *Ogier le danois*, unten Kap. IV) empörte, verbannt wurde, als Räuberhauptmann lebte, sich dann mit
dem König aussöhnte, mit andern Mitgliedern des Adels
die Magna Charta (1215) erkämpfte und sich, erblindet,
in ein Kloster, La Novelle Abbeye bei Alberbury, zurückzog, wo er starb und begraben wurde. Der Erzähler
schildert ihn als einen edlen Banditen in der Art des
Robin Hood, dessen Seelengröße, auch Feinden gegenüber,
den Rebellen vergessen lassen soll. Während er sich
einerseits des historischen Kolorits befleißigt, scheut er sich
anderseits nicht, ganz ernsthaft von Artus und Key, von
Dämonen und Ungeheuern zu erzählen. Er hält den
Trojaner Brutus für den Stammvater der Briten, Coryneus
für jenen der Walliser und berichtet im Anschluß an
eine keltische Lokalsage, wie der Riese Geomagog von
Payn Peverel getötet wurde. Auch fehlt es nicht an
romantischen Liebesepisoden, welche vereint mit den er-

wähnten phantastischen Elementen die Namhaftmachung des Buches an dieser Stelle rechtfertigen.

Dem XIII. Jahrhundert gehören ferner Prosaauflösungen der Chanson de geste von Amis et Amiles (s. u. Kap. IV) und der Kreuzzugsepen (s. u. Kap. VI) an, sowie auch ein Lancelot-Roman, der gegen 1230 in Jehan de Prunays Prolog zur Übertragung der Philippis des Guillaume Breton als verbreitetes und maßgebendes Werk zitiert wird. Es scheint, daß es sich hier um eine Prosabearbeitung nach Chrestien de Troyes oder um jene Lancelot-Kompilation handelt, die dem Gautier Map zugeschrieben wird (s. u. Kap. III). Diese Werke eröffnen die lange Reihe der Prosaauflösungen von Chansons de geste und Artusromanen, welche die erste Epoche der Romanliteratur zum größten Teile ausfüllen.

Literatur. Über die Entwicklung der altfranzösischen Literatur und der Prosa insbesondere vergl. man die betreffenden Abschnitte der nachfolgenden Werke: Histoire littéraire de la France, 1733 von den Benediktinern der Kongregation de Saint-Maur begonnen, 1763 mit dem XII. Bd. unterbrochen, seit 1814 vom Institut (Académie des Inscriptions) fortgesetzt. Ein Neudruck der ersten 23 Bde. erschien 1865—95. Bis 1906 lagen 33 Bände vor (bis zum XIV. Jahrh.). — Gustav Gröber, *Französische Literatur* im *Grundriß der romanischen Philologie* II. 1, Straßburg 1902. — Gaston Paris, *La littérature française au moyen-âge* (XI.—XIV. siècle). Paris 1888, 2. Aufl. 1891. — Carl Voretzsch, *Einführung in das Studium der altfranzösischen Literatur* (Sammlung kurzer Lehrbücher der roman. Sprachen und Literaturen II), Halle 1905. — Philipp August Becker, *Grundriß der altfranzösischen Literatur*. I. Teil: Älteste Denkmäler. Nationale Heldendichtung (Sammlung romanischer Elementar- und Handbücher, herausgg. v. W. Meyer-Lübke II, 1, 1), Heidelberg 1907.

Im Rahmen einer allgemeinen Darstellung der französischen Literatur behandeln diesen Zeitraum auch: Histoire de la langue et de la littérature française des Origines à 1900, publiée sous la direction de L. Petit de Julleville. 8 Bde., Paris 1896 ff. — Hermann Suchier und Adolf Birch-Hirschfeld, *Geschichte der französischen Literatur von den ältesten Zeiten bis auf die Gegenwart*. Leipzig u. Wien 1900. — Fr. Kreissig, *Geschichte der französischen Nationalliteratur*. 6. Aufl., besorgt von Ad. Kressner, Berlin 1889. — Dr. Heinrich Paul Junker, *Grundriß der Geschichte der französischen Literatur von ihren Anfängen bis zur Gegenwart*, 6. Aufl., Münster i. W. 1909.

Vom **stoffgeschichtlichen** Standpunkt sind noch heute brauchbar: **John Dunlop**, *Geschichte der Prosadichtungen oder Geschichte der Romane, Novellen, Märchen* u. s. w. Übers. aus dem Englischen u. mit Anmerkungen von **Felix Liebrecht**, Berlin 1851. — **J. G. Th. Grässe**, *Die großen Sagenkreise des Mittelalters zum erstenmale historisch entwickelt, kritisch beleuchtet und in ihrem Zusammenhange miteinander dargestellt* (Lehrbuch einer allgem. Literärgeschichte, II. Bd., 3. Abt., 1. Hälfte), Dresden 1842.

Über die **alten Ausgaben** vgl. man: **Jacques-Charles Brunet**, *Manuel du libraire et de l'amateur de livres*, 5. Aufl., 6 Bde., Paris 1860 und zwei Bände. Supplement von **C. Deschamps** und **G. Brunet**, Paris 1878 ff. — **Catalogue général des livres imprimés de la Bibliothèque Nationale (Auteurs)**, Paris 1897 ff. (bis 1911 lagen 45 Bände vor, umfassend das Alphabet der Autoren bis Dutirou). — **Catalogue of the printed books in the Library of the British Museum**. Printed by order of the trustees of the Brit. Mus., London 1881—1900.

Aucassin et Nicolete. Textausgabe von H. Suchier, Paderborn 1878; 7. Aufl. 1909 (vgl. dazu: Zeitschrift für romanische Philologie XIV, S. 175 ff.; XXVIII, S. 492 ff., S. 640; XXX, S. 513 ff.; Romania XXIX, S. 287 ff.; Archiv für das Studium der neueren Sprachen CII, S. 224 ff.). — Andere Ausgaben: von **Lacurne de Sainte-Pelaye**, Paris 1752 (in der 3. Aufl., 1756, unter dem Titel: *Les amours du bon vieux temps*); von **Méon**, *Fabliaux et Contes des poètes français des XII. au XV. siècle*, Paris 1808; von L. **Moland** und C. **d'Héricault**, *Nouvelles françaises en prose du XIII. siècle*, Paris 1856; von **Gaston Paris**, Paris 1878 (mit Illustrationen von Bida); von F. W. **Bourdillon**, London 1887; von demselben, als Facsimile der Handschrift (*Cest Daucasi & De Nicolete*), Oxford 1896, 2. Aufl. mit engl. Übersetzung 1897; von S. **Michaelis**, Kopenhagen 1893; von Georges A. **Tournoux**, Leipzig 1912. — **Übertragung ins Neufranzösische**: von **Gustave Michaut** (mit Vorwort von J. Bédier), Paris 1901, 2. Aufl. 1905. — **Deutsche Übersetzungen**: von Wilhelm **Hertz**, Wien 1865, dann im Spielmannsbuch 1886, 3. Aufl. (mit reichen Anmerkungen); von O. L. B. **Wolff** (in der Minerva 1833); von E. v. **Bülow** (im Novellenbuch 1834); von F. **Gundlach** 1890 (Universal-Bibl. Nr. 2848); von E. v. **Sallwürk**, Leipzig 1896; von Paul **Schäfenacker**, Halle 1903 (Hendels Bibliothek der Gesamtliteratur N. 1705); von Fr. v. **Oppeln-Bronikowski**, Leipzig 1912. — **Englische Übersetzungen**: von W. S. **Henry** (versifiziert von Edw. W. Thomson) London 1902; von Laurence Housman, London 1902; von Andrew Lang, neue Ausgabe, London 1904; von M. S. Heffry, London 1905. — Italienische Übersetzung: von Ant. Borselli, Bologna 1006.— Vgl. Gröber, l.c., S.529. — H. Brunner, *Über A. et N.*, Diss., Halle 1880. — Wagner, *A. et N. comme imitation de Floire et Blanchefleur et comme modèle de 'Treue um Treue'*, 1883. — Gaston Paris in: *Poèmes et légendes du moyen-âge*, Paris 1900. — W. Meyer-Lübke, *A. und N.* (Zeitschrift f. roman. Philologie XXXIV, 5, 1910; dazu S. Aschner, ibid. XXXV, 6). — J. Zettl, *A. et N. in Deutschland*, Progr. der Staats-Oberrealschule in Eger, 1911.

Coustant l'empereur; Du roy Flore; La comtesse de Ponthieu; Amis et Amiles. Sämtlich gedruckt in: Nouvelles françaises en prose du XIII. siècle, publiées d'après les manuscrits avec une introduction et des notes par L. Moland et C. d'Héricault, Paris 1856 (Bibliothèque Elzévirienne). — Du roy Flore, schon früher herausgg. von Michel, Paris 1838 und bei Monmerqué-Michel, *Théâtre français du moyen-âge*, Paris 1839, woselbst auch ein Mirakelspiel danach. — Zu Coustant l'empereur vgl. Alex. Wesselofsky, *Le dit de l'empereur Coustant* (Romania VI, S. 161 ff.).

Histoire de Foulques Fitz Warin, gedruckt in: Nouvelles françaises en prose du XIV. siècle, publiées d'après les manuscrits avec une introduction et des notes par L. Moland et C. d'Héricault, Paris 1858 (Bibliothèque Elzévirienne). — Ältere Ausgabe von Th. Wright für den Warton-Club, London 1855. — Deutsche Übersetzung: *Das Volksbuch von Fulko Fitz Warin,* deutsch von Leo Jordan, Leipzig 1906 (Romanische Meistererzähler, VII. Bd. mit Einleitung). — Vgl. Gröber, l. c., S. 992 ff. nebst der dort angeführten Literatur. — W. Söderhjelm, *La nouvelle française au XV. siècle*, Paris 1910 (Bibliothèque du XV. siècle, Bd. 12), S. 1 ff.

II. Die epischen Grundlagen der mittelalterlichen Romane und ihre Behandlung.

Während die Prosaerzählung noch ein recht bescheidenes Dasein fristete, entfaltete die altfranzösische Poesie ihren Blütenreichtum und häufte eine Fülle von Erzählungsmaterial an, welches nur des Augenblicks harrte, um in prosaische Form umgegossen zu werden. Dasselbe zerfällt in der Hauptsache in jene drei große Gruppen, welche schon die *Chanson des Saisnes* unterscheidet:

«*De France et de Bretagne et de Rome la grant*»
und zu denen als vierte, allerdings minderwertige, der
Abenteuerroman in Versen kommt, der aus den beiden
ersten hervorgegangen ist. Die mittelalterlichen Romane
sind stofflich die letzten Ausläufer dieser Materien der
altfranzösischen Dichtung. Ehe wir an ihre Betrachtung
gehen, müssen wir daher einen kurzen Blick auf die
literarischen Quellen werfen, aus welchen sie in so imponierender Menge entsprungen sind. Wir machen dabei
jene Gedichte kurz namhaft, die für die Romanliteratur
von besonderer Bedeutung sind. Der Matière de France
entsprechen die Chansons de geste, der Matière de Bretagne die versifizierten Artusromane, der Matière de Rome
la grant die Versromane über Stoffe des klassischen Altertums. Ihrem Wesen nach grundverschieden, hat sie die
Prosa assimiliert und einschließlich der Abenteuerromane
zu ziemlich gleichartigen Gebilden gemacht.

Die Chansons de geste (Lieder über geschichtliche Ereignisse, *gesta*) bildeten die Hauptmasse der altfranzösischen Literatur. An ihre Entstehung und ihren Zusammenhang mit einer älteren fränkischen Epik zur Zeit
der Merowinger knüpfen sich verschiedene Theorien und
Kontroversen. Während man früher annahm, daß sie aus
kurzen Liedern (Kantilenen) entstanden seien, neigt man
heute zu der Ansicht, daß sich die Epen aus Tatsachen,
im Anschlusse an Ereignisse der Zeitgeschichte entwickelt
haben. Man erkannte, daß den alten Sagen, welche bisher als die Voraussetzungen galten, weniger Bedeutung
zukomme als den lokalen Anlässen. «Ohne Rolands
Grab in Blaye und Roncesvaux' Lage am Pilgerweg hätte
wohl Rolands Ruf ewig geschlafen und wäre sein Name
in Einhards Vita ein leerer Schall» (Becker). Die ältesten
Chansons de geste sind um die Wende des XI. Jahrhunderts, also ca. 150 Jahre nach den ältesten Sprach-
denkmälern entstanden. Ihre Blüte reicht vom Ende des
XI. bis in den Anfang des XIII. Jahrhunderts. Es sind
uns ca. 80 solcher Chansons de geste erhalten, die mit

vereinzelten Ausnahmen in zehn- und zwölfsilbigen Versen
verfaßt sind. Die Verse sind zu beliebig langen Tiraden
(Laissen) verbunden, die in der älteren Zeit assonieren,
später gereimt sind. Diese Gedichte wurden von herum-
ziehenden Spielleuten, den Joglers *(joculatores)* auf offenen
Plätzen, in Schlössern und Privathäusern, während oder
nach der Mahlzeit unter Begleitung eines Saiteninstruments,
der *vielle* gesungen. Da die Melodie sich nach wenigen
Zeilen stets von neuem wiederholte, erscheint der Genuß
des Zuhörens unserer heutigen Vorstellung nicht mehr
sehr bedeutend. Jede Laisse bildete für sich ein Ganzes
und wurde bisweilen durch einen Kurzvers abgeschlossen.
Für neu hinzukommende Zuhörer wurde der Inhalt der
letzten Laisse zu Anfang der nächsten kurz zusammen-
gefaßt. In der Komposition sind die Chansons de geste
ziemlich kunstlos. Bei unleugbar großer sprachlicher
Gewalt lassen sie gewöhnlich die enge innere Verknüpfung
und Motivierung vermissen. Die Charakteristik der Personen ist in der Regel eine mangelhafte, die Frau spielt
keine oder nur eine untergeordnete Rolle. Die zarteren
Interessen fehlen, das Hauptgewicht wird auf die Kämpfe
gelegt. So sind sie der literarische Niederschlag eines
rauhen Zeitalters, das uns heute sehr fern liegt und dessen
Berichte uns imponieren, aber in den seltensten Fällen
erwärmen. Erst die späteren Chansons de geste, die den
ursprünglichen Charakter nicht mehr ausgeprägt zeigen,
kommen dem modernen Empfinden etwas näher. Ihren
Stoffen nach pflegt man die Chansons de geste in drei
große Massen einzuteilen: Königsgeste, Wilhelmsgeste
und Doongeste, zu denen noch zahlreiche kleinere Gesten
und vereinzelte Gedichte kommen.

Die Gedichte der Königsgeste *(Geste du Roi)* gruppieren sich um die Gestalt Karls des Großen, auf den
allerdings häufig auch Züge Karl Martells übertragen sind.
Der Kaiser erscheint darin als eigenwilliger, rechthaberischer,
rachsüchtiger, bisweilen trotz seiner *«barbe fleurie»* recht
kindischer Autokrat. Er ist umgeben von seinen zwölf

Pairs (Paladinen), unter welchen Roland, Olivier, der Herzog Naimes, der Erzbischof Turpin und der Verräter Ganelon die berühmtesten sind. Unter den zahlreichen Gedichten, die hierher gehören, gebührt dem altehrwürdigen R o l a n d s l i e d die erste Stelle. Es stammt in der uns vorliegenden Form (Oxforder Handschrift) aus der zweiten Hälfte des XI. Jahrhunderts, nennt am Schlusse einen gewissen Turoldus als Dichter und schildert die Kämpfe Karls des Großen in Spanien, den Verrat Ganelons, die Schlacht bei Roncesvaux und den Heldentod Rolands. Die Vorgänge des Rolandslieds bilden den Kern der Karolingischen Sage, und beschäftigen die spätere Zeit in der nachhaltigsten Weise. Sie sind uns in etwas abweichenden Versionen auch in dem C a r m e n d e p r o d i t i o n e G u e n o - n i s (Mitte des XII. Jahrhunderts) und in der sogenannten P s e u d o - T u r p i n s c h e n C h r o n i k *(Historia Caroli Magni et Rotholandi)* erhalten. Letztere bildet einen Bestandteil des *Liber de Miraculis Sancti Jacobi,* einer umfänglichen Kompilation, welche von Aimeri Picaud, einem Priester aus Partenai le vieux bei Poitiers um 1160 gefertigt und in Santiago de Compostella hinterlegt wurde, wo das Original noch aufbewahrt wird. Diese abgeschmackte und läppische Erzählung fand große Verbreitung, sie wurde einmal in französische Verse und fünfmal in Prosa übersetzt (zuerst von Nicolas de Senlis ca. 1200) und bildete ihrerseits in der Folge die Grundlage vieler Dichtungen.

Neben dem Rolandslied verblassen die anderen Gedichte, wie originell und bedeutend sie an sich sein mögen. Eines der beliebtesten war die K a r l s r e i s e (*Voyage de Charlemagne*, XI. Jahrhundert), die uns heute durch die Naivität frappiert, mit welcher sie Erlebnisse Karls des Großen und seiner Paladine auf einer angeblichen Pilgerfahrt nach Jerusalem und Konstantinopel erzählt. — An die Karlsreise schließt sich inhaltlich der G a l i e n, dessen Held, ein Sohn Oliviers und der Tochter des Kaisers von Konstantinopel, dieser Pilgerfahrt sein Leben verdankt. Er ist uns nur in späterer Version erhalten. — F i e r a b r a s

(XII. Jahrhundert) berichtet in reicher romantischer Aus-
schmückung von dem Kriege Kaiser Karls mit einem
Riesen, der die Passionsreliquien aus Rom raubt und schließlich von Olivier im Zweikampf besiegt und bekehrt wird. —
Die letztgenannten Werke werden an literarischer Bedeutung übertroffen von der Chanson de geste von Huon
de Bordeaux (Ende des XII. Jahrhunderts), die ihrerseits
zum Ausgangspunkt einer ganzen Serie von Gedichten
wurde. Sie erzählt in anregendem, stellenweise sogar
amüsantem Tone die Schicksale eines Grafen, der von
Karl dem Großen mit einer sehr gefährlichen Mission nach
Babylon betraut wird und dieselbe mit Hilfe des Elfenkönigs Oberon vollführt.

Imponierender als die Königsgeste mit ihren weit-
verzweigten Stoffen sind die inhaltlich enger verbundenen
Gedichte der Wilhelmsgeste (Geste de Guillaume, auch
Geste de Garin de Montglane). Ihre Hauptperson ist der
Herzog Wilhelm von Aquitanien, ein Vasall Karls des
Großen, der im Jahre 812 in dem von ihm gegründeten
Kloster Gelonne im Rufe der Heiligkeit starb. Von diesem
an der Pilgerstraße nach Santiago de Compostella gelegenen Kloster nahmen die Sagen der Wilhelmsgeste
ihren Weg in alle Teile Frankreichs. In ihnen spielt
neben dem Herzog einer seiner Vorfahren, Garin de Mont-
glane eine Hauptrolle. Aus der Fülle der hierher ge-
hörigen Werke ragen zwei Gedichte von Bertrand de
Bar-sur-Aube (ca. 1200) durch ihre plastische Gestal-
tung und ihre sprachliche Wucht hervor: Girart de
Viane und Aimeri de Narbonne. Girart ist ein Sohn
Garins, ein Vasall Karls des Großen, der sich gegen diesen
empört und schließlich mit ihm aussöhnt; Aimeri ist ein
Neffe Girards, der Narbonne den Sarazenen abgewinnt.
An sie reihen sich in langer Folge Couronnement
Looys, Aliscans, Chanson de Willelme, Cove-
nant Vivien, Garin de Montglane und viele andere
Gedichte, die von heißen Kämpfen und schwer errungenen
Siegen Guillaumes über die Ungläubigen, von Auflehnung

stolzer Vasallen gegen Willkürakte Karls des Großen und schließlich auch in halbkomischem Ton (Moniage Guillaume) von dem Mönchsleben des vielgefeierten Herzogs Wilhelm erzählen.

Derselbe Geist aufrührerischen Untertanentrotzes erfüllt auch die in ihren Bestandteilen weniger geschlossene Doon·geste *(Geste de Doon)*, welche in ihrer Entstehung jünger ist als die beiden andern. Ihre Helden sind Doon von Mainz (Doon de Mayence) und seine zwölf Söhne. Da er der Großvater Ganelons war, nennt man diese Geste auch die der Verräter. Der Ruhm dieser Kämpen wird überragt von jenem Ogiers des Dänen (Enfances Ogier, Chevalerie Ogier von Raimbert de Paris, XII. Jahrhundert), des riesenstarken Sohnes des Königs von Dänemark. Man hat in diesem den historischen Autcharius erkannt, der 773 mit Desiderius gegen Karl den Großen kämpfte und sich schließlich in Verona ergeben mußte, aber die Sage hat mit ihm zwei andere Helden, Desiderius' Sohn Adelchis und Othgerius verquickt. Enkel Doons sind die vier Haimonskinder, von deren mannigfachen Drangsalen und Kämpfen gegen Karl den Großen ein berühmtes Gedicht (Les quatre fils Aymon oder Renaut de Montauban) erzählt, das wie *Huon de Bordeaux* den Ausgangspunkt einer ganzen zyklischen Dichtung bildete.

Außer diesen drei großen epischen Komplexen gab es noch viele isolierte Gedichte (*Isembart et Gormond, Raoul de Cambrai* usw.) und kleinere Gesten mit engerem Stoffgebiet. So schildert die Lothringergeste *(Geste lorraine)* mit den Gedichten von Garin de Loherain, Hervis de Metz usw. in großartiger Weise die Familienzwiste in lothringischen Fürstenhäusern. In der burgundischen Geste *(Geste bourguignonne)* ragt das gewaltige Gedicht von Girart de Roussillon hervor, das als einziges auch in provençalischer Version vorhanden ist. Die Geste de Blaivies (Blaye) wird mit ihren zwei interessanten, aber mehr legendarisch, respektive romanhaft gefärbten Gedichten

(Amis et Amiles, Jourdain de Blaivies) später an den karolingischen Stoffkreis angeschlossen. Denn als die nationalen Materien erschöpft waren, gab man auch fremden, aus dem Auslande importierten Sagen die beliebte Form von Chansons de geste und verschmolz sie mit dem großen Schatz heimischer Poesie. So zeigt das Gedicht vom Ritter Horn und seiner Geliebten Rimenbild (Rimel, XIII. Jahrhundert) wie auch eine norwegisch-isländische Geschichte in Frankreich Wurzel fassen konnte. — Die bedeutendste neue Anregung empfing die Heldendichtung jedoch durch den ersten Kreuzzug und die Eroberung des heiligen Grabes. Als man in den Kämpfen Gottfrieds von Bouillon und seiner Begleiter gegen die Ungläubigen den kriegerischen Geist der Vergangenheit wieder aufleben sah, da empfand man es als ein Bedürfnis, ihn auch in der herkömmlichen Weise zu feiern, und man dichtete eine Chanson d'Antioche, eine Chanson de Jerusalem und beschäftigte sich in langen Epen mit Saladin.

In diesen Gedichten lebte die Erinnerung des Volkes an die großen Heldentaten der Vergangenheit fort. Sie lebte und erneuerte sich täglich im Munde der Sänger, welche diese Werke, wenn sie zu veralten drohten, neu bearbeiteten (Remaniements). Dabei ging allerdings meist ein Teil der Poesie verloren, aber es wurde dem Geschmack der Zeit Rechnung getragen. Die Chansons de geste erlangten auch außerhalb Frankreichs große Verbreitung und haben durch Übersetzungen und Bearbeitungen auf fremde Literaturen nicht unwesentlich eingewirkt. In Italien geben die franko-italienischen Gedichte des XIII. Jahrhunderts und die Prosaromane des Andrea dei Magnabotti (ca. 1370 bis nach 1431), I Reali di Francia, Le storie di Rinaldo, La Spagna (Rotta di Roncisvalle), sowie die zahlreichen Oktavengedichte bis herab auf Pulci, Bojardo und Ariosto Zeugnis von diesem Einfluß. England und Holland haben verschiedene Versbearbeitungen, Spanien einige Cantares de gesta, Skandinavien seine Karlamagnussaga (ca. 1300) nach französischer Vorlage. In Deutschland

gehören das Rolandslied des Pfaffen Konrad (1131), der
Karl der Große des Strickers, Wolframs Willehalm, Ulrich
von Türheims Rennewart, Konrad von Würzburgs Schwanenritter u. a. dieser Richtung an.

Gegen Ende des XIII. Jahrhunderts war die Zeit der
Chansons de geste jedoch vorbei. Es fehlte zwar nicht
an Dichtern, welche es versuchten, durch geistvolle Schöp-
fungen die ersterbende Gattung neu zu beleben, aber wie
geschickt ein Adenet le roi (Enfances Ogier, Berte
aux grands pieds, Beuvon de Commarcis), ein
Girart d'Amiens (Charlemagne) an diese Aufgaben
herantraten, wie sehr sie bestrebt waren, neben dem
Heroischen das Gefühlvolle zur Geltung zu bringen — was
sie zutage förderten, waren doch keine richtigen Chansons de geste, selbst wenn sie die Form derselben adop-
tierten. Die Gedichte dieser späteren Epoche, wie Florent
et Octavien (Ende des XIII. Jahrhunderts), Valentin
et Orson (Original verloren) atmen nicht mehr den
rauhen Geist der Heldenzeit und arbeiten auch mit anderen poetischen Mitteln. Sie bauen sich meist auf Mär-
chenmotiven auf und erzählen in etwas sensationslüsterner
Weise von unschuldig verfolgten Frauen und den abenteuerlichen Schicksalen ihrer Kinder. Um die Vorgänge
wahrscheinlicher zu machen, verlegen sie den Schauplatz
in exotische Gegenden (Ungarn). Huons Deszendenz und
die Verwandtschaft der Haimonskinder erleben die un-
glaublichsten Dinge, und um dem Kreuzzugshelden Gottfried von Bouillon eine interessante Herkunft zu verschaffen, wird ihm die Sage vom Schwanenritter angedichtet.
(Chevalier au Cygne, Enfances Godefroi). Je mehr
die Zeit fortschreitet, desto mehr wird das Heldentum
durch Abenteuer ersetzt, wie man sie aus den Artusgedichten gewohnt war. Es dauerte nicht lange, so wurde
auch das Versmaß der Chansons de geste durch den ge-
fälligeren Achtsilber verdrängt. In diesem Geschmack sind
Gedichte wie Adenets Berte (ca. 1275) und Cleomades
gehalten. Erstere erzählt die Erlebnisse einer ungarischen

Prinzessin, die den Frankenkönig Pippin heiraten soll und der ihre Zofe sagt, daß ihr Bräutigam sie töten wolle. Sie flieht, die Zofe unterschiebt an ihrer statt ihre eigene Tochter, und erst nach Jahren wird der Betrug offenbar, die Schuldigen werden bestraft und Berta wird Königin. (Ihr Sohn ist Karl der Große.) In desselben Adenet Cleomades reitet ein spanischer Königssohn auf einem hölzernen Pferd durch die Luft nach Toskana und holt sich die Prinzessin Clarmondine, die ihm aber samt dem Pferd von dem früheren Besitzer des letzteren entrissen wird. Er sucht sie in der ganzen Welt, bis er sie endlich findet und heiratet. — Adenet wird auf dem Gebiet des Abenteuerromans noch übertroffen von Philippe de Rémi Sieur de Beaumanoir († 1296). Dieser berichtet in seiner Manekine von einem König von Ungarn, der seine eigene Tochter heiraten will, weil sie allein der verstorbenen Mutter gleicht. Um dem Inzest zu entgehen, verstümmelt sie sich, indem sie sich die Hand abschneidet *(Manca* oder *Main n'a que une)*. Der König will sie dem Feuertode preisgeben, sie aber entkommt, wird Königin von Schottland und besteht viele Abenteuer, bis sie schließlich durch ein Wunder ihre Hand wieder erhält.

In der Folge werden die Abenteuer immer bunter. Der Dichter des Ciperis de Vignevaux (XIV. Jahrh.) macht Chilperich zu einem normannischen Prinzen, der, wegen einer unebenbürtigen Geliebten aus dem Lande vertrieben, König von Ungarn wird und für seine 17 Söhne Länder und Königskronen erwirbt. Jener des Theseus de Cologne läßt seinen Helden, einen Verwandten Dagoberts, der als Kind ausgesetzt wurde, dank der Neigung der Kaiserstocher Flore, den römischen Thron besteigen und beider Sohn dem Kaiser von Konstantinopel sukzedieren. Schließlich war keine Unwahrscheinlichkeit zu gewagt, keine Unmöglichkeit zu kraß, um von einem Publikum, das jede Kritik verloren hatte, nicht doch noch gewürdigt zu werden. So versank die stolze nationale Heldendichtung in einer Entartung, aus welcher es keine

Rettung mehr gab, und die nur die Vorbotin gänzlichen Verstummens sein konnte.

Während die Chansons de geste eine nationale Heldendichtung darstellen, sind die Artusromane Produkte höfischer Kunstepik. Die Helden sind nicht gewaltige Hünengestalten, die nur im Kampfe leben und in ihren Herzen für ein feineres Empfinden keinen Raum lassen, sondern weicher und zarter angelegte Naturen, denen neben der herkömmlichen Tapferkeit auch der Sinn für die Genüsse des Lebens nicht fehlt. Da sie in ihrem ganzen Wesen nur mehr wenig von den alten Helden an sich haben, müssen ihnen um so unwahrscheinlichere Taten angedichtet werden. Roland und Olivier kämpften in offener Schlacht gegen die Sarazenen, Parcival, Gauvain und Lancelot bestehen Abenteuer mit Zauberern und Feen, Riesen und Drachen. Hier werden nicht in lapidarem Stil große Ereignisse der Vergangenheit erzählt, sondern wir finden weit ausgesponnene detaillierte Schilderungen romantischer Begebenheiten. An die Stelle der Laissen von zehn- und zwölfsilbigen Versen sind kurze Reimpaare getreten, die in leichtem Plauderton dahinfließen und zu mancher Abschweifung, zu manchem Aperçu Gelegenheit geben. Das Heldengedicht ist durch den Versroman, die Volkspoesie durch das individuelle, bewußte Schaffen von Dichtern verdrängt worden, die im Gegensatz zu den meist anonymen Verfassern der Chansons de geste großenteils bekannt sind. Diese Werke sind auch nicht zum Vorsingen vor dem Volke bestimmt, sondern zur Lektüre in gebildeten Kreisen, zum Vorlesen vor einem höfischen, verfeinerten Publikum. Obwohl auch diese Werke treue Spiegelbilder ihrer Zeit sind, deren soziales, moralisches und poetisches Ideal sie wiedergeben, erscheinen sie uns heute doch ungleich moderner als die Chansons de geste. Die Charakteristik der Personen ist eine tiefere, das Gefühl spielt eine größere Rolle, die Frau greift bedeutsamer in die Handlung ein; es sind meist Liebesgeschichten, die schon echt französisch und romanhaft anmuten. Die Figur, um welche sich diese Personen und Vorgänge gruppieren, ist das nördliche Pendant Karls des Großen, der König Artus, ein britannischer Häuptling, der um das Jahr 500 n. Chr. lebte und von dem erzählt wird, daß er an der Spitze seiner Verbündeten gegen die Angelsachsen kämpfte. Der Ruhm seiner Tapferkeit überdauerte ihn lange, und wie die Deutschen von Friedrich Barbarossa, so konnten auch die Briten von ihrem König Artus nicht glauben, daß er gestorben sei.

Im VI. Jahrhundert wurden viele Südbritannier von den Angeln und Sachsen aus ihrem Lande gedrängt und kamen nach Aremorica (Bretagne). Ihre Barden brachten aus der Heimat die Sagen von König Artus mit, und diese wurden hier mit lokalen Überlieferungen verbunden, unter dem Einfluß des Rittertums umgestaltet und auch im übrigen Frankreich verbreitet. Sie wurden wohl zunächst in die Form kleiner Prosaerzählungen gegossen und dann erst zu größeren Versromanen verarbeitet. Auch die Entstehung der Artusromane, speziell die Frage des keltischen Elements in denselben, gab manchen Anlaß zu Kontroversen, und man ist nicht völlig klar darüber, ob bereits in England derartige Versromane bestanden (Insular- oder Evolutionstheorie, vertreten durch G. Paris, Nutt, Weston), oder ob solche erst in der Bretagne gedichtet wurden (Kontinentale oder Inventionstheorie, vertreten durch Foerster, Golther). Der ganze Geist der Artusromane ist jedenfalls ein französischer.

Große Verbreitung erlangten diese Sagen durch die Schriften des Galfrid von Monmouth, Bischofs von St. Asaph († 1154), der in seiner Prophetia Merlini im Anschluß an die dem Nennius zugeschriebene *Historia Britonum* des IX. Jahrhunderts von einem vaterlosen Kind Merlin erzählt, das dem König Wortigern (V. Jahrhundert) über den Kampf der Bretonen und der Sachsen prophezeite. Er beschäftigte sich mit diesem Zauberer auch nochmals ausführlich in seiner Vita Merlini, am nachhaltigsten wirkte aber seine Historia regum Britan-

niae, die bis zum Jahre 1135 reicht und in diesem
Sagenkreise eine ähnliche Stellung einnimmt wie die
Pseudoturpinsche Chronik im karolingischen. Sie wurde
im XII. Jahrhundert von Wace in seinem Brut, ferner
auch im Münchener Brut und in mehreren verlorenen
Versionen den Franzosen bekannt. Brutus, ein Enkel des
Aeneas, galt als Gründer von Britannien, denn in jener
Zeit der Machtfülle des Papsttums wollten alle Völker
dem römischen nahestehen und womöglich mit den Römern
verwandt sein.

Wie Karl so hat auch Artus seine Paladine, die er
an einer Tafel um sich zu versammeln pflegt, weshalb
man diesen Kreis die Tafelrunde nennt. Hierher kommen
die Ritter von nahe und fern und berichten von ihren
Taten. Zu den Rittern der Tafelrunde gehören Gauvain,
der Neffe des Königs, Parcival der Gralsucher, Lancelot der schmachtende Liebhaber der Königin Ginevra, Galaad, Lancelots Sohn, Yvain der Löwen-
ritter und Kei der Seneschall, der dem falschen Ganelon
entspricht. Auch Tristan wird später diesem Kreise zu-
gezählt. Hier treibt der erwähnte Zauberer Merlin
sein Unwesen, der vom Teufel mit einer Jungfrau in
heimtückischer Nachäffung der Menschwerdung Christi
gezeugt wurde. Überhaupt bedienen sich die Artusromane
eines ausgedehnten Zaubermaterials. Man findet in diesen
Gedichten Zauberschlösser voll unheildrohender Geräte,
Brücken, deren Überschreiten den Tod bringt, furchtbare
Riesen und tückische Zwerge, zauberkundige Weiber, wunderbare Tiere, Zauberhörner, Zauberschwerter u. dgl. m.

Den höchsten Glanz verbreitet jedoch über alle diese
Vorgänge der heilige Gral, eine wunderbare, mit über-
natürlichen Eigenschaften ausgestattete Schüssel, in der
manche den Rest eines Naturkults, andere ein rein
legendarisches Element erblicken wollen, das sich mitten
in diese Rittersagen verirrt hat. Helinand definiert in
seinem *Chronicon* (ca. 1200) «*gradalis*» als eine Schüssel mit
Abstufungen zum Auslegen verschiedener Speisen. Ins-

besondere verstand man jedoch unter dem Gral jene
Schüssel, deren sich Christus beim letzten Abendmahle
bediente und in der dann Joseph von Arimathia das Blut
des gekreuzigten Heilands auffing. Daher die mißver-
ständliche Ableitung des Wortes Saint Graal von *sang
real, royal* oder *réel,* die ebenso unrichtig ist wie die
Boronsche von *agréer* (beglücken). Das im Mittelalter sehr
verbreitete, im XII. Jahrhundert mehrmals ins Französische
übersetzte apokryphe Nikodemus-Evangelium erzählt, daß
Christus den Joseph von Arimathia zum Danke für seine
Liebesdienste durch 40 Jahre im Kerker mittelst dieser
Schüssel in wunderbarer Weise am Leben erhalten habe,
bis er ihn endlich — man weiß nicht warum so spät —
durch Aufhebung der Mauern befreite. Die Kreuzesschüssel
ist also, folkloristisch gesprochen, zu einem Wunschgefäß,
einer Art von Tischlein, deck dich, einem Gerät ähnlich
dem Ölkrüglein der Witwe von Sarepta geworden. Außerdem wurde dem Gral in Erinnerung einer Stelle bei
Matthäus (XXVI, 23) die Eigenschaft zugeschrieben, den
Reinen vom Sünder zu trennen. Bald fehlte es nicht an
anderem mystischen Beiwerk. Der Gral erscheint in der
Regel von einer blutigen Lanze begleitet, die mit jener
identifiziert wird, mit welcher Longinus den Heiland durch-
bohrte (Joh. XXIX, 34). Man ließ den Gral in einer Zauber-
burg von einer Dynastie von Königen, die mit Joseph verwandt waren, hüten und ihn gelegentlich auch bei Artus'
Tafelrunde erscheinen, an der ein Platz für den einst zu
erwartenden letzten Gralhüter (Parcival) frei bleiben mußte.
Aus Josephs Schwager Bron, der als symbolischer Fischer
(Bekehrer, *roi pescheor*), genannt wird, entwickelt sich
durch ein sprachliches Mißverständnis ein Sünderkönig,
der an einer Sünde dahinsiecht, durch die Nähe des Grals
aber vor dem Tode bewahrt wird, und den Parcival durch
die Stellung einer Frage erlöst. Parcival (Perceval),
dessen Tatenlust man schon aus seinem Namen *(percer-
vallée)* entnehmen wollte (vgl. Wolfram von Eschenbach
140, 16) ist ursprünglich ein keltischer Nationalheld (Pere-

dur), von dessen Kindheit und Unerfahrenheit bei seinem
Eintritt in die Welt des Rittertums und von dessen Beziehungen zu einer Fee einige alte Lais erzählten. Auf
ihn wurde die Rolle des Gralsuchers und ersten Gral-
hüters übertragen.

Einer der ersten unter den Dichtern, welche Stoffe
aus dem Artussagenkreise, speziell die Gralsage behandelten,
war Robert de Boron (Borron). Dieser schrieb ca. 1170
bis 1180 für den Grafen Gautier de Montbéliard († 1212)
eine größere dreiteilige Estoire du Saint Graal, zu
welcher er das Nikodemus-Evangelium, andere apokryphe
Schriften, Galfrid von Monmouth, sowie (für den dritten
Teil) Chrestien de Troyes oder dessen Vorlage (livre) benutzte. Der erste Teil (Joseph von Arimathia) behandelte die Vorgeschichte des Grals, der zweite Teil (Merlin)
die Verhältnisse in Britannien bis auf Artus herab, der
dritte (Perceval), der in der Prosafassung allerdings
manche Widersprüche gegenüber den beiden anderen aufweist, die Gralsuche und Gralfindung. Von dieser Estoire
ist uns nur ein Bruchstück (der erste und der Anfang des
zweiten Teils, 4018 Verse) erhalten, das ganze Werk kennen
wir nur aus einer Prosaauflösung des XIII. Jahrhunderts
(Prosa-Robert). — Bald nach Boron, wenn nicht gleichzeitig
mit ihm, bemächtigte sich der Gralsage sein größerer Zeit-
genosse Chrestien de Troyes, der ca. 1155—88 tätig
war und als der eigentliche Schöpfer der Artusepik anzusehen ist. Er war vielleicht Waffenherold am Hofe
des Grafen von Champagne und wurde jedenfalls von der
Gräfin Marie gefördert. Er starb vor 1200. Man besitzt
von ihm eine ganze Reihe solcher Versromane, die zu den
herrlichsten Blüten der altfranzösischen Poesie gehören:
Erec, Cligés, Lancelot (Chevalier de la Charrette),
Yvain (Chevalier au lyon). Den Perceval (Conte du Gral)
hat er nicht vollendet. Von Chrestien rühren nur ca.
11000 Verse her; seine Fortsetzer, der Unbekannte, Gauchier de Dourdan, Manecier und Gerbert (de Montreuil)
brachten das Werk auf einen Gesamtumfang von ca.

60 000 Versen. — Chrestien schrieb in seiner Jugend auch einen Tristan («*Del roi Marc et d'Iseut la blonde*»), der uns aber nicht erhalten ist. Wie die Parcivalsage, so gehört auch die Tristansage ursprünglich nicht zum Artussagenkreis und wurde erst später mit ihr verbunden. Ihre historischen Grundlagen sind in England und Schottland zu suchen (s. u. S. 50 ff.).

Borons Gedicht blieb in seiner Wirkung auf kleine Kreise Frankreichs beschränkt, Chrestiens Werke hatten dagegen auch im Ausland einen nachhaltigen Erfolg. *Erec* und *Yvain* wurden von Hartmann von Aue (ca. 1200), *Cligés* von Ulrich von Türheim (ca. 1250), *Parcival* von Wolfram von Eschenbach ins Mittelhochdeutsche übertragen. Wolfram kennt nur den von Chrestien selbst herrührenden Teil, nicht die Fortsetzungen, polemisiert aber gegen Chrestien und nennt den Provenzalen Kyot (Guiot de Provins?) als seine Quelle. Es gibt ferner nordische und keltische Bearbeitungen. Die letzteren (*Mabinogion* im sogenannten Roten Buch von Hergest) hielt man lange Zeit irrtümlich für älter als die Gedichte Chrestiens.

Nach Chrestien behandelten noch zahlreiche Dichter die Geschichten von Artushelden. Ein Dutzend solcher «biographischer Artusromane» sind auf uns gekommen, viele andere verloren gegangen. Der bedeutendste unter ihnen ist wohl Méraugis de Portlesguez von Raoul de Houdenc (Houdan, Ende des XII. Jahrhunderts). Aber auch er zeigt schon eine merkliche Dekadenz gegenüber den Romanen des großen Meisters. Wie die Matière de France, so ging auch die Matière de Bretagne schließlich im Abenteuerroman unter, der alles in sich aufnahm. Es dauerte nicht lange, so übertrug der Dichter von Blancandin et l'orgueilleuse d'amour (6000 Achtsilber, XIII. Jahrhundert) auf einen friesischen Königssohn Abenteuer, wie sie bis dahin nur Gauvain und Parcival bestanden hatten, bis er ihn schließlich seine Orgueilleuse gewinnen ließ, die er zuvor durch

Küsse beleidigt hatte. Der letzte Nachklang der Artusepik ist Froissarts Abenteuerroman Meliador (1369—83).

Unter der Matière de Rome la grant verstand man alle Stoffe, die mit dem klassischen Altertum zusammenhingen, speziell auch die griechischen. Ein Interesse an denselben bestand in Frankreich schon im frühen Mittelalter, lange vor der Renaissance, wenn auch nicht so lebhaft wie in Italien. Seit dem Anfang des XII. Jahrhunderts begegnen bei den französischen Dichtern Hinweise auf antike Sagen, auf die Belagerung Trojas und die Gründung Roms, auf Achilles, Helena und die Züge Alexanders des Großen. Virgil wird eine populäre Persönlichkeit, und die Legenden, welche sich in Italien um ihn bilden, erlangen auch in Frankreich Verbreitung. Seit dieser Zeit findet man hier auch Neubearbeitungen antiker Sagen in lateinischer Sprache (Gautier de Lille, *Alexandreis*) denen bald solche in der Volkssprache folgen. Diese adoptieren die metrische Form der Artusromane, an die sie sich auch in der Auffassung anschließen. Sie übertragen das mittelalterliche Milieu mit seinen christlich-chevaleresken Ansichten in völlig unhistorischer, anachronistischer Weise auf die Vorgänge des Altertums, von dem wenig mehr als die Namen der Personen und Örtlichkeiten und ein dürftiges Gerippe der Handlung übrig bleibt. Alles ist mit den Augen einer viel späteren Zeit gesehen. Man dachte sich Troja oder Rom wie eine mittelalterliche Stadt, die Lebensweise, Bewaffnung, Kleidung, Kriegführung der Bewohner sind ganz mittelalterlich. Agamemnon, Achilles, Odysseus, Diomedes, Alexander der Große unterscheiden sich nur durch die Namen von Karl dem Großen, dem König Artus und den Paladinen. Klytämnestra und Helena gleichen der Ginevra und der Isolde auf ein Haar. Kalchas ist ein Bischof mit Stab und Mitra, es gibt Klöster in Troja und Griechenland. Und daneben waltet der ausgedehnte Zauberapparat einer degenerierten Mythologie, der mit all dem nicht in Einklang zu bringen ist.

An solchen Ungereimtheiten nahm damals niemand
Anstoß, ja sie wurden kaum bemerkt, da es an sach-
kundigen Kritikern fehlte. Die antiken Quellen waren
fast unzugänglich, und die Kenntnis der klassischen
Sprachen, besonders des Griechischen, war noch höchst
selten. Aber auch der gelehrteste Mann jener Tage konnte
sich nicht in eine frühere Epoche zurückversetzen. Wie
kraus waren noch im XIV. Jahrhundert selbst die Vorstellungen eines Petrarca oder Boccaccio von der Antike.
Man las nicht den Homer, sondern nur die Zubereitungen
und ausschmückenden Verfälschungen seiner Berichte durch
die mittelalterlichen Fabulisten. Die dem Dares Phry-
gius und dem Dictys Cretensis zugeschriebenen Werke
fanden die weiteste Verbreitung und unbedingten Glauben.
Dares, der Verfasser der angeblich von Cornelius Nepos
ins Lateinische übersetzten Historia de excidio Trojae
wollte in der belagerten Stadt mit eingeschlossen gewesen
sein, Dictys Cretensis, der Autor der Ephemeris
belli Trojani sich unter den Belagerern befunden haben.
In der Tat sind beide Schriften recht plumpe Fabrikate
des IV. und V. Jahrhunderts.

Sie bilden, mit Einzelheiten aus Ovid und anderen
Autoren gemischt, die Grundlagen der mittelalterlichen
Trojaromane, speziell des Roman de Troie von Benoît
de Saint-More (ca. 1165, 30 000 Verse). Der Dichter
des letzteren ist wohl mit dem Kleriker Beneeit, einem
Reimchronisten am Hofe Heinrichs II. von England und
Verfasser der Chronique des Ducs de Normandie zu identifizieren. In diesem weitverbreiteten Gedicht (38 Handschriften), das die ganze Geschichte der Stadt Troja
behandelt, werden die Berichte des Dictys und Dares
romantisch ausgesponnen. Benoit beginnt mit dem Ar-
gonautenzug, erzählt dann die erste Zerstörung der Stadt
durch Jason und Herkules, den Wiederaufbau derselben
durch Priamus, die Rache der Troer durch den Raub der
Helena, die Einnahme Trojas durch die Griechen und
die späteren Schicksale der Helden einschließlich jener

des Odysseus. Eine besondere Aufmerksamkeit widmet
er den Liebesgeschichten; er schildert in freier romantischer Ausgestaltung die Beziehungen zwischen Jason und
Medea, zwischen Achilles und Polyxena, am meisten interessierten ihn aber jene von Priams Sohn Troilus mit
Briseis (Cressida), der treulosen Tochter eines Priesters,
die ihn mit dem Griechen Diomedes betrügt. Diese Episode ist durch Boccaccio *(Filostrato)*, Chaucer *(Troylus
and Chryseyde)*, und Shakespeare *(Troilus and Cressida)*
in die Weltliteratur übergegangen. In der großen Zahl
der Bearbeitungen ist die lateinische Prosaversion des
sizilianischen Richters Guido delle Colonne (Ende des
XIII. Jahrhunderts) hervorzuheben, die wieder viele andere
im Gefolge hatte. Auf ihr beruhen Herbort von Fritzlars
Lied von Troje (ca. 1200), Konrad von Würzburgs *Buch
von Troja* (1287), Lydgates *Troy Book* (erste Hälfte des
XV. Jahrhunderts), Milets *Mystère de la Destruction de
Troie* (1450) u. a. m. — Benoit ist vielleicht auch der
Verfasser des Roman d'Énéas (ca. 1160), der eine erweiterte Nachbildung der Aeneis ist und von Heinrich
von Veldeke in seiner *Eneide* (1170—90) nachgeahmt
wurde. Großer Beliebtheit erfreute sich auch der Roman
de Thèbes (ca. 1150), der das Leben des Ödipus und
den Zug der sieben gegen Theben nach der auch von
Dante geschätzten Thebais des Statius erzählt. Er erlebte
noch im XIII. Jahrhundert eine erweiterte Bearbeitung
und eine Prosaauflösung.

Kein Held des Altertums war aber im mittelalterlichen Frankreich so populär wie Alexander der Große,
über dessen Leben und Taten zuerst Curtius Rufus (im
I. Jahrhundert n. Chr.) ausführlich geschrieben hatte. Das
sensationslustige Mittelalter gab jedoch der phantastischen
Sage den Vorzug, die sich in Ägypten, wohl zunächst in
Alexandrien, um die Person des mazedonischen Eroberers
gebildet hatte. Dort machte man ihn zum Sohne eines
ägyptischen Königs, schmückte seine indischen Feldzüge
in abenteuerlichster Weise mit Zaubergeschichten aus, ließ

ihn die Reiche der Luft und des Wassers erobern und
seine Fahrten sogar bis ins Paradies ausdehnen. Einen
solchen Alexander zeigt die Schrift des griechischen Fäl-
schers, der sich für Kallisthenes, den Begleiter Alexanders,
ausgibt (Pseudokallisthenes, ca. 200 n. Chr.) und von
welcher Julius Valerius zu Anfang des IV. Jahrhunderts unter dem Titel *Res gestae Alexandri Macedonis* eine
lateinische Übersetzung gab, die besonders in einem Auszug, der Epitome Julii Valerii aus dem IX. Jahrhundert große Verbreitung fand. Eine andere Übersetzung
ist die Historia de proeliis des neapolitanischen
Priesters Leo (X. Jahrhundert, in italianisierendem Latein).
Von Pseudokallisthenes angeregt sind die phantastischen
Briefe Alexanders an den Brahmanen Dindimus und an
seinen Lehrer Aristoteles über die Wunder Indiens, nebst
den Antworten der genannten, die Schrift *Alexandri Magni
iter ad paradisum* (IV. Jahrhundert) und andere Fabeleien.
Auf solchen Grundlagen entsteht seit dem Ende des
XI. Jahrhunderts eine ganze Reihe französischer Alexander-
dichtungen, denn seine berühmte *largesse* machte ihn
zum Liebling der Jongleurs. Das älteste Alexandergedicht,
das des Alberic de Besançon [Briançon?] (Ende des
XI. Jahrh.; Achtsilbertiraden) stützt sich auf die *Epitome*
und ist nur fragmentarisch erhalten. Es erfuhr hundert
Jahre später eine poitevinische Bearbeitung in Zehnsilber-
Laissen und eine mittelhochdeutsche durch den Pfaffen
Lambrecht. Gegen Ende des XII. Jahrhunderts entstand
dann der große Alexanderroman (ca. 20 000 gereimte
Alexandriner), der in seinen vier Branchen das ganze
Leben des Helden und die Schicksale seines Reiches nach
der Teilung behandelt. Der Verfasser der Branchen I
und IV und der Redaktor des Ganzen ist Alexandre
de Bernay (oder de Paris), der Dichter der II. heißt
Eustache, jener der III. Lambert *li Tors* (der bucklige)
oder *li Cors* (der kurze) aus Chateaudun. Aber auch noch
später besang man den großen Mazedonier mit Vorliebe.
Um 1190 schrieb Gui de Cambrai seine Vengeance

d'Alexandre, um 1313 Jacques de Longyon seine
Voeux du paon. Auch die Geschichte der Vorfahren
Alexanders wurde in abenteuerlicher Weise ausgestaltet
(Aimé de Varennes, *Roman de Florimont*, 1188).

In diesen und manchen anderen Gedichten war das
fabulistische Material aufgespeichert, aus dem die ersten
Prosaerzähler schöpften. Es versorgte in dieser Form
durch Generationen viele Millionen Menschen mit geistiger
Nahrung. Schließlich war aber auch dafür die Zeit vorüber. Die Sprache der Gedichte veraltete, der Geschmack
am gesanglichen Vortrag der Chansons de geste schwand
und das Vorlesen kam mit der Verbreitung der Lesekunst
immer mehr ab. Wer lesen konnte, wollte nun selbst
lesen, und dazu fand man die Prosa doch geeigneter als
den Vers, der zwar beim lauten Lesen besser wirkte, beim
stillen Lesen aber nur als Hindernis in der Mitteilung
des Gedankens empfunden wurde. Die Bearbeiter des
XV. Jahrhunderts müssen die Prosa wählen: «*pour ce que
au jourd'huy les grans princes et autres seigneurs appetent
plus la prose que la rime*». Und Ähnliches liest man oft:
«*L'acteur de ce présent livre s'est esmeu paoureusement d'en
rescripre aulcuns haultains fais et translater de rime en prose
à l'appetit et cours du temps*» (*Charlemaigne et Anseis*,
Gautier II, 556). «*Dieu donne que je puisse translater de
vieilles rimes en ceste prose l'histoire d'Aimeri de Beaulande,
car plus volontiers s'i esbat l'en maintenaut qu'on ne souloit
et plus est le languaige plaisant prose que rime. Ce dient
ceulx auxquieulx il plaist qu'ainsi le veulent avoir*» (*ib.*). Für
die Bearbeiter selbst war dies durchaus keine unwill-
kommene Neuerung, denn die Mühe war ja dadurch er-
leichtert und da man nun in kürzerer Zeit noch größere
Folianten vollschreiben konnte, war es auch in materieller
Hinsicht besser als früher. Als die Buchdruckerei erfunden
worden war, geriet der Versroman bald völlig in Vergessenheit, und man vervielfältigte nur noch Prosaromane.
Ein großer Teil der ältesten französischen Drucke (Inku-
nabeln) gehört dieser Gattung an. Um die Versromane

kümmerte sich nun durch Jahrhunderte niemand, und erst die moderne Wissenschaft hat sie von neuem entdeckt. Die Prosaromane bedeuten im Hinblick auf ihre Vorgänger in vieler Beziehung einen Niedergang. Sie stehen literarisch betrachtet noch um eine Stufe tiefer als die letzten Remaniements der Gedichte, auf welche sie sich gründen. Wenige von ihnen genügen höheren ästhetischen Ansprüchen. Es ist meist recht minderwertige Literaturware, die kaum die Spuren eines bewußten künstlerischen Schaffens aufweist. Wer einige von diesen Romanen kennt, kennt so ziemlich alle. Der Stil ist meist ein sehr weitschweifiger und der Erzähler sucht das Interesse des Lesers nicht selten durch großsprecherische Phrasen, die an unsere Kolportageromane erinnern, wach zu erhalten. Auch die pompösen Prologe, mit welchen viele von ihnen eingeleitet werden, dienen diesem Zwecke. Am Schlusse verkündet das stereotype «*Cy finist* . . .» (mit Wiederholung des ganzen Titels) dem Leser, daß er von dieser Geschichte nun nichts mehr zu erwarten habe. Nur bisweilen folgt die Aufforderung zu einem frommen Lebenswandel nebst dem Wörtchen Amen.

Die Minderwertigkeit dieser Produkte erklärt sich zum Teil daraus, daß sie fast immer auf späten Überarbeitungen der Gedichte, leider fast nie auf den guten alten Fassungen beruhen. Hatte das Original schon bis dahin arg gelitten, so kam nun noch der Prosabearbeiter und versetzte der Poesie, die noch schüchtern darin flackerte, den Todesstoß. Nach ihrer Methode teilt Gautier die Prosabearbeitungen in wörtliche Auflösungen und in freiere Umgestaltungen und nennt ihre Verfasser je nachdem *Décalqueurs* oder *Imitateurs*. Begabtere Autoren sind in beiden Gruppen selten, da sich solche mit derartigen Arbeiten nicht gerne abgeben. Die Änderungen, welche die Bearbeiter vornehmen, sind nach Gautier (II, 566) viererlei Art: 1. *Suppressions* — Reimworte und störende altertümliche Wendungen und Epitheta werden weggelassen; 2. *Additions* — die allzu knappe Ausdrucksweise wird dem Ge-

schmack der späteren Zeit entsprechend durch eine breitere
ersetzt; 3. *Changements* — an die Stelle veralteter Ausdrücke
treten gebräuchliche; 4. *Interversions* — die Wortstellung
wird, wo es nötig ist, modernisiert. Schwingt sich ein
Autor aber ausnahmsweise einmal dazu auf, zwei oder
drei Seiten lang seinen eigenen Weg zu gehen, so tut er
es gewiß nicht um stoffliche Änderungen oder Zusätze in
der Fabel vorzunehmen, sondern nur um erklärende Ex-
kurse oder frommes Geschwätz einzuflechten. Erstere
sollen den Zeitgenossen Vorgänge oder Zustände, die ihnen
nicht mehr verständlich sind, näher bringen und dem
Verfasser die erwünschte Gelegenheit bieten, um mit seinen
Kenntnissen zu prunken, letzteres den Romanleser daran
erinnern, daß er über seiner Lektüre Gott und die
Pflichten gegenüber der Kirche nicht vergessen dürfe (siehe
den Prolog zu *Girart de Roussillon* bei Gautier II, 584).

Die Namen der Verfasser sind bei den älteren Romanen fast niemals genannt, und wenn dies der Fall ist,
so handelt es sich gewöhnlich um Fiktionen und Mysti-
fikationen, wie beim Prosa-Robert. Werden Autoren von
solchen Büchern in anderen Romanen namhaft gemacht,
so sind die Angaben natürlich doppelt verdächtig, so in
einer viel zitierten Stelle aus *Guiron le courtois*. Diesen
will ein gewisser Helye de Boron verfaßt haben, der sich
bei dieser Gelegenheit über die Autorschaft des Gralromans, des Lancelot und des Tristan äußert. Das ist
literarischer Klatsch des XIII. und XIV. Jahrhunderts,
nichts weiter. In späterer Zeit kommt auch in diese
Verhältnisse mehr Klarheit. Dies gilt vor allem von jenen
Prosaromanen, die am burgundischen Hofe entstanden.
Dieser Hof war besonders unter Philipp dem Guten
(1419—67) die hervorragendste Stätte solcher Prosabearbeitungen. Der Herzog selbst nahm reges Interesse an
derartigen Arbeiten. Er besaß eine große Bibliothek, die
er allerdings zum Teil schon von seinen Vorgängern Karl
dem Tapferen (1362—1404) und Johann ohne Furcht
(1404—19) übernommen hatte, die er aber beträchtlich

vermehrte, und deren Schätze er den Bearbeitern bereitwillig zur Verfügung stellte. Er liebte es besonders, alte Gedichte in Prosa auflösen zu lassen und hatte zu diesem Zwecke eine ganze Reihe von Autoren in seinem Solde. Die bedeutendsten und fruchtbarsten unter ihnen waren Jean Wauquelin (*Girart de Roussillon,* 1447) und David Aubert (*Conquestes de Charlemagne,* 1448). Daß er auch an Stoffen des klassischen Altertums Gefallen fand, ist bei dem Gründer des Ordens vom goldenen Vließ nur selbstverständlich. Er ließ diese Manuskripte auf kostbarem Pergament herstellen und von Kalligraphen und Miniaturisten ausschmücken. Viele derselben sind erhalten und zählen zu den kostbarsten Kleinodien der reichsten Bibliotheken.

Nach solchen Manuskripten oder minderwertigen Abschriften derselben wurden dann die ersten Drucke dieser Romane hergestellt. Denn was anfangs nur ein vielbewundertes Juwel im Besitze weniger Mächtiger dieser Erde war, das wurde später dank der Buchdruckerkunst Gemeingut aller, und auch das Volk sollte sich daran ergötzen. Eine Anzahl rühriger Drucker, Antoine Verard, Jehan und Nicolas Bonfons, Jehan Trepperel, Alain Lotrian, Michel und Philippe Lenoir (sämtlich in Paris), Pierre Mareschal und Barnabé Chaussard (in Lyon) u. a. publizierten seit dem Jahre 1478 — damals erschien die erste Ausgabe des *Fierabras* — eine große Menge von Ritterromanen. Diese Ausgaben wurden anfangs mit gotischen, später mit runden Lettern gedruckt und waren mit derben Holzschnitten geziert, die im Bedarfsfalle auch in andere Bände übergingen, ja sogar innerhalb ein und desselben Bandes mehrmals wiederkehrten. Die Titel, welche schon in den Handschriften an Länge nichts zu wünschen übrig ließen, sind hier nicht selten in einem förmlich marktschreierischen Ton gehalten, um möglichst viele Käufer anzulocken. Man sollte schon im voraus wissen, wieviel Interessantes in solch einem Buche enthalten sei und wie sehr sich diese Geschichte zu ihrem

Vorteil von allen früheren und womöglich auch von allen späteren unterschied.

Solcher Art waren die mittelalterlichen Romane, die sich noch durch das ganze XVI. Jahrhundert großer Beliebtheit beim Lesepublikum erfreuen. Sie zerfallen im Hinblick auf ihre epischen Vorlagen in drei Gruppen: I. in solche nach Chansons de geste, II. in solche nach Artusgedichten und III. in solche nach Versromanen über antike Stoffe. Zu diesen kommen dann als IV. die Prosaerzählungen nach Abenteuerromanen und verwandten Dichtungen. Unter diesen Gruppen gebührt der II. ihrem Alter nach der Vorrang.

Literatur. Über die Chansons de geste, die Artusgedichte und die Versromane über antike Stoffe vgl. man die oben S. 13 angeführten Werke über altfranzösische Literatur. — Über die Manuskripte der Prosaauflösungen: Léon Gautier, *Les épopées françaises*, 2. Aufl., Paris 1878—82, 4 Bde ; II, S. 544 ff. — Über die Inkunabeldrucke ebda. II, S. 601 ff. — Über die angeblichen Verfasser der Romane: Histoire littéraire XV, S. 494 ff., und Gröber, l. c. S. 996. — Über die Literatur am burgundischen Hofe: Georges Doutrepont, *La littérature française à la cour des ducs de Bourgogne, Philippe le hardi, Jean sans peur, Philippe le bon, Charles le téméraire*, Paris 1909 (Bibliothèque du XV. siècle, VIII. Bd.). (Vgl. Zeitschrift für roman. Phil. XXXIV, 228 ff.)

III. Matière de Bretagne.

Die Prosaromane aus dem Sagenkreis von König Artus und dem heiligen Gral bilden in ihrer Gesamtheit einen so weit und mannigfaltig verzweigten Komplex, daß es fast unmöglich ist, seine Struktur und die Abhängigkeit der einzelnen Teile voneinander genau festzustellen. Den Kern und Ausgangspunkt der ganzen Entwicklung bildet der schon erwähnte Prosa-Robert, die aus dem XIII. Jahrhundert stammende Auflösung des Gralgedichtes von Robert de Boron. Zum Unterschiede vom Gral-Lancelot-Zyklus wird diese Bearbeitung bisweilen auch der kleine Gral genannt. Obwohl so viele andere Versionen unmittelbar oder mittelbar auf ihr beruhen, blieb sie selbst auf die handschriftliche Verbreitung beschränkt, und sie wurde in der Folge durch die großen Zyklen vollständig verdrängt. Zur Zeit der Erfindung der Buchdruckerkunst war sie der Vergessenheit anheimgefallen. Sie schließt sich, soweit dies zu kontrollieren ist, genau, oft wörtlich, an die Versvorlage an und bezeichnet, wie diese, Robert als ihren Verfasser. Die Prosa ist uns in zwei berühmten Manuskripten, Didot (jetzt Bibliothèque nationale, 1301) und Modena (Ms. 39) erhalten. Das letztere stellt die bessere Version, aber auch nicht das Original dar. Beide geben die drei Teile der Boronschen Dichtung, Joseph von Arimathia, Merlin und Parcival, wieder.

I. Joseph d'Arimathie erzählt zunächst, wie die Abendmahlsschüssel von einem Freunde des Judas gestohlen wurde, an Pilatus kam und von diesem dem Joseph gegeben wurde, der darin das Blut des Gekreuzigten auffing. Man erfährt dann, wie Christus mit dem Gral dem gefangenen Joseph erschien und die Schüssel diesen im Kerker am Leben erhielt. Der am Aussatz erkrankte Sohn des Kaisers Vespasian wendet sich an Pilatus mit der Bitte um eine Reliquie Christi, wird durch den bloßen Anblick des Schweißtuches der Veronika geheilt und beschließt, den Tod des Erlösers an den Juden zu rächen. Er beginnt damit, Joseph aus dem Kerker zu befreien. Dieser bekehrt ihn und viele andere und zieht dann mit seiner Schwester Enygeus, deren Gatten Bron (Hebron) und anderen Verwandten in ferne Lande. Zuerst geht es ihnen gut, als sie sich aber der Sünde (luxuria) ergeben, geraten sie in Not und Elend. Auf sein .Gebet erhält Joseph vom Himmel die Weisung, eine Tafel zu fertigen ähnlich jener des letzten Abendmahls und den Gral daraufzustellen, Bron aber soll einen Fisch fangen und daneben legen. Der Fisch, griechisch *Ichthys* (aus den Anfangsbuchstaben von Ἰησοῦς Χριστὸς Θεοῦ Ψὶὸς Σωτήρ), war seit jeher das Symbol Christi, der Fischfang jenes der Bekehrung («Ich will euch zu Menschenfischern machen»). Bron heißt deshalb *le riche pecheur*,

der reiche Fischer oder Fischerkönig, woraus später der
Sünderkönig (Amfortas) wurde. Dann sollen alle Platz
nehmen, ein Sitz aber soll leer bleiben für Brons Enkel
(Parcival), der einst kommen und der letzte Hüter des
Grals sein werde. Als sie sitzen, zeigt es sich, daß viele
von ihnen durch die Nähe des Grals beglückt werden
(hier die Etymologie von *agréer*), andere dagegen nicht.
Da der Gral die Eigenschaft besitzt, den Reinen vom
Sünder zu trennen, vermögen nur die ersteren in seiner
Nähe auszuharren, die letzteren schleichen betrübt von
dannen. Die Speisung erfolgt auf wunderbare Art, der
symbolische Tisch bleibt unberührt. Als ein Sünder,
Moses, den freien Sitz mutwillig okkupiert, verschlingt ihn
allsogleich die Erde. Bron und Enygeus haben zwölf
Söhne. Ein Engel verkündigt, daß derjenige von ihnen,
welcher keine Frau nähme, die anderen überragen werde.
Dies ist Alain, welcher erklärt, er wolle sich lieber
schinden lassen als heiraten, und sich mit seinen Brüdern
aufmacht, um in fernen Landen das Christentum zu
predigen. Auf Geheiß des Himmels übergibt Joseph den
Gral dem Bron, der nach dem Westen zieht. — Hier
bricht die Geschichte des Grals ab, die erst im III. Teil
wieder aufgenommen wird.

II. Merlin. Die höllischen Geister, bestürzt über die
Ausbreitung des Christentums, beschließen, einen Statthalter
auf Erden einzusetzen und beauftragen einen aus ihrer
Mitte, mit einer irdischen Jungfrau ein Kind zu zeugen.
Die Sache gelingt, das unehelich geschwängerte Mädchen
wird zwar nach den strengen Gesetzen Britanniens in
einen Kerker geworfen, gebiert aber glücklich den Wechsel-
balg Merlin, der sogleich nach der Geburt in langen Reden
seine höllische Abkunft verrät und erwirkt, daß die
Mutter der ihr drohenden Todesstrafe entgeht. Zu dieser
Zeit wird der britannische König Moines durch seinen
Seneschall Vortiger der Herrschaft beraubt. Zum Schutze
gegen die Brüder des Entthronten, Uter und Pendragon,
welche den Usurpator angreifen, baut Vortiger einen

großen Turm, der allen Vorsichtsmaßregeln des Erbauers zum Trotz wiederholt einstürzt. Die Astrologen erklären, er könne nur standhalten, wenn der Grundstein mit dem Blut eines Kindes begossen würde, das unlängst ohne Zutun eines sterblichen Vaters zur Welt gekommen sei. Nachdem der König im ganzen Lande nach einem solchen Kinde vergeblich gesucht hat, meldet sich Merlin, enthüllt aber, daß der Turm deshalb einstürze, weil unter ihm zwei einander befehdende Drachen lägen. Als der rote und der weiße Drache im wechselseitigen Kampfe verendet sind, hält der Turm stand, aber Vortiger wird besiegt, und Pendragon besteigt den Thron. Dank seiner prophetischen Gabe wird Merlin der Günstling des neuen Königs, und als dieser im Kampfe gegen die Sachsen gefallen ist, auch der seines Nachfolgers Uter, der sich nun Uterpendragon nennt. Merlin begibt sich darauf ziemlich unvermittelt nach Carduel und verfertigt hier gleichfalls eine große runde Tafel nach dem Vorbilde der Abendmahlstafel (die dritte Tafel), an der er den 50 Edelsten des Landes ihre Plätze anweist und nur einen Platz für den letzten Gralshüter (Parcival) frei läßt. Bei einem Feste in Carduel verliebt sich der König in Yguerne, die Gattin des Herzogs von Tintagel (Tintajol). Sie weist ihn ab, und es kommt zum Kriege zwischen ihm und dem König. Merlin aber gibt diesem die Gestalt des Herzogs und führt ihn in das Gemach der Yguerne, die ihn, wie Alkmene den Jupiter, für ihren Gemahl nimmt. Der Herzog fällt im Kampfe, und der König heiratet seine Witwe. Diese gebiert einen Sohn, der allgemein, auch von ihr selbst, für einen Sohn des Herzogs gehalten wird. Dies ist Artus, der nach Uterpendragons Tod zum König gewählt wird. Er zeigt seine Eignung zu dieser Würde, indem er als der Einzige mit wunderbarer Kraft ein Schwert aus einem Amboß zieht (sog. Motiv der Königsprobe).

III. Parcival (Perceval). Inwieweit der dritte Teil auf dem Vers-Robert beruht, ist nicht festzustellen, da die Versvorlage hier mangelt. Sicher ist, daß in der

Prosa außer den beiden vorangehenden Teilen der Prosa-
redaktion auch Chrestien und sein Fortsetzer Gaucher de
Dourdan, sowie Chrestiens *Erec* stark mitbenutzt sind.
Roberts Name wurde vielleicht nur mißbräuchlich auch
auf diesen dritten Teil gesetzt, der mit den beiden anderen
wenig gemein hat. — Merlin enthüllt, daß Artus der
Sohn Uterpendragons sei und erzählt dem König die Geschichte des Grals, von welchem man lange nichts gehört
hat. Der Gral befinde sich bei dem kranken Fischerkönig (Bron), der erst gesunden werde, wenn einst ein
Ritter komme und ihn frage, wozu der Gral diene. Der
heilige Geist beauftragt nun Alain le Gros, den Sohn
Brons, seinen Sohn Parcival auszusenden — denn auch
der reine Alain hat mittlerweile geheiratet — damit er
seinen Großvater Bron und den Gral suche. Parcival,
ein junger, völlig unerfahrener Mensch, begibt sich zunächst an Artus' Hof, besteht dann verschiedene Abenteuer, die mit der Haupthandlung nichts zu tun haben,
und findet schließlich durch Zufall die Gralburg, wo sich
ihm der ganze Zauber enthüllt. Er sieht den kranken
König, den Gral, welcher einen himmlischen Glanz verbreitet, die blutende Lanze, die wunderbare Speisung,
aber eingedenk der Warnung eines alten Einsiedlers ist
er zu schüchtern, nach der Bedeutung all dessen zu
fragen. Als er von der Burg fortreitet, schleudert ihm
eine Jungfrau (die spätere Kundry) einen Fluch nach.
Sieben weitere Jahre sucht er nun die Burg, bis er sie
endlich findet. Nun fragt er und löst dadurch den
Zauber. Der sieche König stirbt und Parcival wird Gral-
könig.

Wie sein Vorbild, so ist auch der Prosa-Robert ein
interessantes Werk, dem große Schönheiten nicht abzusprechen sind. Die dunkle Mystik der Gralmythe mit
der symbolischen Bedeutung der Frage (vgl. Lohengrin)
übt auch in diesem Werk ihren geheimnisvollen Reiz, der
aber durch die wenig künstlerische Komposition sehr
beeinträchtigt wird. Vieles ist unklar und widersprechend.

Theologische Erörterungen über die Messe u. a. werden über Gebühr ausgedehnt. Anderseits scheint manches zu fehlen. «Es spricht aus diesem Gralwerk», sagt Gröber (II, 1, 523), «vielmehr ein für seine Sache, besonders durch die religiösen Bestandteile der Überlieferung und Dichtung eingenommener und denselben mit Eifer nachgehender Schriftsteller, der jedoch den zusammengebrachten Stoff nicht zu durchdringen und einheitlich zu verarbeiten vermochte.»

Auf den Prosa-Robert stützen sich unmittelbar und mittelbar die späteren Prosabearbeitungen, die literarisch immer schlechter werden. An dieser Dekadenz sind vornehmlich zwei Gründe schuld. Einerseits begnügen sich die Verfasser nicht damit, ihre Vorbilder zeitgemäß umzugestalten, sondern sie haben stets die Tendenz der Verbreiterung und wollen immer mehr Personen und Abenteuer vorführen; anderseits ging man aber immer mehr darauf aus, Zyklen zu bilden. Je mehr Romane es gab, desto mehr wollte man sie miteinander verbinden, um möglichst umfangreiche Manuskripte herzustellen und möglichst erfolgreiche Widmungen bieten zu können. Da man oft ganz heterogene Elemente miteinander vereinigte, mußten die künstlerischen Interessen naturgemäß sehr leiden. Dem Gralroman wurde die Verbindung mit dem Lancelot verhängnisvoll.

Die Geschichte von Lancelot, wiewohl verhältnismäßig jüngeren Datums, hatte rasch eine große Beliebtheit gewonnen, die von Frankreich aus in alle anderen Literaturen überging. Der Name des Helden erscheint in Dichtungen erst in der zweiten Hälfte des XII. Jahrhunderts. Die ursprüngliche Sage erzählte wohl von einem Ritter, der als Kind gestohlen und von einer Wasserfee aufgezogen wurde. Mit dieser wurde vielleicht eine alte Erzählung *(Conte)* verbunden, die von der Befreiung eines Verstorbenen aus dem schwer zugänglichen Totenreiche berichtete. Lancelots Beziehungen zu der Königin Guenièvre sind erst später in Nachahmung und Konkurrenz zur Ge-

schichte von Tristan und Isolde erfunden worden, um letztere
aus der Gunst des Publikums zu verdrängen. In der
Folge wurde die Lancelotsage auch mit der Gral-Parcival-
Mythe verbunden. Man ließ Lancelot an der Gralsuche teilnehmen und ging schließlich so weit, seinen
Sohn an Stelle des nicht mehr so beliebten Parcival
zum Gralfinder zu machen. Der vollendete Lancelotroman,
wie er in Chrestiens *Chevalier de la Charrete* (1165—72)
und in den darauf beruhenden Handschriften und in
den Vulgärausgaben der Prosa (1494 usw.) vorliegt, stellt
selbst bereits einen Teil einer zyklischen Bildung dar, in
welcher die eigentliche Lanceloterzählung mit einer Vordichtung Galehaut (über Lancelots Jugend und seinen
Freund Galehaut [Galeotto]), und einem dritten Teil
Agravain (über die Kindheit Galaads, des Sohnes Lancelots und der Tochter des Gralkönigs Pelles) verbunden
war. Der Verfasser des dritten Teils kannte die noch
mehrfach zu erwähnenden *Queste*, wie denn auch in
einer Handschrift Gautier Map als Autor genannt wird.

Lancelot ist der Sohn des Königs Ban von Bretagne
und seiner Gattin Helena. Als Bans Burg belagert wird,
muß er mit Frau und Kind flüchten und stirbt auf dieser
Flucht. Während Helena sich ihrem sterbenden Manne
zuwendet, wird das Kind, welches sie am Ufer eines
Sees niedergelegt hatte, von einer Nymphe fortgetragen.
Dies ist Viviane, die Geliebte Merlins, die den Knaben
in einem Feenschlosse erzieht. Achtzehn Jahre alt, bringt
sie ihn an Artus' Hof, wo er zum Ritter geschlagen wird.
Nun beginnt sein Verhältnis zu Guenièvre (Ginevra), der
zuliebe er für Artus die größten Heldentaten vollbringt.
Er besiegt auch den riesenhaften König Galehaut, der in
der Folge sein bester Freund wird und seine erste Zu-
sammenkunft mit der Königin vermittelt (s. Dante, *Inferno*
V, 137). Um sie aus der Gefangenschaft des tückischen
Melcagent zu befreien, geht Lancelot auf Händen und
Füßen über eine Brücke, die nicht breiter ist als die
Schneide eines Schwertes. (Hierin will man einen um-

gestalteten Rest des erwähnten *Conte* erblicken.) Um sie einzuholen, entschließt er sich nach kurzem Zögern sogar einen Wagen *(charette)* zu besteigen, was als nicht ritterlich galt. In seinem exaltierten Wesen, das ihn zum Selbstmordversuch treibt, in seinen seelischen Konflikten, die stets mit dem Sieg der Minnepflicht über die ritterliche Ehre enden, zeigt sich deutlich der Einfluß der Troubadourlyrik und ihrer dekadenten Ansichten. Chrestien sagte ja selbst, daß ihm Stoff und Behandlungsweise dieses Romans von seiner Gönnerin Marie von Champagne, einer geborenen Provenzalin, angegeben worden seien. Lancelot bewahrt seiner Geliebten nicht nur in allen Situationen bedingungslose Treue, sondern er ist ihr willenloser Sklave, ihre Launen sind ihm Gesetz, wie später jene Astrées dem Celadon. Es ist sehr bezeichnend, daß er um vieles jünger ist als Guenièvre, denn Lancelot wurde erst geboren, als Artus schon vermählt war. Endlich wird das Verhältnis durch die Fee Morgain *(Fata Morgana)*, die Schwester Artus', entdeckt und diesem verraten. Es kommt zum Kriege zwischen Artus und Lancelot, der jedoch eine andere Wendung erhält, als sich Mordret gegen Artus empört. Dieser wird bald als ein inzestuos erzeugter Sohn des Artus und der Morgain, bald als ein Neffe des Königs bezeichnet. In der Schlacht gegen ihn verschwindet Artus, und man glaubt, daß er den Tod gefunden habe. Lancelot und Guenièvre wären nun frei, aber, als hätte ihr Verkehr mit der Gefahr auch den Reiz verloren, ziehen sie sich voneinander zurück, sie geht ins Kloster, er wird Einsiedler.

Diese beiden Elemente, Gralroman und Lancelot, wurden nun miteinander verbunden und bildeten den sogenannten G r a l - L a n c e l o t - Z y k l u s. — Die Einwirkung des Lancelot zeigt sich zunächst beim M e r l i n, der unter den drei Teilen des Prosa-Robert zuerst ein lebhafteres Interesse gefunden zu haben scheint als die beiden anderen Teile. Er wurde unter Einbeziehung des sogenannten L i v r e d ' A r t u s (Hs. Bibl. Nat. 337) allmählich zu jenem

selbständigen Romane ausgebaut, der uns in den Vulgärausgaben (1498 usw.) vorliegt. Merlins Geschichte, die
Robert nur bis zur Thronbesteigung des Königs Artus
geführt hatte, wurde nun in der Weise fortgesetzt, daß
man den Zauberer zum allmächtigen Minister des Königs
machte, mit dessen Hilfe dieser alle seine Feinde und
auch ein katzenartiges Ungetüm in der Nähe des Genfer
Sees *(Lac de losan, Mont du Chat)* überwindet. Endlich
verschwindet Merlin, und nur seine Stimme ist noch aus
einem Hagedornbusch im Walde von Broceliande zu ver-
nehmen, wohin ihn seine Geliebte Viviane (Niviene) versetzt hat, der er unvorsichtigerweise einen Zauberspruch
mitteilte *(Enserrement Merlin)*. — Nicht genug daran,
wurde zur Verbindung des Vulgär-Merlin mit dem Lancelot
auch noch eine besondere Fortsetzung zu Merlin (S u i t e
d e l'e s t o i r e d e M e r l i n) geschrieben, die allerdings nur
im Manuskript Huth (ehemals Ducange) erhalten ist und
durch den Druck nicht verbreitet wurde. Sie ist eine
Art Abenteuerroman vom jungen Artus. — In dieser
Suite wird auch der C o n t e d e l b r a i t erwähnt, und der
Verfasser der Suite sagt, er habe diesen *Conte* einem
gewissen H e l y e d e B o r o n zur Bearbeitung übertragen,
dessen Name auch sonst in Handschriften begegnet.
Helye wird u. a. auch als Verfasser des *Palamedes* bezeichnet, einer Kompilation, deren I. Teil *Meliadus* und
deren II. Teil *Guiron le courtois* ist. Im Prolog dieses
Palamedes wird ihm ferner der *Bret* zugeschrieben, womit dann wohl wieder dieser *Conte del brait* gemeint
sein dürfte. Der letztere ist uns nicht erhalten, und wir
können seinen Inhalt nur aus einer spanischen Nachahmung El b a l a d r o d e l s a b i o M e r l i n (gedr. 1498)
erschließen. Diese gibt eine vollständige Biographie des
Merlin, und unter dem Schrei *(baladro)* ist wieder der
letzte Schrei Merlins gemeint, mit welchem er aus dem
Leben schied.

Erfolgreicher war die zyklische Bildung, welche vom
dritten Teil der Gralsuche ausging und hierher Lancelot-

Elemente verpflanzte. Die alte, richtige Tradition zeigt uns der Roman Perceval le gallois (Perlesvaus), der im Auftrage eines Herrn von Cambrai für einen gewissen Jean de Nesle (wohl den Burgvogt von Brügge, 1225) verfaßt und 1530 gedruckt wurde. Er enthält eine Gralsuche mit Parcival als Held, benützt alle früheren Gralromane, Robert de Boron sowie Chrestien de Troyes und dessen Fortsetzer, den Unbekannten, und Gauchier (übereinstimmend mit dem Edinburger Manuskript) und zeichnet sich durch seine gute Darstellung aus. — Diese Version genügte jedoch einer für Lancelot schwärmenden Zeit mehr. Man ersetzte nun, wie erwähnt, den nicht mehr nicht interessanten Parcival durch einen Sohn Lancelots, Galaad, den dieser mit der Tochter des Gralkönigs Pelles zeugte, aber erst als herangewachsenen Jüngling kennen lernte. Diese Galaad-Queste wurde um d. J. 1190—1200 verfaßt und war ursprünglich eine selbständige Fortsetzung des Lancelot, die später an den *Grand Saint Gral* angeschlossen wurde. Die Art, wie dies geschah, ist eine sehr ungeschickte. Es wird nämlich in der *Queste* so ziemlich dasselbe erzählt wie im *Perceval,* und obwohl Galaad die Stelle des letzteren vertritt, kann sich der Verfasser nicht entschließen, den ursprünglichen Helden ganz fallen zu lassen. Es entsteht dadurch ein störendes Nebeneinander von zwei Gralsuchern, bis sich der Verfasser endlich für Galaad entscheidet. Die ganze Gralsuche ist hier noch weit mystischer und weihevoller als in der Parcival-Queste. Bei Galaad scheint deutlich das Bild Christi vorzuschweben. An Artus erinnert es, wenn auch er ein Schwert aus einem Marmorblock zieht.

Nun mußte aber auch die Vorgeschichte des Gralromans den neuen Bedürfnissen angepaßt werden, und dies geschah im sogen. Großen Gral, von dessen Verbreitung die Zahl der Handschriften Zeugnis gibt. Hucher nennt deren 26, die ältesten stammen aus dem XIII. Jahrhundert. Diese neue Histoire (livre) du Saint Gral, welche nun mit der Galaad-Queste zusammen gedruckt wurde

(1516 usw.), imponiert mehr durch ihren Umfang als
durch ihre Komposition. Sie ist nichts anderes als eine
unkünstlerische Erweiterung des Prosa-Robert, die natürlich
auch Robert von Boron als Verfasser nennt. Bisweilen
wird sie auch dem Gautier Map (Walter Mapes) zugeschrieben, einem Engländer, der um 1200 Erzdiakon
in Oxford war, von dem man eine Novellensammlung «*De
nugis curialium*» besitzt und dem auch verschiedene lateinische Gedichte zugeschrieben werden. Diese Zuweisung des
Gralromans ist eine völlig willkürliche. Da Robert sagte,
daß die Geschichte des Grals vor ihm von keinem Sterblichen behandelt worden sei (*par nul home qui fust mortal*),
führt sie der Verfasser mit Betonung des Wortes «sterblich»
auf ein von Christus selbst geschriebenes Buch zurück.
Er erzählt, daß ihm der Heiland in der Gründonnerstag-
nacht des Jahres 717 in seiner Einsiedlerhütte in der
Bretagne erschienen sei und ihm das Buch nebst Schreib-
gerät übergeben habe mit dem Auftrage, es abzuschreiben,
und zwar schnell, denn bis zum Himmelfahrtsfeste müßte
die Kopie fertig sein. Die Erzählung verläuft bis zum
Auszuge Josephs und der Seinen (3. Kap. des *Gr. St. Gr.*)
ziemlich parallel mit Robert, vom 4. Kapitel an weicht
sie bedeutsam ab. Hier übernimmt Josephs Stelle als
Gralhüter dessen Sohn Josephe, der persönlich mit Gott
verkehrt, alle Enthüllungen empfängt und von Christus
selbst zum Bischof geweiht wird. Große Episoden sind
eingeschaltet, so die ganz im Geschmack der Ritterromane
gehaltenen Geschichten der heidnischen Könige Evalach
und Seraphe, die in der Taufe die Namen Mordrain und
Nascien erhalten. In Josephe ist der Übergang vom
Fischerkönig zum Sünderkönig deutlich zu sehen. Er
wird wegen Lässigkeit im Bekehrungswerk von einem
Engel mit einer Lanze verwundet, die Spitze der letzteren
bleibt in seinem Schenkel stecken, er hinkt fortan und
wird erst geheilt, als ihn der Engel mit dem Schaft der
Lanze berührt und mit diesem die Spitze extrahiert
(antikes Motiv; die Axt des Achilles heilt die Wunden,

welche sie schlug). Dann häufen sich die mystischen und symbolischen Abenteuer. Alain gründet die Gralburg, in der ihm mehrere, meist auch am Schenkel verletzte Hüter folgen. Als Vollender der Gralabenteuer wird nicht Parcival, sondern Galaad, der Sohn Lancelots aus dem Hause des Nascien, in Aussicht genommen, woraus sich die Benutzung der *Queste* deutlich genug ergibt. Eine kuriose Einzelheit sei erwähnt: Als Mordrain den Josephe um ein Andenken bittet, läßt sich dieser den Schild Mordrains bringen und seiner Nase einen Blutstrahl entströmen, der auf dem Schilde ein rotes Kreuz zeichnet. Galaad soll einst diesen Schild tragen. — Literarisch betrachtet, ist der Große Gral eine sehr minderwertige Arbeit, ein richtiger geistlicher Abenteuerroman, der die Vorgänge in stilloser Weise aneinanderreiht und bei jeder Gelegenheit seinen wüsten theologischen Kram und mystisch-allegorischen Schwulst ausbreitet. Geradezu störend sind die zahlreichen Wiederholungen derselben Motive, wie des Erblindens wegen zu nahen Herantretens an den Gral, wie auch des Steckenbleibens von Lanzen- und Schwertspitzen.

Zu diesen vier Teilen *(Histoire du St. Gral, Merlin, Lancelot, Queste)*, die durch den Druck große Verbreitung erlangten, kommt nun in den Handschriften seit Ende des XIII. Jahrhunderts noch als fünfter und Abschluß die Geschichte von Artus' Tod (Mort d'Artus), welche aber in der Originalfassung bis in die jüngste Zeit ungedruckt blieb. Dies nimmt nicht wunder, da sie inhaltlich zum großen Teil die Vorgänge des Lancelot wiederholt. Sie behandelt die Fortsetzung der Kämpfe zwischen Artus und Lancelot und zwischen Artus und Mordret, der hier sein Neffe ist, den Tod Lancelots und der Königin im Kloster, sowie jenen sämtlicher Artusritter. Artus und Mordret verwunden einander gegenseitig tötlich, und der König wird von seiner Schwester Morgain nach Avalun entrückt.

So war ein großer Zyklus entstanden, dem man die

recht willkürliche Zusammensetzung allerdings stark anmerkte und der seine schrittweise Entstehung unleugbar
verriet, der aber dem nach immer neuen Abenteuern und
neuem Zauberspuk lüsternen Geschmack jener Zeit entsprach. Heute ist es etwas schwer, ja fast unmöglich,
sich in diesem Dickicht von Romanen zurechtzufinden.
Sie bilden wohl eines der verworrensten Kapitel der
älteren französischen Literaturgeschichte. «Die ganze Gral-
dichtung macht den Eindruck eines infolge andauernder
Nachfrage auch von unberufenen Händen in Behandlung
genommenen Literaturzweigs, dessen einzelne Triebe von
sehr ungleichem Werte sind und dessen äußerer Charakter-
zug maßlose Überhäufung ist» (Gröber, l. c. S. 503).

In den großen Stoffkreis der Artus- und Gralromane
wurde schließlich auch die Tristan-Dichtung einbezogen,
die ursprünglich mit demselben ebensowenig zu tun hatte
wie die Parcivalsage und einen ansehnlichen Komplex
für sich bildete, ehe ein Dichter auf den Gedanken kam,
diesen Helden den Artusrittern zuzugesellen. Man mochte
darin das einzige Mittel erblicken, um Tristans Popularität
neben jener des Lancelot zu behaupten, dessen ehebreche-
rischen Beziehungen zu Guinèvre mit jenen Tristans zu
Isolde in eine erfolgreiche Konkurrenz traten. Wie Artus, so
sind auch Tristan und König Marke historische Figuren.
Ein König Marke herrschte im VI. Jahrhundert in Cornwall über vier Völker. Tristan ist verbildet aus Drostan,
welchen Namen verschiedene Könige der Pikten (Schotten)
im VII.—IX. Jahrhundert führten. Speziell hieß so ein
heldenhafter Fürst, der als Sohn des Talorc, später als
der des Riwalin, eines Königs von Lonnois (Lothian) im
nordöstlichen Schottland bezeichnet wird; daher Drostan
von Lonnois, woraus die Franzosen Tristan von Léonois
machten. Wie sie bei Léonois (Löwenland) an *leon (lion)*
dachten, so schwebte ihnen bei Tristan der Etymon *triste*
(traurig) vor, was damit erklärt wurde, daß seine Mutter
bei der Geburt starb. Die Sage brachte nun die durch
Zeit und örtliche Entfernung getrennten Gestalten des

Marke und Tristan miteinander in Verbindung. Den
Kern bildet das sogenannte Morolt-Abenteuer. Tristan
befreit Cornwall von dem schimpflichen Tribut, welchen
ein Riese dem Land auferlegt hat. Er tötet Morolt im
Zweikampfe, wird aber selbst verwundet. Die Sage wurde
nun in der Weise weitergebildet, daß man Tristan von
einer Fee heilen ließ, in welcher Isoldens Vorbild zu
erblicken ist. Aber noch fehlen verschiedene charakteristische
Einzelheiten. — Die Werbung Tristans um Isolde für den
König Marke scheint aus dem im Folklore weitverbreiteten
Märchen von der goldhaarigen Jungfrau zu stammen. Dieses
erzählte von einem alten König, der von seinen Vasallen
gedrängt wird zu heiraten, um dem Reiche einen Thron-
erben zu geben. Er aber will davon nichts wissen. Als
er einst auf dem Söller seiner Burg sitzt, kommt eine
Schwalbe geflogen und läßt ein goldenes Frauenhaar vor
ihm auf den Boden fallen. Er hebt es auf und schwört,
nur diejenige zu heiraten, welcher das Haar gehöre. Ein
Held zieht aus, sie zu suchen und findet sie. Diese Vorgänge wurden auf die genannten Personen übertragen.
Marke erhält die Rolle des alten Königs, Tristan die des
jungen Helden, Isolde wird die blondhaarige Jungfrau. —
Dazu kommen noch Elemente aus dem klassischen Altertum und aus der Schwankliteratur des Mittelalters. Von
Liebestränken spricht schon Ovid, und das abergläubische
Mittelalter maß ihnen große Bedeutung bei. Aus der
Mythe von Paris und Oenone stammt die Schlußwendung,
wie Tristan, der eine andere Isolde (Weißhand) geheiratet
hat, tödlich verwundet um die blonde Isolde sendet, daß
sie komme, um ihn zu heilen. Die Geschichte von den
beiden Segeln ist der Theseus-Sage entnommen. Wie
Aegeus mit seinem Sohne, so trifft Tristan mit dem Boten
die Verabredung, im Falle daß Isolde seinem Rufe folge,
ein weißes, sonst ein schwarzes Segel aufzuziehen.

Verschiedene novellistische Züge aus der Schwankliteratur des Mittelalters überwucherten endlich den Kern
der Sage so, daß ein richtiger mittelalterlicher Roman

daraus wurde, in dem von der ursprünglichen Heldensage nichts mehr zu erkennen war. Diese Motive beziehen sich besonders auf die heimlichen Zusammenkünfte der Liebenden. Tristan und Isolde treffen sich in König Markes Garten unter einer Fichte. Der König, dem dies hinterbracht wird, verbirgt sich in den Zweigen des Baumes und belauscht sie. Jene nehmen es aber rechtzeitig wahr und fingierten ein harmloses Gespräch. — Marke begeht die Unvorsichtigkeit, Tristan in demselben Zimmer schlafen zu lassen, in welchem er mit seiner Gattin schläft. Der Zwerg des Königs bestreut den Fußboden mit Mehl, so daß jeder Tritt zu sehen ist. Tristan bemerkt die List und springt mit einem Satz in Isoldens Bett hinüber. Dabei bricht jedoch eine Wunde auf, die er kurz vorher erhalten, und die Blutflecken verraten ihn. — Marke bringt in seiner Burg einen Sensenblock an, an welchem Tristan sich verwundet, wenn er des Nachts zu Isolde schleicht. Um die Entdeckung zu vereiteln, verletzen sich alle seine Freunde in gleicher Weise (vgl. Boccaccio, *Decameron* III, 2). — Marke verlangt von Isolde die eidliche Versicherung, daß sie ihm nie die eheliche Treue gebrochen habe. Bei einer Furt am Wege zum Gerichtsplatz erscheint Tristan als Bettler verkleidet. Isolde jagt ihr Pferd durch den Bach und befiehlt dem Bettler, sie hinüberzutragen. Dann schwört sie, daß kein anderer als Marke und dieser Bettler sie berührt habe (Fall einer Mentalreservation).

Alle Züge waren zuerst in dem verlorenen Urtristan vereinigt, in dem man aller Wahrscheinlichkeit nach ein französisches (nicht kymrisches oder englisches) Gedicht zu vermuten hat. Dasselbe scheint sehr populär gewesen zu sein. Tristan und Isolde werden seit der Mitte des XII. Jahrhunderts (vor 1154) als berühmtes Liebespaar erwähnt. Auf dem Urtristan beruhen die Gedichte des Thomas und des Berol sowie mittelbar auch der Prosaroman. Das anglonormannische Gedicht des Thomas (verfaßt 1150—70) zeichnet sich durch seine feine höfische

Auffassung aus. Es ist nur fragmentarisch erhalten, sein ganzer Inhalt kann jedoch aus der Bearbeitung Gottfrieds von Straßburg (ca. 1210), der norwegischen *Tristramsaga* (in Prosa, 1226) und dem englischen Gedicht von *Sir Tristrem* (ca. 1300) erschlossen werden. Auch von dem Gedicht des Normannen B e r o l (verfaßt 1191—1200) besitzen wir nur ein Bruchstück, das viel derbere und rohere Ansichten verrät als das des Thomas. An Berol schließt sich der mittelhochdeutsche *Tristrant* von Eilhart von Oberge (Fragment), auf dem wieder die tschechische Version des XIV. Jahrhunderts und der deutsche Prosaroman von 1484 beruhen.

Der französische P r o s a r o m a n wurde zwischen 1215 und 1230 verfaßt. Die Handschriften, welche zwei Fassungen unterscheiden lassen, bezeichnen in der Regel einen L u c e d u G a s t als Verfasser, der auch als Über-setzer eines Gralbuchs aus dem Lateinischen genannt wird. Die erste Ausgabe erschien zu Rouen 1489. Tristan ist der Sohn des Meliadus und der Isabelle, einer Schwester des Königs Marc von Cornwall. Den Meliadus entführt eine Fee kurz vor der Geburt des Sohnes (vgl. Lancelot), und die Mutter gibt in ihrer traurigen Situation dem Schmerzens-kinde den Namen Tristan. Der junge Held erlangt am Hofe Markes zu Tintagel seine ritterliche Ausbildung. Als Morolt, der Bruder der Königin von Irland, nach Cornwall . kommt, um von Marke Tribut zu verlangen, besiegt ihn Tristan im Zweikampf, trägt jedoch von der vergifteten Lanze des Gegners eine Wunde davon. Er läßt sich ohne Segel und Steuer ins Meer hinaustreiben, um anderwärts Heilung zu suchen, und wird an die irländische Küste verschlagen. Die schöne Isolde, die Tochter des Königs, die ihn die Harfe spielen hörte, heilt ihn, da man jedoch entdeckt, daß er der Besieger Morolts sei, muß Tristan fliehen. Später kommt er wieder nach Irland, um für Marke um Isolde anzuhalten. Deren Mutter gibt der Brangäne, der Erzieherin Isoldens, einen Zaubertrank mit, welchen die Neuvermählten am Hochzeits-

abend trinken sollen, damit ihre Liebe beständig bleibe.
Durch Zufall leeren ihn Tristan und Isolde auf der Über-
fahrt und entbrennen in heißester Liebe zueinander. Damit der König nicht bemerke, daß seine Braut nicht
unberührt sei, nimmt Brangäne den Platz der Isolde in
der Brautnacht ein, räumt ihr denselben aber kurz vor
Anbruch des Tages. Später fürchtet Isolde, daß Brangäne
sie verraten könne, und übergibt sie zwei Bösewichtern mit
dem Auftrage, sie im Walde zu töten. Diese verschonen sie
aber, und Isolde freut sich bald, sie wieder um sich zu haben.
Ein großer Teil des Romans ist mit der Erzählung der
Listen ausgefüllt, welche Tristan und Isolde anwenden,
um zusammenzukommen, und von denen die interessantesten
bereits oben erwähnt wurden. Da indes die Wirkung
des Zaubertrankes allmählich nachläßt, begibt sich Tristan
nach der Bretagne und heiratet dort die Isolde Weißhand
(Iseut aux blanches mains), läßt sie aber unberührt.
Schließlich wird er bei einem Liebesabenteuer seines
Schwagers Ruvalen durch die vergiftete Lanze eines be-
leidigten Gatten tödlich verwundet und sendet einen Boten
nach der blonden Isolde, damit sie komme, ihn zu heilen.
Er trifft mit ihm die Verabredung bezüglich der Segel.
Er selbst ist zu krank, um durchs Fenster zu sehen, und
da ihm seine Gattin sagt, das Segel sei schwarz, stirbt er
vor Gram. Die blonde Isolde, die kurze Zeit darauf eintrifft, sinkt entseelt an seiner Leiche nieder. Tristan
verfügt, daß sein Leib nach Cornwall gebracht werde. Er
bittet Marke in einem Briefe um Verzeihung und enthüllt ihm das Geheimnis des Liebestrankes. Tristan und
Isolde werden nebeneinander beigesetzt. Die Pflanzen,
welche aus ihren Gräbern emporwachsen, verschlingen
sich, obwohl sie auf Markes Befehl dreimal abgehauen
werden, stets von neuem, wodurch angedeutet werden soll,
daß wahre Liebe über das Grab hinaus dauert.

Dies ist in großen Umrissen die Geschichte der berühmten Liebenden, die der Prosaroman nach einem Gedichte
erzählt, welches im wesentlichen aus dem Urtristan stammte.

Leider hat der Verfasser sich jedoch nicht auf die Wiedergabe des Liebesromans beschränkt, sondern denselben mit Elementen der Artus- und Gralsage versetzt, welche die Einheitlichkeit schädigen und nur störend wirken. Er macht Tristan zum Artusritter, läßt ihn wiederholt an Artus' Hofe weilen, die verschiedensten Abenteuer bestehen und an der Gralsuche teilnehmen. Alle aus den früheren Romanen bekannten Gralritter und noch einige andere treten auf, erscheinen jedoch in ihrer Bedeutung herabgedrückt, um den neuen Helden, Tristan, zu heben. Von älteren Romanen sind *Lancelot*, *Queste*, *Merlin*, *Mort d'Artus*, *Palamedes* u. a. benützt; außerdem das Gedicht von der *Folie Tristan* (Ende des XII. Jahrhs.), Chrestiens *Yvain* u. a. m. Aus der *Folie* stammt die Szene, wie der Hund Houdenc seinen Herrn Tristan erkennt; aus dem *Yvain*, wie Tristan aus Liebe wahnsinnig im Walde von Morrois umherirrt. Die erwähnten Änderungen machen sich besonders im zweiten Teil geltend, aber stellenweise auch schon früher, wie bei der lang ausgesponnenen Geschichte von Tristans Geburt und Herkunft, wobei die Ödipussage mit eingewirkt hat. Die Rivalität Markes und Tristans in der Liebe zu der Frau des Segurades empfindet man heute als völlig überflüssige Episode. Die oben gegebene Darstellung von dem Tode der Liebenden findet sich in allen gedruckten Versionen des Prosaromans, aber nur in einem einzigen der zahlreichen Manuskripte (Bibl. nat. 103). Sie stimmt mit Thomas und Eilhart überein. In den anderen Handschriften wird Tristan durch die vergiftete Lanze des Königs Marke verwundet, der ihn in Isoldens Gemach angetroffen hat. Er flüchtet mit dem Aufgebot seiner letzten Kräfte zu Dinas und erdrückt Isolde, die mit ihm sterben will, in seinen Armen.

In Bezug auf Geschmacklosigkeit und literarische Untüchtigkeit gibt der Verfasser anderen Prosaredaktoren nichts nach. Er vertauscht gerne die herkömmliche Reihenfolge der Abenteuer, aber ohne das geringste Verständnis und nur zum Nachteile des Eindrucks. Ob-

wohl der Prosatristan somit anderen Bearbeitungen des
Stoffes sehr nachsteht, entbehrt auch er nicht der Schönheit. In manchen Stellen (Tristans Verwundung, Wald-
leben, Tristans Tod) liegt eine tiefe Poesie, zu welcher
die umgebende Szenerie, das Meer, nicht wenig bei-
trägt. «In diesem Drama, das so stürmisch ist, so
tief und so wechselvoll wie das Meer, ist das Meer stets
sichtbar oder in Tätigkeit. Es spielt fast die Rolle eines
Mitbeteiligten» (G. Paris). Die ehebrecherische Liebe, die
dem Stoff einen modernen Charakter zu geben scheint,
und in der ein großer Teil seiner Attraktion auf neuere
Dichter liegt, hat bei näherer Betrachtung in ihrer Auffassung etwas sehr Mittelalterliches. Die Liebe Tristans
und Isoldes ist in der Prosa wie in den Versromanen
keine frei gewollte, sondern eine Schicksalsfügung, die
Folge des Zaubertrankes. Auch sucht man vergeblich
nach einem seelischen Konflikt. Isolde scheint sich ihrer
Schuld kaum bewußt zu sein, sie lebt zu gleicher Zeit
mit ihrem Gatten und mit ihrem Geliebten, weshalb
sie das ganze Mittealter hindurch als Typus der Falsch-
heit galt. Tristan liebt sie mit aller Glut seiner Leidenschaft, aber es fällt ihm nicht ein, sie auf der Brautfahrt
zu entführen, er bringt sie dem König als sein treuer
Vasall. Nur ein einzigesmal entfernen sie sich auf kurze
Zeit (Episode des sogenannten Waldlebens), ohne daß dies
aber für die weitere Entwickelung ihres Schicksals von
Bedeutung würde.

Von der Beliebtheit des Prosatristan gibt die Zahl
der Handschriften (die Bibliothèque nationale besitzt
deren 24, davon 7 aus dem Ende des XIII. Jahrhunderts),
Drucke und Nachahmungen Zeugnis, sowie der Umstand,
daß Brunetto Latini im Jahre 1260 für seinen *Trésor*
daraus eine Beschreibung der Isolde als Musterbeispiel
entlehnte. Eine Neubearbeitung im Geschmack der Renaissance ist der Nouveau Tristan von Jean Maugin
(*dit le petit Angevin*), Paris 1554 u. ö. Maugin, dessen
Lebensdaten unbekannt sind und von dem man nur

weiß, daß er aus Angers stammte, scheint den Tristanroman in dem Druck von Lenoir 1520 benützt zu haben. Der Erfolg war auch beim Tristanroman die Ursache zu zyklischer Weiterbildung. Man dichtete dem Vater Tristans, Meliadus, einen Roman an und erfand zu demselben Zwecke auch einen Sohn des berühmten Paares (Ysaie le triste). Der Verfasser des Livre du Roi Meliadus de Leonnoys, ist derselbe Maistre Rusticien de Pisa, dem man auch die französische Fassung von Marco Polos Reisebericht dankt. Er ist der einzige unverdächtige Autorname, dem wir in dieser Literatur begegnen. Der Meliadus ist zwischen 1271 und 1298 geschrieben, in welcher Zeit Rusticien in Frankreich weilte und dort Sprache und Stoff des Tristanromans kennen lernte. Sein Werk, welches 1528 gedruckt wurde, ist ziemlich verworren, und Meliadus selbst spielt darin neben anderen Artusrittern, wie Tristan, Lancelot, Parcival, nur eine verhältnismäßig geringe Rolle. — Ysaie le triste entstand um die Mitte des XIV. Jahrhunderts. Der Name des Helden ist aus jenen seiner Eltern zusammengesetzt. Seine Geliebte ist Marthe, die Nichte des Königs Irion von England. Das Werk steht sehr unter dem Einfluß der Oberon-Dichtung, wie sich in Ysaies Begleiter und Helfer, dem Zwerg Tronc, zeigt, der sich später als Oberon, der Sohn Julius Cäsars und der Fee Morgana, entpuppt. Auch die Feen greifen stark in die Handlung ein. Neben den Abenteuern Ysaies werden auch jene seines Sohnes Marc des Jüngeren erzählt.

In den Handschriften gewöhnlich mit Meliadus vereinigt, ist Guiron le courtois (Wielands «Geron der Adlige»). Auch er ist jünger als Meliadus, auf den hier oft hingewiesen wird. Sein Verfasser ist nach der gewöhnlichen Angabe auch Rusticien de Pisa, nach anderer der oben erwähnte Helye de Boron (s. S. 46). Der älteste Druck erschien zu Paris 1494. Das Hauptinteresse beanspruchen darin die Beziehungen des Helden zu der Dame von Maloanc, der Frau seines besten Freundes Danayn des

Roten, die ihn zu verführen sucht. Er bewahrt ihm
die Treue, wenn auch unter heftigen inneren Kämpfen,
die ihn gleich Lancelot zu einem Selbstmordversuch
veranlassen. In der Folge verlieben · sich beide in das
schöne Edelfräulein Bloye, wobei Danayn dem Freunde
seine edle Gesinnung schlecht vergilt. Es kommt zum
Kampfe zwischen beiden, Guiron-bleibt Sieger, schont aber
den Danayn, zieht mit Bloye fort und gerät mit ihr in
Gefangenschaft. Ein richtiger Schluß fehlt dem schlecht
komponierten Roman, der bezüglich des Ausgangs auf
den Meliadus verweist.

Eine merkwürdige Verbindung der Artussage mit der
Alexandersage ist der umfangreiche Prosaroman von
Perceforest, der zwischen 1337—90 von einem ungelehrten Autor verfaßt, am burgundischen Hofe viel
gelesen, nach der Redaktion von David Aubert (1459—61)
im Jahre 1528 gedruckt wurde und noch 40 Jahre später
eine Lieblingslektüre Karls IX. bildete. Der Name des
Helden ist nach der Analogie von Perceval gebildet. Der
Verfasser gibt zunächst einen Abriß der englischen Geschichte nach Galfrid von Monmouth, von Brut bis Artus,
und gedenkt dabei auch der Geschichte des Königs Leyr
(Lear), die aber hier wie bei Galfrid nicht tragisch ausgeht. Cordelia besiegt ihre Schwestern und setzt ihren
Vater wieder in seine Herrschaft ein. Nachdem das
Geschlecht des Brut ausgestorben ist, rät Venus den Briten,
am Meeresufer so lange zu warten, bis sich ihnen ein
neuer König zeige. Zur Überraschung nicht nur der
Briten, sondern auch des Lesers kommt — Alexander der
Große, der ihnen zwei Könige gibt, Betis für England
und Gadifer für Schottland. Beide sind Söhne eines
von Alexander überwundenen indischen Königs. Da Betis
einen großen Zauberwald durchzieht und aus dem Holz
desselben einen Palast baut, erhält er den Namen Perceforest. Der Wald aber ist jener von Darnant (Broceliande),
in welchen Merlin von seiner Geliebten Viviane versetzt
wurde, nachdem er ihr unvorsichtigerweise einen Zauber-

spruch mitgeteilt hatte. Der Roman erzählt dann die
Erlebnisse der beiden Könige und ihrer Nachfolger. Unter
anderem erscheint darin auch, und zwar doppelt, in Prosa
(L. V. cap. 42) und in Versen (L. IV. cap. 16 ff.) die Geschichte von der Rose, welche ein Mann mit sich trägt
und die welkt, wenn seine daheim zurückgebliebene Frau
ihm untreu wird — ein orientalisches Motiv, das in verschiedenen Varianten (Bild, Kleidungsstück, das die Farbe
wechselt, Spiegel, der sich trübt) in den morgenländischen
und abendländischen Literaturen wiederkehrt (vgl. Tuti
Nameh, Gesta Romanorum N. 67, Bandello I, 21, Massinger,
The picture, Musset, *Barberine,* usw.).

Artus de Bretagne zeigt, wie ein Ritterroman zu
aktuellen politischen Zwecken benutzt werden kann. Er
wurde unter Karl VIII. zwischen 1491 und 1493 verfaßt
und in dem letztgenannten Jahre gedruckt. Der Held
ist ein Sohn des Herzogs Johann von Bretagne, ein Abkömmling Lancelots, auf welchen hingewiesen wird. Er
verliebt sich in ein ihm unebenbürtiges Mädchen Jeannette,
während seine Eltern für ihn um Peronne, die Tochter
des Herzogs von Österreich, anhalten, deren Ruf nicht
makellos ist. Die Heirat findet endlich statt. Lucca,
die Mutter der Braut, fürchtet, daß Artus in der Brautnacht bemerken könne, daß Peronne nicht mehr Jungfrau
sei, und veranlaßt daher Jeannette, deren Stelle einzunehmen. Diese läßt sich von Artus in der Nacht einen
Ring und die Morgengabe geben und bringt den ganzen Sachverhalt ans Licht. Peronne wird mit Schimpf und Schande
fortgejagt und stirbt aus Gram. In der Folge gewinnt Artus
die dem Kaiser von Indien zugesagte Prinzessin Florence, die
Tochter des Königs Emendus von Sorolois, allerdings erst
nach vielen Abenteuern und nachdem es ihm allein
gelungen ist, einer Statue, die den Hut in der Hand hält,
denselben aufzusetzen. Bei all dem hilft ihm ein Zauberer,
Meister Stefan, eine Kopie des Maugis, welche die Abhängigkeit des Romans von dem Stoffkreis der vier
Haimonskinder ebenso zeigt wie die List der Lucca den

Einfluß des Tristan. Interessant wird der Roman durch den politischen Hintergrund. 1489 beschloß der französische Staatsrat, die Prinzessin Margarethe von Österreich, mit welcher Karl VIII. seit langer Zeit verlobt war, zurückzusenden und an ihrer Statt um Anne de Bretagne anzuhalten, mit welcher sich der König 1491 vermählte. Der Roman war als Huldigung für diese gedacht und erlangte große Beliebtheit (vgl. Jehan de Paris, unten Kap. VI).

Unter den anderen Romanen, welche noch zu erwähnen wären, gedenken wir des Chevalier du Papegau *(Conte du Papegaulx)* aus dem XIII. oder XIV. Jahrhundert, dem aber erst vor kurzem die Ehre des Druckes zuteil wurde. Er setzt einen verlorenen Versroman voraus und berührt sich inhaltlich mit Wirnt von Grafenbergs Gedicht von Wigalois, dem Ritter vom Rade (ca. 1204), dessen französische Vorlage verloren ist. — Schließlich wurden auch mehrere Gedichte Chrestiens im XV. Jahrhundert in Prosa aufgelöst. Der *Cligés* 1554 in Flandern für Philipp den Guten, der *Erec* um dieselbe Zeit; gedruckt wurde nur die bereits oben erwähnte Prosaversion des *Parcival,* welche neben Chrestien auch andere Dichter zu Rate zieht.

Es würde zu weit führen, wollten wir darauf eingehen, welchen Einfluß die Prosaromane der Matière de Bretagne auf das Schrifttum anderer Völker ausübten, und wir müssen uns darauf beschränken, hier die Daten der wichtigsten gedruckten Übersetzungen namhaft zu machen. Die Schicksale der einzelnen Stoffe weiter zu verfolgen würde den Rahmen dieser knappen Darstellung allzuweit überschreiten. Italien erhielt 1480 seinen in der Folge oft gedruckten *Merlin,* dem 1555 ein *Tristan* nach spanischem Muster, mit Einbeziehung von *Ysaie le triste,* folgte. 1558/9 wurden *Lancelot, Meliadus* und *Perceforest* ins Italienische übersetzt. Den *Guiron* brachte Alamanni 1548 in Verse. — In Spanien beginnt die Nachahmung 1498 mit dem *Baladro del sabio Merlin,* 1501 (1528) erscheint *Tristan,* 1526 *Perceval le gallois,* 1535 eine Galaad-Queste, die auch in portugiesischer Version vorliegt (Handschrift des XV. Jahrhs.). — England besitzt außer einer Bearbeitung des *Artus de Bretagne* von Lord Berners (gedruckt Ende des XV. Jahrhs.) die bedeutendste und umfangreichste Übertragung von französischen Artusromanen in der berühmten Morte Darture von Thomas Malory (verf. ca. 1470, zuerst gedruckt von Caxton 1485), einer großen Prosakompilation, deren Titel trügerisch ist, da sie ihrem Inhalt nach die ganzen Artuslegenden mit Einschluß von Tristan umfaßt. Aus ihr schöpfte das spätere England bis auf Milton, Walter Scott und Tennyson herab seine Kenntnis aller Gegenstände der Artusepik.

Literatur. Über die Prosaromane der Matière de Bretagne und speziell die Handschriften, in welchen dieselben erhalten sind, vgl. man: Gröber, l. c. S. 724—726, 996—1010 und 1195. — Dunlop-Liebrecht, l. c. S. 50—114. — Grässe, l. c. S. 95—261. — Doutrepont, l. c. passim. — Paulin Paris, *Les romans de la table ronde mis en nouveau langage.* 5 Bde., Paris 1868—77. — A. Birch-Hirschfeld, *Die Sage vom Gral. Ihre Entwicklung und dichterische Ausbreitung in Frankreich und Deutschland im 12. und 13. Jahrhundert*, Leipzig 1877. — Alfred Nutt, *Studies on the legend of the Holy Grail*, London 1888 ff. — Richard Heinzel, *Die französischen Gralromane* (Denkschriften der Wiener Akademie der Wissenschaften, philos.-histor. Klasse 40. Bd. 1892). — Ed. Wechßler, *Über die verschiedenen Redaktionen des Robert von Boron zugeschriebenen Gral-Lancelot-Zyklus*, Halle 1895. — Derselbe, *Die Sage vom heiligen Gral in ihrer Entwicklung bis auf Richard Wagners Parsifal*, Halle 1898. — Derselbe, *Untersuchungen zu den Gralromanen* (Zeitschrift für roman. Philologie XXIII [1899], S. 135 ff.). — Walther Hoffmann, *Die Quellen des Didot-Perceval*, Diss., Halle 1905. — H. O. Sommer, *Messire Robert de Borron und der Verfasser des Didot-Perceval*, Halle 1908 (Beiheft 17 zur Zeitschrift f. roman. Philologie). — E. Brugger, *L'Enserrement Merlin* (Zeitschrift für franz. Sprache und Literatur, XXIX.—XXXV. Bd., 1904—1910). — Jessie L. Weston, *The legend of Sir Lancelot du Lac*, London 1901 (Grimm Library, Bd. XII). — Dieselbe, *The legend of Sir Perceval*, 2 Bde., ebda., 1906—1909 (Grimm Library, Bd. XVII und XIX).

Prosa-Robert. I. Joseph d'Arimathie. Herausgg. von E. Hucher, *Le Saint-Graal ou le Joseph d'Arimathie*, 3 Bde. Le

Mans 1875 ff. (nach der Handschrift Bibl. Nat. 748) und von
G. Weidner, *Der Prosaroman von Joseph von Arimathia*, Oppeln
1881 (nach der Handschrift Modena 39). — II. Merlin. Herausgg.
von Gaston Paris und Jacob Ulrich, *Merlin, Roman en
prose du XIII. siècle, publié avec la mise en prose du poème de
Merlin de Robert de Boron*, 2 Bde., Paris 1886 (Société des an-
ciens textes français) (nach den Handschriften Bibl. Nat. 747 und
Huth; mit ausführlicher Einleitung), und von H. O. Sommer,
Le Roman de Merlin or the early history of King Arthur, London
1894 (nach der Handschrift des British Museum 10292 [ca. 1316];
Privatdruck in 250 Exemplaren). — III. Parcival. Herausgg.
von Hucher, l. c. und von J. L. Weston, *The legend of Sir
Perceval* II, S. 9—112 (nach der Handschrift Modena 39). — Vgl.
E. Freymond, *Eine bisher nicht benutzte Handschrift* (Florenz,
Bibl. Ricc. 2759), *der Prosaromane Joseph von Arimathia und Merlin*
(Bausteine zur roman. Philologie, Festgabe für Mussafia, Halle 1905,
S. 609 ff).

Neudruck der Vulgata. The Arthurian Romances. *The
vulgate version, in old French.* Edited from manuscripts in the
British Museum by H. O. Sommer. Bd. I—IV enthalten: *Lestoire del Saint Graal, Lestoire de Merlin, Le livre de Lancelot del
Lac*, P. I., Washington 1908—10 (with facs.).

Lancelot. *Le premier volume de Lancelot du Lac nouuellement imprime a Paris (Cy fine le derrenier volume de la table
ronde faisant mētion des fais & proesses de mō seigūr lancelot du
lac)*, Paris, Antoine Verard 1494, 3 Bde. fol. — Spätere Ausgaben: Paris, Jehan Petit und Mich. Lenoir 1513, 3 Bde. fol.;
Paris, Jehan Petit und Phil. Lenoir, 1533, 3 Bd. fol.; Paris,
Phil. Lenoir s. a. — Auszug: Lyon, Benoist Rigaud 1591, 8⁰. —
Teilweise neu herausgegeben (nach der Pariser Hs. Colbert 2437)
von Dr. W. J. A. Jonckbloet, *Le Roman de la Charrette par Gauthier
Map et Chrestien de Troies*, La Haye 1850, S. 1 ff. (auch in: *Roman
van Lancelot* [XIII. eeuw] naar het eenig bekende handschrift der
Koninkl. Bibl. uitgeg. door ... Dr. W. J. A. Jonckbloet, 2 Bde.,
Haag 1846—49). — Der altfranzösische Prosaroman von
Lancelot del Lac. Versuch einer kritischen Ausgabe nach allen
bekannten Handschriften. I. Branche: *La reïne as granz dolors*,
herausgg. von Gerhard Bräuner; II. Branche: *Les enfances Lancelot* (1. Teil), herausgeg. von Hans Becker, Marburg 1911, resp.
1912 (Marburger Beiträge zur romanischen Philologie, Bd. 2 u. 6). —
Italienische Übersetzung: *L'illustre et famosa historia di
Lancilotto dal Lago, che fu al tempo del Re Artù, nella quale si
fa menzione de i gran fatti* . . ., Vinezia 1558/59, 3 Bde. 8⁰;
Neudruck 1862. — Auf dem französischen Prosaroman beruhen
ferner: Das mittelniederländische Gedicht aus dem

XIII. Jahrhundert, abgedr. bei Dr. W. J. A. Jonckbloet, *Roman van Lancelot*, Haag 1846—49, Bd. II. — Die Oberdeutsche Prosabearbeitung (2 Hss. Heidelberg), teilweise gedr. in *Germania* XXIII, S. 441 ff. — Die Niederdeutsche Prosabearbeitung (Fragment), abgedr. in den Sitzungsberichten der Münchener Akademie 1869, S. 313 ff. (Vgl. dazu ebda. 1870, II. 39.) — Der Schottische Versroman, verf. 1490—1500 (Fragment), herausgg. von W. Skeat, *Lancelot of the Laik, a scot. metric rom.*, London 1869; neu herausgg. von J. Stevenson für den Maitland Club. — Der Lancilet dés Ulrich Fuetrer aus Landshut in seinem großen zyklischen Gedicht über die Ritter der Tafelrunde (ca. 1480; vgl. Goedecke, *Grundriß* I, S. 335). — Das Lanzelet-Gedicht des Ulrich von Zazikhofen, verfaßt 1195 nach welscher Quelle, die er von Hugo von Morville erhielt, beruht auf einem verlorenen französischen Gedicht. — An den Lanzelot des Arnaut Daniel, welchen man früher als Ulrichs Vorlage ansah (vgl. Dante, *Purg.* XXVI, 118), glaubt heute niemand mehr. — Vgl. Paul Maertens, *Zur Lanzelotsage, eine literarhistorische Untersuchung* (Böhmers Romanische Studien V, S. 557 ff.). — Gaston Paris, *Études sur les Romans de la Table ronde: Lancelot du Lac* (Romania XII, 1883, S. 459 ff., speziell 485 ff.). — E. Freymond in: Abhandlungen, Herrn Prof. Tobler .. dargebracht .., Halle 1895, S. 308 ff. (über Berner Hss.). — Gröber, l. c., S. 1002 ff.

Merlin. *Cy finissent les prophecies merlin*, Paris, Antoine Verard 1498, 3 Bde. fol. — Spätere Ausgaben: Paris, Michel Lenoir 1505, 3 Bde. 4⁰; Paris, Veuve Jehan Trepperel et Jehan Jeannot, s. a., 3 Bde 4⁰; Paris, Phil. Lenoir 1526, 3 Bde. 4⁰; ibid., 1528; Rouen, Jehan Mace, Michel Angier u. Richard Mace, s. a., 4⁰. — Modernisierung: *Le roman de Merlin l'enchanteur, remis en bon français par* M. S. Boulard, Paris 1777, 3 Bde. 12⁰. — Italienische Übersetzung: *Incomincia il primo libro de la historia di Merlino divisa in VI libri*, Venezia 1480 fol.; Firenze 1585, 4⁰; dann unter dem Titel: *La vita di Merlino*, Firenze 1495; Venezia 1507; 1516; 1529; 1539; 1554. — Neudruck der letzteren: *I due primi libri della istoria di Merlino, ristampati secondo la rarissima edizione del 1480 per cura di* Giacomo Ulrich, Bologna 1884 (Scelta di curiosità lett. inéd. o rare, Disp. CCI). — Mittelniederländische Übersetzung: *Jacob van Maerlants Merlijn, naar het eenig bekende Steinforter handschrift uitgegeven door* J. van Vloten, Leiden 1882 (in Versen, umfaßt Merlin und Livre d'Artus, beendet 1326, Verfasser ist Lotewijck van Velthem). — Mittelenglische Übersetzung: *Merlin or the early history of king Arthur, a prose romance (about 1450—60 a. D.) edited from the unique ms. in the University Library, Cam-*

bridge. With an introduction by D. W. Nash, I—III, London 1865—69 (Early English Text Society). — Vgl. Gaston Paris und J. Ulrich, l. c.

Livre d'Artus. (Manuscript Bibl. nat. f. fr. 337.) — Vgl. E. Freymond, *Beiträge zur Kenntnis der altfranzösischen Artusromane in Prosa* (Zeitschrift für franz. Sprache und Lit. XVII, S. 21 ff.). — Derselbe, *Zum Livre d'Artus* (Zeitschrift f. roman. Philol. XVI [1892], S. 90 ff.). — Derselbe, *Artus' Kampf mit dem Katzenungetüm*. Eine Episode der Vulgata des Livre d'Artus. Die Sage und ihre Lokalisierung in Savoyen (Beiträge zur romanischen Philologie 1899, S. 311 ff.). — Gröber, l. c., S. 1001.

Suite Merlin. (Manuscript Huth.) Herausgg. von Gaston Paris und Jac. Ulrich, l. c. I, S. 147 ff. — Vgl. Gröber, l. c., S. 998 ff.

Conte del brait (Verloren). — *El baladro del sabio Merlin con suo profecias*, Burgos 1498. — Neu herausgg. von A. Bonilla y San Martin im VI. Bd. der Nueva Biblioteca de Autores Españoles, Madrid 1907. — Vgl. Gröber, l. c., S. 1006.

Perceval le Gallois (Perlesvaus). *Tres plaisante et recreatiue hystoire du tres preulx et vaillant cheuallier Perceval le galloys, jadis cheuallier de la table ronde. Leqūl acheua les aduētures du saĩct-graal . . .*, Paris, Jehan Sainct-Denis und Jehan Longis 1530 fol. — Neu herausgegeben von Potvin, *Perceval le Gallois ou le conte du Graal*, Mons 1866 (Bd. I einer sechsbändigen Publikation, Bd. II—VI enthalten das Gedicht Chrestiens und seine Fortsetzungen). — Spanische Übersetzung: *Historia de Perceval de Gaula, caballero de la tabla rotonda el qual acabó la demanda y aventuras del santo Grial*, Sevilla 1526 fol. — Kymrische Übersetzung: gedr. in *Selections from the Hengwrt Mss. preserved in the Peniarth Library Vol. I. Y seint Gral being the adventures of king Arthurs knights of the round table in the quest of the holy greal, and on other occasions*. Originally written about the year 1200. Edited with a translation and glossary by the rev. Robert Williams, London 1876. — Vgl. Gröber, l. c., S. 726. — E. Wechßler, *Handschriften des Perlesvaus* (Zeitschr. f. roman. Philologie XX, S. 80). — Will. Alb. Nitze, *The old french Grail Romance Perlesvaus. A study of its principal sources*. Diss., Baltimore 1902. (Vgl. Zeitschrift f. franz. Sprache und Lit. XXVI, S. 10 ff.) — Mary Rh. Williams, *Essai sur la composition du roman Gallois de Peredur von Quiggin*, Paris 1909.

Queste. (Verfasser angeblich Gautier Map.) *Roman fait et composé à la perpetuation des vertueux faĩts et gestes de plusieurs nobles et vaillants cheualiers qui furent au temps du roy Artus compagnons de la table ronde, specialement à la louange de Lancelot* *du Lac*, Rouen, Jehan le Bourgois und Paris. Jehan Dupre 1488, 5 Teile in 2 Bden. fol. — Neudruck: *La Queste del Saint Graal in the french prose of (as is supposed) Maistres Gautiers Map or Walter Map*, edited by F. J. Furnivall, printed for the Roxburghe Club, London 1864. — Spanische Übersetzung: *La Demanda del sancto Grial con los maravillosos fechos de Lançarote y de Galaz su hijs*, Toledo 1515; dann Sevilla 1535. (Der Übersetzer hieß Joannes Rivas; enthält den Stoff von Borons *Merlin, Suite, Brait* und *Queste*); abgedr. in *Nueva Biblioteca de Autores Españoles*, Bd. VI., 1907. — Portugiesische Übersetzung: *Historia dos cavalleiros da Mesa Redonda e da Demanda do Santo Graal* (Handschrift der Hofbibliothek zu Wien aus dem XV. Jahrhundert). Herausgg. (teilweise) von K. v. Reinhardstöttner, Berlin 1887. — Vgl. Gröber, l. c., II,1, S. 1000, 1004; II, 2, S. 214. — H. Oscar Sommer, *The Queste of the Holy Grail, forming the third part of the trilogy, indicated in the Suite de Merlin, Huth Ms.* (Romania, XXXVI, 1907, S. 369 ff., 543 ff.). — Albert Pauphilet, *La Queste du S. Graal du ms. Bibl. Nat. 343* (Romania XXXVI, 1907, S. 591 ff.).

Großer Graal (Histoire und Queste). *Lhystoire du Sainct-Greaal, qui est le premier liure de la Table Ronde, lequel traicte de plusieurs matières recreatiues. Ensemble la queste du dict Sainct Greaal. Faicte par Lancelot, Galaad, Boors et Perceval, qui est le dernier liure de la table ronde.* Paris, Jehan Petit, Galiot du Pré, Michel Lenoir 1516, 2 Bde. in einem, fol. — Spätere Ausgaben: Paris, Philippe Lenoir 1523, 2 Bde. in einem, fol. — Neudruck: *Seynt Graal or the Sanc Ryal*, herausgg. von Furnivall für den Roxburghe Club, London 1861 (mit altenglischer Übersetzung). — Vgl. Gröber, l. c., S. 1000.

Mort d'Artus. *Mort Artu, an old french prose romance of the 13. century*, edited by J. Douglas Bruce, Halle 1910. (Nach der Handschrift Bibl. Nat. 342 fonds français). — Vgl. Gröber, l. c., S. 1005.

Tristan. *Histoire du tres vaillant, noble et excellent cheualier Tristan fils du roy Meliadus de Leonnois, redigée par Luce, cheualier, seigneur du château de Gast.* Rouen, Jehan le Bourgois 1489, 2 Bde. in einem, fol. — Spätere Ausgaben: Paris, Antoine Verard s. a. (vor 1499), fol.; ibid. s. a. (vor 1503), fol.; Paris, Michel Lenoir 1514 fol.; ibid., 1520 fol.; Paris, Denis Janot 1533; 1552; 1569; 1584 usw. — Italienische Übersetzungen: *La Tavola ritonda o l'Istoria di Tristano* (gedr. in: *Collezione di opere inédite o rare*, herausgg. von F. L. Polidori, Bologna 1864). — *Dell' opere magnanime dei due Tristani*, Venezia 1555 (nach dem Spanischen, mit Einschluß von *Ysaie le triste*). — Spanische Übersetzungen: *La historia de Tristan.* Valladolid 1501. —

Libro del esforçado cavallero Don Tristan de Leonis y de sus grandes hechos en armas, Sevilla 1528. — *Coronica nuevamente emendada y añadida del buen cavallero Don Tristan de Leonis y del rey Don Tristan de Leonis el joven, su hijo,* Sevilla 1534. — Der deutsche Prosaroman (*Histori von Herren Tristant vnd der schönen Isalden von Irlande,* Augsburg 1484 und öfter) beruht nicht auf dem französischen, sondern auf dem Gedicht von Eilhart von Oberge. — Vgl. Estlander, *Pièces inédites du roman de Tristan,* Paris 1866 (vgl. Revue critique 1867, I, S. 127). — Löseth, *Le Roman en prose de Tristan, le poème de Palamède et la compilation de Rusticien de Pise,* Paris 1891 (Bibliothèque de l'école des hautes Études IV/82). — Derselbe, *Le Tristan et le Palamède des manuscrits français du British Museum,* Christiania 1905. — Wolfr. v. Zingerle, *Ein Tristan-Fragment in Tirol* (Romanische Forschungen X [1899], S. 475 ff.). — W. Röttiger, *Der heutige Stand der Tristanforschung,* Progr. Hamburg 1897. — Jos. Bédier, *Le roman de Tristan et Yseut, traduit et restauré d'après fragments conservés du poème français du XII. siècle,* Paris 1900 (deutsche Übersetzungen von J. Zeitler, Leipzig 1901, und von R. G. Binding, Leipzig 1912). — Derselbe, *La mort de Tristan et d'Iseut d'après le ms. fr. de la Bibliothèque nationale comparé au poème allemand d'Eilhart d'Oberg* (Romania XV, S. 481 ff.; vgl. dazu E. Muret, ibid. XVI, S. 356 ff.). — Wolfgang Golther, *Tristan und Isolde in den Dichtungen des Mittelalters und der neueren Zeit,* Leipzig 1907, S. 112 ff. — Gröber, l. c., S. 1006 ff.

Jean Maugin, Nouveau Tristan. *Le premier liure du nouveau Tristan prince de Leonnois, cheualier de la table ronde, et d'Yseulte, princesse d'Yrlande, Royne de Cornouaille .... fait françoys par Jean Maugin dit l'Angeuin.* Paris, Veuve Maurice de la Porte 1554, fol. — Spätere Ausgaben: Paris, Gabr. Buon 1567, fol.; Lyon, Benoist Rigaud 1577, 2 Bde. 16°; Paris, Nic. Bonfons 1586, 4°; ferner zwei Ausgaben s. a. bei Ant. Verard u. eine s. a. bei Denis Janot. — Vgl. Ernst Schürhoff, *Über den Tristan-Roman des Jean Maugin.* Diss., Halle 1909.

Meliadus. *Ou present volume cont contenus les nobles faictz darmes du vaillant Roy Meliadus de Leonnoys. Ensemble plusieurs autres nobles proesses de cheualerie faictes tant par le Roy Artus, Palamedes, le Morhoult dirlande, le bon cheualier sãs paour Galehault le brun, Segurades, Galaad, que autres bõs cheualiers estãs au temps du dit Roy Meliadus. Histoire singulière et recreatiue ....* Paris, Galiot du Pre 1528, fol. — Spätere Ausgaben: Paris, Denis Janot 1532, fol. usw. — Italienische Übersetzung: *Gli egregj fatti del gran re Meliadus con altre rare prodezze del re Artu, di Palamides, Amorault d'Irlanda* . . . . . Venezia 1558/9; dann 1559/60. — Vgl. die Inhaltsangabe bei Löseth, l. c., S. 423 ff. — Gröber, l. c., S. 1008.

Ysaie le triste. *Ysaie le triste, filz Tristan de Leonois, jadis chevalier de la table ronde et de la royne Izeut de Cornouaille. Ensemble les nobles prouesses de chevallerie faictes par Marc lexille, filz du dit Isaye. Histoyre moult plaisante et delectable* . . . Paris, Galiot Dupré s. a. [1522] fol. — Spätere Ausgaben: Paris, Phil. Lenoir (Bonfons) s. a., 4⁰. — Vgl. die Inhaltsangabe bei J. Zeidler, *Der Prosaroman Ysaie le triste* (Zeitschrift für roman. Philologie XXV [1901], S. 175 ff., 472 ff., 641 ff.). — Gröber, l. c., S. 1010.

Guiron le courtois. *Gyron le courtoys. Auecques la deuise des armes de tous les cheualiers de la Table Ronde.* Paris, Antoine Verard, s. a. fol. — Spätere Ausgaben: Paris, Jehan Petit et Michel Lenoir s. a. fol.; Paris, Michel Lenoir 1519 fol., usw. — Bearbeitungen: Luigi Alamanni, *Gyrone il cortese.* Paris 1548 (Gedicht in 24 Gesängen). — Wieland, *Geron der Adelich. Eine Erzählung aus König Artus' Zeit.* (Im Teutschen Merkur 1777.) — Vgl. die Inhaltsangabe bei Löseth, l. c., S. 423 ff. — Romania IV, S. 264 ff. — Gröber, l. c., S. 1008.

Perceforest. *La treselegante, delicieuse, melliflue et tresplaisante hystoire du tres noble et victorieux et excellentissime roy Perceforest, roy de la Grande-Bretaigne* . . . Paris, Galiot Dupré 1528, 6 Bde. in drei, kl. fol. — Spätere Ausgaben: Paris, Gilles Gourmont 1531, 6 Bde. fol. usw. — Neudruck der ersten 15 Kapitel nach der Originalausgabe, herausgg. v. H. Vaganay, Mâcon 1907, 8⁰. — Italienische Übersetzung: *La dillettevole historia del valorosiss. Parsaforesto re della Gran Brettagna; con i gran fatti del valente Gadiffero re di Scotia* . . . *nuovamente translatato di francese in lingua italiana.* Vinegia 1558, 6 Bde. 8⁰. — Vgl. Gaston Paris, *Le conte de la rose dans le roman de Perceforest,* (Romania XXIII [1894], S. 78 ff. mit Abdruck des *Lai a la dame leal*). — Reinhold Köhler im Jahrbuch für roman. und engl. Litt. VIII [1867], S. 44 ff. — Gröber, l. c., S. 1009 f. — Doutrepont, l. c., S. 97 ff.

Artus de Bretagne. *Le petit Artus de Bretaigne (Cy finist le liure du vaillōt & preux cheualier artˢ filz du duc de bretaigne)* s. l. 1493, fol. — Spätere Ausgaben: Paris, Michel Lenoir 1502; ibid. 1514; 1539; Lyon, Olivier Arnoullet 1556; Paris, Nic. Bonfons 1584. — Englische Übersetzung: *The history of the moost noble and valyaunt knyght Arthur of lytell brytagne,* translated out of frensshe into englisshe by the noble Johan Bourghcher, knyght Lorde Barners. London s. a., fol.; dann 1609; neu herausgg. von Utterson, London 1814.

Chevalier du papegau. *Le Chevalier du papegau.*
Nach der einzigen Pariser Handschrift zum erstenmal herausgg.
von **Ferdinand Heuckenkamp**. Halle 1896 (vgl. Archiv f. d.
Stud. d. neueren Sprachen IIC, S. 438 ff.). — Vgl. **Histoire
littéraire** XXX, S. 103 ff. — Gröber, l. c., S. 1195.

Prosabearbeitungen nach Chrestiens Cligés und Erec.
Gedr. in: *Christian von Troyes' Sämtliche Werke* herausgg.
von W. Foerster. Halle 1884, bezw. 1890. — Vgl. Doutrepont, l. c., S. 66 f.

IV. Matière de France.

Die Prosaromane nach Artusgedichten standen beim
Volke bereits lange Zeit in hoher Gunst bevor Autoren
daran gingen, das dort bewährte Verfahren auch auf die
Chansons de geste anzuwenden. Diese mochten, besonders in den älteren Redaktionen zu einer solchen Umgestaltung wenig geeignet erscheinen. In der Folge zeigte
sich jedoch, daß dieser Weg der einzige war, um den zu-
sehends aus der Mode kommenden Rittergedichten eine neue,
letzte Beliebtheit zu verschaffen, und es dauerte nicht
lange, so wetteiferten die Romane dieser Gruppe an Verbreitung mit jenen der andern. In literarischer Hinsicht
kam es ihnen zustatten, daß sie der Zyklenbildung nicht
in so hohem Maße unterlagen wie die Artusromane. —
An Gedichte der *Geste du roi* halten sich drei berühmte
Prosaromane, Galien, Fierabras und Huon de Bordeaux mit seinen Fortsetzungen.

Der Roman Galien le rhetoré (restoré), dessen
erste Ausgabe im Jahre 1500 erschien, beruht auf dem
Galienepos des XIII. Jahrhunderts, das seinerseits eine
Verbindung der *Voyage de Charlemagne* und des Rolands-
liedes darstellt und später dem Zyklus von Garin de
Montglane einverleibt wurde. Der Prosagalien stammt aus
dem XV. Jahrhundert und existiert in vier Fassungen.
Zunächst wird im Anschluß an *Voyage de Charlemagne*
die Wallfahrt Kaiser Karls und seiner Paladine erzählt.
Sie werden in Jerusalem von Kaiser Hugo des Nachts alle in

einem Zimmer beherbergt, und da sie keinen Schlaf finden, vertreiben sie sich die Zeit mit den bekannten Scherzen und Großsprechereien *(gabs),* die dem Kaiser hinterbracht werden. Dieser droht, sie gefangen setzen zu lassen, sofern sie nicht alles wahr machen, — ein Verlangen, welches besonders bei Oliviers Äußerung in bezug auf Hugos Tochter Jacqueline befremdet. Olivier erfüllt sein Versprechen wenigstens zum Teil, und die Folge ist, daß die Prinzessin einem Sohne das Leben schenkt. Dieser Sohn ist Galien, der von einer Fee den Namen *le restoré* (oder, mit Verkennung des Etymons, *le rhetoré*) erhält, weil durch ihn der fast schon erstorbene ritterliche Geist in Frankreich neubelebt wurde. *(«Le dit roman est appellé Galien Restauré à cause qu'il restaura toute la Chrestienté après la mort des douze pairs de France.»)* Herangewachsen geht Galien nach Europa, wo er eben zu jener Zeit eintrifft, als Karl und die Paladine in Spanien weilen (hier beginnt die Materie des Rolandsliedes). Er zieht ihnen nach und findet seinen Vater Olivier, der ihn jedoch erst im Augenblick des Todes erkennt. Er zeichnet sich im Kriege gegen Marsilius aus, deckt den Verrat Ganelons auf, kehrt darauf in seine Heimat zurück und erobert sich die Herrschaft, aus welcher ihn Verwandte vertreiben wollten.

Vor Galien wurde die Ehre, zum Helden eines Prosaromans gemacht zu werden, bereits seinem Sohne Mallart zuteil. Eine ältere Verserzählung über seine Abenteuer nebst jenen seines Genossen Lohier, eines Bastards Karls des Großen, wurde bereits 1405 von Margarethe de Joinville et Vaudemont, einer Deszendentin des Historikers Joinville und Gemahlin des Herzogs Friedrich von Lothringen, in Prosa aufgelöst, und es scheint, daß dies die älteste Prosaerzählung nach einer Chanson de geste gewesen ist. Sie ist uns jedoch nur in einer niederländischen Versbearbeitung und in dem deutschen Prosaroman von *Loher und Maller* erhalten, der 1407 von der Tochter der französischen Verfasserin,

Elisabeth Gräfin von Nassau-Saarbrücken († 1456) aus dem Französischen übersetzt wurde. In dem recht lang-weilig und nüchtern erzählten deutschen Roman spielt Loher die Hauptrolle. Er wird, weil er den Frauen all-zuviel nachstellt, auf sieben Jahre vom Hofe Karls ver-bannt, besteht im Morgenlande und in Italien mit Maller viele Abenteuer, wird römischer Kaiser, wird entmannt, damit er keine Erben haben könne und sein Reich an Ludwig zurückfalle, hat aber zum Glück schon früher mit einer Königin einen Sohn Marphone gezeugt, dessen Er-lebnisse in die Darstellung miteinbezogen sind.

Der Roman von Fierabras ist der älteste gedruckte Prosaroman in französischer Sprache (Genf 1478). Als Verfasser nennt sich ein gewisser Jean Baignon aus Savoyen, der, wie er sagt, das Französische nur mangelhaft beherrsche und das Werk für einen auch ganz unbekannten Kanonikus Henri Bolmier (Bolomier) in Lausanne ge-schrieben haben will. Er hat die Tendenz, eine vollständige Darstellung der Geschichte Karls des Großen und seiner Paladine zu geben. Von den drei Büchern, in welche der Roman zerfällt, gibt das erste eine ziemlich weit ausgreifende Vorgeschichte, das dritte erzählt den Zug des Kaisers nach Spanien. Der Verfasser beruft sich für diese beiden Teile auf *«vng livre, qui se dit le mirouer historial»*, womit das *Spe-culum historiale* des Vincenz von Beauvais gemeint ist. Nur das zweite Buch beschäftigt sich mit Fierabras. Für dieses hat er einen *«roman ancien en français»* benutzt und beteuert *«sans aultre informacion que de celluy livre»* gearbeitet zu haben. Einzelne Stellen verraten aller-dings die Lektüre des *Aiquin,* im ganzen aber beschränkt er sich auf die Prosaauflösung der Chanson de geste von Fierabras (XIII. Jahrhundert), deren historischen Kern man in der Plünderung der römischen Kirchen St. Peter und St. Paul durch die Sarazenen im Jahre 846 und in dem Entsatze Roms durch Guido von Spoleto sehen will. Wahrscheinlicher ist jedoch die Ansicht, daß hier nur die Ausgestaltung einer lokalen Legende über die Passionsreliquien vorliegt, die mit anderen epischen Elementen vermischt wurde.

Im Anschluß daran erzählt er, wie Fierabras, der Sohn des Emirs Balant von Spanien mit einem großen Heere in Rom einbrach und die Passionsreliquien raubte, ehe Karl der Große, den der Papst zu Hilfe rief, zum Entsatze erschien. Karl verfolgt ihn nach Spanien, es kommt zu mehreren Schlachten, und Fierabras fordert schließlich die Paladine zum Zweikampf heraus. Er wird jedoch von Olivier besiegt und bekehrt sich zum Christentum, während Balant, der die Taufe verweigerte, enthauptet wird. Zuvor geraten jedoch mehrere Paladine in die Gefangenschaft der Feinde, aus welcher sie durch Floripas, die Tochter des Emirs, die sich in Gui de Bourgogne verliebt hat und zu den Franzosen hält, befreit werden. Durch sie erhalten die Christen auch die Reliquien zurück. Gui heiratet am Ende die bekehrte Floripas.

Die beiden vorgenannten Romane übertrifft an Beliebtheit und Verbreitung jener von Huon von Bordeaux. Die zugrunde liegende Chanson de geste wurde ca. 1220 von einem Jongleur aus St. Omer verfaßt und zeichnet sich vor anderen durch ihre flotte Darstellung und den humoristischen Ton aus, in dem die bunten Abenteuer aneinander gereiht sind. Die geschichtliche Grundlage ist ein Abenteuer Karls von Aquitanien, des Sohnes Karls des Kahlen, der eines Nachts im Jahre 864 dem Ritter Alboin im Walde bei Compiègne auflauerte und von jenem in der Notwehr schwer verletzt wurde. Auch Huons Vater Seguin von Bordeaux († 845) ist eine historische Figur. In ihrem Inhalt weist die Chanson de geste und nach ihr auch der Prosaroman zahlreiche Reminiszenzen aus anderen Stoffkreisen auf. In den Kämpfen zeigt sich der Einfluß des Rolandsliedes, in den Orientreisen jener der *Voyage de Charlemagne*, die Schachpartie stammt aus der *Chevalerie Ogier*. An die Artusepik erinnert, daß Auberon der Sohn Julius Cäsars und der Fee Morgana ist und daß er dem Huon ein Zauberhorn und eine sich selbst

füllende Weinschale gibt (vgl. Gral). Im übrigen ist
Auberon (Alberon) der Alberich der deutschen Heldensage, der ja im deutschen Otnit dem Helden in ganz
ähnlicher Weise beisteht, wie hier Auberon dem Huon und
ihm auch Zaubergeschenke macht. Bart und Zähne spielen
in beiden Dichtungen eine Rolle. Man schloß daraus auf
eine gemeinsame Quelle in der fränkischen Sage. Das
Gedicht fand großen Anklang und wurde zu einer förmlichen Geste erweitert, welche eine Vordichtung Auberon
und eine Reihe von Fortsetzungen, Esclarmonde, Huon
roi de féerie, Clarisse et Florent, Yde et Olive,
Croissant, Godin umfaßt. Von der andauernden Beliebtheit gibt der Umstand Zeugnis, daß *Huon de Bordeaux*
und ein Teil der Fortsetzungen später auch Alexandriner-
bearbeitungen erfuhren. — Alle diese Gedichte, mit Aus-
nahme von *Godin*, sind, wohl nach der Turiner Handschrift, in dem Prosaroman verwertet, der 1513, dann
1516 und in der Folge oft gedruckt wurde. Nach einer
Bemerkung am Schlusse wurde der Roman auf Bitten der
Herren Charles de Rochefort, Hues de Longueval und
Pierre Ruotte verfaßt und am 20. Januar 1454 beendet.

Charlot, der Sohn Karls des Großen, lauert den
Söhnen Seguins Huon und Girard von Bordeaux in heimtückischer Weise auf und wird von Huon in der Notwehr
getötet. Karl verzeiht ihm unter der Bedingung, daß er
sich nach Bagdad an den Hof des sarazenischen Emirs
Gaudisse begebe, bei Tische dem neben dem Emir sitzen-
den Pascha den Kopf abschlage, seine Tochter dreimal
küsse und dem Kaiser, zum Zeichen, daß er dort gewesen,
Haare aus dem Bart des Emirs sowie vier von dessen
Backenzähnen mitbringe. Huon besucht zunächst seinen
Oheim, den Papst, und begibt sich sodann in Begleitung
des alten Gerasmes (Geriaume) auf den Weg nach Bagdad.
In einem dichten Walde nähert sich ihm der Zwerg
Auberon, welchem die Feen bei seiner Geburt viele wunder-
bare Eigenschaften verliehen, wogegen eine, welche nicht
eingeladen worden war, aussprach, daß er nach dem dritten

Lebensjahr nicht mehr wachsen solle. Auberon bewirtet
den Huon in einem Zauberpalast und schenkt ihm einen
Becher, der sich in den Händen eines ehrlichen Mannes
von selbst mit Wein füllt, sowie ein Horn, welches ge-
blasen, unehrliche Leute zum Tanzen zwingt, stark ge-
blasen aber Auberon selbst mit hunderttausend Kriegern
zu Hilfe herbeiruft. Nachdem er beides erprobt und viele
Abenteuer bestanden hat, wird Huon von einem dienst-.
baren Geist Auberons nach Bagdad getragen und vollführt
hier bei einem Bankett des Emirs einen Teil seiner Auf-
träge. Er küßt Esclarmonde dreimal und haut ihrem
Bräutigam, dem König von Hyrkanien, den Kopf ab. Er wird
darauf in Ketten geworfen, und das Horn hilft ihm nichts,
da er sich lügnerischerweise für einen Muselmann aus-
gegeben hatte. Huon soll zunächst hungern und dann verbrannt werden, wird aber durch Esclarmonde gespeist und
nach verschiedenen Zwischenfällen aus dem Kerker befreit. Auberon kommt ihm mit einem großen Heere zu
Hilfe, der Emir wird getötet und sein Bart und einige
Zähne werden eine Beute des Siegers. . Er gibt diese
Trophäen dem alten Gerasmes in Verwahrung und schifft
sich nun mit Esclarmonde, welche Christin werden will,
zur Fahrt nach Italien ein. Da die beiden, trotz Auberons
Verbot, schon vor der Heirat wie Eheleute leben, scheitert
das Schiff, Esclarmonde wird von Piraten geraubt und
kommt in das Serail eines Königs Galafré, der sie übrigens
respektiert. Huon befreit sie und gelangt mit ihr nach
Italien. Hier bereitet ihm sein eigener Bruder Girard
einen Hinterhalt, nimmt die Trophäen an sich, schickt
Esclarmonde und Gerasmes gefesselt nach Bordeaux und
bittet den Kaiser, da Huon seinen Auftrag nicht erfüllt
habe, ihn selbst mit dem Herzogtum zu belehnen. Der
Kaiser begibt sich nach Bordeaux, und verurteilt Huon
und Gerasmes zur Vierteilung, Esclarmonde zum Feuertode. Da naht Auberon mit einer großen Armee, den
Gefangenen fallen die Fesseln ab, und sie erscheinen in
prächtiger Kleidung. Auberon droht dem Kaiser seine

geheimsten Gedanken zu offenbaren, produziert Bart und
Zähne und überliefert Girard der gerechten Strafe.

An diesen interessanten und künstlerisch abgerun-
deten Stoff, der uns Deutschen durch Wielands Gedicht
und durch Webers Oper vertraut ist, wurden nun
die abenteuerlichsten Fortsetzungen angeschlossen, welche
auch die Prosabearbeiter gierig verwerteten. Zunächst wird
(nach dem Gedicht Esclarmonde) erzählt, wie Huon
dem Sohne des deutschen Kaisers Thierry den Kopf ab-
haut, der Kaiser in Abwesenheit Huons Bordeaux erobert,
Esclarmonde gefangen nimmt und sie mit Liebesanträgen
bestürmt. Huon gelangt unterdessen auf abenteuerlicher
Fahrt und nachdem sein Schiff am Magnetberge gescheitert
ist, ins Feenreich (Huon roi de féerie), tötet Schlangen
und Greife, spricht mit Judas Ischariot, badet im Quell
der Jugend und kommt durch einen Kanal unter dem
Meere nach Tauris, wo er dank verschiedener Edelsteine
und der Äpfel der Jugend, die er im Zauberland erhalten, vom Sultan gut aufgenommen wird. Er zieht
nun mit einem Heere des letzteren aus, um Esclarmonde
zu befreien, wird auf die Insel Abillant verschlagen, macht
die Bekanntschaft Kains und erhält Esclarmonde schließlich von Thierry auf gute Weise gegen einen Apfel aus
dem Feenland zurück. Huon und Esclarmonde sukzedieren
dem Auberon im Feenreich, das sie alljährlich gegen Artus
verteidigen müssen. Es folgt die Geschichte von Huons
Tochter Clarisse und ihres Geliebten Florent, welche
die Abenteuer Aucassins und Nicolettes auf diesen arago-
nesischen Königssohn und seine vermeintlich unebenbürtige
Braut überträgt. Clarissens Tochter Yde wird, wie die
Manekine, vom eigenen Vater verfolgt, gewinnt, als Mann
verkleidet, die Liebe der römischen Prinzessin Olive und
wird um dieser Liebe willen von Gott durch ein Wunder
tatsächlich zum Manne gemacht. Ydes Sohn ist Croissant, der als römischer Thronerbe alles verschenkt, aber
dafür einen verborgenen Schatz findet und von Huon
wieder in seine Herrschaft eingesetzt wird. Die Abenteuer

von Huons Sohn Godin nachzuerzählen, haben die Prosabearbeiter verschmäht. Der heutige Leser empfindet alle
diese Fortsetzungen mit ihrem überwuchernden Zauber-
beiwerk nur als Entstellungen des ursprünglichen Romans,
welche dessen einheitliche Wirkung abschwächen.

Den Gedichten der Wilhelmsgeste kommt eine
größere Bedeutung für den Prosaroman nicht zu, obwohl
auch sie im XV. Jahrhundert fast sämtlich in Prosa aufgelöst wurden. Diese Auflösungen sind in zwei Handschriften der Bibliothèque nationale vereinigt, von welchen
die eine dem 1477 enthaupteten Jacques d'Armagnac,
Herzog von Nemours, gehörte. Da aber die Wilhelmsgeste
in der Folgezeit in weiteren Kreisen kein Interesse mehr
fand, blieben sie ungedruckt. — Ein einziger Roman
aus diesem Stoffkreise erlangte eine gewisse Verbreitung.
Es ist Guérin de Montglave (Garin de Montglane),
die Prosaauflösung eines Epenzyklus, der seinerseits auf
den Chansons de geste von Girart de Viane, von Garin
de Montglane und von Galien beruht. Der Roman fängt, wie
schon ein Zusatz zum Titel besagt, eigentlich dort an,
wo die Geschichte des Guérin zu Ende ist und erzählt
nur die Erlebnisse seiner vier Söhne, die vom Vater in
die Welt geschickt werden, um ihr Glück zu versuchen.
Arnaud de Beaulande kommt zu seinem Oheim, dem
Herzog Girard von Aquitanien; Milon de Pouille geht nach
Pavia; Girard de Viane und Regnier de Gênes an das
Hoflager Karls des Großen. Es werden nun die Abenteuer
der vier Ritter erzählt, unter welchen jene Arnauds
die interessantesten sind. Dieser macht sich auf den Rat
seines tückischen Verwandten Hunault auf den Weg nach
der Lombardei um Fregonde, die Tochter des Sultans
Florant zu heiraten und wird dann infolge Verrates des
Hunault gefangen genommen. Ein riesenhafter Einsiedler
Robastre, ein ehemaliger Waffengefährte Guérins ermordet
den Verräter, verbündet sich darauf mit seinem in der
Schwarzkunst erfahrenen Freunde Perdigon, erlangt als
Derwisch Zutritt am Hofe des Sultans, gewinnt den Ver-

trauten der Prinzessin und befreit Arnaud. Alle drei
entkommen nach harten Kämpfen, in denen sich Perdigons
Magie bewährt, nach Aquitanien und Arnaud wird in
das Herzogtum seines Oheims, welches Hunault usurpiert
hatte, eingesetzt. Er sukzediert auch dem Sultan, nachdem er die Prinzessin geheiratet hat, und die Lombarden
treten zum Christentum über. Unterdessen haben auch
die drei Brüder Arnauds nach vielen Kämpfen und Abenteuern vorteilhaft geheiratet. Sie werden von Karl dem
Großen in Girards Hauptstadt Vienne belagert und der
Kampf soll schließlich durch einen Zweikampf zwischen
Roland und Olivier, dem Sohn Regniers, entschieden
werden. Da diese beiden sich aber als alte Freunde erkennen, lassen sie die Waffen sinken und umarmen einander. Die Feinde versöhnen sich und beschließen einen
gemeinsamen Krieg gegen die Sarazenen.

Reiche Ausbeute zogen die Prosabearbeiter dagegen
aus den Doon-Epen. Die Prosaauflösung der Chanson
de geste von Doon de Mayence (gedruckt 1501) erzählt
im Anschluß an das Gedicht wie Doolin (Doon), der Sohn
des Herzogs Guyon von Mainz, der von seinem Seneschall vertrieben worden ist, dessen Mutter in Gefangenschaft schmachtet, dessen Schwester getötet wurde, sich
die väterliche Herrschaft zurückerobert und seine Mutter
befreit. Ein großer Teil der Erzählung ist ausgefüllt mit
den Kriegen, welche Doolin gegen Karl den Großen führt,
wie er die Stadt Vauclere im Sachsenlande gewinnt, die
Tochter des riesenhaften Herrschers dieser Stadt heiratet,
Dänemark erobert und den Thron dieses Reiches besteigt.

Doolin hat als Herrscher von Dänemark einen Sohn
Gaufroi und dieser wieder einen Sohn, Ogier den Dänen.
Der Prosaroman von Ogier, dessen erste Ausgabe um
1498 erschien, vereinigt den Inhalt der *Enfances Ogier*
von Adenet le Roi, der älteren *Chevalerie Ogier* und der
neueren Branchen der Alexandriner-Version des Jean des
Preis d'Outremeuse (XIV. Jahrhundert), welche von der
Orientfahrt und den Erlebnissen des Helden im Feen-

reich erzählen und den Einfluß der Artus- und Oberon-
dichtung verraten. Dem Ogier verleihen bei der Geburt
fünf Feen die herrlichsten Gaben, die sechste, Artus'
Schwester Morgana, aber sagt, er werde nach einem langen
ruhmreichen Leben zu ihr in das Tal Avallon kommen,
ihr seine Lorbeeren zu Füßen legen und mit ihr die
Freuden der Liebe genießen. Ogier gelangt als Geißel an
den Hof Karls des Großen, heiratet Bellisande, die Tochter
des Schloßvogts von St. Omer, verrichtet große Taten im
Kampfe gegen die Sarazenen in Italien, besteigt den
väterlichen Thron und kehrt darauf nach Frankreich zu-
zurück. Sein Sohn, der den Prinzen Charlot mattgesetzt
hat, wird von diesem mit dem Schachbrett erschlagen.
Ogier verlangt vom Kaiser Sühne, und diese wird ihm
auch zugestanden, aber eine Engelsstimme hält ihn ab,
den Charlot zu töten. Er heiratet in der Folge die Prinzessin Clarice von England, wird König dieses Landes,
sowie auch von Acre, Jerusalem und Babylon, tritt seine
Würden aber an bedürftigere Verwandte ab. Er kommt
dann in fabelhafte Reiche, wird von einem Pferde in
einem Demantschloß bewirtet und schließlich, wie ihm
Morgana prophezeite, in das entzückende Tal Avallon entrückt. Die Fee steckt ihm einen Ring an den Finger,
der den mehr als Hundertjährigen dreißigjährig erscheinen
läßt, und setzt ihm eine Krone auf, die ihn alles Vergangene vergessen und nur an sie allein denken läßt. Er
trifft hier auch Morganas Bruder Artus, der die letzten
400 Jahre bei ihr verlebte, sowie Oberon, den der Verfasser gleichfalls zu ihrem Bruder macht. Nach 200 Jahren
kehrt er für kurze Zeit an den französischen Hof zurück,
entsetzt Paris von nordischen Belagerern und stellt die
Heldenzeit Karls des Großen wieder her. Als die Königin
von Frankreich Witwe wird, soll Ogier sie heiraten, aber
während der Trauung entführt ihn die Fee Morgana
abermals nach Avallon.

Der Sohn Ogiers und Morganas ist Meurvin, von
dem eine verlorene Chanson de geste des XIV. Jahr-

hunderts handelte. Ihr wüster Inhalt läßt sich aus
dem danach gefertigten Prosaroman (gedruckt 1540)
erschließen. Meurvin galt als der Ahnherr Gottfrieds von
Bouillon. — Angeblich auf einer wallonischen Reimchronik,
in der Tat aber wohl vorwiegend auf Erfindung des Prosaautors beruht der Roman von Gerard d'Euphrate (gedruckt 1549), einem andern Sohne Doolins und Oheims
Ogiers, bei dessen Namen man sich des Girard de Fraitte
in *Aspremont* erinnert zu haben scheint. — Ein Stiefsohn
Doons ist endlich Beuve d'Hanstone, dessen phantastische
Schicksale in dem Romane Beufves d'Anthonne
nach der dem Bertrand de Bar sur Aube zugeschriebenen
jüngeren Fassung der Chanson de geste behandelt sind
(gedruckt 1502).

Einer von Doons Söhnen war Aymon de Dordon,
und dieser hatte wieder vier Söhne, die berühmten Haimonskinder. Die Geschichte der letzteren liegt dem
beliebten Roman Renaut de Montauban zugrunde, der
gleich jenem von Huon de Bordeaux eine ganze Reihe
von Fortsetzungen erfuhr. Ein Exemplar einer solchen
Prosakompilation wurde 1462 Philipp dem Guten über-
reicht. Eine auf Renaut beschränkte Prosaauflösung ist
seit 1447 nachweisbar. Der Roman von Renaut de
Montauban hält sich an die Chanson de geste *Les
quatre fils Aymon* (ca. 1200), deren historische Grundlagen
in den Kämpfen Karl Martells mit Königs Eudo von
Gascogne († 735) zu sehen sind. Der letztere, im Gedicht
Yon von Bordeaux genannt, gewann 719 Toulouse den
Sarazenen ab. Der Held Renaut wird mit dem heiligen
Reinoldus († 750) identifiziert. Die Vorgänge sind, wie
Becker sagt, «wohl die packendste Ausgestaltung des Themas
vom verfehmten Empörer». Alter Haß besteht zwischen
Kaiser Karl und der Sippe Aymons von Dordon, der von
neuem aufflammt, als Aymons ältester Sohn Renaut de Montauban am Hofe Karls einen Neffen des Kaisers Bertolais
im Schach matt setzt und im Streit darob den Gegner erschlägt (vgl. *Chevalerie Ogier*). Um sich vor dem Zorn des

Kaisers zu schützen, baut Renaut mit seinen Brüdern im
Ardennerwald die feste Burg Montessor. Als sie Karl
hier mit einem großen Heere belagert, müssen sie, von
Hunger gepeinigt, nächtlicherweile auf ihrem treuen
Roß Bayard fliehen und irren nun sieben Jahre lang
in der Fremde umher. Endlich nach Dordon heim-
kehrend, sehen sie so erschöpft und verwildert aus, daß
sie von ihrer eigenen Mutter nicht erkannt werden. Der
Vater gerät in einen Konflikt zwischen der Liebe zu seinen
Söhnen und den Geboten der Vasallentreue, gibt aber
letzterer den Vorzug und weigert sich, sie aufzunehmen.
Sie finden Zuflucht bei dem Herzog Yon von Bordeaux,
dem sie im Kampfe gegen die Sarazenen beistehen. Renaut heiratet Yons Schwester und baut sich die Burg
Montauban an der Gironde. Doch auch hier haben sie
noch lange Kämpfe mit Karl zu bestehen. In diesen
hilft ihnen ein Vetter Renauts, der Zauberer Maugis (Sohn
des Beuve d'Aigremont, des vierten Sohnes Doons; Ariosts
Malagigi). Endlich wird Frieden gemacht, und nun nimmt
die Geschichte eine fromme Wendung. Renaut unter-
nimmt eine Wallfahrt ins heilige Land und wird sodann
Arbeiter am Dombau zu Köln. Da er mehr leistet als
die andern Arbeiter, hassen ihn diese, erschlagen ihn und
werfen ihn in den Rhein. Sein Leichnam, an dem sich
verschiedene Wunder offenbaren, wird in Dortmund beigesetzt und Renaut als Heiliger verehrt.

Der Roman von Maugis d'Aigremont (gedruckt
1518) hält sich an die gleichnamige Chanson de geste,
die als eine Vordichtung zu jener von den Haimonskindern
anzusehen ist. Maugis wird in seiner Kindheit von einem
Mohrensklaven gestohlen, jedoch von einem Löwen und
einem Leoparden befreit und von einer Fee aufgenommen,
die ihn taufen und von ihrem Bruder in der Magie unterrichten läßt. Er erlernt diese so schnell, daß er sich
bald selbst für den Teufel ausgeben kann. Er gewinnt
das Schwert Froberge, bezwingt auf der Insel Boucault
das wilde Roß Bayard — Tasso (*Rinaldo* [1562] II, 37)

schreibt dies dem Rinaldo zu — erhält darauf Zutritt zu
der nekromantischen Schule in Toledo, wird Professor der
Magie, steht dem spanischen König Marsirius im Kriege
gegen den Admiral von Persien bei, wird infolge einer
Liebschaft mit der Königin aus Spanien vertrieben, leistet
seinem Oheim Beistand gegen Karl den Großen und gibt
nach manchen anderen Vorfällen dem Renaut Roß und
Schwert. — An den Roman von Maugis schließt sich La
Conqueste de Trébisonde (gedruckt 1517). Hier
verrät das wiederholte Eingreifen des griechisch-römischen
Götterapparates bereits deutlich den Einfluß der Renaissance. Der Verfasser, ein Rheteur aus der Schule Jean
Lemaires (s. unten Kap. VII) dedizierte sein Buch einem
der Gatten der Anne de Bretagne, Karl VIII. oder
Ludwig XIII. Grässe (S. 330) bezeichnet die Erzählung als Bearbeitung des italienischen Gedichtes Tra-
bisonda (Bologna, 1483 u. ö.), welches in der Regel dem
Buchdrucker Francesco Tromba da Gualdo di Nocera zugeschrieben wird. — Die Chronik des Mabrian (gedruckt
1525) stützt sich auf ein angeblich altfranzösisches Original, welches zur Zeit des Königs René von Maistre Guy
Bonnay, Lizenziaten der Rechte und Leutnant des Baillif
von Chastelleraux umgearbeitet und von Jean le Cueur,
escuyer, seigneur de Uailly en Puysaye zu Ende geführt
wurde. Sie bildet den Abschluß der Geschichte der
Haimonskinder und ihrer Verwandten. Wie Renaut, so
wird Maugis schließlich fromm. Er wird Einsiedler und
sogar Papst, legt diese Stelle aber wieder nieder und kehrt
in seine Klause zurück. Als Renauds jüngster Bruder
Richardet auf Anstiften Ganelons in verräterischer Weise
ermordet wird, beschuldigen seine Brüder Alard und Guischard den Kaiser der Urheberschaft an der Tat und
beschimpfen ihn öffentlich. Sie suchen darauf in der
Höhle des Maugis Zuflucht, Karl läßt vor deren Eingang
Reisigbündel anzünden, und alle ersticken. Mahrian (Mam-
brin) ist jener Held, dessen Helm Don Quixote (I. Kap. 21)
in einem Barbierbecken erkennen wollte.

Schließlich machte sich, wie bei den Artus- und Gralromanen, so auch hier der Wunsch nach Zusammen-
fassungen der gesamten *Matière de France* oder wenigstens
größerer Teile derselben geltend. Wir finden den ersten
Versuch zu seiner Verwirklichung in dem franko-italienischen A q u i l o n d e B a v i è r e des R a p h a e l M a r m o r a
(1379—1407), welcher Karls-, Doon- und Guillaumeepen
einbezieht. Richtige Gestalt nahm dieses Bestreben jedoch
erst am Hofe Philipps des Guten von Burgund an, und
hier fand sich auch in D a v i d A u b e r t aus Hesdin in
Artois der geeignete Mann, um es in die Tat umzusetzen.
Dieser fruchtbarste Konkurrent Wauquelins stand in den
Jahren 1456—79 in den Diensten Philipps und scheint
ein großes Atelier für Kopierarbeiten unterhalten zu
haben, da ein Menschenleben nicht hingereicht hätte, um
sie fertigzustellen. Man besitzt von ihm zwei umfangreiche
Kompilationen dieser Art, die H i s t o i r e d e C h a r l e s
M a r t e l l e t d e s e s e s s u c c e s s e u r s (1448; in vier
mächtigen Bänden abgeschrieben 1463—65) und die
C o n q u e s t e s d e C h a r l e m a g n e (1458). In beiden sind
viele Epen in Prosa aufgelöst und zu größeren Einheiten
verbunden. Gautier (Epopées IV, 173) nennt das letztere
Werk «*un essai avorté d'une histoire poétique du grand empereur*», während Gaston Paris (Hist. poét. de Charle-
magne S. 96) ihm Vorzüge zuerkennt, welche es hoch über
die ähnlichen versifizierten Unternehmungen des Philippe
Mousket und des Girard d'Amiens erheben. Aber diese
Kompilationen blieben auf den Leserkreis der fürstlichen
Mäzene beschränkt und wurden erst in neuerer Zeit teilweise durch den Druck bekannt gemacht. Sie spielen
daher in der Geschichte des Romans keine Rolle. —
Aubert hat in seine *Histoire de Charles Martell* auch den
G i r a r t d e R o u s s i l l o n und große Teile der L o t h r i n g e r-
g e s t e verarbeitet. Von der letzteren sind noch zwei
andere Prosaauflösungen handschriftlich auf uns gekommen.
Die eine derselben umfaßt *Garin*, *Girbert* und *Anseis* und
stammt aus dem XV. Jahrhundert, die andere, nach *Garin*,

Girbert und *Hervis*, wurde zu Anfang des XVI. Jahrhunderts von einem Bürger aus Metz, Philippe de Vigneulles verfaßt.

Die Chanson de geste von Girart de Roussillon verherrlicht den 819—70 nachweisbaren Gründer der Klöster Vézelay und Pothières, der mit seiner Gattin Bertha in dem letzteren beigesetzt war. Dieser Umstand bot die Anregung zur Entstehung des berühmten Gedichtes, das Ende des XII. Jahrhunderts in franko-provençalischer Mundart verfaßt wurde, daneben aber auch in französischer und provençalischer Version erhalten ist. Eine Nachdichtung desselben wurde um 1330 Eudo IV. und Robert von Burgund als Nachfolgern Girarts gewidmet. Die lateinische *Vita nobilissimi comitis Girardi* ist eine Fälschung aus Pothières und jünger als die Chanson de geste. Girart war also gewissermaßen ein burgundischer Nationalheld. In Burgund entstand denn auch der Prosaroman, der von Jean Wauquelin im Auftrage Philipps des Guten verfaßt wurde. Wauquelin stammte aus Mons im Hennegau und war von ca. 1445—52 als Kompilator, Übersetzer und Kalligraph, als *«clerq et serviteur»* für Philipp tätig. Er selbst nennt sich *«translateur et escripvaing de livres»*. Er verrät, wenn er von sich spricht, stets große Bescheidenheit: *«Moy povre de sens, mendre d'entendement»* (Prolog zu Girart), *«faible de sens et de très petite capacité»* (Prolog zur Belle Helaine). In der Tat zeigt er sich auch in diesem seinem Hauptwerk ebenso wenig selbständig wie andere Prosaautoren jener Zeit. Er hielt sich an die lateinische *Vita* und an die Nachdichtung von 1330. Die erste gedruckte Ausgabe, die auf einem bereits 1448 vorhandenen Auszug aus Wauquelins Roman beruht, erschien anfangs des XVI. Jahrhunderts zu Lyon.

Anschließend an die Quellen wird erzählt, wie Karl Martell den Girart zwingt, ihm seine Braut Elissent von Konstantinopel abzutreten, jenem aber deren Schwester Bertha überläßt. Aber nicht genug daran, verlangt er auch, daß ihm

Girart sein festes Schloß Roussillon überlasse, das für einen
asallen zu schön sei, und belagert ihn dort. Nach der un-
ntschiedenen Schlacht von Valbeton kommt es zu einer Versöhnung, die aber nicht für lange vorhält. Nach wiederholten
Kämpfen nimmt Karl Roussillon ein, und Girart muß mit
seiner Frau in den Ardennerwald fliehen. Er läßt sich
totsagen und fristet durch die folgenden 22 Jahre sein
dürftiges Dasein als Kohlenbrenner, seine Frau das ihrige
durch Näharbeiten. Erst nach dieser langen Zeit kommt
durch die Vermittlung der Kaiserin Elissent und des
Papstes der Frieden zustande. Girart und Bertha widmen
den Rest ihres Lebens Klostergründungen und frommen
Werken, wofür sie vom Himmel durch die Auffindung
des Leibes der Maria Magdalena und verschiedene Wunder
belohnt werden. — Wauquelin schrieb, wie schon erwähnt, unter der Ägide, ja unter der beständigen Aufsicht des Herzogs. Dieser hatte ihm selbst ein Exemplar
der Nachdichtung zur Verfügung gestellt. Wauquelin
nahm seinerseits darauf Bedacht, das burgundische Kolorit
möglichst hervorzukehren, und er verweilt gerne bei der
Schilderung von Orten, die dem Herzog bekannt sein
mußten. Er beendete sein Werk am 16. Juni 1447.
Sechs Jahre später, 1453, starb er zu Mons. Im Sterbe-
register heißt es von ihm: «*en son temps translateur et varlet
de chambre de Mgr. le Duc de Bourgogne*».

Mit dem karolingischen Sagenkreis wurde später
auch die Geste de Blaivies (Blaye bei Bordeaux, auch
Bleves) in Zusammenhang gebracht. Sie besteht aus
zwei Gedichten *Amis et Amiles* und *Jourdain de Blaivies*, die
beide zu Prosaromanen verarbeitet wurden. Der Stoff
von Amis et Amiles war vom XI. bis zum XVI. Jahrhundert in allen Literaturen sehr verbreitet. Es ist die
Geschichte zweier Freunde, die einander zum Verwechseln
ähnlich sehen. Der eine tritt für den andern im Kampfe
ein, und der letztere tötet seine eigenen Kinder, um jenen
vom Aussatz zu befreien — also ein hohes Lied von der
Freundschaft. Das Motiv ist orientalisch, die Namen

Amicus und Amiles (Aemilius) pflegte man von ὁμῆλιξ, gleichaltrig und *aemulus*, gleich, herzuleiten. Der Fabelstoff gelangte aus dem Orient in europäische Volksmärchen, in welchen ähnliche Freunde und Heilung vom Aussatz durch das Blut unschuldiger Kinder oft vorkommen, wurde dann zu einer christlichen Legende umgestaltet (*Acta Sanctorum* der Bollandisten, Oktober), indem man die beiden Freunde gemeinsam den Märtyrertod sterben ließ, und endlich an den karolingischen Sagenkreis angeschlossen. In dieser definitiven Gestalt erscheint er in einer lateinischen *Vita* des XI. Jahrhunderts und in der um 1200 verfaßten Chanson de geste, die im XV. Jahrhundert in Alexandriner umgearbeitet wurde. — Amiles ist der Sohn des Grafen von Clermont, Amis der seines Seneschalls. Zu gleicher Stunde geboren, in der Jugend getrennt, kehren sie, herangewachsen, nach mannigfachen Abenteuern nach Frankreich zurück. Amis heiratet die Lubias, eine Nichte des Hardré, des aus den Lothringerepen bekannten heimtückischen Seneschalls und erhält das Lehen von Blaye. Hardré verrät, daß Amiles mit Bellisant, der Tochter des Kaisers Karl, in heimlichen Beziehungen stehe, und Amiles soll sich durch gottesgerichthchen Zweikampf mit Hardré rechtfertigen. Amis, der eben nach Paris kommt, tritt für ihn ein und tötet Hardré, worauf der Kaiser den vermeintlichen Amiles (recte Amis) mit Bellisant vermählt. So führt die Ähnlichkeit zur Bigamie. Für den Betrug im Gottesgericht wird Amis mit dem Aussatz bestraft. Er irrt lange Zeit umher, bis ihm ein Engel im Traume verkündet, daß er nur durch das Blut unschuldiger Kinder zu heilen sei. Er klagt dem Freunde seine Not, und dieser tötet seine Kinder, in deren Blut Amis sich wäscht. Er wird gesund, und Gott erweckt überdies auch die Kinder wieder zum Leben. Die Freunde machen eine gemeinsame Wallfahrt nach dem heiligen Lande und sterben auf der Rückkehr gleichzeitig in Mortiers (Mortara in der Lombardei).

Die älteste Prosaauflösung der Chanson de geste, Li amitiez de Ami et Amile, stammt schon aus dem XIII. Jahrhundert und stellt eine der frühesten Versuche dieser Art dar. Sie hält sich ziemlich treu an das Gedicht und läßt die Freunde bei Mortex (Mortara), im Kriege Karls des Großen gegen Desiderius, König der Langobarden, den Tod finden. — Als man zweihundert Jahre später auf den Stoff zurückgriff, um daraus den beliebten Prosaroman, Milles et Amys, zu machen, bediente man sich als Vorlage der Alexandrinerversion. Hier geht die Wallfahrt der Freunde nach Santiago, und sie werden auf dem Wege dahin von Ogier dem Dänen getötet, der sich gegen Karl empört hat (Motiv aus der *Chevalerie Ogier*). Nach der Alexandrinerversion sind auch die Abenteuer der nächsten Generation einbezogen, wie dies schon durch den Titel angedeutet wird. Milles ließ nämlich daheim zwei kleine Söhne zurück, Anceaume und Florisset, die von einem Affen bewacht werden — «der edle Affe, wie Hofmann sagt, die gescheiteste Person in der ganzen Rhapsodie». Lubias, die Witwe des Amys, die es auf die Besitztümer des Milles abgesehen hat, vergiftet dessen Witwe und läßt die Kinder entführen und ins Meer werfen. Sie werden von Engeln in Gestalt von Schwänen ans Land getragen, Anceaume findet Aufnahme bei einem Fürsten in der Provence, Florisset wird in Genua von einem Löwen erzogen (vgl. die Rolle des Löwen und Affen im Kaiser Oktavian; s. u. Kap. VI). Der Affe kehrt rechtzeitig zurück, um zu verhüten, daß der Kaiser die Lubias mit den Ländereien des Milles belehne, und besiegt im Zweikampf den Kämpen der Lubias, der gehängt wird. Sie selbst wird verbrannt. Anceaume und Florisset kommen nach vielen Abenteuern nach Hause, den treuen Affen aber tötet die Freude des Wiedersehens.

Die Geschichte von Jourdain de Blaivies war ursprünglich gleichfalls selbständig und beruht in den letzten drei Vierteln auf dem griechischen Roman von *Apollonius von Tyrus*, dessen Original verloren ist, von dem aber mehrere lateinische Bearbeitungen, seit dem VI. Jahrhundert vorhanden sind. Eine derselben, diejenige in den *GestaRomanorum*, ist die Quelle des französischen Apolloniusromans, der in der Übersetzung von Gilles Corrozet zu Anfang des XVI. Jahrhunderts mehrere Auflagen erlebte (s. Kap. IX). Da auch in diesem Roman Liebe und Treue eine große Rolle spielen, machte man, als die Legende von Amis und Amiles an den Sagenkreis Karls des Großen angeschlossen wurde, den Jourdain zu einem Enkel des Amis. Die Chanson de geste, unstreitig jünger und von einem anderen Verfasser herrührend, ist dichterisch die bedeutendere. Auch sie erfuhr im XV. Jahrhundert eine Neubearbeitung in Alexandrinern unter Benützung der Lothringer- und Wilhelmsgeste, und diese liegt dem Prosaroman zugrunde, dessen älteste Handschrift 1456 und dessen erster Druck 1520 datiert ist. Einer der Söhne des Amis ist Girart de Blaivies und dessen Sohn ist Jourdain. Sein Vater und seine Mutter werden von dem Verräter Fromont, einem Neffen Hardrés meuchlings ermordet. Jourdain entkommt, da sein Erzieher Renier seinen eigenen Sohn opfert, und wächst in der Fremde auf. Zurückgekehrt, erschlägt er Karls Sohn Lohier und entflieht mit Renier zu Schiffe. Seeräuber überfallen dieses, Jourdain rettet sich durch einen Sprung ins Meer, wird Page am Hofe des Königs von Marcasile, verliebt sich in dessen Tochter Driabelle und begibt sich mit dieser auf die Suche nach Renier. Um einen Seesturm zu beschwichtigen, wird Jourdains Gattin in einem Schrank ins Meer geworfen und gelangt nach Palermo, wo Jourdain sie wieder findet. Ihre Tochter wird, nachdem sie fast der öffentlichen Schande anheim gefallen wäre, Kaiserin von Konstantinopel. Schließlich versöhnt sich Jourdain mit dem Kaiser, besiegt Fromont und wird König von Marcasile.

Im Hinblick auf ihre literarische Verbreitung stehen unter den Romanen dieser Gruppe **Huon von Bordeaux** und die **Haimonskinder** nebst ihren Fortsetzungen obenan. Der Prosaroman von Huon erlebte in Frankreich

selbst eine Dramatisierung (1557 nebst anderen Stücken verboten) und wurde in England und Deutschland heimisch.
In England durch die wörtliche Übersetzung von Lord
Berners (1533—35), aus welcher Spenser (*Fairie Queene*
1590), der Verfasser eines Mystère (1593) und Shakespeare
(*Sommernachtstraum*) die Gestalt des Elfenkönigs Oberon
kennen lernten; in Deutschland durch Wielands *Oberon*
(1780, bezw. 1796) und die darauf gegründete Oper von
Weber (1826), deren Libretto (von Sotheby, deutsch von
Th. Hell) der Komponist selbst entworfen hatte. — Rinaldo und die Seinen waren besonders in Italien beliebt,
das vom XV. bis zum XVIII. Jahrhundert, vom *Innamo-
ramento di Rinaldo da Montealbano* (ca. 1474) bis herab
auf Forteguerris *Ricciardetto* (1738) eine ganze Reihe von
Gedichten über die Haimonskinder und ihre Verwandten
aufzuweisen hat. Durch die Dichtungen von Bojardo,
Ariosto und Tasso sind sie zu Nationalhelden geworden,
sie haben in den Augen der Nachwelt ihre französische
Herkunft verloren und erscheinen uns heute eher als
Produkte der italienischen Phantasie. Einer der hierher
gehörigen französischen Prosaromane, *La conqueste de Trébisonde,* soll sogar auf italienischer Quelle beruhen (s. oben
S. 80). In Holland, England (W. Caxton 1489), Spanien
(*Trapesonda* 1513, Luis Dominguez 1525) und Deutschland
(1535) sind die Taten dieser Sippe durch die Volksbücher heimisch geworden, und das deutsche Volksbuch ist dank der Erneuerung durch Tieck (1797) und
Bechstein (1830) noch heute beliebt. — Von den übrigen
Romanen ist Fierabras ins Spanische (Piamonte 1528)
und Deutsche (1533) übergegangen, Lohier und Mallart
ins Deutsche (1407), Amis und Amiles ins Italienische
(1503), Meurvin ins Englische (Markham 1612). England besitzt auch eine Bearbeitung von Auberts Conquestes de Charlemagne (v. Caxton 1485). Wielands
Oberon fand ein bescheidenes Gegenstück in Alxingers
Doolin von Mainz (1787).

Literatur. Über die Prosaromane nach Chansons de
geste vergl. man: Gröber, l. c. II. 1., S. 1010 f., 1193 f. —
Gautier, l. c. II., S. 544 ff., 601 ff. — Dunlop, l. c.,
S. 115—145. — Grässe l. c., S. 262—396. — Becker, l. c.
§§ 78,79. — Voretzsch, l. c. passim — Doutrepont, l. c.
passim.

Galien le rhetoré. *Cy fine le romant de Galyen rhetore
auec les batailles faictes a ronceuaulx par la trahison de Gannes
per de France auec sa miserable execution faicte de par lempereur
Charlemaigne* . . . Paris, Antoine Verard 1500, fol. — Spätere
Ausgaben: Paris, Veuve de Jehan Trepperel 1521, 4⁰; Lyon,
Claude Nourry 1525; Paris, Michel Lenoir s. a.; Paris, Alain
Lotrian und Denis Janot s. a.; Paris, Nic. Chrestien s. a.; Paris,
Pierre Sergent s. a.; Lyon, Olivier Arnoullet s. a.; Paris, Jehan
Bonfons s. a. (ca 1550), usw. — Vgl. Galiens li restores, Schluß-
teil des Cheltenhamer *Guerin de Monglane*, unter Beifügung sämt-
licher Prosabearbeitungen zum erstenmal veröffentlich von E.
Stengel. Marburg 1890 (Ausgaben u. Abhandlungen aus d. Ge-
biete der romanischen Philologie, 84. Bd.). — H. Schellenberg,
Der altfranzösische Roman Galien rhetoré . . . *in seinem Verhältnis
zu den verschiedenen Fassungen der Rolands- und Roncevaux-Sage*
Marburger Diss. 1883. — Histoire littéraire XXVIII, S. 221 ff.
— Gaston Paris, *Le roman de la geste de Monglane* (Romania
XII [1883], S. 1 ff.). — Gröber, l. c. S. 793, 1011.

Lohier et Mallart (verloren). — Deutsche Übersetzung:
*Ein schön warhafftige Hystory von Keiser Karolus sun genant Loher
oder Lotarius wie er verbant ward siben iar vß dem Kunigreich vnd
wie er sich die selbig Zeit so ritterlich bruchte, das er zuletst Römischer
Keiser, vnd im vßgeschnitten ward.* Straßburg 1513; dann ebda. 1514;
Frankfurt 1657, usw.; erneut von Karl Simrock, Stuttgart 1868.
— Vgl. Histoire littéraire XXVIII, S. 239 ff. — Gröber, l. c.
S. 794, 1194.

Fierabras. *Le Roman de Fier a Bras le géant.* Genève
1478, fol. — Spätere Ausgaben: ibid. s. a. fol.; ibid. 1483, fol.;
Lyon, Guill. le Roy 1486, fol.; Lyon, Pierre de Ste Lucie 1486,
4⁰ (unter dem Titel: *Le cõqste du grant roy Charlemaigne
des espaignes. Et les vaillances des douze pers de France. Et
aussi celles de Fjerabras*), Lyon, J. Maillet 1489; Lyon, Pierre
Mareschal und Barnabas Chaussard 1497 usw. — Spanische
Übersetzung: *Historia del emperador Carlo Magno y de los doce
Pares de Francia y de la batalla que hubo Olivero con Fierabras
rey de Alexandria*, por Nicolas de Piamonte, Sevilla 1528,
ibid. 1547; ibid. 1549; Alcalá 1570 usw. — Portugiesische Übersetzung (nach der spanischen): *Historia do imperador Carlos
Magno et dos doze pares de Francia*, trad. de castelhano em

portuguez por Hyeronimo Moreyra de Carvalho. Coimbra
1732 (frühere Ausgabe: Lissabon 1728; ein zweiter Teil von
Domingo Gonçalvos, Lisboa 1737); dann 1787, usw. — Deutsche
Übersetzung: *Fierrabras. Eyn schöne, kurzweilige Histori von
eym mächtigē Riesen aus Hispaniē Fierrabras genant* ... Siemern
1533; dann Frankfurt s. a., usw.; abgedr. bei J. G. G. Büsching
und Fr. H. v. d. Hagen, *Buch der Liebe*, Berlin 1809. — Vgl.
Gaston Paris, *Histoire poétique de Charlemagne*, Paris 1865
S. 97 ff. — Gröber, 1. c. S. 541 f., 1194.

Huon de Bordeaux. *Les prouesses et faictz merveilleux du
noble Huon de Bordeaulx per de France, duc de Guyenne nou
uellement redige en bon francoys. Avecques plusieurs aultres faitz
& prouesses daulcuns Princes regnans en son temps.* Paris, Miche
Lenoir 1513, fol. (British Mus.). *(Liure du duc Huon de Bor
deaulx et de ceulx qui de luy yssirent).* — Spätere Ausgaben:
Paris, Michel Lenoir 1516, fol.; Paris, Veuve Jehan Trepperel
s. a.; Lyon, Olivier Arnoullet s. a.; Paris, Jehan Bonfons s. a.;
Rouen, Romain de Beaunais s. a.; usw. — Englische Übersetzung:
*Here begynnethe the boke Huon' de Bordeuxe and of them that is-
suyd frō him* (Übersetzer: John Bourchier Lord Berners,
London, Wynkyn de Worde 1533/35 u. ö.; neu herausgeg. von
Lee (Early English Text Society, Bd. 40, 41, 43, 50); neubearbeitet von R. Steele 1895. — Der niederländische Prosaroman aus dem Anfang des XVI. Jahrhunderts beruht auf einem
älteren niederländischen Gedicht. — Chr. M. Wieland, *Oberon*.
Ein Gedicht in vierzehn Gesängen (im Teutschen Merkur 1780;
in der definitiven Gestalt in den Sämtlichen Werken, Bd. 22—23,
1796; Wieland lag nur der Auszug des französischen Prosaromans
in der *Bibliothèque universelle des Romans* 1778 vor). — Neubearbeitung des französischen Prosaromans: *Aventures merveilleuses de Huon de Bordeaux pair de France et de la belle Esclarmonde ainsi que du petit roi de féerie Auberon*, mises en nouveau
langage par Gaston Paris, Paris 1898, 4⁰. — Deutsche Bearbeitung der letzteren: *Die wunderbaren Abenteuer des Ritters Hugo
von Burdigal, Herzogs von Aquitanien, und der schönen Klarmunde
sowie des Elfenkönigs Oberon.* Nach Gaston Paris wiedererzählt
von Richard von Kralik. Wien 1901. — Vgl. Carl Voretzsch,
Die Komposition des Huon von Bordeaux. Halle 1900 (Epische
Studien I.). — Gröber, 1. c. S. 549 f., 801 f.

Prosabearbeitungen der Wilhelmsgeste. Die gedruckten Abschnitte angeführt bei Gröber, 1. c. S. 1193. — Vgl.
Romania III (1874), S. 197 ff. — J. Weiske, *Die Quellen des altfranzösischen Prosaromans von Guillaume d'Orange.* Diss., Halle
1898 (vgl. Zeitschr. f. roman. Phil. XXII, S. 547).

Guérin de Montglane. *Icy est contenu les deux tres plai-*
santes hystoires de Guerin de Montglaue et de Maugist
d'Aigremont qui furent en leur temps tres nobles et vaillans cheualiers
en armes et si parle des terribles et merueilleux faictz que firent
Robastre et Perdigon pour secourir le dit Guerin et ses enfãs et
aussi pareillement de ceulx dudict Maugist . . . Paris, Michel
Lenoir 1518, fol. — Spätere Ausgaben: Paris, Jehan Petit 1518,
fol.; ibid., Alain Lotrian s. a., 4°; ibid., Jehan Bonfons s. a., 4°.
— Vgl. Gröber, l. c. S. 793.

Doolin de Mayence. *La fleur des batailles, Doolin de*
Maience, cheualier preux et hardi, fils du noble et cheualeureux
Guy, comte de Maience. Paris, Antoine Verard 1501, fol. —
Spätere Ausgaben: Paris, Alain Lotrian und Denis Janot s. a.,
4°; ibid., Nicolas Bonfons s. a., 4°; Rotterdam, Jean Waesbergue
1604 (modernisiert); Troyes, Nic. Oudot (Bibl. bleue). — Johann
Baptist Edler v. Alxinger, *Doolin von Maynz. Ein Rittergedicht.*
Leipzig u. Wien 1787. — Vgl. Gröber, l. c. S. 798.

Ogier le danois. *Cy finnist le rommant nõme Ogier le*
Dañoys. Paris, Antoine Verard s. a. (ca. 1498), fol. — Spä-
tere Ausgaben: Paris, le petit laurens s. a., fol.; ibid., Veuve
Jehan Trepperel et Jehan Jehannot s. a., 4°, ibid., N. Chretien
s. a., 4°; Lyon, Claude Nourry 1525, 4°; Paris, Alain Lotrian u.
Denis Janot s. a. (1520), 4°; ibid., Nic. Bonfons s. a., 4°, usw. —
Vgl. Gröber, l. c. S. 546 f., 782, 799 f., 811, 1194.

Meurvin. *L'Histoire du preux Meuruin, filz d'Oger le*
Dañoys; lequel par sa prouesse conquist Hierusalem, Babylon et
plusieurs autres royaulmes sur les infideles . . . Paris, Pierre
Sergent und Jehan Longis 1540, fol. — Englische Übersetzung:
The most famous and renowned Historie of that woorthie and illu-
strious Morvine, son to Oger the Dane, translated by James Markham, London 1612. — Vgl. Gröber, l. c. S. 800.

Gerard d'Euphrate. *Le premier liure de l'histoire et an-*
cienne cronique de Gerard d'Euphrate, duc de Bourgongne, traitant
pour la plus part, son origine, ieunesse, amours et cheualereux faitz
d'armes: auec rencontres, et auantures merueilleuses, de plusieurs
cheualiers et grans seigneurs de son temps. Paris, Vincent Sertenas und Estienne Groulleau 1549, fol.; dann: Lyon, Benoist
Rigaud 1580. — Auszug von Coutant d'Orville, Paris 1783,
2 Bände 12°. — Vgl. Karl Raders, *Über den Prosaroman L'Hi-*
stoire et ancienne cronicque de Gerard d'Euphrate [Paris 1549],
Diss., Greifswald 1907 (mit Textproben).

Beuve de Hanstone. *Beufves danthonne. Nouuelle-*
ment imprime a Paris, Antoine Verard s. a., fol. — Spätere Ausgaben: Paris, Michel Lenoir 1502; ibid., Phil. Lenoir s. a. usw. —
Niederländische Übersetzung: *Die historie van Buevijne van*

Austoen wt Engelands geboren .... Antwerpen 1504; dann 1552, 1556. — Über die handschriftlichen Übersetzungen in irischer und kymischer Sprache und über die nordische Beverssaga vgl. Dr. Christian Boje, *Über den altfranzösischen Roman von Beuve de Hamtone*, Halle 1909 (Beiheft 19 zur Zeitschrift für romanische Philologie). — Gröber, l. c. S. 573, 811.

Quatre fils Aymon. *Les quatre filz Aymon.* s. l., s. a. (ca. 1480), fol. 226 Bl. — Spätere Ausgaben: *Les quatre filz Aymon (Cy finist lhystoire du noble & vaillant cheualier regnault de montauban),* Lyon 1493, fol.; Lyon, Jehan de Vingle 1495, fol.; ibid. 1497, fol.; Paris, Thomas Duguernier 1506; ibid. 1508; Paris, Veuve de Michel Lenoir 1521, usw. — *Histoire singulière et fort recréative contenant les faictz et gestes des quarte filz Aymon et de leur cousin Maugis, lequel fut pape de Rome, semblablement la chronique de cheualier Mabrian, roy de Jherusalem.* Paris, Denys Janot s. a., 4⁰. — Spätere Ausgaben: Paris, Galliot du Pré 1525, fol.; ibid., Alain Lotrian s. a., 4⁰. — *La belle et plaisante histoire des quatre filz Aymon.* Anvers 1561, 4⁰ (Umarbeitung durch die Redaktoren des Mabrian, Guy Bonnay und Jean le Cueur). — Spätere Ausgaben: Lyon, Fr. Arnoullet 1571, 4⁰; ibid. 1573, 4⁰; Lyon, Rigaud 1583, 4⁰; Troyes, Nic. Oudot 1625, 4⁰ usw. — Spanische Übersetzung (nach einer handschriftlichen italienischen): *Libro del noble y esforçado cavallero Reynaldos de Montalvan,* traducido del toscano en lengua castellana por Luis Dominguez, Sevilla 1525 u. ö. — Englische Übersetzung: *The four sonnes of Aymon* (von W. Caxton), 1489; dann Wynkyn de Worde 1504; Copland 1554; neu herausgg. von Richardson (Early English Text Society, Bd. 46 48, 65); neu bearbeitet von R. Steele, London 1897. — Niederländische Übersetzung (nach dem Französischen), Gent s. a. — Deutsche Übersetzng: *Eyn schön lustig Geschicht, wie Keyser Carle der groß, vier Gebrüder, Hertzog Aymont von Dordons Süne, vmb das der eltest vndter jenen Reynhard genant, dem Keyser seiner Neuen eynen mit eynem Schachbrett erschlug, sechzehen jarlangkt bekrieget* ..... Siemern 1535; dann Cöln 1604 usw; neubearbeitet von L. Tieck in den *Volksmärchen* 1797 und von Ludw. Bechstein, *Die Haimonskinder, ein Gedicht aus dem Sagenkreise Karls d. Gr.,* Leipzig 1830. — Vgl. Histoire littéraire XXII, S. 707. — Gröber, l. c. S. 547 f., 800 f., 1194. — Leo Jordan, *Die Sage von den vier Haimonskindern.* (Romanische Forschungen XX [1905], S. 1 ff.).

Maugis. *Sensuyt la tres playsante hystoire de Maugist Daygremont et de Uiuian son frere, en laquelle est contenu cõment Maugist a layde de Oriane la face samye alla en lysle de Boucault, ou il se habilla en deable. Et puis commẽt il enchanta le deable Raouart et occist le serpent qui gardoit la roche; par la quelle chose*

il conquist le cheual Bayard et aussi conquesta le grant geant Sor-
galant. Paris, Alain Lotrian s. a. 4⁰. — Spätere Ausgaben: zusammen mit *Guérin*, Paris, Michel Lenoir 1518 (s. oben S. 90);
Paris, Jehan Trepperel 1527, 4⁰; Lyon, Olivier Arnoullet 1538,
4⁰; ibid. 1551, 4⁰; Paris, Veuve de Jehan Bonfons s. a., Paris,
Nicolas Bonfons s. a., 4⁰ usw. — Vgl. Histoire littéraire
XVIII, S. 730. — Gröber, l. c. S. 800.

Conqueste de Trébisonde. *Sensuit la cõqueste du tres*
puissãt empire de Trébisõde et de la spacieuse Asie, en laqlle
sont comprinses plusieurs batailles tãt p mer q p terre ensemble
maïtes triũphales entrees de ville et princes dicelles decorees p stille
poeticq et descriptiõ de pais auec plusieurs cõptes damours q jusqs
cy nont este veuz et harangues tres eloquẽtes. (Cy fine ce psent liure
La conqueste de lampire de Trebisonde faicte par Regnault de Mont-
auban filz du dut [sic] *Aymond de Dardayne.)* Paris, Veuve de
Jehan Treperel s. a., 4⁰. — Spätere Ausgaben: Paris, Alain
Lotrian s. a., 4⁰; Lyon, François Arnoullet 1593 (unter dem Titel
La chronique de Turpin) usw. — Spanische Übersetzung:
La Trapesonda, que es tercero libro de don Renaldos, Sevilla 1513.
— Vergl. Histoire littéraire XXII, S. 707. — Gautier, l. c.
II, S. 629 ff.

Mabrian. *Histoire singuliere & fort recreatiue cõtenãt la*
reste des faitz & gestes des quatre filz Aymon, Regnault, Allard,
Guischard, et le petit Richard. Et de leur cousin le subtil Maugis...
Semblablement la cronicque et hystoire ... du cheualeureux
preux & redoubte prĩce Mabrian roy de Hierusalem ... le tout
traduict de vieil lãgaige en vulgaire francoys (Fin de la cronique ...
du preux ... Mabrian). Paris, Gailliot du Pre s. a., fol.
(die Namen der Bearbeiter kommen im Prolog vor). — Spätere
Ausgaben: Paris, Jaques Nyverd 1530, fol.; Paris, Denis Jannot
s. a., 4⁰; Lyon, Olivier Arnoullet 1549, 4⁰ usw. — Vergl. Histoire
littéraire XXII, S. 706.

Aquilon de Bavière. Vgl. A. Thomas, *Aquilon de Bavière,*
roman franco-italien inconnu [Ms. Vat. Urb. 381]. (Romania XI
[1882]. S. 538 ff.)

David Aubert. Über ihn und seine Kompilationen vgl.
Doutrepont, l. c. S. 30—35, 42. — Gröber, l. c. S. 1144 und
die dort angeführte Literatur. — **Conquestes de Charlemagne.**
Inhaltsangabe bei Baron de Reiffenberg, *Chronique rimée de*
Philippe Mouskés. Bruxelles 1836 ff. I. S. 474. — Vgl. Curt
Valentin, *Untersuchung über die Quellen der Conquestes de Charle-*
maine [Dresdener Hs. O. 81] (Romanische Forschungen XIII [1902],
S. 1 ff.). — Englische Übersetzung: W. Caxton, *The Lyf*
of Charles the great, 1485. — **Histoire de Charles Martel et de**

ses successeurs. Auszüge bei Paul Meyer, *Girart de Roussillon*, Paris 1884, Einleitung S. 192.

Prosaauflösungen der Lothringergeste. Vgl. Gröber, l. c. S. 1194. — Histoire littéraire XXII, S. 643.

Girart de Roussillon. *Sensuyt lhystoire de Monseigneur Gerart de Roussillon iadis duc et côte de Bourgongne et Dacquitaine.* Lyon, Olivier Arnoullet s. a. (Anfang des XVI. Jahrhunderts), kl. 4⁰. — Genauer Abdruck der Originalausgabe herausgg. von M. A. de Terrebasse, Lyon 1856. — Neuherausgg. von de Montille, 1880. (Société d'archéologie, d'histoire et de littérature de Beaune.) — Vgl. Doutrepont, l. c. S. 22 ff. — Gröber, l. c. S. 562 f., 808, 1143.

Amis et Amiles. *Li amitiez de Ami et Amile* (Prosabearbeitung aus dem XIII. Jahrhundert), gedr. bei Moland et d'Héricault, *Nouvelles françaises en prose du XIII. siècle*, Paris 1856. — *Milles et Amys (Sy finist le liure de miles et amys nouuellement imprime . . .),* Paris, Antoine Verard s. a. (ca. 1503), fol. — Spätere Ausgaben: Lyon Olivier Arnoullet 1531, 4⁰; Paris, Alain Lotrian und Denis Janot s. a. 4⁰; Paris, Nicolas Bonfons s. a. — Italienische Übersetzung: *Milles e Amis, il qual racconta le gesta e gli altri fatti del cavalier Milles e di Amis . . .* tradotto dal francese in italiano. Venezia 1503, 4⁰; dann Milano 1523, 4⁰; 1530, 4⁰. — Vgl. Gröber, l. c. S. 570, 1088, 1194.

Jourdain de Blaivies. *Les faitz et prouesses du noble et vaillant cheualier Jourdain de Blaues, filz de Girard de Blaues, leql en son vivant conquesta plusieurs royaulmes sur les Sarrazis . . .* Paris, Michel Lenoir 1520, fol. — Spätere Ausgaben: Paris, Alain Lotrian s. a.; ibid., Nicolas Chrestien s. a. usw. — Vgl. Gröber, l. c, S. 571 f., 1088, 1194.

V. Matière de Rome la grant.

Die Gruppe der Romane über antike Stoffe ist weit weniger reichhaltig als die beiden vorher besprochenen. Die Zahl der zu verzeichnenden Werke ist eine geringe, und unter ihnen haben wieder nur einzelne einen dauernden literarischen Einfluß geübt. Die ganze mittelalterliche Eigenart der Gattung kommt aber gerade in diesen Romanen am deutlichsten zum Ausdruck. Es wurde bereits oben gezeigt, wie die Dichter der versifizierten Troja- und Alexanderromane die Geschichte und Sage des klassischen Altertums umgestalteten. In ihre Fußtapfen traten nun

die Prosaisten, welche sich solcher Stoffe bemächtigten.
Ihrer denaturierenden Arbeit ist es in vielen Fällen gelungen, die ursprüngliche Fabel so zu entstellen, daß sie
kaum mehr zu erkennen ist.

Die älteste romanhafte Prosabearbeitung eines Stoffes
aus dem klassischen Altertum liegt in dem Livre de
Troilus vor, dessen Verfasser Pierre de Beauvau gegen
Ende des XIV. Jahrhunderts am Hofe des Königs von
Sizilien lebte. Die Liebesgeschichte des trojanischen
Prinzen Troilus und der falschen Briseis, die ihn mit
dem Griechen Diomedes betrügt, hatte Benoit de St. More
zweihundert Jahre früher poetisch bearbeitet, Pierre de
Beauvau schöpfte aber nicht aus dem *Roman de Troie*
oder einer seiner zahlreichen Nachahmungen, sondern, wie
er selbst angibt, aus dem *Filostrato* des Boccaccio. (Allerdings schreibt er dieses Gedicht dem Petrarca zu.) Interessant ist der Prolog, in welchem er darlegt, wie er dazu
kam, diesen Stoff zu wählen; es sei ihm ebenso er-
gangen wie dem Troilus, auch seine Geliebte habe ihn
im Stiche gelassen und einem andern den Vorzug gegeben.
Die Art seiner Erzählung wirkt durch ihre Naivität noch
heute anziehend.

Diese kleine Novelle aus dem Altertum blieb neben
den umfangreichen Rittergeschichten des karolingischen
und des bretonischen Sagenkreises lange Zeit eine vereinzelte Erscheinung, und sie fand so wenig Beachtung,
daß man ihr bis in die jüngste Zeit nicht einmal die
Ehre des Druckes zuteil werden ließ. — Umfangreichere
Prosaromane über antike Stoffe entstanden erst ein halbes
Jahrhundert später und besonders am burgundischen
Hofe. Das lebhafte Interesse, welches die Herzoge dem
klassischen Altertum entgegenbrachten, erklärt dies zur
Genüge. Indem Philipp der Gute 1430 den Orden vom
goldenen Vließ gründete, gab er der Geschichte Jasons
gewissermaßen eine aktuelle Bedeutung, und die Dichter
wetteiferten in der poetischen Verherrlichung dieses
Stoffes. Aus diesem Anlaß schrieb Michel Caron, genannt

Taillevent, sein Festgedicht *Songe de la Toison d'or*, und
Guillaume Fillastre, Bischof von Verdun, behandelte in
seinem (unvollendet gebliebenen) allegorischen Werk *La
Toison d'or* (1468—72) die sechs Vließe, jenes von Kolchis
und die fünf, welche in der Bibel genannt sind. Man
träumte nur von Lammsfellen. 1454 oder etwas später
verfaßte R a o u l L e f è v r e († nach 1467), Kaplan Philipps
des Guten, im Auftrage des Herzogs seine I s t o i r e d e
J a s o n e x t r a i c t e d e p l u s i e u r s l i v r e s, die zwanzig Jahre
später gedruckt wurde. Im Prolog erzählt der Verfasser,
daß ihm Jason selbst erschienen sei und ihn gebeten
habe, ihn vor der Nachwelt zu rechtfertigen, bei welcher
er in schlechtem Rufe stehe, weil er der Medea die Treue
gebrochen habe. Er habe ihn auch beauftragt, das Buch
Philipp zu widmen (*«père des escripvains . . , qui toute sa vie à
esté nourri en histoires pour son singulier passetems»*) und dies tue
er hiermit *«desirant l'onneur esclairchir et les vertus declairer
de cestuy Jason».* Ob ihm dies gelang, ist eine andere
Frage.

Bedeutender ist Lefèvres R e c u e i l d e s h i s t o i r e s
d e T r o i e, der 1463 verfaßt, später komplettiert wurde
und dessen erste Ausgabe ohne Angabe des Jahres und
Ortes ca. 1476 bei Colard Mansion in Brügge erschien.
Die englische Übersetzung, welche Caxton 1469—71
im Auftrage der Margarete von York, Gemahlin Karls
des Kühnen, herstellte, wurde schon etwas früher, um
1474, in Frankreich gedruckt. Diese Umstände beweisen,
welches Ansehen das Werk genoß. Lefèvre hält sich darin
vornehmlich an Guido delle Colonne, daneben auch an
die Göttergenealogien des Boccaccio u. a. Interessant ist
auch hier der Prolog, in welchem er erklärt, daß ihn Philipp
mit dieser Arbeit beauftragt habe und den Plan derselben
entwickelt. Er gibt die ganze Geschichte Trojas, weit über
den Stoffkreis der homerischen Gedichte hinaus. Sein
Werk zerfällt in drei Teile. Der erste handelt von Jupiter
und Saturn, Perseus und der Erbauung Trojas, der zweite
von Herkules, der ersten Zerstörung Trojas und dem

Raub der Helena, der dritte von dem Rachezug der
Griechen, der abermaligen Verwüstung der Stadt und den
weiteren Schicksalen der Helden. Der zweite Teil wurde
später auch selbständig gedruckt unter dem Titel Les
proesses et vaillances du preux Hercules (1500).
— Die Auffassung der Vorgänge ist auch hier noch
eine völlig mittelalterliche, und der moderne Leser staunt
über die historischen Unmöglichkeiten und albernen
Anachronismen, welche ihm hier auf Schritt und Tritt
begegnen. Man glaubt einen Ritterroman zu lesen. Creon
erteilt dem Herkules den Ritterschlag, dieser dem Jason.
Die Helden des alten Griechenland reiten von einem
Tournier zum andern, und im katholischen Troja gibt es
Klöster wie in irgendeiner christlichen Stadt. Bemerkenswert sind die Ausgestaltungen der antiken Sage, welche
dazu dienen sollen, die Vorgänge dem Publikum jener
Zeit näher zu bringen, obwohl einige derselben schon in
der älteren Literatur erscheinen. Der Myrmidonenkönig,
zu welchem Jason und Medea kommen, ist «*fort enclin a
chanter, danser et faire toutes choses joyeuses, et qui plus est
il regardoit moult volentiers les belles demoiselles*». Als er
Medea, obwohl sie ihn verjüngt hat, von seinem Hofe
verweist, ruft sie mit Hilfe ihres Zauberringes vier ge-
flügelte Drachen herbei, deren verschlungene Schweife
einen Wagen bilden, und fährt auf diesem samt ihren
Kindern davon. Diese Stelle zeigt deutlich, wie sich der
Geist der Artusromane der antiken Fabelstoffe bemächtigt
und sie den Anforderungen mittelalterlicher Leser angepaßt hatte. — Ob Lefèvre auch der Verfasser einer
ziemlich verbreiteten Prosaauflösung des *Roman de Thèbes*
(Romant d'Edipus) ist, läßt sich nicht feststellen.
    Die Alexandersage, welche schon zu so vielen
Gedichten Anlaß gegeben hatte, erfuhr im Anschluß an
Pseudokallisthenes eine ganze Reise von Prosabearbeitungen.
Unter diesen erlangte eine mannigfach verzierte und aus-
geschmückte Übersetzung der Historia de proeliis die
größte Verbreitung. Sie stammt aus der zweiten Hälfte

des XIII. Jahrhunderts, ist in 17 Handschriften erhalten
und wurde 1506 zum erstenmal gedruckt. (L'Histoire
du noble et vaillant roi Alexandre.) Sie vereinigt
alle Fabeln, welche seit Jahrhunderten über den großen
Eroberer im Umlauf waren. Man erfährt daraus, daß
Alexander nicht der Sohn Philipps von Mazedonien,
sondern des ägyptischen Königs Nektanebus gewesen sei,
der, in magischen Künsten wohl erfahren, der Königin
Olympias in der Gestalt des Jupiter Ammon nahte —
ein in der Literatur seit dem «Weber als Wischnu» des
Pantschatantra und seit der Geschichte von Jupiter und
Alkmene unzählige Male wiederkehrendes Motiv (vgl.
Boccaccio, *Dec.* IV, 2). In der Folge weiß Nektanebus
die Gunst Philipps zu gewinnen und wird von diesem
zum Erzieher des Prinzen bestellt. Alexander legt bald
seinen hohen Sinn an den Tag, bleibt aber klein von
Statur und neigt wie Nektanebus stets den Kopf nach
der einen Seite, weshalb man am Hofe zu sagen pflegt,
er gleiche an Gestalt dem Priester des Jupiter, an Seele
ihm selbst. Seine Züge sind ins Fabelhafte ausgedehnt.
Er erobert Rom, empfängt dort den Tribut aller Völker
und erlebt in Persien und Indien die merkwürdigsten
Abenteuer. Er findet im Palast des Königs Porus
einen ganz aus Edelsteinen bestehenden Weinstock, lernt
Frauen kennen, die den Männern die Seele entziehen,
und andere, die den Winter über begraben liegen, um
dann im Sommer zu neuer Schönheit zu erblühen. Nachdem er sich die ganze Erde unterworfen, geht er mit
Hilfe von Magiern an die Eroberung der Luft und des
Meeres. Er durchfliegt zunächst in einem von acht großen
Greifen gezogenen Glaskasten die Luft und nimmt die
Huldigung der Vögel (orientalisches Motiv), dann in einer
Taucherglocke jene der Fische entgegen. Darauf folgt
seine Krönung in Babylon, bei welcher das solenne Hoch-
amt nicht fehlt. Er stirbt an Gift, wie ihm dies von
den Salamandern, die er hielt, prophezeit worden war.
Der Herrscher, dem die ganze Welt untertan war,

mußte natürlich auch über Burgund geboten haben, und
deshalb wandte man ihm am burgundischen Hofe besondere Aufmerksamkeit zu. Dies fand Jean Wauquelin
nur recht und billig, als er, vor 1448 auf Veranlassung
des Grafen Jean d'Etampes, eines Enkels Philipps des
Kühnen, seinen Livre des conquestes et faits d'Alexandre le grand verfaßte. Er hält sich in dieser
Schrift, von welcher nur Fragmente bekannt sind, vornehmlich an die Gedichte von Lambert *li Tors* und
Alexandre de Paris, benützte daneben aber auch die
anderen Alexander-Dichtungen und den vorerwähnten
Roman. — In Burgund entstand auch eine französische
Übersetzung des Curtius Rufus von Vasco Fernández
de Lucena (1468). Ihr Verfasser war ein Portugiese,
der im Gefolge Isabellas, der Gattin Philipps des Guten,
nach Burgund kam.

Eine Art Vorgeschichte zum Alexanderroman bildet
der Roman de Florimont (Handschrift nach 1418,
gedr. 1528), der aber ebensogut unter den Abenteuerromanen seinen Platz finden könnte. Er beruht auf einem
noch ungedruckten Gedicht von Aimon de Varennes,
der auf seinen Reisen durch Thrazien und Griechenland
zu Philippopel die Geschichte der Vorfahren Alexanders
kennen gelernt haben will und sie dann nach seiner
Heimkehr 1188 zu Châtillon bei Lyon zu Ehren einer
Dame (Aveline oder Juliane) aufschrieb. Ein Schwiegersohn des Romulus, der Admiral Madien von Ägypten,
überläßt das ihm gehörige Griechenland einem seiner
Söhne, Philipp Macemus (daher *Mace-donien*). Dieser
heiratet, nachdem er sein Land von Ungeheuern und
fremden Räubern gereinigt und an dem Ort, wo er einen
Löwen getötet, die Stadt Philippopel erbaut hat, die Prinzessin Mordaille, die Tochter eines afrikanischen Königs.
Die Tochter dieser beiden ist Romanadaple, deren Name
anagrammatisch *plein d'amour (plena d'amor)* ergibt und
die einer Weissagung zufolge den Prinzen Florimont, den
Sohn eines Herzogs von Albanien, heiraten soll. Letzterer

genießt unterdessen heimlich die Liebe der Fee von der verborgenen Insel, aus deren Banden ihn aber sein Erzieher befreit. Als die Fee den Nektanebus heiratet (der hier etwas verfrüht erscheint), fällt Florimont der Verzweiflung anheim, vernachlässigt sein Land, verarmt und nennt sich *le pauvre perdu*. Dann wird er der Gatte der Romana-daple, die ihm einen Sohn Philipp von Mazedonien schenkt. Dieser vermählt sich mit Olympias, der Tochter eines Admirals von Karthago (s. oben S. 9) und wird der Vater Alexanders des Großen. — Eine etwas abweichende Version dieses Unsinns stellt der Roman de Madien dar, der von seinem Verfasser Perrinet de Pin aus La Rochelle im Jahre 1448 der Anne de Lusignan, Erb-prinzessin von Cypern und Herzogin von Savoyen, gewidmet und 1527 gedruckt wurde.

An dieser Stelle ist auch der eigentümlichen Rolle des Virgil in der mittelalterlichen Fabulistik zu gedenken. Um dieselbe zu verstehen, muß man sich vergegenwärtigen, welches Ansehen die Werke dieses Dichters bei seinen Zeitgenossen und bei der Nachwelt besaßen. Dieses An-sehen gründete sich in letzter Linie auf die Korrektheit der Sprache Virgils, er war höchste Autorität in gram-matischen Dingen. Aus dieser äußerlichen Untadelhaftig-keit entwickelte sich der Glaube an seine innere Infalli-bilität, denn was so korrekt und einwandfrei geschrieben war, mußte auch dem Inhalt nach richtig sein. Die Art, wie er über Verborgenes sprach (Aeneas in der Unterwelt), ließ alsbald in ihm einen Allwissenden vermuten, und von da war zum Propheten nur ein Schritt. In der Tat stellten ihn die Autoren des ersten Christentums (Augustinus u. a.) im III. und IV. Jahrhundert als einen Verkünder der neuen Lehre hin und behaupteten, er sei Monotheist gewesen. Sie beriefen sich dabei besonders auf die Anfangs-verse der 4. Idylle, die man als messianische Weissagung deutete, obwohl darin nur von dem Konsul Asinius Pollio und seinem Söhnlein die Rede ist. Kein Wunder, wenn das Mittelalter die Aeneis mit Vorliebe als Stechbuch ver-

wendete — noch Rabelais spricht von den *Sortes Virgilianae*
(s. u. Kap. VIII) — und in dem alten Dichter einen richtigen
Zauberer sah. Dante konnte keinen besseren und weiseren
Führer durch Hölle und Fegefeuer finden. Zur selben
Zeit, als man in Frankreich den Inhalt der Aeneis in
die Form eines Versromans goß (s. o. S. 32), bildete sich
um die Person des berühmten Römers ein ganzes Gewebe
von Fabeln. Es scheint, daß diese Phantastereien und
Wundergeschichten von jenen Städten, die im Leben
Virgils von Bedeutung waren, ihren Ausgang nahmen, von
seiner Geburtsstadt Mantua, von Rom, besonders aber
von seinem Sterbeort Neapel. In der mantuanischen Vers-
chronik von Bonamente Aliprando (1414), in den *Sieben
weisen Meistern*, welche den Virgil über alle Weisen stellen,
in den *Gesta Romanorum* und anderen volkstümlichen
Werken findet man eine Menge orientalischer Motive auf
ihn übertragen. Da ihm so auch Liebesabenteuer angedichtet werden, welche mit der ihm gezollten Ehrfurcht
übrigens nur schlecht in Einklang zu bringen sind, weist
seine Märchengestalt schließlich Züge vom Magier, vom
Propheten und vom Galant auf.

So erscheint sie in dem eigenartigen Roman Les
faits merveilleux de Virgile, der um die Mitte
des XV. Jahrhunderts verfaßt und seit Anfang des XVI.
oft gedruckt und in verschiedene Sprachen übersetzt
wurde. In diesem Buche ist alles vereinigt, was das
Mittelalter über ihn zu erzählen wußte. Man findet
da die Geschichte von dem Zauberspiegel, welchen Virgil
konstruierte und in dem alles zu sehen war, jene von
dem kupfernen Reiter, der Rom vom Gesindel säuberte,
und viele andere. Die weiteste Verbreitung fanden aber
die Fabeln von dem Mund der Wahrheit (*Bocca della
verità*) und das sogenannte Korbabenteuer. Virgil soll
eine eherne Schlange konstruiert haben, welche den Mein-
eidigen die Finger abbiß und daher bei gerichtlichen Be-
eidigungen verwendet wurde. Eine Frau, welche unter dem
Verdachte des Ehebruchs angeklagt war, sollte nun schwören,

laß sie ihren Mann nie betrogen habe. Sie veranlaßt ihren iebhaber, sich als Narr darzustellen und sie öffentlich 1 umarmen, und schwört dann, daß sie außer von ihrem atten und von diesem Narren nie von einem Manne marmt worden sei. Durch diese geschickte *Reservatio* *entalis* wird die eherne Schlange überlistet (vgl. lsoldens einigungseid oben S. 52). — Virgil verliebt sich in die [ochter des römischen Kaisers, und diese verspricht ihm, hn des Nachts in einem Korbe zu ihrem Fenster emporzu- iehen. Tückischerweise läßt sie jedoch den Korb mit dem larin befindlichen Dichter auf halbem Wege hängen, und a am nächsten Tage Markt ist, wird die Schande Virgils ffenbar. Dieser hat aber nicht umsonst die schwarze [unst zu «Tolette» studiert und rächt sich, indem er in om das Feuer ausgehen läßt, welches fortan nur an einer bestimmten Stelle des Körpers der Prinzessin zu holen ist.

Eine der sonderbarsten Kompilationen ist wohl der oft gedruckte **Triumphe des Neuf Preux** (gedr. 1487), ein Buch, welches die Grundsätze der Ritterromane zugleich auf das Mittelalter und auf das klassische Altertum und obendrein noch auf die Bibel anwendet, um schließlich in eine Verherrlichung des Konnetable Bertrand du Guesclin, eines französischen Kriegshelden des XIV. Jahrhunderts († 1380) auszuklingen. Von den neun größten Helden aller Zeiten, deren Taten darin geschildert werden, gehören drei dem Judentum an (Josua, David, Judas Makkabäus), drei der Antike (Hektor, Alexander, Julius Cäsar) und drei der jüngeren Vergangenheit (Artus, Karl der Große, Gottfried von Bouillon). Diese Neuf Preux, die dem späteren Mittelalter als Verkörperung seiner Ideale erscheinen und die auch ˙in der bildenden Kunst oft wiederkehren, werden zuerst 1313 in den *Voeux du* *paon* von Jacques de Longyon ˙erwähnt, aber der in Rede stehende Roman hat gewiß am meisten zu ihrer Popularität beigetragen. — Eine Reproduktion in kleinerem Stile ist der Roman **Les trois grands, savoir Alexandre**

Pompée et Charlemagne (s. a.), der allerdings auf
die Liebschaft des Pompejus mit der römischen Kurtisane
Flora das Hauptgewicht legt. — Der Fall, daß sogar die
Bibel den Stoff zu einer solchen Verarbeitung hergeben
mußte, hat sich nur noch einmal in dem Prosaroman
von Judas Makkabäus (gedr. 1514) ereignet. Dieser
hat einen gewissen Charles de Saint-Gelais, Archi-
diakon zu Luçon, zum Verfasser und nimmt schon in
seinem Titel, gewissermaßen zur Rechtfertigung, auf die
Neuf Preux Bezug, unter welche der Held zu rechnen sei.
Seine Vorlage ist die nach 1250 von Gautier de Belle-
perche verfaßte freie Nachdichtung der ersten sieben
Kapitel des ersten Makkabäerbuches, welche dieser nach
23 516 Versen abbrach, da er es nicht über sich bringen
konnte, den Helden sterben zu lassen; Pierrot du Ries
(ca. 1280) hatte daher einen Schluß von 1600 Versen
hinzugeschrieben. «Eine französische Dichtung, die von
gleicher Begeisterung für ihren Gegenstand erfüllt wäre,
gibt es in der zweiten Hälfte des XIII. Jahrhunderts
nicht mehr» (Gröber). Diese Begeisterung ist auch in
den Prosaroman übergegangen.

Unter den hier besprochenen Romanen haben jene
von Lefèvre dank den Übersetzungen von Caxton früh
ihren Weg nach England gefunden. Sein *Recueil* (1471)
ist neben Chaucer und Lydgate die Quelle von Shakespeares
Troilus and Cressida geworden. Lefèvres *Jason* ist außer
in England (ca. 1475) auch in Flandern heimisch geworden
(1485). — An Verbreitung nimmt die erste Stelle der
Virgilroman ein, der ins Englische (s. a.), Holländische
(1552, nach dem Englischen), in ein deutsches Volksbuch
und handschriftlich auch in weiter abliegende Literaturen
übergegangen ist. — Die Geschichte der *Neuf Preux* fand
bezeichnenderweise in Spanien besonderes Interesse (übers.
von Antonio Rodriguez 1530 u. ö.).

Literatur. Über die Prosaromane der Matière de Rome
la grant vergl. man Gröber, l. c. passim. — Dunlop, l. c.
S. 178—187. — Grässe, l. c. S. 110—131, S. 432—461. — Doutrepont, l. c. passim.

Livre de Troilus. Gedruckt in: *Nouvelles françaises en prose du XIV. siècle*, publ. d'après les manuscrits par L. Moland et C. d'Héricault, Paris 1858 (mit stoffgeschichtlicher Einleitung).

Raoul Lefèvre, Histoire de Jason. *Le Roman de Jason et de Medée*, s. l., s. a. [vor 1474], fol. — Spätere Ausgaben: *Les faiz et prouesses du noble et vaillant cheualier Jason*, s. l., s. a. fol. — *Le livre du preux et vaillant chevalier Jason et de la belle Medée.* Lyon, Jacques Maillet 1491, fol. — Englische Übersetzung (von W. Caxton): *A Boke of the hoole lyf of Jason* [ca. 1475]. — Flämische Übersetzung: *De historie van den vromen Ridder Jason*, Haarlem s. a. [1485] fol. — Vgl. Doutrepont, l. c. S. 158 ff.

Raoul Lefèvre, Recueil des histoire des Troye. *Cy commence le volume intitulé le Recueil des histoires de Troyes, composé par venerable homme raoul le feure prestre chappelain de mon tres redoupté seigneur Monseigneur le Duc Phelippe de bourgoigne. En lan de grace mil CCCCLXIII*, s. l., s. a. [ca. 1474] fol. — Spätere Ausgaben: Lyon 1484, fol.; 1490, fol.; Lyon, Jacques Maillet 1494, fol.; Paris 1498; Lyon 1510; ibid. 1529; Paris, 1532 usw. — Auszug daraus: *Le recueil des histoires et singularitez de la noble cité de Troie la grande, nouvellement abrégé, lequel contient trois parties.* Lyon 1544, fol. — Englische Übersetzung: *Here begynneth the volume intituled and named the recuyell of the historyes of Troye*, translated and drawen out of frenshe into the englishe by W. Caxton. s. l., s. a. [1471], fol. — Spätere Ausgaben: Wynkyn de Worde 1503; Will. Copland 1553 usw. — Vgl. Doutrepont, l. c. S. 173 ff. — Gröber, l. c. S. 1147.

Raoul Lefèvre, Livre du preux Hercules. *Les proesses et vaillances du preux Hercules.* Paris, Michel Lenoir 1500, 4⁰. — Spätere Ausgaben: ibid. 1508, 4⁰; Paris, Veuve de Jehan Treperel s. a., 4⁰; ibid. 1511, 4⁰; Lyon s. a., 4⁰; Troyes, Nic. Oudot 1612, usw.

Roman d'Edipus. *Sensuyt Le rõmãt de Edipus filz du roy Layus, leq Edipus tua son pere et depuis espousa sa mere et en eut quatre enfans; et parle de plusieurs choses exellentes*, Paris, Pierre Sergent s. l., s. a. — Genauer Neudruck, herausgg. von Ch. Lahure, Paris 1858.

Roman d'Alexandre. *Lhystoire du noble et vaillant roy Alexandre le grand.* Paris, Michel Lenoir 1506. — Spätere Ausgaben: Lyon, Olivier Arnoullet s. a.; Paris, Jehan Bonfons s. a. usw. — Vgl. Paul Meyer, *Alexandre le grand dans la littérature française du moyen-âye.* 2 Bde., Paris 1886 (Bibl. franç. du moyen-âge, IV, 1—2). — Gröber, l. c. S. 579 ff., 1011.

Jean Wauquelin, Histoire d'Alexandre. Fragmente, herausgg. von Berger de Xivrey, *Traditions tératologiques*, 1836,
S. 377—438. — Vgl. Doutrepont, l. c. S. 143 ff.

Florimont. *Histoire et ancienne cronicque de l'excellent roy
Florimont, filz du noble Mataquas, duc d'Albanie, en laquelle est
contenue comment, en sa vie, mit à fin plusieurs aduentures et comment pour lamour de la damoiselle de lisle celee par trois ans mena vie
si douloureuse quil fut appelé pouure perdu.* Paris, Jehan Longis
1528, 4°. — Spätere Ausgaben: Lyon, Olivier Arnoullet 1529, 4°;
ibid. 1553, 4°. — Vgl. Gröber, l. c. S. 589, 1195.

Madien. *La conqueste de Grèce faicte par le preux & redoubte en cheualerie Philippe de Madien aultrement dit le
cheualier a lesparuier blãc. Hystoire moult recreatiue et delectable*
[Verf.: Perrinet de Pin]. Paris, Galliot du Pré. 1527 fol.; dann
ibid. s. a.

Virgile. *Cy commence Les faitz merueilleux de Virgile.* Paris,
Jehan Trepperel s. a., 4°. — Spätere Ausgaben: Paris, Jehan Sainct
Denis s. a.; Paris, Guill. Nyverd s. a.; Lyon, Barnabé Chaussard
(ca. 1525, unter dem Titel: *La vie, les ditz et merueilles de Vergille
quil fist lui estant en Romme)* — Neudruck der Ausgabe von
Nyverd, herausgg. mit Einleitung von Philomneste junior,
Genf 1867. — Englische Übersetzung: *This Boke treatethe
of the Lyfe of Virgilius and of his death and many maravayles
that he dyd in his lyfe tyme* ... Antwerpen s. a., 4°. — Neudruck
der lezteren herausgg. von J. M'Creery, London 1812, und von
Thoms, *Early english prose romances*, London 1828 (2. Aufl.
1858); — Deutsche Übersetzung des Werkes von Thoms mit
Zusätzen von Spazier, Braunschweig 1830. — Niederländische
Übersetzung (nach der Englischen): *Een schone Historie van
Virgilius* ... Amsterdam 1552. — Deutsche Übersetzung:
Zauberer Virgilius, herausgg. v. Simrock in den *Deutschen Volksbüchern*, 6. Bd. 1847. — Vgl. Domenico Comparetti, *Virgilio
nel medio evo.* 2. Aufl. 2 Bde., Firenze 1896 (II. S 164 ff. Textproben).

Neuf Preux. *Cy fine le liure intitule Le triumphe des
neuf preux, ouquel sont contenus tous les fais et proesses quilz
ont acheuez durant leurs vies auec lystoire de Bertran de Guesclin.*
Abbeville, Pierre Gerard 1487 fol.; dann Paris, Michel Lenoir
1507 fol. — Spanische Übersetzung: *Cronica llamada el
triũpho de los nueue pciados de la fama: en la ql se cõtienẽ las
vidas de cada uno* ... nuevamente trasladada de linguage frãces
en nuestro vulgar castellano por el honorable varõ Antonio Rodriguez, Lixbona 1530, fol.; dann Alcalá 1585 fol.; Barcelona
1586, fol. usw.

Judas Makkabäus. *Les excellẽtes, magnifiques et triumphantes
croniques de tres louables et moult vertueux faictz de la saincte*

hystoire de bible du tres preux et valeureux prince Judas Macha-
beus, vng des IX preux tresuaillant iuif. Et aussy de ses quatre
freres ... filz du bienheureux prince et grand pontif Mathias ...
ce present volume contenant les deux liures des Machabees nouuelle-
mēt translate de latin en françois [der Verfasser, Charles de
Saint Gelais wird im Prolog genannt]. Paris, Antoine Bon-
nemer 1514, fol. — Spätere Ausgaben: *Les chroniques et vertueux*
faits du preux et vaillant Prince Judas Macchabeus, Juif, et de ses
quatre freres, Paris, Boursette 1556, 8⁰ usw. — Vgl. Gröber,
l. c. S. 760.

VI. Abenteuerromane und Verwandtes.

Die Matière de France und die Matière de Bretagne
sind schließlich, wie oben gezeigt wurde, im Abenteuerroman aufgegangen, dem in ihrer Weise auch die Matière
de Rome la grant anheimfiel. Da diese Art von Erzählungen mit ihren gröberen Mitteln die Sensationslust
eines übersättigten Publikums am besten und in späterer
Zeit allein noch befriedigte, nimmt es nicht wunder, wenn
sich die Prosabearbeiter dieser Produkte mit besonderem
Eifer bemächtigten. Wie in den versifizierten Abenteuerromanen, so machen sich auch in den Auflösungen die
mannigfachen Elemente fühlbar, aus welchen sie hervorgegangen sind. Manche derselben zeigen noch deutlich
ihre Entstehung aus alten Sagen und Heldengedichten,
sind aber schon so stark mit fremden Motiven über-
wuchert, daß sie ihren Charakter fast verloren haben.
Andere nehmen sich ganz wie Märchen und Legenden
aus. Während einerseits aber das Wunderbare immer
extravaganter wird, tritt anderseits auch ein Zug zum
Realismus immer entschiedener hervor. Es werden wirklich
vorgefallene Dinge der jüngsten Vergangenheit erzählt und
unter dem Einfluß der erwachenden Sentimentalität entwickelt sich ein mehr novellistisches Genre.

Unter den richtigen Abenteuerromanen in Versen
nehmen Berte aux grands pies, Cleomades und die
Manekine die ersten Plätze ein. Diese Gedichte sind
auch sämtlich in Prosaromane ungewandelt worden, blieben

aber in dieser Form wenigstens in jener Zeit ungedruckt
und konnten so auf weitere Kreise keine Wirkung aus-
üben. Eine Prosabearbeitung von Adenets Berte wurde
in der ersten Hälfte des XV. Jahrhunderts für eine Dame
von Ecueille et Avon, Gemahlin von Etienne Bernard,
maitre d'hôtel des Königs von Frankreich, verfaßt. — Die
Umgestaltung von Remis Manekine besorgte der uns schon
bekannte Wauquelin für Jean de Croy († 1473), den
Enkel Philipps des Guten. Für denselben Jean de Croy
war auch die Prosafassung bestimmt, welche Philippe
Camus von Cleomades gab. — Mehr Glück war in
dieser Hinsicht den Zubereitungen des interessanten
Versromans «La belle Helaine de Constantinople»
(XIV. Jahrh.) beschieden, der eine Version der Manekine-
fabel darstellt. Wauquelin löste ihn 1448 für den
Herzog Philipp von Burgund in Prosa auf, und seit 1528
sind auch gedruckte Prosabearbeitungen nachweisbar, welche
allerdings von dem Wauquelinschen Text etwas abweichen.
Ein Kaiser Anton von Konstantinopel entbrennt in leidenschaftlicher Liebe zu seiner Tochter Helena, welche ihn
an seine verstorbene Gattin erinnert, und erlangt in Rom,
das er von den Sarazenen befreit hat, den zu dieser
inzestuosen Heirat notwendigen Dispens. Helena gebiert
in Abwesenheit des Kaisers zwei Knaben (die späteren
Heiligen Martin und Briccius), und setzt ihren Gatten
davon in einem Briefe in Kenntnis. Die böse Schwieger-
mutter unterschiebt jedoch statt dieses Briefes einen
andern, in welchem von der Geburt zweier Hündchen
die Rede ist. Der Kaiser erläßt den Befehl, diese zu verbrennen, die Kinder aber werden, nachdem Helena sich
zum Zeichen ihrer Unschuld eine Hand samt dem Trauring
abgeschnitten und sie dem einen Knaben in einer Kapsel
um den Hals gebunden, in einer Barke ausgesetzt. Sie
kommen nach Tours, wo sich der Bischof Martin ihrer
annimmt. Helena flieht, gelangt in die verschiedensten
Länder und wird schließlich Königin von England. Nach
30 Jahren findet sich die lange getrennte Familie in

Tours zusammen, und der Helena wächst durch ein Wunder die abgeschnittene Hand wieder an.

In den Stoffkreis von der unschuldig verfolgten Frau gehört auch die Geschichte von Florent und Lyon [Octavien] (gedruckt zuerst o. J., ca. 1530), deren Handlung auch in der Chanson de geste *«Florent et Octavien»* (Ende des XIII. Jahrhs.), im Versroman *Octavian* (Anfang des XIV. Jahrhs.) und in einem Mirakelspiel enthalten ist. Kaiser Oktavian verstößt die Kaiserin Florimonde wegen scheinbarer Untreue und mit ihr auch ihre Söhne Florent und Oktavian den Jüngeren. Diese werden geraubt, wobei ein Löwe und ein Affe hervorragende Rollen spielen vgl. *Amis et Amiles* S. 85). Florent wird Fleischhauer, besiegt einen Riesen und vollbringt Heldentaten in Italien, Oktavian kämpft in Begleitung des Löwen in Palästina gegen die Sarazenen, wird König von Jerusalem und heiratet die Tochter des Königs von Babylon. Nachdem beide von ihren Frauen lange Zeit getrennt waren, werden sie am Ende mit ihnen vereint. — Ähnlich und zugleich eine Fortsetzung der Bertadichtung ist die Geschichte von Valentin und Orson (gedr. 1489), die auf einem verlorenen, nur in niederländischer Version bekannten Gedicht beruht. Valentin und Orson sind Söhne der Königin von Konstantinopel, einer Schwester Pippins, die auf die Verleumdung eines Bischofs hin von ihrem Manne verstoßen wird und im Walde die Söhne gebiert. Valentin kommt an Pippins Hof, Orson wird von einer Bärin genährt und nimmt bärenhaftes Äußeres an. Nach vielen Abenteuern ziehen beide aus, um ihre Eltern zu suchen, werden getrennt, gefangen und heiraten. Pippin und Berta werden von ihren Bastardsöhnen vergiftet, Valentin erschlägt unwissentlich seinen Vater und büßt dafür in Rom, Orson wird Eremit.

Märchenmotive wirken auch in dem Roman vom Schwanenritter (Le chevalier au cygne; gedr. 1504), der sich auf die jüngere Version der Kreuzzugsepen, den *Chevalier au cygne* und die *Enfances Godefroi* stützt.

Diese Gedichte, die dazu bestimmt waren, den schon in
der *Chanson d'Antioche* und in der *Chanson de Jerusalem*
verherrlichten Eroberer des heiligen Grabes noch populärer
zu machen, wurden im Laufe der Jahrhunderte wiederholt in Prosa aufgelöst. Die älteste, stark kürzende Prosafassung aus dem Ende des XIII. Jahrhunderts — neben
den oben (S. 13, 85) erwähnten des *Lancelot* und *Amis und
Amiles* das älteste Beispiel dieser Art — liegt in einem
Manuskript der Bibliothèque nationale (Nr. 784) vor. Aus
dem XV. Jahrhundert (vor 1465) stammt eine zweite,
welche Berthault de Villebresne für Marie von Cleve,
verwitwete Herzogin von Orleans († 1465), anfertigte. Der
gedruckte Roman, der seit 1504 in vielen Ausgaben und
Übersetzungen verbreitet war, nennt einen Pierre Desrey
aus Troyes als Verfasser und beruft sich in einem vor 1489
datierten Prolog auf Vincenz de Beauvais' *Speculum historiale*
als Quelle. Der Titel des Romans scheint, wie schon jener
des Gedichtes, nur ein sprachliches Mißverständnis darzustellen, ähnlich dem oben erwähnten vom «*roi pecheor*»
(s. S. 27, 39). Gottfried war als Kreuzfahrer ein «*chevalier
au signe*» (cruce signatus), nun ließ man ihn unter Zuhilfenahme älterer Märchen von einem Schwanenritter ab-
stammen *(chevalier au cygne)*. Nach anderer Ansicht wäre
der Schwanenritter eine historische Person, Roger de Toëni
(† 1040), der einen Schwan im Wappen führte, in Spanien
für eine bedrängte Witwe im Gottesgericht eintrat und
deren Tochter heiratete; seine Enkelin vermählte sich mit
Gottfrieds Bruder Balduin von Bouillon.

In dem Roman wird nun erzählt, wie die Herzogin
von Bouillon vor Kaiser Otto über den Herzog Renier
Klage führt und keinen Kämpfer findet, und wie auf
Weisung eines Engels ein unbekannter Ritter (Helias)
in einem von einem Schwan gezogenen Schiff erscheint,
Renier besiegt und die Tochter der Herzogin (Beatrix)
gegen das Versprechen heiratet, daß sie nie nach
seinem Namen und seiner Herkunft frage. Nach sieben
Jahren fragt sie ihn doch, und er verläßt sie und wird

nicht mehr gesehen. Beider Tochter Ida wird die Mutter
Gottfrieds von Bouillon. — Um zu erklären, welche Be-
wandtnis es mit dem Ritter und dem Schwan hat, wird
ein altes lothringisch-wallonisches Märchen auf den
Schwanenritter und seine Geschwister übertragen. Eine
ungarische Königin gebiert sieben Kinder, sechs Knaben
und ein Mädchen, die sämtlich bei ihrer Geburt goldene
Ketten um den Hals haben. Die Mutter des Königs,
welche ihre Schwiegertochter haßt, gibt den Auftrag, die
Kinder zu töten, aber ihr Diener schont sie. Sie selbst
glaubt, daß sie tot seien, und sagt dem König, daß seine
Gattin Drachen geboren habe, welche davongeflogen seien.
Als die alte Königin einst erfährt, daß die Kinder noch
leben, läßt sie ihnen die Ketten rauben, und sie verwandeln
sich darauf in Schwäne und sagen dem König alles. Dieser
läßt die Ketten neuerdings herbeischaffen, worauf sie
wieder Menschengestalt annehmen, bis auf einen, dessen
Kette eingeschmolzen wurde. Dieser bleibt als Schwan
bei seinem Bruder Helias und begleitet ihn überallhin. —
Die Sage vom Schwanenritter wurde später bekanntlich
auch mit der Gralsage verbunden, und in dieser Gestalt
verwertet sie nach unbekannter französischer Quelle ein
kurzer Anhang von Wolframs *Parcival*. Einer von
Parcivals Söhnen, Lohengrin (= Loherenc Garin?), wird
als Schwanenritter zum Schutze der Fürstin von Brabant
entsendet. Das spätere deutsche Lohengrinepos (1276—90)
basiert auf Wolfram.

Den Einfluß der Artusepik verraten Blancandin et
l'Orgueilleuse d'amour und Ciperis de Vignevaux
(nach den gleichnamigen Versromanen), die in burgundischen Handschriften aus dem Jahre 1467 vorliegen.
Der letztere erschien auch im Druck, hatte jedoch keinen
nachhaltigen Erfolg. — Dasselbe muß von der Prosafassung
des Theseus de Cologne (Handschrift von 1473, gedr.
ca. 1530) gesagt werden, während die Histoire d'Olivier
de Castille et d'Artus d'Algarbe trotz ihrer recht
schwachen Komposition eines der verbreitetsten Ritter-

bücher wurde. Sie wurde nach einer Bemerkung der
Genter Handschrift gleich dem *Cleomades*, von Philippe
Camus für Jean de Croy († 1473) verfaßt, andere Handschriften nennen dagegen David Aubert als den Verfasser, der wohl nur Überarbeiter war. Der Roman ver-
bindet zwei in der Literatur weit verbreitete Motive, das
Kindesopfer aus *Amis et Amiles* und die Sage vom
dankbaren Toten, wie sie z. B. im *Richard le biau* des
Mestre Requis erscheint. — Keine Versvorlage kennt man
zum Cleriadus (gedr. 1495), der Artus- und Abenteuer-
dichtung vermischt. Der Held, ein Sohn des Grafen von
Asturien, folgt mit seinem Vater einer Einladung des
Königs Philipp von England, um ihm in der Regierung
zur Seite zu stehen. Cleriadus verliebt sich in des Königs
Tochter Meliadice. Während einer gelegentlichen Abwesenheit des Cleriadus verleumdet ein von Meliadice
abgewiesener Oheim die letztere beim König, und dieser
gibt den Auftrag, sie im Walde zu ermorden. Sie wird
verschont und entkommt nach Spanien, wo Cleriadus sie
wiederfindet.

Unter den mehr legendenhaften Romanen erfreute
sich jener von Robert dem Teufel (gedr. 1496) andauernder Beliebtheit. Derselbe hält sich an den Versroman des XIII. Jahrhunderts, dem auch ein kürzeres
Dit und ein Marienmirakel folgen. Uns sind die Vorgänge durch ein Volksbuch, ein Drama von Raupach und
besonders durch Meyerbeers Oper nähergerückt worden.
Es ist die Geschichte des Sohnes, welchen die Mutter
dem Teufel gelobt hat, nachdem Gott ihr Flehen um
ein Kind nicht erhört hat. Der Sohn besitzt teuflische
Eigenschaften, er ist grausam, gewalttätig und aus-
schweifend. Schließlich wünscht er aber zu wissen, warum
er so sei, und die Mutter enthüllt ihm das Geheimnis.
Von Reue ergriffen, legt er dem Papst Beichte ab, und
ein Eremit sagt ihm, daß er seine Seele nur retten könne,
wenn er stumm alle Unbilden trage, sich als Narr benehme
und esse, was er den Hunden entreiße. Er büßt ohne

furren und kämpft für den Kaiser im Kriege gegen
die Sarazenen in einem vom Himmel gesandten weißen
Gewand. Als ein Seneschall sich für den von Gott ge-
schickten Helfer ausgibt, agnosziert ihn die bisher stumme
Tochter des Kaisers. Er aber schlägt Thron und Prinzessin aus und wird Einsiedler. — Der Held ist eine
historische Figur, Robert, Herzog von der Normandie,
der Vater Wilhelms des Eroberers. Er regierte seit 1028,
unternahm zur Buße für begangene Grausamkeiten eine
Wallfahrt nach Jerusalem und starb 1035 auf der Rückkehr in Nicäa. — Um von der Popularität dieses Buches
zu profitieren, gibt Gilles Corrozet, der Verfasser des
Romans von Richard ohne Furcht (Richard sans
peur, gedr. ca. 1530), seinen Helden für einen Sohn Robert
des Teufels aus, während Richard († 996) in der Tat einer
seiner Vorgänger war. Die Erzählung, welche Corrozet
«de vieille rime en prose» übertragen haben will, berichtet
von den Heldentaten und der angeblichen Erlangung der
englischen Königskrone durch den friedliebenden Prinzen,
der sich solches nicht einfallen ließ.

Vor den höllischen Mächten sollte auch der Livre de
Melusine warnen, welcher zwischen 1387—94 von Jehan
d'Arras auf Wunsch seines Herrn, des Herzogs von Berry,
verfaßt und 1478, in demselben Jahre wie *Fierabas,* in
Genf zuerst gedruckt wurde. Der Herzog war ein Abkömmling der Lusignan, die ihren Stammbaum von Melusine (Mer-
lusine = Mère Lusignan) herleiten, und die mit der 1229
verstorbenen Gattin Gottfrieds I. von Lusignan identisch
sein soll. Der Stoff wurde gleichzeitig auch in dem *Livre
de Lusignan* von Couldrette behandelt. Auch hier das
Verbot der Frage. Melusine, eine Meernixe, wird die
Frau des Grafen von Poitiers, der ihr verspricht, niemals
am Samstag, wenn sie sich zurückgezogen, nach ihr zu
forschen. Nachdem sie ihm zehn Söhne geboren, die
sämtlich im Gesicht gezeichnet sind, wird er eifersüchtig,
bricht sein Versprechen und erblickt Melusine im Bade
in ihrer ursprünglichen Gestalt. Nun bricht Unglück

über die Familie herein. Während die älteren Söhne
Könige wurden, kommen die jüngeren kläglich um. Der
Vater macht Melusine Vorwüfe, sie nimmt rührend Ab-
schied von ihm und entweicht in ihrer wahren Gestalt
durchs Fenster. — Als Gegenstück dazu erzählt der Livre
de Baudouin de Flandres (gedr. 1478) von einem
Grafen, der auf der Jagd eine Dame kennen lernt, die
sich für eine asiatische Prinzessin ausgibt, und sie heiratet.
Sie gebiert ihm zwei schöne Töchter, wird aber nach
zwölf Jahren von einem Einsiedler als teuflisches Wesen
erkannt. Auf seinen Befehl kehrt sie unter Geschrei in
die Hölle zurück. Der Graf wird auf diese Weise für den
Hochmut bestraft, mit dem er sich weigerte, die Tochter
des Königs von Frankreich zur Frau zu nehmen. Er
pilgert sodann, vom Papste aufgefordert, nach dem heiligen
Lande, wird Kaiser von Konstantinopel, schmachtet
25 Jahre in sarazenischer Gefangenschaft und wird nach
seiner Heimkehr auf Befehl seiner Tochter Johanna, die
mit dem portugiesischen Prinzen Ferrand verheiratet ist,
als Betrüger hingerichtet. Darauf werden die Regierung
seiner zweiten Tochter Margarethe und die Schicksale des
Jean Tristan, eines Sohnes Ludwigs des Heiligen, erzählt.
Das Buch soll von einem Clerc Gilet im Kerker zu
Troyes verfaßt worden sein, und erschien, wie *Melusine*
und *Fierabas* 1478 und später noch oft im Druck.

Neben solchen Abenteuergeschichten, märchenhaften
Erzählungen und legendarischen Berichten bildete sich
allmählich ein neues Genre, das unseren Begriffen von
einem Roman nähersteht und nur hin und wieder in
Einzelheiten den Zusammenhang mit der Tradition verrät.
Es vernachlässigt das übernatürliche Beiwerk fast ganz
und stellt die Schicksale zweier Liebenden in den Vorder-
grund, die nach langer Trennung und Besiegung vieler
Hindernisse miteinander vereinigt werden. — Den Typus
dieser Erzählungen zeigt die weitverbreitete Geschichte von
Paris und Vienne. Als ihr Verfasser wird ein gewisser
Pierre de la Seppade (Sippade, Cypède, Cepède

ˈenannt, der sie nach Angabe der ältesten Handschrift
1438) im Jahre 1432 aus dem Provenzalischen übersetzt
ıaben soll. Die Handlung weist allerdings nach dem
üdlichen Frankreich. Die provenzalische Version soll jedoch
ˈieder auf eine katalanische zurückgehen, und in Spanien
ˈar die Erzählung von «*Paris y Vyana*» jedenfalls um die
Iitte des XIV. Jahrhunderts populär. Die älteste fran-
ösische Handschrift ist von 1452, die erste gedruckte Aus-
ıabe von Antwerpen 1487. Der Roman war 1525 bereits
ıı acht Sprachen gedruckt. — Die Heldin ist die Tochter
les Beherrschers der Dauphiné, mit deren Hauptstadt sie
len Namen gemein hat. Paris ist ihr als Vasall ihres
ˈaters nicht ebenbürtig und sie soll nach dessen Wunsch
ˈinen ihr verhaßten Prinzen von Burgund heiraten. Um
hn abzuschrecken, trägt Vienne drei Tage lang Stücke
eines rohen Huhns unter den Achseln, dessen widriger
Geruch den Bräutigam zurücktaumeln macht. Um ihr
Glück nicht zu trüben, verläßt Paris die Heimat und geht
in die Türkei, wo er als Maure lebt. Vienne wird wegen
ihres Widerstandes in den Kerker geworfen. Ihr Vater
gelangt als vermeintlicher Spion in türkische Gefangenschaft und wird von Paris befreit, worauf endlich die
Vereinigung der Liebenden erfolgt.

An eine provenzalische Vorlage hält sich auch die
Geschichte von der schönen Magelone (ins Französische
übersetzt 1457), die stofflich mit dem Gedichte vom Hühner-
geier (*L'Escoufle*, Anfang des XIII. Jahrhs.) verwandt und
gleichfalls in viele Literaturen übergegangen ist. Die
Trennung der Heldin von ihrem Geliebten, Pierre de Provence, wird hier durch einen Raubvogel veranlaßt, der ihr
einen Ring entreißt und welchen Pierre bis in den Orient
verfolgt. Er wird Sklave des Sultans, sie Pflegerin in einem
Hospital, bis sie sich endlich wiederfinden und heiraten. —
In dieselbe Kategorie gehört die Geschichte von Ponthus
und Sidonia (verf. vor 1462, gedr. vor 1480), welcher
man ihre ehrwürdige Abkunft von einer Wikingersage
in dieser verjüngten Gestalt nicht mehr ansieht. Die

Sage von Horn und Rimenhild hatte schon in der auf
englischer Vorlage beruhenden Chanson de geste des
XIII. Jahrhunderts viel von ihrem ursprünglich rauhen
Geist eingebüßt, nun wurde sie unter den Händen eines
Prosaautors völlig zur zahmen Novelle. Der letztere nennt
sich, wie der Dichter der Chanson de geste, Thomas,
und es scheint, daß er sich, indem er seinen Helden
Ponthus nannte, der Familie La Tour Landry angenehm
machen wollte, in welcher dieser Name gebräuchlich war.
Der galizische Königssohn wird auf dem Meere ausgesetzt,
verschlagen, schließt einen Herzensbund mit der bretagnischen Prinzessin, wird von ihr getrennt, und kehrt
gerade an dem Tage zurück, da sie den Verleumder
Gendellet heiraten soll, erkennt sie aber als treu und
führt sie mit Zustimmung des Vaters heim (vgl. Boccaccio,
Dec. IX. 9). — Durch eine Verschmelzung der Hornsage
mit Elementen von *Amadas et Idoine* entstand der lange
Abenteuerroman von Gui de Warwick, der gleichfalls
in Prosa bearbeitet wurde (gedr. 1525), aber in dieser Form
keinen Erfolg hatte.

Die Grundzüge dieser Fabel kehren auch in Remis
Verserzählung von *Jehan et Blonde* wieder, welcher,
wenigstens in den entscheidenden Momenten, der beliebte
Prosaroman von Jean de Paris folgt. Dieser entstand
um das Jahr 1498, wurde seit Anfang des XVI. Jahrhunderts oft gedruckt und verrät dieselbe nationale
Tendenz wie der aus ähnlichen Motiven hervorgegangene
Artus de Bretagne (s. oben S. 59). Der König von Frankreich unterdrückt auf Bitten des Königs von Spanien
einen Vasallenaufstand in dem Lande des letzteren und
vereinbart mit ihm, einst seinen Sohn mit der Tochter
des spanischen Königs zu vermählen. Das spanische
Herrscherpaar vergißt jedoch in der Folge diese Ab-
machung und verlobt die herangewachsene Prinzessin mit
dem alten König von England. Als dieser auf der Fahrt
zu seiner Braut Frankreich durchreist, erfährt der französische Kronprinz davon und macht sich gleichfalls mit

großem Gefolge auf den Weg, wobei er sich jedoch für den Sohn eines «Bourgeois de Paris» ausgibt. Die Rivalen werden miteinander bekannt, und der König von England kann nicht genug staunen über den noch nicht dagewesenen Aufwand, welchen sich dieser vermeintliche Bürgerssohn erlauben kann. Er selbst kommt sich, mit ihm verglichen, -ie ein armer Schlucker vor. Die Spanier vermögen sich hrerseits darüber so wenig zu fassen, daß sie an dem Verstande der Pariser Bourgeoisie zu zweifeln beginnen. Als Jean aber endlich die Maske abwirft und sich zu erkennen gibt, da fällt ihm das spanische Königspaar zu Füßen, die Prinzessin will von dem englischen Bewerber nichts mehr wissen und heiratet ihn. Frankreich steht groß da, und England ist gedemütigt — und darauf kam es ja dem Verfasser in erster Linie an. Jehan ist Karl VIII., der das Verlöbnis Max' von Österreich mit Anne de Bretagne brechen läßt und diese heiratet. Übrigens war auch von einer Vermählung dieser mit Eduard V. von England die Rede.

Auch andere novellistische Motive, die sich schon früher in irgendeiner Form bewährt hatten, wurden herangezogen, und es nimmt sich wie eine Rückkehr zu den Traditionen des XIII. Jahrhunderts aus, wenn dieselben Pressen, welche die wuchtigen Ritterromane vervielfältigen, im Jahre 1520 eine anonyme Neubearbeitung des Veilchenromans (Histoire de Gerard de Nevers et de la belle Euryant sa mie) verbreiten. Der größte Teil dieser Art von Erzählungen, die dem sentimentalen Genre der Folgezeit vorarbeiten, blieb allerdings ungedruckt und konnte sich damals keine richtige Geltung verschaffen.

Die zeitliche Priorität gebührt einer Prosaversion des «zarten, innigen und doch von Leidenschaft durchglühten», durch seine feine Psychologie ausgezeichneten Versromans von der Chastelaine de Vergy (verf. vor 1288), deren Personen im XIII. Jahrhundert nachzuweisen sind. Ein Ritter liebt die Dame von Vergy, und diese richtet einen

kleinen Hund ab, welchen sie ihm entgegenzusenden
pflegt, wenn sie ihn zu sehen wünscht. Die Herzogin von
Burgund, deren Liebeswerben der Ritter verschmäht hat,
verklagt ihn bei ihrem Manne unter dem Vorgeben, daß
er ihr nachstelle. Als der Herzog von ihm Rechenschaft
fordert, macht ihn jener zum Zeugen eines Stelldicheins
mit der Dame von Vergy und überzeugt ihn, daß seine
Leidenschaft nicht der Herzogin gelte. Der Herzog teilt
seiner Gattin mit, was er gehört und gesehen, und diese
macht davon in ihrer Eifersucht Gebrauch, indem sie
ihre Nebenbuhlerin in einer Gesellschaft bloßstellt. Die
Dame von Vergy, die sich von dem Geliebten verraten
glaubt, stirbt vor Kummer, und der Ritter tötet sich an
ihrer Leiche. Der Herzog erschlägt seine Frau und unter-
nimmt einen Kreuzzug. — Die Prosaversion. hat einen
Italiener zum Verfasser, der seine mangelhafte Kenntnis
des Französischen auf jeder Seite verrät. Er versteht
statt Vergy: *vergier*, und spricht von einem Garten, und
weil Tristan gelegentlich erwähnt wird, macht er ihn
mißverständlich zum Geliebten seiner Heldin.

Ein in der Literatur weit verbreitetes Novellenmotiv
liegt der Geschichte des Grafen von Artois zugrunde,
deren ältere versifizierte Fassung nicht erhalten ist. Der
Held, Philipp von Burgund, Graf von Artois († 1346),
verstößt seine Gattin wegen Unfruchtbarkeit. Sie folgt
ihm als Mann verkleidet und unerkannt und erfährt,
daß er sich in die Prinzessin von Kastilien verliebt habe.
Sie weiß bei der verabredeten Zusammenkunft deren Stelle
einzunehmen und beschenkt ihn mit einem Sohne, worauf
die Versöhnung stattfindet. Die Erzählung ist wohl die
Vorlage von Boccaccios Novelle von Giletta von Narbonne
(*Dec.* III. 9), an welche sich wieder das Shakespearesche
Lustspiel «*Ende gut, alles gut*» hält.

Auch das Problem der zwiefachen Ehe interessierte
nach wie vor. Es findet sich neuerdings behandelt im
Roman von Gillion de Trasignies (Gilles de Trazegnies), welcher zwischen 1450—58 von David Aubert

rerfaßt oder doch wenigstens bearbeitet und Philipp dem
Guten gewidmet wurde. Die Handlung bildete schon 1373
.ie Grundlage eines in Audenarde aufgeführten Dramas
.nd erinnert sehr an die in Thüringen lokalisierte
reschichte des Grafen Ernst von Gleichen, die sich im
'III. Jahrhundert ereignet haben soll, von Musäus in
Melechsala (1782) bearbeitet wurde, und auch Goethe bei
einer *Stella* vorschwebte. Der Verfasser des Gillion will
lessen Erlebnisse in der Abtei de l'Olive im Hennegau
rfahren haben, wo sich die Gräber des Helden und seiner
eiden Frauen befanden. Gillion ist mit Marie d'Ostre-
ant, einer Base des Grafen von Hainaut, vermählt, und
nternimmt eine Wallfahrt ins heilige Land. In der
leinung, daß seine Frau mittlerweile gestorben sei,
eiratet er die Sultanstochter Gracienne, die ihn aus der
Gefangenschaft befreite. Eines Tages erfährt er jedoch
durch seine Söhne, die ihm nachgereist sind, daß Marie
noch am Leben sei, und erkennt, daß er sich unbewußt
einer Bigamie schuldig gemacht habe. Er kehrt mit
Gracienne nach Europa zurück, und die Türkin erklärt
sich bereit, zugunsten der ersten Frau zurückzutreten
und als Dienerin im Hause zu bleiben. Jene nimmt das
Opfer jedoch nicht an, und beide treten als Nonnen in
die Abtei de l'Olive. Gillion beschließt sein Leben als
Mönch im Kloster Cambron und läßt sich zwischen seinen
Frauen beisetzen.

Mit *Gillion de Trasygnies* berührt sich inhaltlich nahe
die vielleicht von demselben Verfasser herrührende Chronik
von Gilles de Chin (ca. 1458—70), die sich auf eine
Verserzählung von Gautier li Cordiers und Gautier de Tournai
aus dem XIII. Jahrhundert stützt, den orientalischen Teil
derselben aber zugunsten von Artuselementen, Turnieren
und ritterlichem Beiwerk abkürzt. Die Vorgänge knüpfen
sich hier an die Abtei Saint Gusslain im Hennegau, wo
der Held 1137 gestorben sein soll. — Derselben Feder wie
die beiden vorgenannten Romane mag (nach der Ansicht
von Bayot und Liégeois) auch das viel umstrittene Buch

über Jacques de Lalaing (verf. ca. 1470) entstammen,
welches andere (Raynaud), allerdings ohne hinreichende
Gründe, dem Antoine de le Sale zuschreiben (s. u. S. 135).
Sicher ist, daß alle drei Erzählungen im burgundischen
Milieu entstanden. Im *Jacques de Lalaing* wird Philipps
Hofhaltung ohne Unterlaß in einer an die Tafelrunde des
Königs Artus gemahnenden Weise gepriesen. Von dort
zieht Jacques aus, um seine Heldentaten zu vollführen,
und dort wird auch sein Tod als beklagenswertes Ereignis
betrauert.

Schließlich sei an dieser Stelle noch einer großen
Prosakompilation gedacht, welche die Erlebnisse des Jehan
d'Avesnes nebst jenen seines Sohnes und anderer Verwandten erzählt. Der Held, in dem eine historische Persönlichkeit zu erblicken ist († 1257), wird hier, ähnlich
dem Jehan de Saintré, von einer adeligen Dame, der
Gräfin von Artois, erzogen und verliebt sich in sie. Obwohl ihr Gatte in Palästina abwesend ist, erhört sie ihn
nicht, und Jehan wird deshalb Einsiedler. Nach dem
Tode des Grafen sucht sie ihn auf und heiratet ihn.
Der Sohn der beiden vermählt sich mit einer Tochter
des Grafen von Boulogne, und die aus dieser Ehe hervor-
gehende Tochter mit jenem Grafen Thibaut von Dommart,
dessen Schicksale schon oben (S. 11) besprochen wurden.
Hier werden sie neuerdings nach dem *Voyage d'outremer
du comte de Ponthieu* erzählt. Die Gräfin heiratet nach
merkwürdigen Abenteuern einen Sultan und wird die
Großmutter Saladins. Ein abschließender Teil behandelt
Saladins romantisches Leben nach einem teilweise erhaltenen
großen Kreuzzugsgedicht des XIV. Jahrhunderts.

Eine literarische Verbreitung und Einwirkung auf
fremde Literaturen war natürlich auch hier nur den
gedruckten Romanen beschieden. Unter diesen aber
gehören einige zu den meistgelesenen Büchern des XVI.
und XVII. Jahrhunderts und haben sich in volkstümlichen
Übersetzungen bis heute ihre Beliebtheit erhalten. Ein
großer Teil der deutschen Volksbücher beruht auf

französischen Originalen, und auch in England, Holland,
Italien, Spanien und anderen Ländern haben manche
dieser Erzählungen in die nationale Literatur Eingang
gefunden. Die größte Zahl von Übersetzungen erreichte
Paris und Vienne, welcher Roman bereits im Jahre 1525,
abgesehen von der französischen Version, in sieben Sprachen
gedruckt vorlag (englisch von Caxton 1485, italienisch
1486, flämisch 1488, katalanisch 1495, lateinisch 1516,
spanisch 1524, schwedisch o. J.) und in allen diesen
Übersetzungen Erfolge erzielte. Die italienische erlebte
allein 22 Ausgaben. 1581 kam noch eine armenische
Version hinzu (handschriftlich). An Verbreitung kommen
Melusine, Olivier und Artus und Magelone diesem
Romane am nächsten. Sie sind in sechs, respektive fünf
Sprachen übertragen worden. Dann folgen La belle
Helaine und Valentin und Orson mit je vier, Pon-
thus und Sidonia und Robert der Teufel mit je
drei, der Schwanenritter, Octavian und Jehan de
Paris mit je zwei Übersetzungen. — Unter den beteiligten
Ländern zeigten die anderen romanischen nur geringen
Eifer. Von Paris et Vienne abgesehen, finden wir in
Spanien: Melusine (1489), Olivier und Artus (1499),
Magelone (1526) und Robert den Teufel (1530); in Italien:
Olivier und Artus (1552) und Valentin und Orson (1588).
Dagegen sind die germanischen Länder mit größeren
Ziffern beteiligt. Holland hat neun von diesen Büchern
übernommen: den Schwanenritter (1480), Melusine (1491),
Magelone (ca. 1521), Ponthus und Sidonia und Octavian
(beide vor 1621), Belle Helaine, Valentin und Orson,
Olivier und Artus und Jehan de Paris (sämtlich o. J.).
Sieben dienten deutschen Volksbüchern zur Grundlage:
Ponthus und Sidonia (1485), Olivier und Artus und
Valentin und Orson (beide 1521), Octavian (1535),
Melusine (1546), Magelone (1549) und Belle Helaine (o. J.).
In England wurden fünf heimisch: der Schwanenritter
(von Caxton 1480), Ponthus und Sidonia (1511), Olivier
und Artus (1518), Robert der Teufel (vor 1591) und

Valentin und Orson (o. J.); in Dänemark drei: Melusine
(1667), Magelone (1690) und Belle Helaine (o. J.). Einzelne gingen durch Übersetzung aus zweiter Hand auch
ins Schwedische (Melusine, o. J.), ins Isländische
(Belle Helaine, o. J.), ins Tschechische (Melusine, ca.
1579; Magelone, o. J.) und in andere Sprachen über.

Das Durchdringen der Renaissance versetzte der
Popularität dieser Bücher in allen Ländern und auch in
Frankreich selbst einen schweren Schlag. In dieser Hinsicht ist eine Notiz aus dem Jahre 1554 sehr bezeichnend.
Als man damals nach dem Tode des Parlamentspräsidenten
Lizet das Inventar seines Nachlasses aufnahm, wurde für
einen Prosaroman von Perceval der gleiche Wert eingesetzt
wie für einen Waschnapf. 50 Jahre später waren von
den eigentlichen Ritterromanen nur noch einige wenige
beliebt, die merkwürdigerweise sämtlich dem karolingischen Stoffkreis angehörten: *Fierabas, Galien, Huon
de Bordeaux, Les quatre fils Aymon, Maugis, Mabrian,
Valentin et Orson* und der komische *Morgant* (s. u. S. 152).
Damals begann der Buchhändler Oudot in Troyes diese
und andere Romane in billigen Ausgaben mit primitiven
Holzschnitten neuerdings auf den Markt zu bringen, und
da sein Unternehmen Glück hatte, fand es bald Nachahmer. Dies sind die Anfänge der Bibliothèque bleue
(so genannt nach den blauen Umschlägen), die sich bis
heute erhalten hat.

Eine vorübergehende Wiederbelebung in größerem Stile
erfuhren die mittelalterlichen Romane durch die Bibliothèque universelle des romans, die 1775 von Paulmy
begründet wurde und bis 1789 erschien. Sie sollte die
berühmtesten Romane aller Völker und Zeiten in Bearbeitungen oder richtiger gesagt Verunstaltungen für den
damaligen Geschmack bringen. Die Zurichtung der alten
französischen Romane besorgte der Graf Tressan (1705
bis 1783) in den Jahren 1776—80. Graf Tressan hat
von Artusromanen den Tristan (1776) und Artus de
Bretagne (1776), von Romanen nach Chansons de geste

den Huon de Bordeaux, den Doolin de Mayence und den
Guérin de Montglane (sämtlich 1778), von Abenteuerromanen den Cléomades (1777) und die schöne Magelone
(1779) modernisiert. Außerdem hat er auch der Geschichte
von Flores und Blancheflore (1777), dem Rosenroman
(1779), dem Jehan de Saintré (1780), dem Amadis (1779),
dem rasenden und verliebten Roland und einigen französischen Romanen des XVII. Jahrhunderts diese Ehre
angedeihen lassen. Seit dieser Zeit sind die Ritterromane
fast gänzlich in Vergessenheit geraten. Einzelne von
ihnen *(Fierabas, Galien, Huon de Bordeaux, Quatre fils
Aymon, Valentin et Orson)* werden zwar noch immer in
verjüngter, aber nicht verbesserter Gestalt als Kolportage-
lektüre in den untersten Schichten des Volkes verbreitet,
aber eine Bedeutung für das geistige Leben kommt ihnen
nicht mehr zu. So ist diese große Literatur jenem Schicksal
anheimgefallen, welches ihr nach ihrem literarischen Wert
zukam, und sie interessiert heute nur noch den Gelehrten
als Abschluß einer großen Epoche dichterischen Schaffens.

Literatur. Über die in diesem Kapitel besprochenen Prosaromane vgl. man Gröber, l. c. S. 1195 f. und passim. — Doutrepont, l. c., Dunlop, l. c., Grässe, l. c. passim.

Berte aux grands pieds (ungedruckt). — Vgl. A. Feist,
Zur Kritik der Bertasage. Marburg 1885 (Ausgaben u. Abhand-
lungen, Bd. 59). — Ph. A. Becker. *Berte aux grands pies von
Adenet le roi u. der Berliner Prosaroman* (Zeitschrift für roman.
Philologie XVI, 1892, S. 310 ff.). — Joachim Reinhold, *Über
die verschiedenen Fassungen der Bertasage* (ibid. XXXV, 1911,
S. 1 ff., 129 ff.). — Gröber, l. c. S. 782, 811.

Manekine. Nach dem einzigen Turnier-Ms. herausgg. von
H. Suchier, *Oeuvres poétiques de Philippe de Rémi, Sir de Beau-
manoir.* Paris 1884, I, S. 267 ff. (Société des anciens textes français).
— Vgl. Gröber, l. c. S. 770.

Philippe Camus, Cleomades (ungedruckt). — Vgl. Gröber,
l. c. S. 7:0 f., 1195. — Doutrepont, l. c. S. 61.

Belle Helaine. *Le rõant de la belle Helayne de Cõstã-
tinople, mère de Sainct Martin de Tours en Tourayne. Et de Sainct
Brixe son frère.* Lyon, Olivier Arnoullet 1528, 4°. — Spätere
Ausgaben: Paris, Simon Calvarin s. a.; Paris Nicolas Bonfons
1586, 4°, usw. — Deutsche Übersetzung: *Ein schön anmuthige*

und lesenswürdige Historie von der geduldigen Helena, Tochter des Kaisers Antonii . . . [von Wilhelm Salzmann], Cöln u. Nürnberg s, a., 8°. — Niederländische Übersetzung: *Een schoone Historie van de geduldige Helena van Konstantinopolen* . . . s. a., oft. — Über eine dänische und eine isländische Übersetzung s. Grässe, l. c. S. 274 ff. — Vgl. H. Suchier, *Oeuvres poétiques de Philippe de Rémi*, I, S. XXVII ff. — Rudolf Ruths, *Die französischen Fassungen des Rom. de la belle Helaine.* Diss., Greifswald 1898 (spez. S. 17 ff.). — W. Söderhjelm, *Saint Martin et le Roman de la Belle Hélène de Constantinople* (Mém. de la Société Néophilologique de Helsingfors I, 1893) (vgl. dazu Romania XXII, S. 566). — Gröber, l. c. S. 774, 1144. — Doutrepont, l. c. S. 36 ff.

Florent et Octavien. *L'histoire de Florent & Lyon, enfants de lempereur de Rome, Octavien* [fehlerhafter Titel für: *L'histoire de Florent et de Othovien, le chevalier au lyon*] Paris, Nicolas Bonfons [ca. 1560], fol. — Spätere Ausgaben: Paris, Jehan Bonfons s. a.; Louvain, Jean Bogard 1592 usw. — Deutsche Übersetzung: *Ein schöne vnnd kurtzweilige Histori von dem Keyser Octaviano, seinem Weib und zweyen sünen, wie die in das ellend verschickt, vnnd wunderbarlich in Frankreich bey dem frummen Künig Dagoberto widerumb zusamen komen sind.* Straßburg 1535; dann 1543; 1548 usw.; danach eine Komödie von Hans Sachs 1555, und Tiecks Lustspiel *Kaiser Octavianus* 1802. — Es gab 1621 ein niederländisches Volksbuch über Florent und Lyon, ferner dänische, schwedische und isländische Versionen. — Vgl. Streve, *Die Oktaviansage*, Diss. Erlangen 1884. — Gröber, l. c. S. 797, 1194. — Grässe, l. c., S. 280 f.

Valentin et Orson. *Cy finist lystoire des deux vaillans cheualiers Valentin et Orson, filz de lempereur de Grece* . . . . Lyon, Jacques Maillet 1489, fol. — Spätere Ausgaben: Lyon, Jacques Arnoullet 1495, fol.; Lyon, Martin Havart 1525, fol.; Paris, Jehan Bonfons s. a.; Lyon, Olivier Arnoullet 1526; ibid. 1539; Lyon, Benoist Rigaud 1590; Louvain, Jean Bogard 1596 usw. — Italienische Übersetzung: *Historia de i due nobilissimi et valorosi fratelli Valentino et Orsone, figliuoli del magno imperatore di Constantinopoli et nepoti del Re Pipino.* Venezia 1558 u. ö. — Deutsche Übersetzung: *Hie facht sich an ein wunderbarlich historien vnd kurtzwylig lesen von zweyen trüwen gesellen, deren eyner Olwyer genant, gewesen ist eynes küniges sun von Castilia, der ander Artus geheißen, auch eynes künigs sun gewesen ron Algarbe, wölchs küngreich zu vnsern zeyten ist vnder dem künig von Portugal. — Die ander Histori von Valentino vnd Orso. Hie fahet an das Buch der edlē fürsten Valentini vn̄ Orsi, die liplich brüder sind gesyn, vn̄ was ir muter eines künigs dochter in* *fräkrich mit namē Peppin* . . . [übersetzt von Wilhelm Ziely aus Bern]. Basel 1521; die zweite Geschichte allein: Frankfurt a. M. 1572, Basel 1604 usw. — Niederländische Übersetzung: *Een schoone historie van de twee gebroeders en vrome ridders Valentyn en Ourson den wilden man* . . . Antwerpen s. a. — Engliche Übersetzung: *The history of the two valyaunte brethren Valentyne and Orson, sonnes unto the Emperour of Greece* . . . . [von Henrye Watson] London s. a. — Vgl. Gröber, l. c. S. 792.

Chevalier au cygne. Ein Teil der ältesten Prosafassung aus dem XIII. Jahrhundert abgedruckt bei H. A. Todd, *Naissance du chevalier au cygne*, Baltimore 1889, S. 94 ff. — *Godefroi de Boulion. La genealogie auecques les gestes et nobles faictz darmes du trespreux et renomme prince Godeffroy de Boulion et de ses cheualereux freres Baudouin et Eustace, yssus et descēdus de la tres noble et illustre lignee du vertueux cheualier au cyne. Auecques aussi plusieurs autres cronicques et histoires miraculeuses tant du bon roy sainct loys cōme de plusieurs aultres puissans et vertueux cheualiers* [von Pierre Desrey aus Troyes]. Paris, Jehan Petit 1504. — Spätere Ausgaben: Paris, Michel Lenoir 1511; Paris, Philippe Lenoir 1523; Lyon, François Arnoullet 1580 usw. — Englische Übersetzungen: *The last siege and conqueste of Jherusalem, with many histories therein comprised*, translated out of french into englisch by me, W. Caxton, Westminster 1480, fol. — *History of Hilyas knight of Swanne*, London, W. de Worde 1512, 4⁰. — Niederländische Übersetzungen: *Hier beghint die prologhe van der scoeure historien hertoghe Godeuaerts van Boloen*, s. l., s. a. [Haarlem, 1480]. — *Een schone Historie en miraculeuse Geschiedenis van den Ridder met de Zwaan* . . . Amsterdam s. a. — *Historie van den ridder van avonturen Helias, welken genaemd word den ridder met de Zwaene*, Gent s. a. — Vgl. Gröber, l. c. S. 576 f., 814, 1119. — Doutrepont, l. c. S. 20 ff.

Blancandin et l'orgueilleuse d'amour (ungedruckt). — Vgl. H. Michelant, *Blancandin et l'orgueilleuse d'amour*, Paris 1857, S. XIII ff., 212 ff. — Gröber, l. c. S. 779, 1195. — Doutrepont, l. c. S. 60.

Ciperis de Vignevaux. *Lhystoire plaisante et recreatiue, faisant mētion des prouesses et vaillāces du noble Sypperis de Vineuaulx et de ses dix-sept fils* . . Paris, Veuve de Jehan de Sainct-Denis s. a., 4⁰. — Spätere Ausgaben: Paris, Nicolas Chrestien s. a.; Paris, Jehan Bonfons s. a. usw. — Neudruck: Paris, Silvestre 1838. — Vgl. Gröber, l. c. S. 796, 1194. — Doutrepont, 1, c. S. 60.

Theseus de Cologne. *Histoire très recréative traictant des faictz et gestes du noble & vaillant cheualier Theseus de Cou-*

*longne par sa prouesse Empereur de Romme, et aussi de son filz
Gadifer*; *Empereur de Grèce, pareillement des trois enfants dudict
Gadifer; cest asçavoir Reynault, Regnier et Reynesson.* Paris,
Antoine Bonnemere, Jehan Longis et Vincent Certenas s. a., fol:
dann: Paris, Jehan Bonfons s. a., 4⁰. — Vgl. Gröber, l. c.
S. 796, 1194.

Olivier de Castille et Artus d'Algarbe. *Cy rommence le
liure de Olivier de Castille et de Artus d'Algarbe, son très royal* [sic] *compaignon* [translaté de latin en françois par Philippe
Camus], Genesve 1482, fol. — Spätere Ausgaben: Paris, Jehan
Trepperel s. a.; Lyon, Olivier Arnoullet 1546, 4⁰; Paris, Nicolas
Bonfons 1587, 4⁰ usw. — Spanische Übersetzung: *La historia
de los nobles cavalleros Oliveros de Castilla y Artus dalgarbe*
Burgos 1499, fol; dann Valladolid 1501; Sevilla 1506; Alcalá
1604; Madrid s. a. usw. — Italienische Übersetzung (nach
der spanischen): *Historia de' valorosi cavalieri Olivieri di Castiglia
ed Artus di Dalgarve* . . . tradotto dalla lingua Spagnola nella
Toscana per Francesco Portonari, Venezia 1552, 8⁰; dann
1612; 1616; 1622. — Englische Übersetzung: *The Historye of
Olyuier of Castylle and the fayre Helayne.* London, W. de Worde
1518, 4⁰. — Deutsche Übersetzung: s. S. 122 bei *Valentin et
Orson*, 1521. — Danach eine Komödie von Hans Sachs, 1556. —
Niederländische Übersetzung: *Hier eyndet die hystorie van
Olyvier van castillen ende van sinem getrouwen gheselle Artus van
Algarben*, s. a. — Vgl. P. Bergmans, *Un manuscrit illustré du
roman d'Olivier de Castille* (Messager 1895, S. 64 ff. und Analec-
tes belgiques 1896, S. 171 ff.). — Derselbe, *Olivier de Castille,
roman de chevalerie, d'après un manuscrit du XV. siècle*, Gand
1896. — M. Sepet, *Un plagiat au XV. siècle, David Aubert et
Philippe Camus* (Polybiblion 1877, S. 540 ff.). — Gröber, l. c
S. 1145. — Doutrepont, l. c. S. 55.

Cleriadus. *Cy cōmence le liure de Cleriadus et Meliadice.*
Paris, Antoine Verard 1495, fol. — Spätere Ausgaben: Paris,
Michel Lenoir 1514; Paris, Pierre Sergent s. a.; Lyon, Olivier
Arnoullet 1529. — Danach der schottische Versroman Clariodus
(verfaßt ca. 1525; herausgg. von Pieper für den Maitland Club,
Edinburgh 1830). — Vgl. Gröber, l. c., S. 1195. — Doutrepont
l. c., S. 67.

Robert le diable. *La vie du terrible Robert le Dyable*
(*Cy finist la vie de Robert le dyable*). Lyon, Pierre Mareschal &
Bernable Chaussard 1496, 4⁰. — Spätere Ausgaben: Paris Nicole
de la Barre 1497; Paris, Jehan Herouf s. a. [ca. 1525]; Paris,
Denis Janot s. a. [ca. 1530] usw. — Spanische Übersetzung:
*Aqui comiença la espantosa y admirable vida de Roberto el diablo
assi al principio llamado: hijo del duque de Normādia. El ɥl*

despues por su sãcta vida fue llamado hõbre de dios. Alcala
1530, 4⁰; dann Sevilla 1582, 1604 usw. — Englische Übersetzung: *Robert the Deuyll.* Enprynted by W. de Worde, s. a.,
4⁰; dann London 1591. — Deutsche Übersetzung: *Robert
der Teufel,* in Simrocks *Deutschen Volksbüchern.*

Richard sans peur. *Sensuit le rõmant de Richart sans
paour duc de Normãdie, leq̃e fut filz de Rober*t *le dyable et fut p
sa prudence roy Dangleterre lequel fist plusieurs nobles cõquestes et
vaillãces.* Paris, Alain Lotrian et Denis Janot s. a. [ca. 1530], 4⁰.
— Spätere Ausgaben: Paris, Simon Calvarin s. a. 4⁰; Paris, Nic.
et Pierre, s. a., 4⁰; Lyon, Barth. Ancelin 1601, 8⁰.

Melusine. *Cy finist le liure de Melusine en frãcoys* [Ver-
fasser: Jehan d'Arras], Geneue, Adam Steinschaber 1478, fol.
— Spätere Ausgaben: Lyon, Maistre le Roy s. a.; Paris, Pierre
le Caron, s. a.; Paris, Jehan Petit s. a.; Paris, Nicolas Bonfons
s. a. usw. — Neubearbeitung: *L'histoire de Melusine fille du roy
d'Albanie et de dame Pressine, reueue et mise en meilleur langage
que par cy deuant.* Lyon 1597, 8⁰. — Neudruck: *Mélusine par
Jehan d'Arras,* nouvelle édition, conforme à celle de 1478, révue
et corrigée, avec une préface par M. Ch. Brunet, Paris 1854. —
Spanische Übersetzung: *Histoira de la linda Melosyna,* Tholosa
1489, fol.; dann Sevilla 1526, fol. — Deutsche Übersetzung:
(nach einer Handschrift des französischen Prosaromans): *Diss owen-
turlich buch beweyset wie von einer frouwen genant Melusina die ein
merfeye vnd darzu ein geborne Künigin vnd auf den berg awalon
kommen was.* [Übersetzt von Türing von Ruggeltingen aus Bern,
1456] s. l., s. a. [Straßburg 1474]; dann Augsburg 1474, Augsburg
1480, und sehr oft unter verschiedenen Titeln (*Melusine Geschicht,* Heidelberg 1491; *Die Hystoria von Melusina,* Straßburg
1506 usw). — Niederländische Übersetzung: *Wondlike, vreende
end schone Historie von Melusine.* Anvers, 1491, fol. — Ferner
Übersetzungen ins Dänische (1667), Schwedische (s. a.) und
Tschechische (nach der deutschen, um 1579). — Vgl. Gröber,
l. c. S. 1082 f. — Grässe, l. c. S. 382 f.

Baudouin de Flandres. *Cy commence le liure de Baudoyn
conte de Flandres et de Ferrant, filz au roy de Portingal.* Lyon
[Barth. Buyer] 1478, fol. — Spätere Ausgaben: Chambéry, Antoine Negret 1484; ibid. 1485; Lyon s. a.; Paris, Michel Lenoir
(*Lhystoire et cronicque du noble et vaillant Baudoyn conte de Flandres, lequel espousa le dyable*) s. a.; Lyon, Olivier Arnoullet s. a.
— Neudruck: *Le livre de Baudouyn, comte de Flandre suivi de fragments du roman de Trasygnies,* publ. par C. P. Serrure et
A. Voisin, Bruxelles 1836. — Eine Fortsetzung des *Baudouin
de Flandres* bildet der II. Teil des spanischen Prosaromans *Historia
de Enrrique fi de Oliua, Rey de Jherusalem, Emperador de
Constantinopla,* Sevilla 1498, 4⁰. — Vgl. Gröber, l. c., S. 1176

Paris et Vienne. *Cy commence listoire du très uaillant che-*
ualier Paris et de la belle Vienne, fille du Daulphin, lesquels
pour loyaulment amer souffrirent moult d'adversités avant qu'ils
pussent jouir de leurs amours. Anvers, Gherard Leeu 1487, fol.
— Spätere Ausgaben: Paris, Denis Meslier s. a.; Lyon, Claude
Nourry 1520, 4⁰; Paris, Simon Calvarin s. a.; Paris, Jehan Trepperel s. a.; Paris, Jehan Bonfons s. a.; Lyon, François et Ben.
Chaussart 1554; Lyon, Ben. Rigaud 1596, 8⁰ usw. — Neubearbeitung von Alfred Terrebasse, Lyon und Paris 1835 (nur
in 120 Exempl. gedruckt). — Kritische Neuausgabe von Kal-
tenbacher, Romanische Forschungen XV. Bd. (1904). — Ita-
lienische Übersetzung: *La Historia de li nobilissimi amanti*
Paris et Viena. Tarviso 1482; dann Venezia 1486; ibid. 1492
(*Inamoramento de Paris e Viena*) usw. (im ganzen 22 italienische
Ausgaben). — Katalanische Übersetzung: *Paris e Viana,*
Historia de las amors e vida del cavaller Paris . . . Gerona 1495.
— Spanische Übersetzung: *Historia del noble cauallero Paris*
& de la muy hermosa donzella Viana, Burgos 1524. — Englische
Übersetzung: *Thystory of the noble and ryght valyaunt knyght*
Parys and the fayr Vyene the daughter of the doulphin of Viennois,
translated out of frensshe into englysshe by W. Caxton of
Westmestre, 1485, fol. usw. (im ganzen 8 englische Ausgaben). —
Flämische Übersetzung: *De historie van deme vromen ridder*
Parys ende vā der schone Vienna, des Dolfijns dochter. Antwerpen
1488, fol. usw. — Außerdem Übersetzungen ins Schwedische
(s. a.), Lateinische (Venedig 1516) und Armenische (hand-
schriftlich 1581). — Vgl. Gröber, l. c., II. 1, S. 1196, II. 2, 439.
— Grässe, l. c. S. 388 f.

Pierre de Provence et la belle Maguelone. *Cy fine le liure*
et listoire de Pierre, filz du conte de Prouence et de la belle
Maguelone, fille du roy de Naples, s. l., s. a., fol. — Spätere
Ausgaben: Lyon, Guill. le Roy s. a., fol.; s. l. 1490; Paris, Jehan
Trepperel 1492; Avignon, Jehan de Chaunay 1524, usw. — Neu-
druck in Silvestres *Collection de poésies* Nr. 19. — Spanische
Übersetzung: *La historia de la linda Magalona hija del rey de*
Napoles, y del muy esforçado cavallero Pierres de Prouêça, hijo
del conde de Prouença y de làs fortunas y trabajos que passaron.
Toledo 1526, usw. — Niederländische Übersetzung: *Die*
historie van Peeter van Provencen ende die schoone Maghelone van
Napels. Antwerpen s. a. [ca. 1521]. — Deutsche Übersetzung:
Die schön Magelona. Ein fast lustige vnd kurzweilige Histori . . .
durch Magister Veiten Warbeck auß frantzösischer Sprach in die
teutschen verdolmetscht mit einem Sendbrieff Georgii Spalatini, Augsburg 1536, 4⁰; dann ibid. 1545; Frankfurt a. M. 1549; ebda, 1550;
1553 usw. — Ferner Übersetzungen ins Dänische (Kopenhagen

1690, u. ö.) und Tschechische (s. a.). — Vgl. Gröber, l. c. S. 1196. — Grässe, l. c., S. 386 f.

Ponthus et Sidoine. *Le nouble roy Ponthus (Cy cõmencent les rubrices de ce present liure intitule le rommant du noble roy ponthus, filz du roy de galice et de la belle sidoine, fille du roy de bretaigne.)* s. l. s. a., fol. — Spätere Ausgaben: Lyon s. d., [ca. 1480] fol.; Lyon, Caspar Ortuin s. a. [ca. 1500]; Paris, Jehan Trepperel s. d.; Paris, Michel Lenoir s. a., usw. — Englische Übersetzung: *The history of the moost excellent . . . knyght kynge Ponthus of Galyce and lytell Brytayne.* London 1511, 4⁰, u. ö. — Deutsche Übersetzung: *Hie hebt sich an eine schöne Hystori darauß und davon man vil guter schöner lere vnderweisung vnd gleichnuß mag nemē . . .* (aus dem Französischen übersetzt von Eleonore, Gattin des Erzherzogs Sigmund von Österreich, geb. Prinzessin von Schottland, [† 1480]), Augsburg 1483 fol.; dann ibid. 1498; Straßburg 1509; ibid. 1539, usw.; abgedr. bei J. G. G. Büsching u. Fr. H. v. der Hagen, *Buch der Liebe*, Berlin 1809. — Niederdeutsche Übersetzung: *Ridder Pontus*, Hamburg 1601. — Eine niederländische Übersetzung existierte 1617. — Vgl. Gröber, l. c., S. 573 f., 1196. — Romania XV, S. 275 ff.

Guy de Warwick. *Cy commence Guy de Waruich cheualier Dägleterre, qui en son temps fit plusieurs prouesses et conquestes en Allemaigne, Ytalie et Dannemarche. Et aussi sur les infidelles ennemys de la chrestiente comme pourrez veoir plus a plain en ce present liure.* Paris, Antoine Couteau 1525, fol.; dann: Paris, Jehan Bonfons s. a. [ca. 1550]. — Vgl. Gröber, l. c., S. 776, 1195.

Jean de Paris. *Sensuyt vng tresbeau & excellēt romant nomme Jehan de Paris, roy de France, leq̃l ap̃s q̃ sõ pere eut remys le roy despaigne en son royaulme par sa puesse & par ses põpes et subtilitez espousa la fille dudit roy despaigne laq̃lle il amena en Frãce, et vesquirēt longuement en grant triumphe & honneur & a la gloire de toute Frãce.* Lyon, Pierre de Saincte Lucie s. a., 4⁰. — Spätere Ausgaben: Lyon, Françoys et Benoist Chaussard 1554, 4⁰; Paris, Jehan Bonfons s. a., usw. — Neudrucke: *Le roman de Jehan de Paris*, publié d'après les prémières éditions et précédé d'une notice par Emile Mabille. Paris 1855 (Bibliothèque Elzévirienne). — *Le romant de Jehan de Paris, Roy de France*, revu pour la prémière fois sur deux mss. de la fin du XV. siècle par M. A. de Montaiglon. Paris 1874. — Deutsche Übersetzung: *Der königliche Einspruch, abgelegt von dem fürtrefflichen Romant, oder so genannten Jean de Paris, König aus Frankreich, widẽr den damaligen allbereit verlobten König aus Engeland. Aus dem Frantzösischen ins Hochteutsch übersetzt durch Perseum Sperantem.* Nürnberg 1670, 12⁰. — Niederländische Übersetzung: *Een schoone Historie van de edele Jan van Parys, Koning van*

Frankrijk . . . Amsterdam s. a., 4⁰. — Vgl. W. Söderhjelm, *La nouvelle française au XV. siècle* (Bibliothèque du XV. siècle, Bd. 12), Paris 1910, S. 192 ff. — Derselbe in den Neuphilologischen Mitteilungen, Helsingfors, IV, S. 41 ff. (1906).

Gerard de Nevers. *Lhistoire de tres noble et cheualereux prïce Gerard, cõte de Neuers et de la tresuertueuse et treschaste princesse Euriant de Sauoye, sa mie.* Paris, Hemon Lefèvre 1520, 4⁰. — Spätere Ausgaben: Paris, Philippe Lenoir 1526, 4⁰; Lyon 1586, 4⁰ usw. — Modernisierung (von Gueulette) Paris 1727. — Auszug von Tressan, Paris 1792. — Vgl. Gröber, l. c. S. 532, 1195.

Chastellaine de Vergy. Gedruckt in: *Novelle e poesie franc. inédite o rarissime del secolo XIV.* Firenze 1888 (nur in 50 Exemplaren gedruckt). — Vgl. Gröber, l. c. S. 911, 1192.

Comte d'Artois. *Le liure du chevalereux comte d'Artois et de sa femme, fille au comte de Bourgogne,* herausgg. von Barrois, Paris 1837. — Vgl. Gröber, l. c. S. 774, 1196.

Gillion de Trasignies. *Histoire de Gillion de Trasignies et dame Marie sa femme,* herausgg. von O. L. B. Wolff, Leipzig *de* und Paris 1839. — Alphonse Bayot. *Le roman de Gillion de Trazegnies.* Louvain-Paris 1903. (*Recueil de travaux publiques* . . . *de l'université de Louvain,* Bd. 12). — Vgl. Gröber, l. c. S. 43 ff.

Gilles de Chin. *La chronique du bon chevalier messire Gilles de Chin,* herausgg. von R. Chalon für die Société des Bibliophiles de Mous, 1837. — Vgl. Gröber, l. c. S. 763, 1090. — Doutrepont, l. c, S. 47 ff.

Jacques de Lalaing. *Le livre des faits du bon chevalier Jacques de Lalaing,* herausgg. von Kervyn v. Lettenhove im 8. Bd. seiner Ausgabe der Werke Chastellains (1863 ff.) S. 1 ff. — Vgl. Doutrepont, l. c., S. 88, 99 ff. — sowie die Literatur zu Antoine de la Sales *Petit Jehan de Saintré* (unten S. 144).

Jean de Avesnes. *Histoire des très vaillants princes monseigneur Jean d'Avesnes, du comte de Ponthieu son fils, de Thibaut seigneur de Dommart son beaufils et du soudan Saladin* (ungedruckt). — Vgl. Gröber, l. c. S. 992. — Doutrepont, l. c. S. 63 ff. samt der dort angeführten Literatur.

Über den Grafen **Tressan** und seine Bearbeitungen mittelalterlicher Romane vgl. P. Wespy, *Der Graf Tressan, sein Leben und seine Bearbeitungen der französischen Ritterromane des Mittelalters,* Leipzig 1888. — Gautier, l. c., II, S. 688.

Über die **deutschen Volksbücher** vgl. Dr. Felix Bobertag, *Geschichte des Romans und der ihm verwandten Dichtungsgattungen in Deutschland,* 1. Bd., Breslau 1876, Kap. 3. — Karl Goedeke, *Grundriß zur Geschichte der deutschen Dichtung,* 2. Aufl. 1. Bd., Dresden 1884, § 96; 2. Bd., ib. 1886, § 107.

Zweiter Teil.

Der Roman im Zeitalter der Renaissance und der Sentimentalität.

VII. Von Antoine de la Sale bis Jean Lemaire de Belges.

Zur Zeit als die mittelalterliche Romandichtung noch in Blüte stand, machte sich in Frankreich und anderwärts eine geistige Bewegung fühlbar, die tief in das Kulturleben der europäischen Völker eingreifen und auf Literatur und Poesie, Wissenschaft und Kunst den größten Einfluß üben sollte: die Wiedererweckung des klassischen Altertums, die Renaissance. Diese Bewegung ging von Italien aus, wo die Traditionen der Antike nie ganz erloschen waren. Ein allerdings oberflächliches Interesse für dieselbe war ja auch in Frankreich schon früher vorhanden gewesen. Während aber die Verfasser von Troja- und Alexander-romanen alles noch mit mittelalterlichen Augen ansahen, erlangte man nun das richtige Verständnis, für welches bisher die erste notwendige Voraussetzung, das Studium der alten Autoren, gefehlt hatte. Der Humanismus verehrt als seine Ahnherren nach Dante († 1321) besonders Petrarca († 1374) und Boccaccio († 1375), welche Zeit fanden neben Epen und Sonetten, neben Romanen und Novellen auch Übersetzungen aus lateinischen und griechischen Autoren und historische und mythologische Kompendien zu verfassen.

v. Wurzbach, Geschichte des franz. Romans. I.

Von Italien aus, wo um die Mitte des XV. Jahrhunderts der Kardinal Bessarion († 1472) die Seele
dieser Bestrebungen war, griffen letztere auch auf die
anderen Länder über. In Frankreich findet man schon
in der zweiten Hälfte des XIV. Jahrhunderts, unter
Karl V. und Karl VI., die ersten Humanisten, vorsichtige
Pfadfinder, die sich auf die Lektüre und Übersetzung
einzelner antiker Schriftsteller beschränkten. So übersetzte
P. Bersuire den Livius (1352—56), Nic. Oresme den
Aristoteles (1370, nach einer lateinischen Version). Wie
bescheiden diese Anfänge sein mochten, so waren sie doch
bedeutsam als ein Verlassen der mittelalterlichen Tradition.
Obgleich das Zeitalter Franz' I., wo die humanistischen
Studien offiziell wurden, noch ferne war, so lag im
Keime dieser Vorrenaissance doch schon alles, was
später so üppig emporblühte. Bis zum Beginn der Voll-
renaissance, die man von Du Bellays *Défense et illustration de la langue française* (1549), der Programmschrift
der Plejade, zu datieren pflegt, herrscht ein Übergangs-
stadium. Das Mittelalter ist zwar noch auf allen Linien
herrschend, aber überall macht sich eine Gärung fühlbar,
und neue Ideen suchen sich durchzuringen. Die Lyrik
leidet bis zum Ende des XV. Jahrhunderts unter dem
allegorischen Schwulst, aber schon 1460 schlägt François
Villon in seinem *Testament* moderne tief ergreifende Töne
an. Im Drama erfreut man sich an den Mystères, naiven
Dialogisierungen der Bibel und Legende und an allegorischen
Moralitäten, aber um dieselbe Zeit (ca. 1470) ist der
Pathelin zu datieren, dessen Psychologie die anderen Farcen
weit hinter sich läßt. So weist auch der Roman, der bis
tief ins XVI. Jahrhundert im mittelalterlichen Geiste
befangen war, schon im XV. einen jener Autoren auf,
von denen Victor Hugo sagt, daß sie, einen Fuß in der
Zukunft, ihrer Zeit vorauseilen.

Antoine de la Sale (Salle) wurde 1388 als natürlicher Sohn Bernards de la Sale, des Feldherrn Ludwigs I.
von Anjou, und einer Provenzalin Perrinette Damendal

in der Nähe von Arles geboren. Er erfreute sich seit früher Jugend der Gunst der Anjous. Schon 1402 trat er als Page in die Dienste dieses Hauses und lernte in dieser Stellung große Teile Italiens und der Niederlande ennen. Ein Turnier, das er in Brabant mitansah, mußte ihm großen Eindruck machen. 1415 nahm er an dem Kreuzzug Johanns I. von Portugal gegen Marokko teil, der durch die Einnahme von Ceuta beendet wurde. Im Alter von dreißig Jahren kam er im Gefolge der Anjous noch zweimal nach Italien und hielt sich speziell in Rom auf, wo er mit dem Dichter und Humanisten Poggio († ¯1459), dem glücklichen Finder so vieler Werke des klassischen Altertums (Tacitus, Plautus), dem witzigen Verfasser der *Facetiae*, bekannt wurde. So konnte er die Renaissance an ihrer Quelle studieren. 1424 wurde er Landrichter in Arles und Sekretär Ludwigs III., Grafen von Provence, eines Bruders des kunstsinnigen Königs René. Acht Jahre später erhielt er von ihm das Schloß Séderon für sich und seine Nachkommen zur Nutznießung. Seit 1436 oder 1439 war er mit Lionne de la Sellana de Brusa verheiratet. In der Folge wurde er Erzieher des Herzogs Jean von Anjou, des ältesten Sohnes des Königs René, für den er das Buch La Salade schrieb, eine Art Manual eines Herrschers (ca. 1440). Im Jahre 1448 übernahm er die Erziehung der drei Söhne des Grafen von Saint-Pol, Louis de Luxembourg, und verfaßte für sie ein ähnliches Werk, La Sale, einen moralischen Traktat auf allegorischer Grundlage (1451). Zum Troste einer Verwandten des Grafen, die ihren einzigen Sohn verloren hatte, schrieb er 1458 Le reconfort de Madame de Fresne. In einer Abhandlung Des anciens tournois et faicts d'armes (1458/9) klagt er wehmütig über das Entschwinden der guten alten Zeit. Er hielt sich damals im Kreise von Genappes auf, wo der Dauphin Louis, der spätere Ludwig XI., der sich gegen seinen Vater Karl VII. empört hatte, bei Philipp dem Guten von Burgund eine Zuflucht und lustige Gesellschaft gefunden hatte. Seit

1458 stand Antoine de la Sale als Haushofmeister («*premier maistre d'hotel de Monseigneur le Duc*», Cent. nouv. nouv. Nr. 50) in den Diensten Philipps. Nach der Auflösung des Hofes von Genappes (1461) zog er sich wohl zu seinem Protektor, dem Grafen von Saint-Pol, zurück und nach 1464, vielleicht erst nach 1469, ist er gestorben.

1455/56 schrieb er in Chastelet-sur-Oise, im Dienste des Grafen von Saint-Pol, den Petit Jehan de Saintré, dessentwegen er hier vor allem zu nennen ist. Man hatte bis vor kurzem angenommen, daß er dieses Werk erst 1459 in Genappes für Philipp, dessen Sohn Karl und den Dauphin verfaßt habe, aber ein 1902 aufgefundenes Manuskript, welches Jean von Anjou gewidmet ist, stellte den wahren Sachverhalt klar. Auf den ersten Blick wäre man versucht, bei der *Histoire et plaisante chronique du petit Jehan de Saintré et de la jeune dame des belles cousines* eine historische Grundlage zu suchen. Der Name Jehan de Saintré ist der eines 1368 verstorbenen Seneschalls von Anjou und Maine, dem große Taten nachgerühmt wurden. Der Held unseres Romans hat mit ihm aber nicht mehr als den Namen gemein. Antoine de la Sale erzählt die Geschichte eines jungen Mannes, der hundert Jahre früher am Hofe Johanns II., des Guten, von Frankreich (1350—64) gelebt haben soll. Auf ihn wirft eine junge Witwe ihre Augen. Da die Königin diese, um sie auszuzeichnen, «*ma belle cousine*» anzureden pflegt, nennt sie der Verfasser «*la jeune dame des belles cousines*», was grammatikalisch recht bedenklich ist. Sie findet Gefallen an der jugendlichen Naivität des Knaben und beschließt, ihn zu erziehen. Sie unterweist ihn in allen vornehmen Bräuchen und in höfischer Sitte und legt bei diesem Erziehungswerk eine ganz erstaunliche Belesenheit an den Tag. Um ihre Lehren entsprechend zu stützen, zitiert sie unaufhörlich die Bibel, die lateinischen und griechischen Klassiker und die Kirchenväter. Wenn Antoine de la Sale seine Zöglinge auch so gründlich unterwies, hatte der Graf von Saint-Pol allen

Grund, mit ihm zufrieden zu sein. Jehan wird Knappe des Königs und erhält sodann den Ritterschlag. Er kämpft mit dem Spanier Enguerrant und mit dem Polen Loisselench, mit den Engländern in Calais und mit den Sarazenen in Preußen, und stets mit solcher Tapferkeit, daß die Dame mit berechtigtem Stolz auf dieses Muster der Chevalerie blicken kann, welches sie herangebildet hat. Kein Wunder auch, wenn seine Dankbarkeit sich in eine zarte, innige Liebe zu ihr verwandelt. Er ist glücklich, wenn sie ihm durch Stochern in ihren Zähnen das Zeichen gibt, daß die Stunde des Zusammentreffens gekommen sei, und antwortet freudig darauf in der verabredeten Weise, indem er sich das rechte Auge reibt. Die Abenteuer und Tapferkeitsproben Jehans bewegen sich völlig auf realem Boden, ohne daß das Zaubermaterial der Artus- und Abenteuerromane zu Hilfe genommen würde. Die Beziehungen zwischen ihm und der Dame sind in einem so reizenden, schalkhaft-liebenswürdigen Tone erzählt, daß man bisweilen an den Pagen Cherubin und die Gräfin Almavia erinnert wird.

Von dieser Herzensangelegenheit abgesehen, macht aber das Buch bis hierher eher einen pädagogischen Eindruck. Man könnte glauben, daß der Verfasser es für einen seiner Zöglinge geschrieben habe, wie etwa Fénelon seinen *Télémaque* für den Herzog von Bourgogne. Bei näherer Betrachtung scheint damit aber doch manches nicht recht zu stimmen. Die Lehrerin nimmt ihre Sache nicht immer ernst genug, sie macht sich bisweilen über ihren Zögling etwas lustig, sie weidet sich zu sehr an seiner Naivität, sie kichert zu viel mit ihren Fräuleins. Der ganze Ton ist bei allem gelehrten Apparat zu ironisch. Man hat den Kreuzzug gegen die Sarazenen mit Recht eine Maskerade genannt. In der Tat folgt im zweiten Teil des Werkes ein Umschwung. Nicht nur Jehan vergißt seine Grundsätze, auch die Dame fällt aus ihrer Rolle, wenn auch nicht ihrem Zögling gegenüber. Während dieser am Hofe des Kaisers zu Köln weilt, erscheint ein reicher, lebenslustiger Abbé — eine prächtige Figur, ähn-

lich den Pfäfflein des *Decameron* und der *Fabliaux* —,
dessen Geliebte sie nach einem guten Souper ganz sans
façon wird. Jehan wird nach seiner Rückkehr von ihr
sehr ungnädig empfangen. Er erfährt alsbald, was mittlerweile vorging, und nun kennt sein Zorn keine Grenzen.
Er zerrt die Dame bei den Haaren und ist daran, sie zu
prügeln, hält sich aber zurück «eingedenk der großen
Wohltaten, welche sie ihm erwiesen». Er fordert den
Abbé zum Zweikampfe heraus, wirft ihn zu Boden und
durchsticht ihm mit seinem Degen Zunge und Wangen.
Dann empfiehlt er sich von ihr mit einem höhnischen
«*A Dieu, dame la plus faulce que oncques fut*», nimmt ihr
den blauen Gürtel, welchen zu tragen sie fortan kein
Recht mehr hat (denn blau ist die Farbe der Treue),
und erzählt am Hofe von ihrem Vergehen, wobei er sie
durch Vorweisung des Gürtels deutlich genug bezeichnet.

Bezüglich der ganzen Auffassung der Dinge steht
dieser Abschluß mit dem Anfang unleugbar in einem
Widerspruch, und man fragt unwillkürlich, wozu denn
die Erziehung des Knaben so ausführlich geschildert
wurde, wozu ihm die Ideale des Rittertums mit solchem
Ernste eingeprägt wurden, wenn dies das Ende sein
sollte, und was eigentlich die Absicht des Verfassers war.
Wollte er zeigen, daß die gediegenste Bildung, daß alles,
was jene Zeit hochhielt, nichts wert sei, ja daß man auf
diesem Wege nur zu Verirrungen gelange? Dann hätte
man es mit einem satirischen Buch in der Art des
Don Quixote zu tun. Anderseits nimmt doch der Ernst
einen allzu breiten Raum ein, als daß man an eine rein
ironische Absicht glauben könnte. Wir begegnen auch
im späteren Verlaufe der Erzählung auf Schritt und Tritt
pädagogischen Vorschriften und Zitaten. Der Erzähler
handelt in 35 Kapiteln des langen und breiten über
Turniere, Schlachten und Ähnliches, was zusammen mit
den Belehrungen mehr als die Hälfte des Buches aus-
füllt, und es ist wohl nicht anzunehmen, daß der Verfasser der *Salade*, der *Sale* und der Abhandlung über die

Turniere hier nicht aus voller Überzeugung gesprochen abe. Dieser Zwiespalt hat zu vielen Kontroversen Anlaß gegeben. Das Richtige ist wohl, daß Antoine de la Sale bewußt Ernstes mit Heiterem verbinden wollte, wie dies bei dem strengen Erzieher, der sich auch gern in dem lustigen Kreise von Genappes aufhielt, nicht wundernimmt. Er wollte belehren und amüsieren, *miscere utile dulci*, wie es einem richtigen Sohn der Renaissance zukam. Alles andere, was ihm sonst unterschoben wurde, lag ihm wohl ferne. Er dachte weder daran, seinen Lesern unter fremdem Namen die Schicksale der Agnes Sorel zu erzählen, noch wollte er ein Buch in der Art der späteren Geschichten von Bayard und anderen Rittern ohne Furcht und Tadel schreiben. Wie dem aber auch sei, in der Darstellung ist *Jehan de Saintré* ein Meisterwerk, das in der Prosa des XVI. Jahrhunderts nicht seinesgleichen hat. Der Stil ist fein und graziös, und der angenehme Humor und die treffliche Beobachtung des Autors sind auch heute noch anziehend. Die Gestalten des jungen Helden, der übermütigen Witwe und des unpriesterlichen *Damp abbé* sind mit sprechender Naturwahrheit charakterisiert. Literarhistorisch betrachtet, zeigt kein anderes Buch so deutlich jenen Übergang der Ansichten, von welchem oben die Rede war, und so erscheint der Verfasser darin als der typische Vertreter jener Zeit, die vom Mittelalter zur Renaissance hinüberleitet, und «halb fromm, halb emanzipiert, ihre ernsten, moralischen Betrachtungen durch Purzelbäume und Grimassen unterbricht» (G. Paris).

Es scheint, daß das Werk auf der Erfindung des Autors beruht. Die Ähnlichkeit, welche die Kapitel 1—16 (Jehans Erziehung) mit den entsprechenden Partien des Jacques de Lalaing (s. o. S. 118) aufweisen, veranlaßten Raynaud zu der Annahme, daß man es im *Jehan de Saintré* mit einer romanhaften Umgestaltung dieses biographischen Buches zu tun habe, die Ähnlichkeit des Stils zu dem weiteren Schlusse, daß beide Werke von

demselben Verfasser herrühren müssen, und daß Antoine
de la Sale hier ein eigenes früheres Werk umgearbeitet habe.
Für die Abenteuer Jehans habe er aber den Livre des
faicts de Jean Boucicaut benutzt, welcher Boucicaut
der Sohn eines Freundes und Kampfgenossen des historischen
Saintré war.   Wie verlockend diese Hypothesen sich ausnehmen mögen, sie stehen doch auf recht schwachen
Füßen, und Bayot hat schwerwiegende Gründe dafür geltend
gemacht, daß das Buch von *Jacques de Lalaing* erst nach
1468 entstand und daß es von dem Verfasser des *Gilles
de Chin* herrühre.

Die stilistischen Vorzüge des *Jehan de Saintré* veranlaßten die Kritik, dem Antoine de la Sale auch noch
einige andere hervorragende Werke jener Zeit zuzuschreiben,
für welche es an geeigneten Verfassernamen fehlte. So
hielt man ihn mit Unrecht für den Autor der Cent
nouvelles nouvelles, der ältesten französischen Novellensammlung, sofern man von dem etwas primitiven Buche
des Chevalier de la Tour Landry (verf. 1372) absieht.
Das *Decameron* war im Auftrag des Herzogs Jean de Berry
im Jahre 1414 von Laurent de Premierfait nach der
lateinischen Übersetzung des Mönchs Antonio von Arezzo
ins Französische übertragen worden, und 50 Jahre später
entstanden diese Geschichten, die schon im Titel den
italienischen Einfluß verraten, indem die alte Bezeichnung
Histoire hier zuerst durch *Nouvelle* ersetzt wird.   Die
Stoffe sind auch zum Teil aus der italienischen Novellistik
(Boccaccio, Poggio u. a.) entnommen. Der Verfasser nennt
sein Werk «*glorieuse et edifiant œuvre*» (?) und sagt von
den Geschichten, sie seien «*moult plaisants à raconter en
toute bonne compagnie*». Sie entstanden sicher um 1461
in Genappes im Kreise des Dauphins, und da Antoine
de la Sale in der 50. Geschichte als Redaktor genannt
wird, glaubte Leroux (1841), er sei derjenige, welcher sie
im Auftrage Philipps verfaßt habe — was jedoch gerade
in Anbetracht des Stils unwahrscheinlich ist. — Die ihm
gleichfalls oft zugeschriebenen Quinze joyes de mariage

wurden ca. 1450 verfaßt und spielen im Titel auf die
Quinze joyes de Notre-Dame an. Sie sind eine scharfe
Satire auf die Frauen und die Ehe und gehören in jene
große literarische Strömung, die ihr ältestes Vorbild in
der sechsten Satire des Juvenal hat, und welcher auch
der *Roman de la Rose*, die Lamentationen des Matheolus,
Boccaccios *Corbaccio*, Deschamps' *Miroir du mariage* und
viele Fabliaux entsprungen sind. Aus einigen, einer
Handschrift beigegebenen Versen schloß Pottier (1830),
daß der, übrigens verheiratete Antoine de la Sale der
Verfasser sei, was heute aber nur mehr von wenigen
geglaubt wird. — Und «als ob es damals keinen anderen
Autor gegeben hätte», wurde ihm sogar der Pathelin
zugeschrieben (von Génin 1854). Er bedarf zu seinem
literarischen Ruhm dieses Gepäckes wahrlich nicht. *Jehan
de Saintré* sichert ihm allein den Platz des größten Er-
zählers seiner Zeit.

Unterdessen machte die Renaissance Fortschritte,
besonders seit die Franzosen um die Wende des XVI. Jahrhunderts durch die Feldzüge Ludwigs XII. mit den Ita-
lienern in mehrfache Berührung gekommen waren. Die
klassischen Studien nahmen zu, zahlreiche Übersetzungen
erschienen. Octavien de Saint-Gelais übertrug die Episteln
Ovids und die *Aeneis* 1500, 1509) und widmete beides
dem König. Seit 1507 wurden griechische Texte in
Frankreich gedruckt. So wird die Renaissance allmählich
zu einer großen Bewegung, zu einer bewußten Reaktion
gegen das Mittelalter, dessen Traditionen sie durch die
Antike ersetzen will. Sie verläuft analog und gleichzeitig
mit einer anderen großen Bewegung, der Reformation,
welche die Rückkehr zum ersten Christentum anstrebte.
Officielle Förderung gewann sie unter Franz I. (1515—47),
der selbst von den Ideen der Renaissance erfüllt und vom
Bildungswert und Nutzen der humanistischen Studien
überzeugt war. Er berief Kapazitäten auf diesem Gebiete
nach Frankreich und bemühte sich um Erasmus. Seine
Ratgeber waren Guillaume Budé (Budaeus, 1467—1540)

und Estienne Dolet, der wegen seines Atheismus 1546 verbrannt wurde. Der König ging 1529 daran, ein Collegium trilingue zur Pflege des Lateinischen, Griechischen und Hebräischen zu stiften, und gründete 1539 eine eigene Druckerei für griechische Werke. Das Privileg, welches er dem Konrad Neobar für dieselbe erteilte, zeigt, welche Achtung der König vor den griechischen Studien besaß, die er *«source de toute instruction»* nennt. Um das Jahr 1500 waren alle bedeutenden Autoren des klassischen Altertums übersetzt. Mit Recht konnte sich der König in Fontainebleau (von Rosso) malen lassen, wie er die Pforten des Musentempels einer Menge öffnet, die nun mit verbundenen Augen hineintappt. — Nicht unbeteiligt war an diesen Erfolgen auch seine Schwester Margarethe von Valois (1492—1549), die Gattin Heinrichs von Navarra, die geistvolle Verfasserin des *Heptameron*, die an ihrem kleinen Hofe gleichfalls die humanistischen Studien pflegte, Talente (Marot) förderte und die Hugenotten (Calvin) schützte. Denn die Reformation griff trotz aller Verfolgungen immer mehr um sich. Calvins *Institutio Religionis christianae* (1536) wurde 1541 in der französischen Übersetzung als «Bibel Calvins» die Grundlage des französischen Protestantismus. Er widmete sie Franz I., der aber dennoch im Edikt von Fontainebleau (1540) die Ketzerei zum Staatsverbrechen stempelte und einen blutigen Krieg gegen die harmlosen Waldenser führte.

Aber die neue Bildung drang in immer weitere Kreise, mochte es die Sorbonne dem König auch noch so sehr nahe legen, den Buchdruck zu verbieten — *«cet art inventé par inspiration divine, comme a contrefil l'artillerie par suggestion diabolique»* (Rabelais II. 8). In diesen letzten Jahren war alles anders geworden, und der Leser des Lancelot und der Haimonskinder erkannte das alte Frankreich nicht mehr. Was war aus der *douce France* geworden, die in ihrer mittelalterlichen Nacht so ruhig dahindämmerte? Ein neuer Geist machte sich fühlbar, der Geist der Wissenschaft. Bewundernd läßt Rabelais den Gargantua an seinen Sohn Pantagruel schreiben (II. 8), wer früher ein hochgelehrter Mann gewesen sei, tauge jetzt kaum mehr zum Abc-Schützen. Räuber, Henker, Abenteurer und Stallknechte seien heute gelehrter als die Doktoren und Prediger zu jener Zeit. Sogar die Frauen habe die Studierwut ergriffen. Und an Tiraqueau schreibt er voll Begeisterung: «*Hors de cette épaisse nuit gothique nos yeux se sont ouverts à l'insigne flambeau du soleil*».

Niemand wird bezweifeln, daß die Renaissance einen großen Kulturfortschritt bedeutete. Sie überwand die mittelalterliche Barbarei und läuterte den Geschmack an den großen Vorbildern der Antike. Der Schönheits- und Formensinn vervollkommnete sich. Man beschränkte sich nicht mehr auf ein bloß äußerliches Interesse an den Gegenständen des Altertums, man vertiefte sich vielmehr in seinen Geist und gewann damit eine neue Auffassung des Lebens, der Wissenschaft, Poesie und Kunst. Anderseits hatte die Renaissance, wie alles Fremde, in eine nationale Kultur Hineingetragene, auch ihre unleugbaren Schattenseiten. Sie wirkte entnationalisierend. Dies begann mit der Sprache. Das Französische wurde mit lateinischen und griechischen Brocken durchsetzt, die Konstruktion latinisiert, gegen welche Mißbräuche nationalgesinnte Autoren energisch protestierten (Geoffroy Tory, *Champfleury* 1529). Aber nicht nur die Sprache, das ganze Denken wurde klassisch. Der griechisch-römische Vorstellungskreis nahm die Köpfe ein. Wer von einem Helden, von einer großen Tat, von einer Schlacht, von einer Liebesgeschichte oder von was immer sprach, dem drängten sich unwillkürlich die Vergleiche mit der Antike auf. Boileau (*Art poét.* I. 126) findet, Ronsard habe in französischer Sprache griechisch und lateinisch geschrieben. Und Ronsard selbst meint, die Franzosen, welche seine Verse lesen wollten, würden, wenn sie nicht Griechen und Römer seien, anstatt seines Buches nur eine schwere Last in den Händen halten. Ein Blick auf die Werke von Corneille und Racine zeigt, welche Dimensionen der Klassizismus später angenommen hat. Die Wahl der Stoffe, die Art der Behandlung und die sprachliche Form geben davon Zeugnis, und so trägt die Blütezeit der französischen Literatur einen fremden Stempel, das Gepräge eines Zeitalters und einer Kultur, die nicht französisch sind. Manche haben deshalb über die Renaissance den Stab gebrochen und in ihr nur die Ertötung alles Nationalen gesehen. Léon Gautier (II. 633) sagt, eine Geschichte der Renaissance sei «*Histoire d'une grande ingratitude*» zu betiteln, einer großen Undankbarkeit gegenüber der eigenen nationalen Vergangenheit. Sicher geht derjenige, welcher die *Franciade* des Ronsard über die nationalen Epen stellt, in seiner Verblendung zu weit, aber dasselbe tut der, welcher sich einer kritiklosen Verhimmelung des Mittelalters hingibt. Die Renaissance war nicht nur eine Abkehr von der Vergangenheit, sondern auch eine Regeneration für die Zukunft, eine heilsame Schulung des Geschmacks, eine Art Gymnastik, in welcher der nationale Geist erstarkte. Ohne sie wäre Molière undenkbar.

Man verkennt auch häufig, in wie hohem Maße bei allen klassizistischen Bestrebungen die mittelalterliche Tradition fortbestand. Unter Franz I. wurde kein Fest abgehalten, das nicht durch ein Turnier erhöhten Glanz erhielt, und die Hofpoeten hatten vollauf zu tun, diesen Zauber zu beschreiben. Es war die Zeit, wo man den Devisen, Wahlsprüchen, Emblemen und anderen mittelalterlichen Spielereien eine an das Kindliche grenzende Aufmerksamkeit zuwendete, und für Bayard, den «Ritter ohne Furcht und Tadel» (*chevalier sans peur et sans reproche*, 1476—1524), der unter Karl VIII., Ludwig XII. und Franz I. in Italien kämpfte, Worte des höchsten Lobes fand. In den begeisterten, ganz im Stil der Ritterromane gehaltenen Biographien Bayards von Symphorien Champier (1525) und von seinem «*loyal serviteur*» Jacques Joffroy (1527) lasen die Zeitgenossen mit Bewunderung, wie der große Held allein die Brücke über den Garigliano

gegen 200 heranstürmende Ritter verteidigte, wie Franz I.
sich von ihm als dem würdigsten nach der Schlacht von
Marignano den Ritterschlag erteilen ließ, und wie er endlich bei Gallinara, schwer verwundet an einen Baum ge-
lehnt, aber das Gesicht noch immer dem Feinde zugewendet,
sein rühmliches Dasein beschloß. Die Ritterromane selbst
erfuhren gerade damals im Auftrage des Königs durch
den Import der Amadis-Serie (1540 ff.) eine Wiederbelebung. So wirkte der mittelalterliche Geist unter der
antiken Hülle in der Tat mächtig fort. Corneille sollte
nicht nur einen *Horace* und einen *Cinna*, sondern auch
einen *Cid* und einen *Polyeucte* schreiben, und auch bei
Racine spielen Christentum und Rittertum eine größere
Rolle als die Antike. Aber man beachtete dies von jeher
weniger, weil man über dem Überraschenden, Neuen das
Traditionelle, Selbstverständliche übersah.

Um das Jahr 1500 befanden sich die Bestrebungen
der Renaissance noch in einem etwas ungeklärten Stadium.
Dasselbe wird für das Gebiet der Erzählung am besten
durch die romanhafte Kompilation des Jean Lemaire
de Belges repräsentiert, eines Autors, der seinen Ruhm
allerdings weniger diesem Werk, als seinen Gedichten
verdankt, die den Übergang von der Manier der burgundischen Rhétoriqueurs zu der Plejade zeigen. Lemaire
war 1473 zu Bavai (Belgis, Belges) bei Valenciennes
geboren. Er war ein Neffe Molinets, des schwülstigen
Auflösers des *Roman de la Rose*, studierte an der Pariser
Hochschule und trat 1498 zu Villefranche bei Lyon als
Finanzbeamter in die Dienste des Herzogs Peter von Bourbon,
nach dessen Tode in jene Louis' von Luxemburg, Grafen
von Ligny, und schließlich als Historiograph und Bibliothekar in den der Margarete von Österreich, Tochter
Kaiser Maximilians und Regentin der Niederlande. Ihr
zu Ehren hat er 1504 die *Couronne Margaritique* verfaßt. Auf zwei Reisen, welche ihn 1506 und 1508
nach Venedig und Rom führten, nährte er seine Vorliebe
für italienische Poesie, speziell für Petrarca. 1512 verließ

er Margaretens Hof und wurde Bibliothekar der Königin
Anne de Bretagne. Er soll bei dieser in Ungnade gefallen
und vor 1525 im Elend zugrunde gegangen sein. In den
kaum zehn Jahren, welche der jung Verstorbene seiner
literarischen Betätigung widmen konnte, schrieb er besonders
Gedichte, die sich durch die Glätte ihrer Verse, durch
ihre gewählte Sprache, ihren Bilderreichtum und feine
Allegorie auszeichnen. Diese Vorzüge trugen ihm den
Ehrennamen des Vaters der französischen Poesie ein.
Marot lernte von ihm die Regel, daß die Zäsur nach der
vierten Silbe nicht auf ein tonloses e fallen dürfe. Heute
ist Lemaire als Dichter so gut wie vergessen, und selbst
die berühmten *Epistres de l'amant vert* (1505), Briefe des
Papageis der Margarete, der aus Gram über die Ab-
wesenheit seiner Herrin gestorben ist und nun aus der
Unterwelt schreibt, haben für den modernen Leser ihren
Reiz verloren.

Auch die Illustrations de Gaule et singularités
de Troye sind heute kaum mehr als lesbar zu bezeichnen.
Sie erschienen in drei Teilen 1510, 1512, 1513. Der
erste ist der Margarete von Österreich, der zweite der
jungen Tochter Ludwigs XII., Claudia von Frankreich,
der dritte Anne de Bretagne gewidmet. Sie gehören stofflich in die Richtung der mittelalterlichen Trojaromane.
Man glaubt einen verjüngten Raoul Lefèvre vor sich zu
haben. Doch unterscheidet sich dieser späte Nachzügler von
seinen Vorgängern durch eine moderne Tendenz und durch
das Bestreben, dem Gegenstand ein aktuelles Interesse zu
geben. Lemaire will nicht nur alte Geschichten erzählen,
sondern er will den Ursprung der Herrscherhäuser seiner
Zeit und ihren Zusammenhang mit Troja nachweisen. Um
die Sache möglichst gründlich zu machen, fängt er bei
der Sintflut an und kommt über Noah zu Herkules und
Priamus. Für diesen ältesten Teil dienten ihm die
Antiquitates des Dominikaners Annius von Viterbo (1498)
zur Grundlage, ein törichtes Fabelbuch, das er in seiner
Naivität ernst nahm. Es folgt dann die Geschichte des

ungen Paris, der unter Hirten aufwächst, weil prophezeit
vurde, daß Troja durch ihn zugrunde gehen werde; die
pisode seiner Liebe zu Oenone (nach Ovids Heroiden),
us der Lemaire ein hübsches Idyll macht; das famose
;öttermahl, bei dem Eris den Apfel wirft, und das hier
on einem Turnier begleitet wird; die Szene auf dem
erge Ida; Paris' Treulosigkeit gegen Oenone, der Raub
der Helena, der Rachezug der Griechen, der Kampf um
Troja und der Tod des Paris im Kampfe gegen Philoktet.
Helena heiratet den Deiphobus und söhnt sich nach dessen
Tod mit Menelaos wieder aus.

So weit reicht das zweite Buch, zu welchem Lemaire
außer Dictys und Dares auch den Homer in der Übersetzung des Humanisten Laurentius Valla († 1457) benützt
hat. Das dritte Buch *(Généalogie historiale de Charlemagne)* zerfällt seinerseits wieder in drei Teile. Der
erste von diesen enthält den Stammbaum der Trojaner
in Europa bis herab auf Austrasius und beschäftigt sich
speziell mit Hektors Sohn Francus, dem Francion des
Ronsardschen Gedichtes, und Bavus, einem Vetter des
Priamus, welcher der Gründer von Bavai gewesen sein
soll. Dies gibt dem Verfasser Gelegenheit, die Geschichte
seiner Vaterstadt einzuflechten. Francus erbaut zum Erstaunen des Lesers auch Budapest (Sicambria), und hier erfährt man im Anschluß an die verlorene *Histoire de Tongres*
manches über Pannonien und Attila. Er erzählt dann
die Eroberung Galliens durch Cäsar und die weitere Geschichte bis auf Austrasius, einen Zeitgenossen Chlodwigs.
Die beiden anderen Teile enthalten die Geschichte der
Burgunder und Merowinger bis auf Karls des Großen Vater
Pippin, dessen Krönung den Abschluß bildet. Ein viertes
Buch sollte gegen die Türken Stimmung machen, die
wider alles Recht im Besitze der trojanischen Erblande
seien, erschien aber nicht.

Schon diese kurze Inhaltsangabe zeigt, daß Lemaires
Werk zwar viel Romanhaftes enthält, im ganzen aber
eher eine populär-historische Darstellung großer Epochen

ist, aus der ein für jene Zeit beträchtliches, aber un-
geklärtes und kritikloses Wissen spricht. Das Buch wurde
viel gelesen und oft gedruckt und übte nicht nur stofflich,
sondern auch stilistisch einen bedeutenden Einfluß auf
die Erzähler der Folgezeit, speziell auf Rabelais.

Literatur. Über die Renaissance in Frankreich vgl.
Petit de Julleville, l. c., III. Bd., S. 1 ff.

Antoine de la Sale, Jehan de Saintré. Unter den neun erhaltenen Handschriften befindet sich auch das Handexemplar des
Verfassers (Bibl. Nat. 10.057). — *Lhystoire et plaisante cronicque
du petit Jehan de Saintre et de la jeune dame des belles cousines, sans autre nom nommer, auecques deux autres petites histoires,
lhystoire de Floridan et la belle Elinde et l'extrait des cronicques
de Flandres.* Paris, Michel Lenoir 1517. — Spätere Ausgaben:
Paris, Philippe Lenoir 1523; Paris, Jehan Trepperel, s. a. [1528?];
Paris, Jehan Bonfons, 1553; mit Einleitung und Noten (von
Gueulette), 3 Bde., Paris 1724 und 1830. — Neubearbeitung
von Tressan, Paris 1780 (vgl. oben S. 121). — Neue Ausgaben
von J. Marie Guichard, Paris 1842 und von G. Hellény, Paris
1890. — Über Leben und Werke Antoine de la Sales, speziell
den Jehan de Saintré, vgl. man: Werner Söderhjelm, *Notes
sur A. de la S. et ses œuvres* (Acta societatis scientiarum Fennicae,
33. Bd., N. 1., Helsingfors 1908). — Derselbe, in: *La nouvelle
française au XV. siècle,* Paris 1910, S. 73 ff. — Gossart, *A. de
la S., sa vie et ses œuvres.* 2. Aufl., Bruxelles 1902. — Carl
Haag, *A. de la S. und die ihm zugeschriebenen Werke* (Archiv f.
d. Studium der neueren Sprachen, Bd. 113 [1904], S. 101 ff., 315 ff.).
— Joseph Nève, *A. de la S., sa vie et ses ouvrages d'après des
documents inédits,* Paris 1903. — L. H. Labande, *A. de la S.
Nouveaux documents sur sa vie et ses relations avec la maison
d'Anjou,* Paris 1908 (Bibl. de l'Ecole des chartes, Bd. 65). — Gaston
Raynaud, *Un nouveau ms. du Petit Jean de Saintré* [Ms. Barrrois,
Bibl. Nat. 10.057] (Romania XXXI [1902], S. 527 ff.) (vgl. dazu O.
Grojean, in der *Revue de l'instruction publique de Belgique*
1902, S. 436 und A. Bayot, *Le roman de Gillion de Trazegnies,*
Louvain-Paris 1903, S. 130). — Gröber, l. c., S. 1151 ff. — Dou-
trepont, l. c., S. 91 ff. — **Cent nouvelles nouvelles.** Erste
Ausgabe 1486. — Herausgg. von Le Roux de Lincy 1841; von
Wright 1858; von P. Lacroix 1884. — Vergl. Pietro Toldo,
Contributo allo studio della novella francese del XV. XVI. secolo,
Roma 1895. (Dazu Gaston Paris im *Journal des Savants* 1895,
S. 292). — W. Küchler, *Die Cent nouvelles nouvelles. Ein Bei-
trag zur Geschichte der französischen Novelle* (Zeitschrift für franz.

Sprache und Literatur 30. und 31. Bd., 1906—7). — Gröber, l. c., S. 1152. — Doutrepont, l. c. S. 333 ff. — Söderhjelm, *La nouvelle française*, S. 111 ff. — **Quinze joyes de mariage.** Erste Ausgabe [Lyon] zwischen 1480—89. — Herausgg. von Techener 1837; von Jannet 1853; von Heuckenkamp 1901; von Dreßler 1903; von A. Fleig 1903. — Vgl. *Une énigme de l'histoire littéraire. L'auteur des quinze joyes de mariage*, Paris 1903. — Gröber, l. c., S. 1153. — Söderhjelm, l. c., S. 29 ff.

Chevalier Bayard. *Les gestes ensemble la vie du preulx Cheualier Bayard: auec sa genealogie, cõparaisons aulx anciens preulx cheualiers gentilx Israelitiques et chrestiẽs. Ensemble oraisons lamẽtatiõs, epitaphes dudit cheualier Bayard. Contenant plusieurs victoyres des roys de France Charles VIII, Loys XII et Frãcoys premier de ce nom. Champier.* Lyon, Gilbert de Villiers 1525, 4⁰. — Spätere Ausgaben: Paris, Jehan Trepperel s. a., 4⁰; Paris, Jacques Nyverd 1525, 4⁰; Paris, Philippe Lenoir s. d., 4⁰; Lyon, Olivier Arnoullet 1558; Lyon, Benoist Rigaud 1580 usw. — *La très joyeuse, plaisante et recreatiue Histoire composee par le loyal seruiteur, des faiz, gestes, triumphes et prouesses du bon cheualier sans paour et sans reprouche le gentil seigneur de Bayart, dont humaines louenges sont espandues par toute la chrestiente: De plusieurs autres bons, vaillans et vertueux cappitaines qui ont este de son temps. Ensemble les guerres, batailles, rencontres et assaulx qui de son viuant sont suruenues tant en France, Espaigne que Ytalie . . .* Paris, Galliot Dupré 1527, 4⁰. — Spätere Ausgaben: Paris 1616 (mit Anmerkungen von Th. Godefroy); Paris 1619 (desgl.); Grenoble 1650 usw. — Neu herausgg. in Petitots *Memoires sur l'histoire de France*, Bd. 15.

Lemaire de Belges. *Les illustrations de Gaule et singularitez de Troye . . . auec les deux epistres de Lamant uert*, Lyon, Estienne Baland [1510], 4⁰. — *Le second liure des Illustratiõs de Gaule et singularitez de Troye . . . .*, Paris, Geuffroy de Marnef 1512, 4⁰. — *Le tiers liure des Illustrations de Gaule et singularitez de Troye, intitule nouuellement de France orientale . . . .*, Paris, Geoffroy de Marnef 1513, 4⁰. — Gesamtausgabe sämtlicher drei Teile (nebst Epistel des Königs Hektor von Troja und *Traité de la différence des scismes*, 5 Teile in einem Bande): Paris, Enguillebert de Marnef et Jean de Marnef et Pierre Viart 1521, kl. fol. — Spätere Ausgaben: François Regnault 1528, 4⁰, ibid., Ambr. Girault 1528/9, fol.; ibid., Galiot du Pré 1551, kl. 8⁰; ibid., Guill. Le Bret 1540, 8⁰; ibid., Poucet le Preux und Jehan Longis 1548 usw. — *Jean Lemaire de Belges, Oeuvres . . . publiées par* J. Stecher, 4 Bde., Louvain 1882—91. — Vgl. J. Stecher, *Jean Lemaire de Belges, sa vie, ses œuvres*, Paris 1891. — Ph. Aug. Becker, *Jean Lemaire, der erste hu-*

manistische Dichter Frankreichs, Straßburg 1893. — A. Lefèbre,
*Vie et commune origine de Jehan Moline*t *et de Jean Lemaire,*
Boulogne 1901.

VIII. Rabelais.

Dr. med. François Rabelais wurde gegen Ende
des XV. Jahrhunderts, aller Wahrscheinlichkeit nach am
4. Februar 1494 geboren. Die Angaben 1483, 1490
(De Thou) und 1495 besitzen weniger Glaubhaftigkeit.
Er erblickte das Licht der Welt auf dem seiner Familie
gehörigen Gute La Devinière bei Chinon in der Touraine.
Er stammte also aus einer fröhlichen Weingegend, aber
sein Vater war nicht, wie oft behauptet wurde, Weinbauer,
sondern ein höherer juristischer Beamter in Chinon. In
Rabelais' Werken begegnet uns manche Erinnerung an die
Gegend, in der er seine Jugend verlebte, und er spricht
gerne von *«la benoiste Touraine, le jardin de France»*
(V., 6; II., 9). Als junger Mann, gewiß aber nicht
schon 1509, trat er in das Franziskanerkloster Fontenay-
le-Comte in Poitou, wo er 15 Jahre geblieben sein soll.
Nachweisbar ist sein Aufenthalt daselbst erst von 1520
an. Er soll hier jenen Haß gegen das Mönchstum, aber
auch jene glühende Verehrung für das klassische Altertum eingesogen haben, die ihn auszeichnen. In letzerer
Hinsicht verdankte er den Schriften des Erasmus die
meiste Anregung. 1532 schreibt er in einem Briefe:
Wie die Mutter das Kind in ihrem Schoße birgt und nährt,
so habe er von Erasmus, den er gleichwohl nie von Angesicht
gesehen, das Beste empfangen. *«Sic educasti, sic castissimis
divinae tuae doctrinae uberibus usque aluisti, ut quidquid sum
et valeo tibi id uni acceptum».* Er benützte heimlich jeden
Augenblick zur Lektüre klassischer Autoren, wobei er in
seinem Freunde Pierre Lamy, für den sich Budé interessierte, einen gleichgesinnten Genossen fand. Da solche
Beschäftigung bei den Ordensbrüdern sehr mißliebig war
— im Franziskanerorden machte man nach Colletet *«vœu
d'ignorance encore plus que de réligion»* — und die beiden

ungen Mönche sogar in den Verdacht des Unglaubens
kamen, mußten sie fliehen. 1524 erhielt Rabelais von
ˈlemens VII. die Erlaubnis, in den weniger strengen
enediktinerorden überzutreten, und zwar in die Abtei
ˈaillezais. Er war in dieser Zeit bereits mit dem Bischof
eoffroy d'Estissac sehr befreundet, bei dem er öfters
ohnte und den er gelegentlich auch um Geld anging.

Aber es duldete ihn auch bei den Benediktinern nicht
ange; er sagte, vielleicht 1527, dem Ordensleben ganz
ˌebewohl und widmete sich der Medizin, auf welche ihn
ie klassischen Studien (Hippokrates, Galenus) hingelenkt
aben mögen. Am 17. September 1530 finden wir ihn als
tud. med. an der Universität Montpellier immatrikuliert
damals war er jedenfalls nicht mehr Mönch —, am
.. Dezember desselben Jahres wird er Bakkalaureus, im
olgenden, 1531, hält er bereits Vorlesungen. Vom November
532 bis Februar 1534 ist er Hospitalsarzt in Lyon mit
0 Livres Jahresgehalt. In Lyon, welches damals ein
literarisches Zentrum war, lernt er Dolet, Marot, Desperiers,
Champier, Maurice Scève u. a. kennen. 1534 verliert er
die Stelle, weil er sich zweimal ohne Urlaub entfernt
hatte, und geht als Leibarzt seines Gönners, des Kardinals
Du Bellay, der damals eine diplomatische Mission in Rom
auszuführen hatte, in die ewige Stadt. Rabelais' Ausgabe
von Marlianis römischer Topographie, mit Widmung an
den Kardinal (1534), gibt von diesem Aufenthalt Zeugnis.

Rabelais war in dieser Zeit bereits eifrig literarisch
tätig. Seit 1531 publizierte er bei Sebastian Gryphe in
Lyon eine Reihe von gelehrten sowie ungelehrten Arbeiten,
medizinische und juristische Traktate, die er seinen
Gönnern widmete, besonders aber Almanache (1532—50),
in welchen er sich in satirischem Ton über die Astrologen
lustig macht. Eine solche Schrift ist seine Pantagrueline
Pronostication (1532), auf deren Titel er sich «*Maistre
Alcofribas, Architriclin dudit Pantagruel*» nennt. In demselben Jahre erschienen auch die «Grandes et inestimables chroniques du grand et énorme géant

10*

Gargantua, als deren Herausgeber man Rabelais gemeinhin ansieht, obwohl er sich an keiner Stelle dazu bekennt und der Stil ein weit schlechterer ist als jener von Rabelais' authentischen Werken. Man könnte das Büchlein, das in Anbetracht des volltönenden Titels etwas schmächtig geraten ist, auf den ersten Blick für einen kleinen Ritterroman halten, in der Tat ist es aber eine Parodie dieser Literaturgattung. Der Name Gargantua war den Franzosen nicht nur nicht fremd, sondern recht geläufig. Ob er nun, wie Gaidoz glaubt, eine Art keltischen Herkules bezeichnete und ursprünglich eine Personifikation der Sonne war oder etwas anderes — man findet in Frankreich eine ganze Reihe geographischer Bezeichnungen, die an ihn erinnern *(Dent, Lunettes, Bottes, Fauteuil de Gargantua)*. Ein Vers bei Charles Bourdigné weist darauf hin, daß es vor 1526 eine allgemein bekannte Schrift über Gargantua gab, in der von seinen *«cheveux de plâtre»* die Rede war.

Die *Chroniques* von 1532 knüpfen an die Sagen von Artus und Merlin an. Um den König Artus zu schützen, ruft Merlin ein Riesengeschlecht ins Leben. Er setzt sich dazu auf den höchsten Berg des Orients, läßt sich zunächst die Knochen eines männlichen Walfisches bringen, begießt diese mit Blut aus Lancelots Wunden, schlägt sie auf einem Amboß zu Pulver und formt daraus den Vater Gargantuas, Grandgousier (d. h. großer Schlund). Die Mutter, Gallemelle, entsteht ebenso, nur werden hier die Knochen eines weiblichen Walfisches und statt des Blutes des Lancelot die Fingernägel der Ginevra verwendet. Der Sohn der beiden, Gargantua, legt schon als Kind eine fabelhafte Kraft an den Tag. Er spielt mit Felsstücken wie mit Nüssen. Herangewachsen, bedient er sich einer Keule, die 60 Fuß lang und so dick wie ein Faß ist. Er besiegt andere Riesen, indem er ihnen das Rückgrat bricht, und steckt sie dann in seine Ärmel, seine Hosen oder seinen Schnappsack, oder er wirft sie so hoch in die Luft, daß sie allen Blicken entschwinden. Als er einst mit offenem Munde schläft, fallen 205 Krieger hinein, weil sie ihn für ein Tal hielten, und als er kurz darauf einen Bach austrinkt, finden alle den Tod. Gargantuas Stute trägt seine Eltern, die so groß sind wie Walfische, zugleich auf dem Rücken. Sein Lachen hört man 7^1/$_2$ Meilen weit, seine Tränen können zwei Mühlen treiben. Um seine kleine Zehe zu verbinden, sind 400 Ellen Leinwand nötig. Des Morgens verzehrt er zwei Schiffsladungen Stockfische, 200 Tonnen Makrelen und 200 Faß Senf. Er kommt nach Paris, nimmt die Glocken von Notre-Dame, hängt sie seiner Stute um und gibt sie nur gegen 700 Ochsen und 200 Hämmel für sein Mittagmahl zurück. Darauf kommt er an den Hof des Artus, besiegt Gogs und Magogs, Holländer und Irländer, und wird nach 200 Jahren, 3 Monaten und 4 Tagen von Gain und Melusine ins Feenland entrückt.

In den *Chroniques* zeigen sich schon alle charakteristischen Merkmale der Rabelaisschen Satire, vor allem die Übertreibung der Dimensionen und der Heldentaten, und der ernsthafte Ton, in welchem alle Details mit ziffermäßiger Genauigkeit vorgebracht werden. Der Erfolg der *Chroniques* war ein großer. *«Il en a esté plus vendu par les imprimeurs en deux mois qu'il ne sera acheté de Bibles en neuf ans»* (II., Prol.). Durch diesen Erfolg angeeifert, publizierte Rabelais im darauffolgenden Jahre, 1553, eine selbständige Fortsetzung Pantagruel. Auf dem Titel nennt er sich diesmal *Alcofribas Nasier* (Anagramm von François Rabelais). Dieses Buch erzählt in demselben Stil die Geschichte des riesenhaften Sohnes Gargantuas aus seiner Ehe mit Badebec, der Tochter des Königs von Utopien. Auch der Name Pantagruel war nicht neu. Er begegnet in verschiedenen Mysterien als Name eines Teufels, der die Leute durstig macht, indem er den Schlafenden Salz in den Mund streut (daher *pantagruel = mal de gorge*). Bei Rabelais ist er König der Durstigen (*roi des Dipsodes*, von griech. δίψα, δίψος). Zwei Jahre später (1535) kehrt er zu Gargantua zurück, indem er die ältere kleine Schrift

zu einem größeren Buche in der Art des *Pantagruel* erweitert. Schon aus dem Titel ist ersichtlich, daß *Gargantua*
nach *Pantagruel* erschien. Er beobachtete also das Vorgehen der Verfasser von Ritterromanen und schuf eine
Art Prosageste.

In dieser ganzen Zeit führte er ein Wanderleben.
1535/36 war er wieder in Rom und erhielt (18. Jan. 1536)
von Paul III. eine in schmeichelhaften Worten abgefaßte
Erlaubnis, in den Benediktinerorden zurückzukehren und
dabei seinen ärztlichen Beruf, allerdings unter Ausschluß
der blutigen Operationen, auszuüben. In diese Zeit
scheint die Geburt eines Sohnes (Théodule Rabelais) zu
fallen, der, wie wir aus zeitgenössischen Äußerungen wissen,
im zarten Alter von zwei Monaten starb. Über die Mutter
ist nichts bekannt. Am 22. Mai 1537 machte er sein
Doktorat in Montpellier, nachdem er sich schon 1533 und
1535 auf Büchertiteln und in der *Supplicatio pro apostasia*
Doktor genannt hatte. 1537/38 ist er in Montpellier als
Arzt nachgewiesen. Dabei hielt er Vorlesungen über die
Prognostiken des Hippokrates. Seine medizinische Autorität
wird gerühmt. Dolet nennt ihn (1537) die Zierde der
Medizin und sagt, er könne die Toten von der Pforte des
Grabes zurückrufen und ihnen das Licht wiedergeben.
1540 finden wir ihn wieder in dem Benediktinerkloster
Saint-Maur des Fossés, nachdem ihm Paul III. die oben
erwähnte Lizenz entsprechend erweitert hatte. 1546 erschien das dritte Buch seines Werkes (zweites Buch
des *Pantagruel*), auf dessen Titel er zum erstenmal seinen
wahren Namen nennt. Es war das Jahr, in welchem
Dolet hingerichtet wurde, und da Rabelais manche Angriffe
gegen die Kirche vorgebracht hatte, welche die Sorbonne
zum Einschreiten gegen das Buch veranlaßten, mußte er
vor der ihm drohenden Gefahr flüchten. 1546/47 ist er
als Arzt in Metz, 1548 beruft ihn Du Bellay abermals
zu sich nach Rom. Als der Kardinal damals anläßlich
der Geburt eines Sohnes Heinrichs II. (Louis d'Orléans)
in Rom große Festlichkeiten veranstaltete, beschrieb Rabelais

dieselben in seiner Sciomachie (Lyon, Gryphe 1549). 1550 erhielt er durch Du Bellay die Stelle eines Pfarrers von Meudon bei Paris nebst einer zweiten Pfründe, übte sein Amt jedoch nicht selbst, sondern durch einen Stellvertreter aus. 1552 publizierte er das vierte Buch (drittes Buch des *Pantagruel*), das letzte, welches zu seinen Lebzeiten erschien (die ersten elf Kapitel schon 1548). Im darauffolgenden Jahre gab er seine beiden Pfründen auf, und zwischen August 1553 und Mai 1554 ist er zu Saint-Antoine bei Paris oder in Paris selbst gestorben. Nach seinem Tode erschien noch ein fünftes Buch unter dem Titel L'Isle sonnante (zuerst 16 Kapitel, 1562; das Ganze als fünftes Buch 1565), welches aber in dieser Form gewiß nicht von Rabelais herrührt, sondern eine Überarbeitung von fremder Hand zu sein scheint.

Die Art, wie Rabelais das Leben und die Taten der Riesen schildert, ist die der grotesken Satire, als deren Hauptvertreter er anzusehen ist. Ihr wesentliches Merkmal liegt darin, daß sie die Zustände, welche sie tadelt, zur Darstellung bringt und derart übertreibt, daß sie unmöglich, phantastisch werden. Ihre Methode ist also gewissermaßen eine homöopathische, und sie ist nahe verwandt mit verschiedenen Formen der burlesken Poesie, speziell mit der Parodie und der Travestie. Der Ausdruck «grotesk» stammt von den antiken Wandmalereien in den unterirdischen Titus-Thermen *(Grotte)* in Rom, welche eigenartige Ornamente, Verschlingungen seltsamer Pflanzen, Tiergestalten, Fabelwesen, Waffen u. a. zeigen, und einen ausschweifend-phantastischen, ungeheuerlich-komischen Eindruck machen. Obwohl das Hauptgebiet des Grotesken in der Kunst, speziell in der Karikatur liegt, gab es auch in der Literatur stets Groteskes. In der Komödie des Plautus sagt der Diener Strobilus von dem Geizhalz, er bewahre sogar die Abschnitzel seiner Fingernägel und weine um den Rauch, welchen er aus seinem Schornstein aufsteigen sehe. Während die alten Literaturen jedoch nur vereinzelte groteske Züge aufweisen, bildete sich im Mittelalter eine richtige groteske Satire. Es ist die sogen. Goliardensatire, wie man sie nach einem dem Walter Map (s. oben S. 48) zugeschriebenen Gedichte *Magister Golias de quodam abbate* zu nennen pflegt, in welchem ein lebenslustiger, gefräßiger, nur auf sein körperliches Wohl bedachter Abt in grotesker Weise geschildert wird. In dieser Satire finden sich auch schon die langen Aufzählungen und Wortspiele, die noch bei Rabelais Begleiterscheinungen der grotesken Satire sind. In der französischen Literatur des Mittelalters sind einzelne Gedichte von Rutebeuf und der Monolog des *Franc Archier de Baignolet* die bekanntesten Beispiele dieser Literaturgattung. Der letztere, bisweilen dem Villon zugeschrieben, verspottet ein wegen seiner Feigheit sprichwörtliches Freischützenkorps unter Karl VIII. In Italien ist der Hauptvertreter der grotesken Satire Pulci, der in seinem *Morgante maggiore* (gedr. 1481) dem Roland einen grotesken Bundesgenossen gegeben hat. Wie Rabelais' Riesen, ißt auch er einen ganzen Elefanten auf und bedient sich einer Lanze als Zahnstocher — was vom Verfasser alles mit gravitätischem Ernst und unter Seitenhieben auf die Ritterromane vorgetragen wird. Die französische Prosaübersetzung des *Morgante* (1519), die sich im Ton an die Ritterromane des karolingischen Sagenkreises anschließt, erfreute sich einer großen Verbreitung. Auch Ariost hat manches Groteske aufzuweisen. Besonders vieles enthält jedoch die sogen. makkaronische Poesie, die hauptsächlich der Verspottung des Humanismus dient. Der Vater dieser Richtung ist Tifo Odasi aus Padua, dessen unvollendete *Maccaronea* (ca. 1490) nach dem Lieblingsgericht der Italiener benannt sind. Die makkaronische Sprache ist ein Kauderwelsch, welches dadurch entsteht, daß Worte der Vulgärsprache mit lateinischen Endungen versehen und durch lateinische Konstruktionen miteinander verbunden werden. Das berühmteste makkaronische Werk ist der *Baldus von Cipada* des Benediktiners Teofilo Folengo (Merlino Coccajo, 1521) — eine Verspottung der Rittergedichte, die neben grotesken Übertreibungen auch wieder die charakteristischen Häufungen von Adjektiven und Verben aufweist, deren Grundzug aber ein burlesker ist.

Die groteske Satire des Rabelais ist nun eine doppelte. Sie richtet sich in literarischer Hinsicht gegen die Ritterromane, in aktueller (sozialer) Hinsicht gegen eine Reihe von gesellschaftlichen Ständen und Einrichtungen jener Zeit.

Rabelais läßt nicht wie Cervantes seinen Helden durch die Lektüre von Ritterromanen den Verstand verlieren, sondern er paßt sich dem Geschmack der Ritterromane scheinbar an, er adoptiert ihre Manier, übertreibt sie aber stets unter Bewahrung großen Ernstes ins Ungeheuerliche. Gargantua und Pantagruel sind Helden von riesenhafter Gestalt, sie vollbringen die größten Taten, auch Zauberei spielt hinein, und dem Leser bleibt keine Einzelheit erspart — aber alles dies wird nicht berichtet, um Staunen, sondern um Lachen zu erregen. Aus den Ritterromanen selbst entnimmt er dabei nur wenig. Seine Vorbilder sind Pulci und Folengo, bei denen er die Gefräßigkeit und die Bonhommie seiner Riesen, manche Abenteuer und Situationen, sowie die Gestalt von Pantagruels Freund Panurge fand. Dieser geistvolle, gelehrte, aber leichtsinnige und gewissenlose Lump, «der sein Korn auf dem Halm verzehrt, 63 Arten kennt, um Geld zu verdienen, und 214, um es zu vertun», der voll von Schnurren, Streichen und Anschlägen ist, hat sein unleugbares Vorbild in Folengos Cingar. Schon der Übersetzer Folengos von 1606 nennt diesen *prototype de Rabelais*. Wie schon erwähnt, liegt die Satire besonders in der Übertreibung der Dimensionen und in der genauen Angabe der Details. In ersterer Hinsicht bleibt Rabelais bei der Methode der *Chroniques*. Für Gargantua sind Kanonenkugeln wie Pflaumenkerne. Er kämmt sich mit einem 100 Klafter langen Kamm aus Elefantenzähnen die Kugeln aus den Haaren, mehr als sieben bei jedem Strich. Sein Vater Grandgousier, der sie herabfallen sieht, hält sie für

Läuse. Als Pantagruel geboren wird (II., 2), gehen aus
dem Leibe seiner Mutter Badebec zunächst 68 Maultier-
treiber mit ihren Tieren hervor, die mit Salz beladen sind,
darauf 9 Dromedare mit Schinken und geräucherten
Ochsenzungen, dann 7 Kamele mit geräucherten Aalen,
25 Karren mit Schweinefleisch, Knoblauch, Zwiebeln und
Schalotten beladen, so daß die weisen Frauen staunen.
Endlich kommt Pantagruel selbst zum Vorschein, zottig
wie ein Bär.   Und eine von ihnen (den weisen Frauen)
sprach mit prophetischem Geist: «Er ist über und über
behaart zur Welt gekommen und wird Wunderdinge vollbringen.   Und wenn er leben bleibt, wird er alt werden».
Niemand wird hier die Satire auf die Prophezeiungen der
Feen in den Ritterromanen verkennen. — Pantagruel
trinkt schon als Kind zu jeder Mahlzeit die Milch
von 4600 Kühen.   Zu seinem Brei verwendet er eine
Pfanne, an der alle Schmiede von Frankreich gearbeitet
haben; dennoch beißt er ein großes Stück aus ihr heraus.
Daß er einer Kuh die Euter wegbeißt, kann nicht
wundernehmen (II. 4). — In Pantagruels Mund kann
man lange Zeit umhergehen.   Indem er die Zunge
herausstreckt, schützt er ein ganzes Heer vor Regen.
Seine Zähne gleichen Gebirgen.   An ihnen liegen Städte,
Wiesen und Wälder.   Wenn ihm ein Zahn gerissen
werden soll, so ist dazu ein Kabel von 500 Klaftern Länge
nötig, an welchem 400—500 Pferde ziehen.   «*Mais du
pet qu'il fit, la terre tremble neuf lieues à la ronde, duquel,
avec l'air corrompu, engendra plus de cinquante et trois mille
petits hommes nains et contrefaits*» (II., 27). — Pantagruel
tötet mit einem Schlage seiner Keule 17 Löwen, 15 Leoparden, 8 Wölfe, 11 Bären, 11 Büffel, 7 Tiger und 2 große
Schlangen.   Er türmt in einer Stunde 17 hohe Berge
aufeinander.   Merkwürdig ist allerdings, daß Rabelais
jeden Augenblick vergißt, daß seine Riesen Riesen sind.
Gargantua, der sich auf den Türmen von Notre-Dame
niedersetzt, schwimmt wie ein gewöhnlicher Mensch durch
die Seine und rüstet sich mit großer Vorsicht zum Kampfe.

Pantagruel, der mit seiner Zunge eine Armee bedeckt, disputiert in der Sorbonne. — Schon in diesen Angaben verblüfft die ziffernmäßige Genauigkeit. II., 31 wird erzählt, daß sich auf dem großen Marktplatze der Amauroten gerade 1856011 Bürger einfanden, Weiber und Kinder nicht mitgerechnet. In Laringues und Pharingues sind innerhalb acht Tagen 260016 Leute gestorben. Pantagruel affiziert in der Sorbonne 9764 Thesen. Als Panurge den Türken entkommt, verfolgen ihn 1311 große und kleine Hunde. 600044 Hunde verfolgen die Pariser Dame, welcher Panurge den bekannten Tort zugefügt hat (II., 22).

Besonders stark ist die literarische Satire im dritten und vierten Buch, wo es manchen Hieb auf den Zauberspuk der Ritterromane absetzt. Es handelt sich darum, ob Panurge heiraten soll oder nicht, und es werden nun alle Argumente für und wider ins Treffen geführt. Eine solche Erörterung entbehrte in jener Zeit, wo sich Wissenschaft und Literatur so eingehend mit den Frauen beschäftigen, nicht der Aktualität (Tiraqueaus Werk *De legibus connubialibus*) Orakel, *Sortes Virgilianae*, Träume, die Sibylle von Panzoust und die Sprache der Glocken, Mitglieder der Fakultäten, Stumme, Hofnarren und Dichter (Raminagrobis, eine Karikatur Crétins, [† 1525]) werden zu Rate gezogen. Aber alle Antworten fallen zweideutig aus, oder Panurge will wenigstens aus ihnen nicht entnehmen, daß er Hahnrei werden müsse. So entschließt er sich endlich, das Orakel der göttlichen Flasche Bacbuc aufzusuchen. Das vierte Buch schildert die Reise dahin, die durch ein Phantasieland führt; aber auch sie bringt kein befriedigendes Resultat.

Im ganzen genommen ist Rabelais' literarische Satire weder besonders scharf, noch auch war sie besonders wirksam, und die Behauptung Schneegans' (S. 174), daß er mit seinem Buch, ähnlich wie *Don Quixote*, den Ritterromanen den Garaus gemacht habe, widerlegt sich durch die zahlreichen späteren Auflagen solcher, wie durch die

Beliebtheit des *Amadis*.   Eine solche radikale Absicht lag
ihm wohl auch ferne.   Er vergaß über der Satire diese
selbst.   Er berauscht sich derart an ihr, daß er den
satirischen Zweck aus den Augen verliert.   «Die Übertreibungen, welche er selber zuerst in vollem Bewußtsein
hat dahinströmen lassen, schwellen ·immer höher und
höher, bis sie ihm über den Kopf wachsen und wie ein
wilder Strom alles, was ihnen in den Weg kommt, über-
fluten und überschwemmen» (Schneegans, S. 248).   Rabelais wird von seinem eigenen Stil mitgerissen, der allerdings ein ganz anderer ist als der der Ritterromane und
in der Weltliteratur nicht seinesgleichen hat.   Es ist ein
toller, unbändiger, wirbelhafter Stil, in dem selten ein
einfaches, gerades Wort vorkommt.   Rabelais setzt statt
eines Ausdrucks mehrere, er häuft die Epitheta zu endlosen Reihen, türmt die Phrasen zu Bergen und gefällt
sich in Wortspielen und Verdrehungen seiner eigenen
Sätze.   Und das ganze Ragout spickt er dann noch mit
lateinischen und griechischen Brocken.   Wenn Rabelais
(III., 3) sagen will, daß im alten Gallien über Anordnung
der Druiden bei den Leichenfeierlichkeiten der Herren
auch die Diener verbrannt wurden, so heißt dies: «*Jadis
en Gaule, par l'institution des druides, les serfz, varletz et
appariteurs estoient tout vifz bruslés aux funerailles et exeques
de leurs maistres et seigneurs*».   Der Entschluß, das Orakel
der göttlichen Flasche aufzusuchen, wird folgendermaßen
charakterisiert: «*Une seule cause les avoit en mer mis, sçavoir
est studieux desir de voir, apprendre, cognoistre, visiter l'oracle
de Bacbuc*» (IV., 25).   Bezüglich der Methode, wie neu
unterworfene Völker zu behandeln seien, heißt es (III., 1):
«*Comme enfant nouvellement né, les fault allaicter, bercer, es-
jouir.   Comme arbre nouvellement plantée, les fault appuyer,
asseurer, defendre de toutes vimeres, injures et calamités.
Comme personne sauvée de longue et forte maladie et venant
à convalescence, les fault choyer, espargner, restaurer*».
   Diese Gewohnheiten führen ihn zu förmlichen
stilistischen Exzessen.   Um den Diogenes zu schildern,

wenn er sein Faß wälzt — ein Vorgang, der bei Lukian
ganz kurz und schlicht erzählt wird — verwendet Rabelais
nicht weniger als 63 Verba (III., 1). Derselbe Wortschwall
steht ihm zur Verfügung, wenn es gilt, die Verteidigung
der Korinther anschaulich zu machen (ebda.). Eusthenes
zählt 98 Arten von Schlangen auf (IV., 68), Gargantua
spielt als Kind 215 Spiele (I., 22). In all diesen Aufzählungen setzt die Menge der Fach- und technischen
Ausdrücke in Erstaunen; sie zeugen von einem Eindringen
in den Gegenstand, wie wir es sonst nur bei Shakespeare
und Zola finden. Wir erinnern noch an die Stelle über
die Kanonen (I., 26), über die Schiffsmanöver (IV., 18),
über die 29 magischen Künste (III., 25), an seine Beschreibung des *Pantagruelion* (*Pant.* III., 49), die einer
botanischen Abhandlung gleichkommt. Hierin zeigt sich
vor allem das humanistische Streben, alles zu ergründen
— *un abysme de science.*

Zu diesen Aufzählungen kommen noch Scherzreime
(*Portant hotte, cachant crotte, ployant rotte ou cassant motte,*
III., Prol.), Stabreime und alliterierende Spiele mit den
Anfangsbuchstaben (*gros, gras, grand, gris livre,* I., 1) und
andere Wortspielereien. «*Les uns mouroient sans parler, les
autres parloient sans mourir, les uns se mouroient en parlant,
les autres parloient en mourant*» (I., 27). «*Au son de ma
musette mesureray la musardise des musards*» (III., Prol.).
Mitunter begegnen wahre Kalauer, unmögliche, sinnlose
Wörter von der Länge einer Zeile (IV., 15), makkaronische
Verzerrungen in Folengos Art u. a. m., was die Lektüre
Rabelais' so schwer macht. Pierre Boulanger sagte 1587
von ihm: «*Il sera une énigme pour la postérité*», und fast dreihundert Jahre später nennt ihn Victor Hugo: «*Rabelais que
nul ne comprit*». Dabei ist seine Ausdrucksweise nicht
immer salonfähig. Er schreckt vor Derbheiten nicht zurück,
mögen sie «der Physiologie der Liebe oder dem Gebiete
der Ernährung» entnommen sein. Über Kapitel wie jenes
von Panurges Charakter und Gewohnheiten (II., 16)
können Matrosen erröten.

Heftiger als die literarische Satire kommt in dem
Werk des Rabelais die Kritik an den aktuellen Zu-
ständen zum Ausdruck, die in verschiedenen öffentlichen
Einrichtungen herrschten.   In dieser Hinsicht gewährt er
uns nicht nur einen tiefen Einblick in die Verhältnisse
jener Zeit, sondern er zeigt sich uns auch als ein Autor
von gesundem Urteil und sympathischer Rechtlichkeit
des Denkens.   Rabelais' Stellung zur katholischen
Kirche, die für ihn selbst die Ursache vieler Verfolgungen
war, ist im Laufe der Zeiten oft falsch aufgefaßt worden.
Er erinnert in dieser Hinsicht bisweilen an Dante.   Auch
Rabelais war fromm, wie damals jedermann; er glaubt an
Gott, er zweifelt nicht an seiner Existenz, er preist ihn
und betet zu ihm.   Das erste Kapitel der *Pantagrueline
Pronostication* beginnt mit einer heftigen Jnvektive gegen
die Astrologen und einer Verherrlichung Gottes, die von
Pascal benutzt wurde.   Aber diese Gläubigkeit hindert
ihn nicht, die Schäden und Mißbräuche der Kirche zu
erkennen und zu tadeln.   Er sieht nicht ein, warum das
allerchristlichste Frankreich eine Säugamme für Rom sein
soll» (IV., 53).   Kein Wort ist ihm zu hart für das ent-
artete Mönchstum.   Schon Merlino Coccajo sagte von den
Mönchen: «*Le ventre est leur Dieu, le potage est leur loi,
la bouteille leur Sainte Ecriture*» (Übers. v. 1606).   Rabelais
geht noch schärfer gegen sie los.   Im 40. Kapitel des
Gargantua weist er nach, «warum alle Welt vor den
Mönchen Scheu hat», und zeigt, daß diese ebenso unnütz
sind wie Affen.   Seine Ansicht über die Moral der Klöster
verdichtet sich in dem oft zitierten Satze: «*Seulement
l'ombre du clocher d'une abbaye est feconde*» (I., 45).   Auch
den Papst schont er nicht (*«Accipe, sume, cape, sunt verba
placentia Papae»*), und er hat in dem Volk der Papimanen
die Anhänger des Papsttums verspottet.   Aber er begnügt
sich nicht damit, die Mönche zu tadeln, er zeigt auch,
wie sie sein sollen, indem er ihnen in seinem frère Jean
des Entommeures, dem gutmütigen, uneigennützigen Mönch
nach Gargantuas und seinem eigenen Sinne ein Muster-

bild vorstellt, «*vray moine si onques en fut, depuis que le monde moinant moina de moinerie*». Als nach glücklich beendetem Krieg die Freunde Gargantuas belohnt werden, soll Jean Abt werden, aber er lehnt diese Ehre ab, da er von Mönchen weder Vogt noch Vormund sein wolle (I., 52). Er erhält darauf die Abtei Thelème (griech. ϑέλημα, Wille, Wunsch, Verlangen) mit der Erlaubnis, sie nach seinem Gutdünken einzurichten *(d'instituer sa réligion au contraire de toutes autres)*.

Der Orden der Thelemiten soll das Widerspiel aller anderen Orden sein. Es gibt da nur eine Regel: *Fais ce que voudras!* (I., 57). Das Kloster hat keine Mauern, das Weggehen ist stets erlaubt, es gibt keine Gelübde, Männer und Frauen werden aufgenommen, und man kann heiraten. Rabelais beschreibt die Abtei mit seinem gewöhnlichen Ernst. Das Gebäude ist sechseckig, sechs Stock hoch, hundertmal prächtiger als Chambord oder Chantilly, umfaßt 9332 Gemächer und eine reiche Bibliothek mit Werken aus allen Sprachen. Im Hofe ist ein herrlicher Brunnen; eine Rennbahn und Schwimmplätze dienen der körperlichen Ausbildung. Auch Lustgärten und Weinkeller fehlen nicht. Hier kann sich jeder sein Leben nach Herzenslust einrichten, und Rabelais ist unbesorgt, daß Mißbräuche vorkommen könnten. Denn nicht ein jeder wird aufgenommen. Eine Überschrift über dem Portal (I., 54) sagt, wem der Eintritt gestattet sei. Ausgenommen sind Scheinheilige, Geldgierige, Rechtsverdreher, Volksbedrücker, Wucherer und Geizhälse. Wenn diese Arten von Menschen draußen bleiben, dann ist zur Sorge kein Anlaß, «denn wohlgeborene, freie, wohlerzogene und in guter Gesellschaft aufgewachsene Leute haben schon von Natur den Wunsch und Drang, der sie beständig zum Rechttun treibt und vom Laster abhält, welchen Instinkt man Ehre nennt». In dieser Selbstbestimmung, die durch den Charakter geregelt wird, liegt das Entscheidende für Rabelais, der sich in diesem Grundsatz als echter Mensch der Renaissance dokumentiert. Es liegt

ein Stück fröhlichen antiken Heidentums und Epikureer-
tums in dieser Auffassung. Wozu soll man fasten, wozu
sich kasteien? Hat Gott es gewollt? Keineswegs! Und
er preist «*cellui grand, bon, piteux Dieu, lequel ne crée
oncques le karesme, oui bien les sallades, harancs, merlutz,
carpes, brochets, dars, umbrines, ablettes, rippes . . . item les
bons vins*» (an Ant. Hullet). Das ist der Pantagruelismus,
den er selbst wiederholt definiert hat. «*Estre bons Panta-
gruelistes, c'est-à-dire vivre en paix, joye, santé, faisant toujours grandchère*» (II., 34), wozu dann noch «*bienviellance*»
und «*bonne foi*» kommen, sowie eine Gemütsruhe, die
durch nichts getrübt werden kann. «*Car tous les biens
que le ciel couvre et que la terre contient en toutes ses dimen-
sions, hauteur, profondité, longitude et latitude, ne sont dignes
d'esmouvoir nos affections et troubler nos sens et esprits*»
(III., 2). Und auch Gargantua bekennt: «*Onques ne vistes
homme qui eust plus grande affection d'estre roy et riche que
moy; afin de faire grande chere, pas ne travailler, point ne
me soucier et bien enrichir mes amis, et tous gens de bien et
de savoir*» (I., 1). — Bezeichnend bleibt es immerhin,
daß er diese nach seinen Begriffen ideale Lebensweise in
den Formen des Klosterlebens darstellt. Selbst Mönch,
war er den Mönchen im Grunde seiner Seele nicht gram,
sofern sie nur nach seinem Sinne lebten. Und IV., 19,
spricht er von den «*bons et béats pères tant devots, tant
gras, tant joyeux, tant douillets et de bonne grâce*».

Rabelais selbst konnte sein Rezept nicht befolgen.
Er besitzt zwar seit 400 Jahren den Ruf eines Lebens-
künstlers und Genußmenschen *(«le joyeux curé de Meudon»)*,
aber wer seine Biographie kennt, weiß, daß sein Leben
ein an Arbeit, Mühsalen und Drangsalen reiches gewesen
ist, in dem vielleicht hin und wieder für eine Debauche
Platz war, dessen Grundzug diese aber gewiß nicht gewesen
ist. Weil er eine gute Mahlzeit liebte und gegen das
Zahlen danach eine gewisse Abneigung gehabt haben soll
(«le quart d'heure de Rabelais»), deshalb ist ihm der sitt-
liche Ernst noch nicht abzusprechen. Hinter der Maske

es Schalksnarren verbirgt sich das sehr nachdenkliche
esicht eines Mannes, der wie wenige die Schwächen
einer Zeit erkannt hat und ehrlich bestrebt war, sie
u bessern.

Dennoch konnten Kapitel wie die angezogenen seitens
er Kirche nicht unwidersprochen bleiben, und da er sich
uch zu Ausfällen gegen die herrschende Theologie und
hilosophie hinreißen ließ, hatte er manche Verfolgung
on seiten der Sorbonne zu erdulden. Die 141 burlesken
itel der *Librairie de Saint-Victor* (II., 7), die meist theo-
)gische und scholastische Werke persiflierten, sollten ihm
icht ungestraft hingehen. 1542 mußte er die Ausdrücke
sorbonagres», «*sorbonicoles*» und «*theologiens*» durch «*so-
histes*» ersetzen. 1546, nach der Publikation des dritten
Buches mußte er flüchten. Obwohl die Zensur darüber
verhängt ward, hielt indes der König das Privileg aufrecht.

Anderseits ist bei Rabelais eine gewisse Hinneigung
zu den Grundsätzen der reformierten Kirche nicht zu
verkennen. Seine Vorstellung vom Gottesdienste (Gebet,
Gesang, Predigt, keine Messe) ist eine protestantische.
Man sollte daher vielleicht glauben, daß er auf dieser
Seite Sympathien gefunden hätte. Aber den Protestanten
war er zu ausgelassen, sie nahmen ihm seine Frivolität
übel. Calvin griff ihn [in dem Buche *De scandalis* 1550
heftig an, worauf Rabelais in demselben Tone ripostierte
(«*Les demoniacles Calvins*», IV., 32). Der Calvinist Robert
Etienne wünscht vier Jahre später «*ut liber ille maledici
ac blasphemi conviciatoris cum autore cremaretur*». Es ist
daher gewiß zu weit gegangen, wenn man Rabelais für
einen Vorläufer der Reformation erklärt. Bei allem Ernste
hielt er es doch wohl mit Panurge, der seine Meinung
bis zum Scheiterhaufen exklusive behauptet.

Ebensowenig war Rabelais jener Republikaner und
Demokrat, zu welchem ihn eine Broschüre von Ginguéné,
als man Ahnherren für die französische Revolution suchte,
machen wollte (*De l'autorité de Rabelais dans la révolution
présente,* 1791). Wie er die Existenz Gottes und die Vor-

schriften des Glaubens skrupellos hinnimmt, so zieht er
auch das Prinzip der Monarchie nie in Frage, er verlangt
nur eine Qualifikation der Souveräne. Die Herrscherwürde
darf nicht auf Abstammung, sondern sie muß auf Eignung
beruhen. Übrigens meint er, «daß es zu dieser Zeit
manchen Kaiser, König, Fürsten und Papst gibt, der von
einem Bänkelsänger oder Holzhacker abstammt, wogegen
wieder andere arme, elende, erbärmliche Gesellen wohl
königliches Blut in den Adern haben (I., 1). Wer erinnert
sich da nicht an ein bekanntes Wort Heines über die
Reinheit des fürstlichen Geblüts? — Rabelais denkt mit
Plato, daß die Völker glücklich wären, wenn die Könige
philosophierten und die Philosophen regierten (I., 45).
Aber er verlangt sogar strenge, energische Regenten, deren
erste Pflicht es sei, den Frieden aufrecht zu halten, und
zwar mit allen Mitteln. Pantagruel sagt: *«Toute ma vie
n'ay rien tant procuré que paix»* (I., 28). Denn jetzt dürfe
man nicht mehr die gewalttätige, barbarische Politik vergangener Zeiten beobachten, sondern man müsse auch
hier dem Geiste des Evangeliums folgen. «Was Sarazenen
und Barbaren ehedem Heldentaten nannten, nennen wir
jetzt Räuberei und Schandtat» (I., 46). Nur im dritten
Buch, das zu einer Zeit erschien, da Frankreich von allen
Seiten bedroht wurde, mahnt auch er zur Verteidigung
und zum Angriffe, und beruft sich dabei auf Heraklits
Wort vom Kriege (III., Prol.).

Ebenso scharf wie mit den Mönchen geht er mit
dem Lehrstand und dem Erziehungssystem seiner
Zeit ins Gericht. Gargantua wird zunächst von dem
Sophisten Tubal Holofernes und dem Maitre Jobelin Bridé
unterrichtet. Das Resultat ist, daß er in fünf Jahren
und drei Monaten das Abc so beherrscht, daß er es von
vorne und von rückwärts auswendig kann. Er trägt ein
mächtiges Schreibzeug an seinem Gürtel, welches über
7000 Zentner wiegt, und schreibt mit Federn, die so dick
sind wie Kirchenpfeiler (I., 14). Da er aber, trotz der
Lektüre verschiedener Autoren *«fou, niays, tout resveux et*

rassoté» bleibt, bekommt er neue Lehrer, Ponocrate und den Arzt Théodore (unter letzterem meint sich Rabelais selbst). Diese führen ein neues, besseres System ein. Gargantua steht jetzt schon um 4 Uhr früh auf, hört nicht erst 36 Messen, aber jeder Augenblick wird benützt. Schon während er sich wäscht, wird ihm vorgelesen, und selbst an dem Orte, wo sonst keine Wissenschaft gepflegt wird, verläßt ihn der Lehrer nicht. In der Frühe begibt sich Gargantua «*es lieux secretz faire excretion des digestions naturelles. Là, son precepteur repetoit ce que auoit esté leu, luy exposant les poinctz plus oscurs et difficiles*» (I., 23). Dank dieser Methode weiß er bald alles. — Noch viel sorgsamer leitet Gargantua die Erziehung des Pantagruel. Er ermahnt ihn (II., 8), unter seinem Erzieher Epistemon gründlich Latein, Griechisch und Hebräisch, ferner Geschichte, Mathematik, Geometrie und Astronomie (nicht Astrologie), Naturwissenschaften, Medizin und anderes zu studieren. «*Somme que je voye un abysme de science*». «Aber da, wie der weise Salomo sagt, 'die Weisheit nicht kommt in eine boshaftige Seele' und Wissen ohne Gewissen nur der Seele Verderb ist, so ziemt es dir, Gott zu dienen und ihn zu fürchten, und alle deine Gedanken und deine Hoffnung auf ihn zu stellen und im innigen Glauben ihm verbunden zu bleiben, so daß keine Sünde dich jemals von ihm scheiden kann. Hänge dein Herz nicht an die Eitelkeit dieser Welt, denn dieses Leben ist vergänglich, aber Gottes Wort währet ewiglich. Ehre deine Lehrer, fliehe die Gesellschaft derer, denen du nicht gleichen möchtest, und mißbrauche die Gaben nicht, welche Gottes Gnade dir verliehen hat» (II., 8). Da aber der Arzt Rabelais erkannte, daß eine so intensive, einseitige geistige Ausbildung nur auf Kosten des Körpers geschehen könne, läßt er bei Pantagruel daneben die körperliche Erziehung nicht vernachlässigen. Er lernt Reiten, Fechten, Jagen, Schwimmen und Turnen, und wird auch zur Reinlichkeit angehalten, was in einer Zeit rein geistiger Dressur völlig modern anmutet.

Die Behandlung des Erziehungsproblems führt naturgemäß zu der Frage nach Rabelais' eigener Bildung und
seinen wissenschaftlichen Kenntnissen. Es unterliegt keinem Zweifel, daß diese für jene Zeit umfassende
genannt werden müssen, wenn uns Rabelais auch heute,
bei näherer Betrachtung nicht als jener *abysme de science*
erscheint, für den er nicht nur gehalten werden, sondern
der er auch ehrlich sein wollte. Rabelais' Gelehrsamkeit
fehlt die Abgeklärtheit, aber auch die Gründlichkeit. Sie
äußert sich in der aufdringlichen Manier des XVI. Jahrhunderts, die sich im Zitieren nicht genug tun konnte.
Rabelais zitiert bei jeder Gelegenheit eine Unzahl lateinischer
Autoren, und wer nicht näher eindringt, ist geblendet.
Bei genauerer Prüfung ist es damit nicht so weit her.
Man weiß heute, daß Rabelais' Belesenheit in den alten
Autoren eine geringe war, und daß er nur einige, die ihn
besonders interessierten, im Original gelesen hatte. Am
häufigsten verweist er auf Lukian, der die Humanisten
überhaupt sehr anzog, ferner auf Plinius, Aulus Gellius
und Valerius Maximus, an denen er den Anekdotenkram
liebte, denn um historische und wissenschaftliche Tatsachen war es ihm viel weniger zu tun. Plutarchs *Moralia*
und *Apophtegmata* waren ihm durch die Übersetzung von
Erasmus nahegelegt. Aber was er aus diesen Autoren
zitiert, hat er in den seltensten Fällen ihnen selbst entnommen. Er schöpfte es, wie später noch Montaigne,
aus den weitverbreiteten, damals in den Händen aller
Gebildeten befindlichen Anekdotensammlungen und Antho-
logien von Ravisius Textor (*Officina partim historiis, partim
poeticis referta disciplinis,*1503), Coelius Rhodoginus (*Lectionum
antiquarum libri XXX,* 1516), Henri Corn. Agrippa (*De
incertitudine et vanitate scientiarum atque artium declamatio
invectiva,* 1527), M. A. Coccius Sabellicus (*Exemplorum libri X,*
1507), Baptista Fulgosus (*De dictis factisque memorabilibus,*
1507), aus den *Adagia* des Erasmus (1500) u. a. m., und
schmückte sich so mit Federn, welche andere den klassischen Vögeln ausgerupft hatten. Und soll man ihm

daraus einen Vorwurf machen? Wollte er denn seine
eser wirklich in ernster und wissenschaftlicher Weise
elehren? Er verfolgte doch mit dem Zitieren dieser
vielen Gewährsmänner aus dem klassischen Altertum nur
rein komische Zwecke. Ihm ist es um den grotesken
Effekt zu tun, der durch den Kontrast zwischen der
Geringfügigkeit der Materie und der Wucht der Autoritäten
entsteht. Er berauscht sich selbst an dem Wortschwall
— «cette griserie de la parole» nennt es Plattard (S. 361) —,
seiner vermeintlichen Erudition, die ihm nie genug voll-
tönend war. Das vierte Buch von 1548 nennt anläßlich
des Todes von Bringuenarilles sieben seltsame Todesfälle,
die Ausgabe von 1552 fügt weitere fünf hinzu.

Damit soll einem Manne, der sich auf so vielen Gebieten bewandert zeigt, das Interesse und Verständnis für
wissenschaftliche Materien nicht abgesprochen werden. Es
ist geradezu erstaunlich, wie weit es ging. Wir wissen heute,
daß er in seinen geographischen Ansichten den meisten
seiner Zeitgenossen voraus war. Dies zeigt die Fahrt
Pantagruels nach dem Orakel der göttlichen Flasche, das
er nach Cathay verlegt. Er folgt dabei der Route, welche
Jean Alphonse de Saintongeois und Jacques Cartier ein-
schlugen, um durch die solange vergeblich gesuchte Nord-
westpassage nach Indien zu gelangen. Eine frühere Reise
Pantagruels (II., 24) hält sich an die «Route ordinaire des
Portugualoys», d. h. um das Kap der guten Hoffnung
nach Utopien (Nordchina, Oberindien); eine andere (II., 34)
nur geplante Fahrt sollte ihn über den Atlantischen Ozean
zwischen Nord- und Südamerika, die man sich damals
noch getrennt dachte, hindurch nach Indien führen.
Rabelais zeigt sich stets mit den neuesten Errungenschaften
der geographischen Wissenschaft vertraut, aber da er stets
einen burlesken Ton anschlägt, kommt sein Wissen auch
hier nicht zur Geltung.

Neben der Theologie und der Philosophie werden
auch die Jurisprudenz und die Medizin nicht vergessen. Rabelais beschäftigte sich viel mit Jurisprudenz,

auf die er durch seinen Vater hingewiesen war. Er war
mit Tiraqueau, dem Verfasser des Werkes *De legibus
connubialibus* befreundet («*le bon, le docte, le sage, le tant humain, tant débonnaire et équitable André Tiraqueau*», IV., Prol.).
Auch als Sekretär und Begleiter Du Bellays hatte er viel
mit juristischen Angelegenheiten zu tun. Wie mit Zitaten
aus lateinischen und griechischen Schriftstellern, so ist
sein Werk auch mit juristischen Brocken und Referenzen
reichlich gespickt. Er gibt darin Coquillart und Martial
d'Auvergne nur wenig nach. Aber er saß über Corpus
juris und Pandekten ebensowenig wie über den Klassikern,
sondern er wählte auch hier den bequemen Weg, indem er
aus den sogenannten *Indices* abschrieb, die er bei dem betreffenden Wort, wo er das Zitat anbringen wollte, nachsah.
So kommt es, daß die Abkürzungen, Paragraphen usw.
sich zwar sehr gelehrt ausnehmen, daß das Zitat aber
mit der Sache oft nichts zu tun hat. Für die juristische
Seite seiner Satire kommen besonders der Prozeß zwischen
Baisecul und Humevesne (II., 10—13), das Plaidoyer des
Richters Bridoye (III., 39—48), und die Abhandlung
des Homenaz über die «*Uranopètes Decretales*» (IV., 49—53)
in Betracht. Er geißelt darin überall das lächerliche
Gerichtswesen seiner Zeit, den Schwulst der Gerichtssprache,
die Gewissenlosigkeit der Richter. das überflüssige Papier-
verschreiben, an dessen Stelle viel besser das mündliche
Verfahren träte, sowie (II., 10) das lange Hinziehen der
Prozesse, die besser durch Würfel entschieden würden,
wie es Bridoye tut (III., 43). Beachtenswert ist auch das
Kapitel, wo sich Gargantua mit Heftigkeit gegen die
Heiraten wendet, welche von den Mönchen ohne Wissen
der Eltern geschlossen werden (III., 48): *Comment Gargantua remontre n'estre licite les enfans soi marier sans le
sceu et adveu de leurs peres et meres*).
  Am solidesten ist der medizinische und natur-
wissenschaftliche Teil seiner Gelehrsamkeit, der in
den Schriften des Arztes Rabelais einen breiten Raum
einnimmt. Es scheint, daß er sich mit diesen Gegen-

ständen schon vor seiner Immatrikulation beschäftigte, und daß er durch seine klassischen Studien stets von neuem auf sie hingewiesen wurde. Galenus und Hippokrates waren ja noch damals die größten medizinischen Autoritäten. 1532 machte er eine Ausgabe von einigen ihrer Werke (*Hippocratis et Galeni libri aliquot ex recognitione Fr. Rabelaesii*, Lyon, Gryphe) nach den Vorlesungen, die er selbst als Bakkalaur (1530) gehalten hatte. Ist es ihm auch auf diesem Gebiete vorwiegend darum zu tun, durch medizinisch-wissenschaftliche Bezeichnung einen komischen Effekt zu erzielen, so spricht aus der Betonung der Hygiene bei der Erziehung und aus den Ausfällen gegen den Charlatanismus doch der einsichtige und gewissenhafte Arzt. Man vergleiche die Beschreibung des Mikrokosmos (III., 3—4), die Konsultation des Rondibilis (gemeint ist Rondelet, Professor der Medizin zu Montpellier, III., 31—34) und die Kapitel über das *Pantagruelion* (III., 49—52).

Gegen wen immer sie sich aber wenden mag, auch seine aktuelle Satire hat stets etwas Gutmütiges. *«Cette satire incomparable n'a point de fiel et ne fait pas de mal»* (Stapfer). Sie erzeugt breites Lachen, und darum war es ihm ja zu tun. Man hat zwar berechnet, daß unter den 211 Kapiteln der Bücher I—IV 30 völlig ernsten Inhalts seien — also ein Sechstel seines authentischen Werkes — und daß, nach Seiten berechnet, dieser Teil sogar dreimal größer sei als der andere — aber sein Zweck war doch nur, Lachen zu erregen. Das sagt schon das Dizain vor *Gargantua*:

> *Amis lecteurs, qui ce livre lisez,*
> *Despouillez vous de toute affection.*
> *Et, le lisant, ne vous scandalisez:*
> *Il ne contient mal ny infection.*
> *Vray est qu'icy peu de perfection*
> *Vous apprendrez, sinon en cas de rire:*
> *Autre argument ne peut mon cœur elire.*
> *Voyant le dueil qui vous mine et consomme,*
> *Mieulx est de ris que de larmes escrire,*
> *Four ce que rire est le propre de l'homme.*

Kann man es denn ernst nehmen, wenn er gleich darauf im Prolog dem Leser verspricht: «*doctrine . . . absconce, laquelle . . . revelera des tres hautz sacrements et mystères horrifiques tant en ce qui concerne nostre réligion, que aussi l'estat politicq et vie oeconomicque*»? — Ein richtiger Roman im modernen Sinne ist sein Werk nicht zu nennen, dazu fehlt ihm die straffe Handlung. Verhältnismäßig am besten ist in dieser Hinsicht *Gargantua*, im *Pantagruel* sind der Digressionen zu viele. Vom *Tiers livre* angefangen, flicht er überdies noch zahlreiche Episoden und Novellen ein (*Der Ring des Hans Carvel*, III., 28 [nach Poggio]; *Villon und Tappecoue*, IV, 13, u. a. m.). Es fehlte ihm auch die Ambition, einen Roman zu schreiben. Was er schrieb, macht den Eindruck des gesprochenen Wortes, die Arbeit des komponierenden Autors verrät sich nirgends. «Gar oft, wenn wir ihn lesen», sagt Plattard, «haben wir den Eindruck, daß seine Erzählungen gemäß der Formel seines Exlibris "für ihn und seine Freunde" geschrieben wurden. Seine Freunde, welche die Kreise kannten, in denen er gelebt, die Gegenden, die er besucht hatte, hatten die realen Verhältnisse gegenwärtig, die sich stets seinen Erfindungen beimischen, sie schaffen und beleben; für sie enthielt sein Werk kein Geheimnis.»

Wie so viele spätere Romane, so hielt man auch das Werk des Rabelais für einen Schlüsselroman, seine Personen für *personnages déguisés*. In dieser Hinsicht ging die sogenannte *Editio variorum* (1823) in ihren endlosen Kommentaren am weitesten. Sie identifizierte Gargantua mit Franz I., Pantagruel mit Heinrich II. usf. Ihre Spuren finden sich noch in Littrés Definition des *Pantagruélion*: «*Nom plaisant donné par Rabelais au chanvre, parceque Pantagruel représentant un roi de France et la corde servant à pendre le Panagruélion figurait un droit régalien*». Solche Vermutungen sind entschieden zu gewagt. Wenn auch einzelne Personen an historische erinnern — Picrochole hat Züge von Karl V., und Frère Jean ist kürzlich identifiziert worden —, so ist es doch gewiß unrichtig, dies zu verallgemeinern und daraus einen Grundsatz des Rabelais zu machen. Dieser würde solche Unterstellungen ebenso zurückweisen wie die Ausleger des Homer und des Ovid mit ihrer Sucht, *«de gallefreter des allégories, qu'oncques ne furent songées par l'auteur»*. Richtig bleibt das Wort von De Thou: «Er publizierte ein geistvolles Werk, in dem er unter imaginären Namen wie auf einem Theater, alle Konditionen des menschlichen Lebens und des Reiches vorführte und sie dem Gelächter des Volkes preisgab» *(omnes hominum ordines deridendos propinavit)*. Ein halbes Jahrhundert nach Seb. Brants *Narrenschiff*, einige Jahrzehnte nach Erasmus' *Lob der Narrheit* sagt Rabelais: *«Tout le monde est fol ... Tout est fou. Salomon dit que infiny est des foulz le nombre. A infinité rien ne peut déchoir, rien ne peut estre adjoint, comme prouve Aristoteles. Et fol enragé serois si, fol estant, fol ne me reputois»* (III., 46). Dasselbe sagte noch hundert Jahre später Pascal: *«Les hommes sont si necessairement fous que ce serait être fou par un autre tour de folie, de ne pas être fou»* (*Pensées* XXIV, 71).

Rabelais ist viel gepriesen und noch mehr geschmäht worden. Du Bellay nennt ihn *«l'utile-doux Rabelais»*, Boileau: *«la raison habillée en masque»*; Voltaire bezeichnet ihn als einen trunkenen Philosophen, dessen ganzer Verstand und Witz auf drei Seiten zusammenzufassen sei, der Rest sei eine Masse unzusammenhängender Absurditäten; Chateaubriand sieht in ihm den Begründer der französischen Literatur (*«Rabelais a créé les lettres françaises»*). Er hat ihn unstreitig überschätzt, wie Voltaire ihn unterschätzte. Sein Werk wird stets eines der merkwürdigsten Dokumente des menschlichen Geistes bleiben. Es bezeichnet die Blüte der grotesken Satire, die nur in die Zeit der Renaissance fallen konnte, in jene Zeit, die in allem, auch in der Bildung, einen Zug ins Große, Übertriebene, Abenteuerliche hatte, und wo jeder sich ausleben wollte: *«Fais ce que voudras!»*

Rabelais fand viele Nachahmer. Sein großer Name

und die unvergänglichen Gestalten, welche er geschaffen, wurden in der Folge in einer ganzen Reihe von Schriften mißbraucht. Hierher gehören der geschmacklose Disciple de Pantagruel (1537), die albernen Songes drolatiques de Pantagruel (Paris, Richard Breton, 1565) mit ihren 120 grotesken, angeblich von Rabelais erfundenen Figuren, sowie das im Jahre 1900 zum Vorschein gekommene fünfte Buch von 1549, welches sich als Kombination einer Übersetzung von Seb. Brants *Narrenschiff* mit anderen Elementen darstellte. Die Erzähler der nächsten Zeit konnten sich seinem Einfluß nicht entziehen. Er verrät sich in Noel du Fails *Baliverneries ou contes nouveaux d'Eutrapel* (1548) und in desselben Autors *Contes et nouveaux discours* (1585), in Bonaventure Desperiers' *Nouvelles recréations et joyeux devis* (1558), am deutlichsten aber in Béroalde de Vervilles berüchtigtem *Moyen de parvenir* (1610), worin ein Bankett in Rabelais' Manier geschildert wird, an dem die bedeutendsten Männer des Altertums (Aristoteles, Alexander d. Gr., Horaz usw.) und der neueren Zeit (Amyot, Scotus, Calvin usw.) teilnehmen und sich an frivolen Späßen ergötzen. — Nach Rabelais finden wir nur noch drei bedeutende groteske Satiren, den *Don Quixote* des Cervantes (1605—15), der sich gegen die Ritterromane wendet, den *Hudibras* des Butler (1663), der die Puritaner lächerlich macht, und den *Gulliver* des Swift (1726), der eine Satire auf die politischen und gesellschaftlichen Zustände seiner Zeit ist. Dann verschwindet das groteske Element, für welches erst wieder die französische Romantik eine etwas affektierte Vorliebe entwickelt. Als Victor Hugo in der Vorrede zu *Cromwell* davon schwärmte (1827) und seinen *Quasimodo* und *Triboulet* schuf, schrieb auch Balzac seine *Contes drolatiques* im angeblichen Stile Rabelais' (1832 ff.), und Théophile Gautier vereinigte unter dem Titel *Les grotesques* (1844) eine Reihe von Charakteristiken von Autoren des XVI. und XVII. Jahrhunderts. Seit dem Aufkommen des Realismus in der Literatur haben Dichter und Publi-

kum das Interesse am Grotesken — von einzelnen Fällen
abgesehen — so ziemlich verloren.

**Literatur. 1. Einzelausgaben der Werke Rabelais' (ein-
schließlich der ihm unterschobenen).**

Chroniques. *Les grandes et inestimables Cronicq̄s du grant
& enorme geant Gargantua. Contenant sa genealogie, la grãdeur
& force de son corps. Aussi les meruelleux faictz darmes quil fist
pour le Roy Artus, cõme verrez cy apres. Imprime nouuellemẽt,*
Lyon 1532, 4⁰. — Spätere Ausgaben: s. a., 4⁰ *(Le grant roy de
Gargantua)*; Lyon 1533, 8⁰ *(Chroniques du grant et puissant geant
Gargantua).* — Neu herausgg. im 4. Bande der Ausgabe von
Marty-Laveaux; von Silvestre 1845; von Brunet in den
Recherches sur les éditions originales de Rabelais, 1852; von Chénu,
1853; von P. Lacroix, 1868 (Cabinet du Bibliophile, Bd. 2);
von Regis (2. Bd., samt Übersetzung). — Faksimile der Original-
ausgabe in der Revue des Etudes Rabelaisiennes, VIII, S. 61 ff.

Gargantua (I.). ΑΓΑΘΗ ΤΥΧΗ. *La vie inestimable dv grand
Gargantua, pere de Pantagruel, iadis cõposée par L'abstracteur
de quĩte essẽce, liure plein de pantagruelisme.* MDXXXV. *On
les vend a Lyon, chés Frãcoys Juste deuãt nostre Dame de Confort,*
in 24⁰ *(allongé).* — Spätere Ausgaben: ibid. 1537, usw.

Pantagruel (II.). *Les horribles et espouẽtables faictz et prouesses du tres renõme Pantagruel Roy des Dipsodes filz du grand
geãt Gargantua. Cõposez nouuellement par maistre Alcofrybas
Nasier. Ou les vend à Lyon, en la maison de Claude Nourry,
dict le Prince pres nostre dame de Confort,* s. a. [1533], kl. 4⁰. —
Spätere Ausgaben: Paris, s. a., 4⁰; s. l. 1533 [Poitiers, Jean et
Euguilbert de Marnef; enthält auch die *Pronostication*]; s. l. 1534
(desgl.). — Neu herausgg. nach dem einzigen Exemplar der kgl.
Bibliothek zu Dresden von P. Babeau, J. Boulenger und
H. Patry, Paris, Société des Etudes Rabelaisiennes 1904. — Fak-
similedruck herausgg. von Léon Dorez und P.-P. Plan, Paris 1903.

Gargantua und Pantagruel (I und II): s. l. [Paris, Denys
Janot] 1537, 2 Bde. 16⁰ (enthält auch die *Pantagrueline Pronostication* und den *Disciple de Pantagruel*); Lyon, Franç. Juste 1542,
2 Bde., 16⁰; Lyon, Estienne Dolet 1542, 2 Bde., 16⁰ (enthält auch
den *Disciple de Pantagruel*); s. l., 1542 usw.

Tiers livre (Pantagruel II). *Tiers liure des faictz et
dictz heroïques du noble Pantagruel, cõposez par M. Franç. Rabelais, Docteur en medecine et calloier des Isles Hieres. A Paris,
par Chrestien Wechel, a lescu de Basle* 1546, kl. 8⁰. — Spätere
Ausgaben: Lyon 1546, kl. 8⁰; Toulouse, Jacques Fornier 1546,
16⁰; Lyon [Pierre de Tours] 1547, 16⁰; Valence, Claude La Ville
1547, 16⁰ (enthält die ersten drei Bücher samt der *Pantagrueline*

Pronostication und dem *Disciple de Pantagruel)*; Paris, Michel Fezandat 1552, kl. 8⁰ [beste Ausgabe]; Lyon, Jehan Chabin 1552, 16⁰.

Quart livre (Edition partielle). *Le qvrt livre des faictz Et dictz Heroiques du noble Pantagruel. Composé par M. François Rabelais, Docteur en Medicine & Calloier des Isles Hieres.* Lyon 1548, 48 fol., 16⁰; dann ibid., 1548, 54 fol., 16⁰; dann in der Ausgabe der vier ersten Bücher Lyon, P. de Tours, s. a. — Neu herausgeg. von J. Plattard, Paris, Société des Etudes Rabelaisiennes, 1910.

Quart livre (Pantagruel III). *Le quart liure des faictz et dicts Heroiques du bon Pantagruel. Composé par M. François Rebelais, docteur en Medecine,* Paris, Michel Fezandat 1552, 8⁰ (andere Ausgabe: 16⁰). — Spätere Ausgaben: Lyon Baltasar Aleman 1552, kl. 8⁰; s. l. 1552, 16⁰; Rouen, Robert Valentin 1552, 16⁰; s. l. 1553, 8⁰.

Isle sonnante. *L'Isle sonnante, par Maistre François Rabelais, qui n'a point encore este imprimee ne mise en lumiere: en laquelle est continuee la nauigation faicte par Pantagruel, Panurge et aultres officiers. Imprime nouuéllement,* 1562, kl. 8⁰. — Neu herausgg. von Abel Lefranc und J. Boulenger, Paris, Société des Etudes Rabelaisiennes, 1905.

Cinquiesme livre (Pantagruel IV). *Le cinquiesme et dernier liure des faicts et dicts heroïques du bon Pantagruel composé par M. François Rabelais, Docteur en Medecine, Auquel est contenu la visitation de l'Oracle de la diue Bacbuc, et le mot de la Bouteille pour lequel auoir est entrepris tout ce long voyage. Nouuellement mis en lumière,* 1564, 16⁰. — Spätere Ausgaben: Lyon, Jan Martin 1565, 16⁰; s. l. 1565; Lyon, Jan Martin 1567, 16⁰.

Pantagrueline Pronostication. *Pantagrueline Pronosticatiõ, certaine, véritable & ĩfalible, pour lã mil D. XXXIII, nouuellemẽt composé au profit & aduisemẽt de gẽs estourdis et musars de nature p. Maistre Alcofribas, Architriclin dudict Pantagruel,* s. l., 4⁰. — Abgedruckt in den Ausgaben: Lyon, Fr. Juste 1534, 1537, 1538 (für das jeweilig folgende Jahr), Dolet 1542 *(pour l'an perpétuel)* usw.

Disciple de Pantagruel. *Le voyage & Navigation que fist Panurge, disciple de Pantagruel, aux isles incongneues & estrãges; & de plusieurs choses merueileuses difficiles à croyre qu'il dict auoir veues, dont il faict narration en ce present volume; & plusieurs aultres joyeus etez pour inciter les lecteurs & auditeurs à rire,* s. l., s. a. [1537], 16⁰. — Spätere Ausgabe: Paris, Denys Janot s. a. [ca. 1540]; ferner in den Pantagruel-Ausgaben von 1537, 1538, Dolet 1542, Valence 1547; sepyrat auch unter dem Titel *La Navigation de Panurge, disciple de Pantagruel*

..., Lyon, Pierre de Tours, 1543, und *La Navigatian du compaignon à la bouteille*, Rouen, 1545 usw. — Neu herausgg. von **Paul Lacroix**, Paris 1875 (Cabinet du Bibliophile, Bd. 17.)

Songes drolatiques de Pantagruel. *Les Songes drolatiqves de Pantagrvel, ou sont contenues plusieurs figures de l'inuention de maistre François Rabelais; & derniere oeuure d'iceluy pour la recreation des bons esprits.* A Paris, par Bichard Breton 1565, kl. 8⁰. — Neue Ausgaben: Paris (Sallior) 1797; von P. **Lacroix**, Genf 1868; von E(dwin) T(ross), Leipzig 1869; von **Gabriel Richard** (Grand Jacques), Paris 1869, in der Editio Variorum etc.

2. Gesamtausgaben und Übersetzungen.

Ausgaben der Oeuvres de Rabelais (meist unter dem Titel: *Les œuvres, contenant la vie, faicts et dicts heroiques de Gargantua et de son fils Pantagruel)*, s. l. [Paris] 1553, 2 Bde., 16⁰; Troyes 1556, 2 Bde., 16⁰; Lyon, Jean Martin 1558, 8⁰ u. ö.; Lyon, Pierre Estiard 1571 u. ö. usw.

Kommentierte Ausgaben der Oeuvres: von **Le Duchat** und de la **Monnoye**, 5 Bde., Amsterdam 1711. — Von **Esmangart** und E. **Johanneau** (Editio Variorum), 9 Bde., Paris 1823—26. — Von L. **Jacob**, Bibliophile [Paul Lacroix], 5 Bde., Paris 1825—27; neue Ausgabe 1898. — Von **Burgaud Des Marets** und **Rathéry**, 2 Bde., Paris 1857; neue Ausgabe 1882. — Von A. de **Montaiglon** und L. **Lacour**, 3 Bde., Paris 1868—72. — Von Ch. **Marty-Laveaux**, 6 Bde., Paris 1869—1903. (Bd. 5 u. 6 sind von **Petit de Julleville** und E. **Huguet** herausgegeben) [beste Ausgabe]. — Von P. **Jannet** 2 Bde., Paris 1858. — Von **Favre**, 5 Bde., Paris 1875—80. — Von L. **Moland**, Paris 1881, usw. — In Vorbereitung: **Oeuvres de Rabelais**, Edition de la **Société des Etudes Rabelaisiennes**, *publiée par* **Abel Lefranc, J. Boulenger, H. H. Clouzot, P. Dorveaux, J. Plattard** et L. **Sainéan.** Die Ausgabe, welche ausführliche wissenschaftliche Hilfsmittel und speziell einen umfassenden Kommentar bringen soll, ist auf 8 Bände berechnet; zunächst soll Gargantua in zwei Bänden (ca. 800 Seiten in 4⁰) erscheinen.

Übersetzungen und Bearbeitungen. Deutsche Ubersetzungen: *Affentheuerlich naupengeheurliche Geschichtklitterung von Thaten vnd Rahten der vor kurtzen langenweilen vollenwolbeschreiten Helden vnd Herren Grangusier, Gargantoa vnd Pantagruel, königen in Vtopien, Jedewelt vnd Nienenreich, Soldan der Neuen Kannarien vnd Oudyssen Inseln ... Etwan von* M. **Frantz Rabelais**, *frantzösisch entworffen, nun aber oberschrecklich lustig inn einen Teutschen Model vergossen ...* durch **Huldrich Elloposcleron** [**Johann Fischart**], 1582. (Freie Bearbeitung; die erste Ausgabe erschien 1575 unter dem Titel

«Geschichtschrift»); dann 1590; 1594; 1600, usw.; moderni-
sierte Ausgabe von Hoffmeister, Sondershausen 1879. — Von Dr.
Eckstein (Sander), 5 Bde., Hamburg 1785—87 (mit Benutzung
Fischarts). — Von Gottlob Regis, 3 Bde., Leipzig 1832—41
(mit ausführlicher Einleitung und umfassendem Kommentar);
neu herausgegeben von W. Weigand, München 1906. — Von
F. A. Gelbke, 2 Bde., Leipzig 1880. — Von E. Hegaur und
Dr. Owlglass, 4 Bde., München 1905—08. — Englische Übersetzungen: von Thomas Urquhart und P. Le Motteux (das
1. und 2. Buch, übersetzt von Urquhart 1653; das 3. Buch von
demselben, 1693; der Rest von Le Motteux), London 1708; dann
1737 (mit Anmerkungen); letzte Auflage 3 Bde., London 1903. —
Von W. F. Smith, 2 Bde., London 1893. — Holländische Übersetzung: von Claudo Gall'italo, Amsterdam 1682. — Dänische Übersetzung (teilweise): von S. Broberg, Kopenhagen
1884. — Spanische Übersetzung (nur Gargantua): von E.
Barriobero Herrán, Madrid 1905 (Bibl. clás. filosof.). — Die
Existenz einer italienischen Übersetzung aus dem XVI.
Jahrhundert ist fraglich.

3. Schriften über Rabelais' Leben und Werke. Fleury,
Rabelais et ses œuvres, 2 Bände, Paris 1877. — Paul Stapfer,
Rabelais, sa personne, son génie et son œuvre, Paris 1899, 4. Aufl.
1906. — Arthur Tilley, *François Rabelais*, London 1907
(French men of letters). — R. Millet, *Rabelais*, 2. Aufl. Paris 1910
(*Les grands écrivains français*, Bd. 21). — Emile Gebhart,
Rabelais, la renaissance et la reforme. Paris 1877, 2. Aufl. 1895.
— Abel Lefranc, *Les navigations de Pantagruel*, Paris 1905.
— Jean Plattard, *L'œuvre de Rabelais (sources, invention et
composition)*, Paris 1910. — Adolf Birch-Hirschfeld, *Geschichte
der französischen Literatur seit Anfang des XVI. Jahrhunderts*
1. Bd., Stuttgart 1889, S. 212 ff. — Ch. Marty-Laveaux, *Rabelais, Les conteurs au XVI. siècle*, bei Petit de Juleville, l. c.,
3. Bd. (1897), S. 29 ff. — H. Schneegans, *Geschichte der grotesken
Satire*, Straßburg 1894. — Außerdem eine große Zahl von Einzel-
schriften über Rabelais als Arzt, Jurist, Philosoph, Politiker usw. —
Eine sehr reiche Fundgrube der Rabelaisforschung bildet die seit
1903 von der Société des Etudes Rabelaisiennes unter der Direk-
tion von Abel Lefranc herausgegebene Revue des Etudes
Rabelaisiennes (jährlich ein Band). — Vgl. H. Schneegans, *Der heutige Stand der Rabelaisforschung* (Germanisch-Ro-
manische Monatsschrift, II. Bd., 1910, S. 555 ff., 603 ff.). — Bezgl.
der Ausgaben der Werke Rabelais' vgl. man: Jacques-Ch. Brunet,
*Recherches bibliographiques et critiques sur les éditions originales
des cinq livres du roman satirique de Rabelais*. Paris 1852 (s. auch
Manuel du Libraire, IV, 1037—70 und Suppl. II, 361—376) und

ierre-Paul Plan, *Bibliographie Rabelaisienne. Les Editions
e Rabelais de 1532 à 1711.* Catologue raisonné, descriptif et
guré. Illustré de 166 facsimiles, Paris 1904. — Über das 5. Buch:
Adolf Birch-Hirschfeld, *Das 5. Buch des Pantagruel und sein
Verhältnis zu den authentischen Büchern des Romans,* Universitäts-
programm, Leipzig 1901. — Über das angeblich echte 5. Buch
von 1549, welches der Münchener Antiquar L. Rosenthal im
Jahre 1900 auffand: H. Stein, *Un Rabelais apocryphe de 1549,*
Paris 1901. — Über Fischarts Bearbeitung zuletzt Vittoria
Buonanno in: *Studj di filologia moderna* III (1910), S. 1 f.

Morgant. *Sensuyt lhystoire de Morgant le geant.* Paris,
Jehan Petit, Regnault Chaudière et Michel Lenoir, 1519, kl. fol.
— Spätere Ausgaben: Paris, Nicolas Chrestien s. a., kl. 4°;
Paris, Alain Lotrian s. a. [ca. 1536], 4°; Paris, Jean Bonfons
s. a., 4°; Paris, Nicolas Bonfons 1584, 4°; Lyon, Chastelard 1619,
4°; Troyes, Nic. Oudot 1618; 1625, 4° usw.

Folengo. *Histoire maccaronique de Merlin Coccaie,
prototype de Rabelais; plus l'horrible bataille advenue entre les
mouches et les fourmis,* Paris 1606, 2 Bde., 12°; dann Paris 1734.
— Neu herausgg. von P. L. Jacob mit Anmerkungen von Gustave Brunet, Paris 1859.

IX. Die Quellen des sentimentalen Romans.

Als Franz I. im Jahre 1547 gestorben war, folgte
ihm sein Sohn Heinrich II. (1547—59), der Gatte der
Katharina von Medici.   Unter seiner Regierung beginnen
die Verfolgungen der Hugenotten, welche unter seinen
Nachfolgern, seinen Söhnen Franz II. (1559—60),
Karl IX. (1560—74) und Heinrich III. (1574—89)
so furchtbare Dimensionen annahmen und erst unter
Heinrich IV., dem ersten Bourbon (1589—1610), ihr
Ende erreichten.   Die 32 Jahre von 1562 (Blutbad von
Vassy) bis 1594 (Heinrich schwört der reformierten Religion
ab) sind völlig mit den Glaubenskriegen ausgefüllt.   Welche
Greuel unter dem Deckmantel der Religion verübt wurden,
bevor das Edikt von Nantes (1598) die Duldung des
Protestantismus verfügte, das zeigte die Bartholomäusnacht
des Jahres 1572, die Pariser Bluthochzeit, wo in Frankreich auf einmal an 30 000 Menschen hingemordet wurden,
eine Bluttat, der selbst die Revolution nichts an die Seite

zu stellen hat. Durch die langwierigen Religionskriege
kam das Land sehr herab. Ackerbau, Gewerbe und
Handel litten in kläglicher Weise, die Finanzen waren
durch die fortwährenden Rüstungen in trostlosem Zustande,
Moral und öffentliche Sicherheit waren erschrecklich ge-
sunken, denn die Glaubensverschiedenheit trug den Zwist
bis in den Schoß der Familien und trennte die nächsten
Verwandten. Raub und Gewalt waren an der Tagesordnung, und das Volk ging einer zunehmenden Verrohung
entgegen. Die Zahl der Duelle und Raufhändel stieg ins
Unglaubliche, und keine Strafandrohung half. In den
Jahren 1589—1607 fielen 4000 Edelleute im Zweikampf
und in der ganzen Zeit erfreuten sich die Raufbolde
großen Ansehens. Als die Wirren zu Ende waren, hatten
Heinrich IV. und Sully die größte Mühe, Ordnung zu
schaffen und allmählich jenen Zustand herbeizuführen,
der vor dem Ausbruch der Kriege geherrscht hatte. Um
den Wohlstand der Bevölkerung zu heben, wurden die
Steuerschrauben nachgelassen («Jeder Bauer soll Sonntags
sein Huhn im Topfe haben»), neue Verkehrsmittel ein-
geführt, Industrie und Gewerbe gehoben. Aber die politische
Ruhe konnte nur durch vollständiges Zurückdrängen des
Adels hergestellt werden, der in diesen Zeiten mächtig
emporgewuchert war. Heinrich erkannte, daß die volle
Sicherheit nur in der Zentralisation der absoluten Königsgewalt liegen könne, die er denn auch anbahnte und die
Ludwig XIV. später auf den Gipfel geführt hat. So hat
er den Grund zu der Weltmacht Frankreichs gelegt.

Nun hob sich auch das geistige Niveau dank der ein-
getretenen Ruhe ein wenig. Voltaire nennt Heinrich IV.
den besten König, welchen Frankreich besessen, aber er
hatte wenig Sinn für Literatur und Kunst. Er war ein
rauher Kriegsmann, dem man stets anmerkte, daß er im
Lager herangewachsen war. Jegliche Feinheit ging ihm
ab. Dabei war er falsch und verschlagen. Sein Privat-
leben weist zahlreiche Skandale auf (Gabrielle d'Estrées,
die Marquise de Verneuil, mit der er in offener Bigamie

lebte, u. a. m.). Er wechselte dreimal die Religion. Immerhin erkannte er den Wert und Nutzen der Werke des Friedens. 1595 führte er eine Verbesserung der Unterrichtsanstalten durch, organisierte die Universität Paris neu und bereicherte deren Bibliothek. Obwohl vom König selbst wenig geistige Anregung ausging, gab es doch einige schöngeistige Zirkel unter der Ägide von Damen der Aristokratie. In den Kreisen der Herzogin von Retz († 1603), der Herzogin von Rohan, die selbst Dichterin war, der Mme. de Villeroy herrschte eine feinere Art, welche in ihrer Geziertheit schon wie ein Vorgeschmack des späteren Preziösentums anmutet. Die Marquise de Rambouillet ging hier in die Schule, sie hat später in ihrem eigenen Hause nur ausgeführt, was sie hier gelernt hatte. Der ganze Ton richtete sich nach italienischem Muster, denn der italienische Einfluß, der sich seit den Feldzügen Karls VIII. immer deutlicher fühlbar machte, war durch Katharina von Medici, die Gattin Heinrichs II. und die Mutter dreier Könige, nicht wenig gestärkt worden. Seitdem waren italienische Sprache und Literatur, italienische Sitte und italienischer Geschmack in Frankreich heimisch. Dies steigerte sich noch unter Maria von Medici, der zweiten Gattin Heinrichs IV. Damals wurden für den gesellschaftlichen Verkehr der vornehmen Kreise ganz die Umgangsformen der kleinen italienischen Höfe maßgebend, und wenn man von den den Frauen dargebrachten Huldigungen, von den Diskussionen über galante Fragen der Liebestheorie, von poetischen Akademien, Aufführungen von Schäferspielen usw. liest, glaubt man sich nach Ferrara versetzt, wo Tasso vor einem Liebeshof unter Leonorens Vorsitz durch drei Tage 15 Thesen zu verteidigen hatte. Wenn auch der Ton der Unterhaltung nicht immer und nicht überall so gewählt war, so hatte doch in einem solchen Milieu die Satire Rabelais' nur wenige Anhänger. Sie war lediglich für das Volk berechnet und für einen verfeinerten Geschmack zu derb. Man verlangte nach einer delikateren Kost,

man war verletzt durch den Spott und den Zynismus,
mit welchem da von Angelegenheiten des Herzens und
des Gemütes gesprochen wurde. Nachdem die Greuel
des Krieges endlich überstanden waren, wollte man sich
in das Leben der Seele versenken und sich für die
erfahrenen Unbilden in der Pflege delikater Gefühle ent-
schädigen. Man verlangte nach Psychologie und Sentimentalität.

Dieser Zug war übrigens der französischen Literatur
seit jeher eigen. Er findet sich schon in der Poesie der
Troubadours, in *Aucassin und Nicolete*, in den *Lais* der
Marie de France, im Tristan- und Lancelotroman (bei aller
Brutalität, mit welcher hier über geschlechtliche Dinge
verhandelt wird) in der *Châtelaine de Vergy*, im *Roman de.
la Rose*, der 1526 von Marot neu bearbeitet wurde, und
in manchen anderen Werken der früheren Zeit. Wenn
diese Keime der Sentimentalität aber jetzt so üppig
emporschossen, so war daran besonders der Einfluß aus-
ländischer Literaturen schuld. Die neue und starke
Sentimentalität des XVI. Jahrhunderts wurde zum größten
Teile aus der spanischen und italienischen Poesie in die
französische hineingetragen.

Von Spanien ging damals eine Erneuerung der
Ritterromane aus. Die Serie der Amadisromane, die
ein ganzes Geschlecht von Rittern verherrlicht, erfreute
sich in ihrer Heimat durch ca. 100 Jahre einer großen
Verbreitung und Beliebtheit, welcher erst *Don Quixote*
(I. T., 1605) ein Ende bereitete, indem er sie durch seine
Satire lächerlich machte. Zu dieser Zeit hatte die Epi-
demie allerdings auch schon Frankreich, Italien und
Deutschland ergriffen. Literarhistorisch betrachtet, sind
die Amadisromane eine zeitgemäße, nationale Umgestaltung
der Artusromane, unter welchen besonders *Lancelot* auf
sie eingewirkt hat. Aus den Artusromanen stammen die
Elemente, welche den Amadisromanen ihr charakteristisches
Gepräge geben: die ins Extravagante übertriebenen ritter-
lichen Abenteuer, die stark sinnlich gefärbten Liebes-

geschichten, der Zauber- und Wunderspuk mit Riesen, Zwergen, Zauberern, Drachen und anderen Ungetümen und die höfische Konversation, in welcher das Moderne besonders deutlich zum Ausdruck kommt. Von dort sind alle entscheidenden Momente der Erzählung genommen: die geheimen Beziehungen der Eltern, die Aussetzung der unehelichen Kinder, das Eingreifen der Feen usf. Sogar die Namen der Personen klingen oft deutlich an solche des *Lancelot, Tristan* usw. an.

Die Serie hat ihren Namen von dem ersten Roman Amadis de Gaula, über dessen Entstehung und Verfasser sich lange Kontroversen entsponnen haben, ohne daß es bis heute gelungen wäre, Licht in dieses Dunkel zu bringen. Spanien und Portugal streiten um die Ehre, die Wiege dieses großen Sohnes gewesen zu sein. Ältere Autoren nennen den Portugiesen Vasco de Lobeira, einen Höfling Johanns I. († 1403), als den Verfasser, allein er kann im besten Falle Bearbeiter gewesen sein, da schon um die Mitte des XIV. Jahrhunderts Nachrichten über eine kastilianische Version vorliegen. Ayala (*Rimado del palacio*, 1367) klagt sich an, durch diese Lektüre seine Zeit vergeudet zu haben. Immerhin dürfte nach älteren portugiesischen Zeugnissen (Anfang des XIV. Jahrhs.) Portugal die Priorität gebühren, und da das im *Amadis* vorkommende Leonoretaliedchen erwiesenermaßen von João de Lobeira (XIII. Jahrh.) herrührt, glaubte man, daß eine Verwechslung zwischen den beiden gleichnamigen Dichtern vorliege und hielt João für den Verfasser. Es scheint sich hier indes nur um ein Einschiebsel zu handeln. Je mehr man forschte, desto unklarer wurde die Sache. Wie dem auch sei, wir besitzen den *Amadis* nur in der umgearbeiteten Gestalt, welche ihm der Spanier Garci Ordoñez (oder Rodriguez) de Montalvo, Gouverneur von Medina del Campo, bald nach 1492 gegeben hat. Die erste Ausgabe, die erst 1872 in Ferrara entdeckt wurde, erschien in Zaragoza 1508 und umfaßt vier Bücher, die wohl auf einer älteren kastilianischen Version («*los antiguos originales*») beruhen. Sie erlebte in den nächsten 50 Jahren ca. 20 Auflagen.

Die Handlung spielt vor der Zeit Karls des Großen und des Königs Artus. Amadis ist der natürliche Sohn des Königs Perion von Gaula, worunter wenigstens in der Mehrzahl der Fälle nicht Gallien (Frankreich), sondern Wales (franz. *Gaules*) zu verstehen ist, und der bretagnischen Prinzessin Elisena. Um die Schande dieser zu verbergen, wird das neugeborene Kind ins Meer geworfen, aber ein schottischer Edelmann rettet es und zieht es unter dem Namen «der Seejunker» *(donzel del mar)* auf. Herangewachsen, schließt Amadis am Hofe des Königs von Schottland ein Herzensbündnis mit Oriana, der Tochter des englischen Königs Lisuarte. Nachdem er sich in vielen Kämpfen hervorgetan und den Ritterschlag erhalten, leistet er dem König Perion, in dem er natürlich seinen Vater nicht vermutet, im Kriege Hilfe. Dieser hat unterdessen Elisena geheiratet und von ihr einen zweiten Sohn, Galaor, erhalten, der in allen Dingen das Gegenteil des Amadis bildet. Ist Amadis in der Liebe treu und unwandelbar, so ist Galaor flatterhaft und wankelmütig. Endlich erkennt Perion seinen totgeglaubten Sohn an einem Ring, den er ihm einst an den Finger gesteckt, und seine Freude darob ist um so größer, als Galaor kürzlich von einem Riesen geraubt wurde. Die Heldentaten, welche die beiden unabhängig voneinander vollbringen, machen den Leser schwindeln. Besonders Amadis leistet Unglaubliches. Ob Riesen oder Zauberer die Gegner sind, ob hundert oder tausend Ritter zum Kampfe heranziehen, er bleibt stets Sieger, und da der Leser dies endlich schon selbst voraussieht, wird die Erzählung etwas langweilig. Unter solchen Triumphen bleibt ihm der Herzenskummer jedoch nicht erspart. Als die unvergleichliche Oriana ihn ungerechterweise der Untreue bezichtigt, verfällt er in Melancholie und zieht sich unter dem Namen Beltenebros (Dunkelschön) in eine Einsiedelei auf der Peña pobre (Felsen Armut) zurück, worin ihn Don Quixote kopiert. Amadis hat begreiflicherweise viele Neider. Durch ihre Kabalen wird seine Stellung am englischen Hofe erschüttert, er verläßt Lisuarte und Oriana und sucht in Deutschland und in der Türkei neue Abenteuer. Kaum ist er fort, so soll Oriana den römischen Kaiser heiraten, aber Amadis kehrt unerwartet und noch rechtzeitig zurück, schlägt den Nebenbuhler samt seiner Flotte in die Flucht, bemächtigt sich Orianas und bringt sie auf die «feste Insel» (insula firme). Er besiegt auch Lisuarte, schont ihn aber. Da Amadis und Oriana schon geraume Zeit wie Eheleute miteinander leben, bleibt Lisuarte schließlich nichts übrig, als den Bund zu segnen. Der Zauber der festen Insel wird gelöst.

Der *Amadis* bildete das Entzücken der Zeitgenossen. Bewundernd sagt Torquato Tasso, dessen Vater Bernardo einen *Amadigi* (1544) schrieb, in seiner *Apologia della Gerusalemme*: «Nach der Meinung vieler und besonders meiner eigenen ist *Amadis* die schönste und vielleicht nützlichste Geschichte ihrer Art, welche man finden kann, weil sie in ihren Empfindungen und in ihrer Haltung alle anderen hinter sich läßt, und in der Mannigfaltigkeit der Begebenheiten keiner früher oder später geschriebenen nachsteht». Und in den *Discorsi del poema eroico* stellt er den Verfasser des *Amadis* über alle französischen Autoren von Liebesgeschichten, auch über Arnaut Daniel, trotz Dante (*Purgat.* XXVI; vgl. oben S. 63). Hätte dieser den *Amadis de Gaula*, den *Amadis de Grecia* oder den *Primaleon* lesen können, er würde den Provenzalen nicht so gepriesen haben.

Amadis war nicht nur der erste Roman der Serie, sondern auch Vorbild und Schablone für alle späteren. Wie Amadis, so sind auch die Helden der folgenden Romane Kinder der Liebe, da die Eltern die Gattenrechte antizipierten. Alle werden ausgesetzt, in der Jugend geraubt, kommen nach Jahr und Tag durch Zufall an den Hof der Eltern zurück und werden spät erkannt. Die Abenteuer sind stets dieselben. Wie Amadis von

Arcalaus, so wird jeder Held von einem Zauberer verfolgt.
Aber auch die schützende Fee — hier heißt sie Urganda
la desconocida — fehlt nicht. An Riesen, Zwergen,
Drachen und Meerungeheuern in allen Größen ist kein
Mangel. Gefangene Prinzessinnen und verzauberte Schlösser
kommen in jedem dieser Bücher vor. Wie Amadis in
Galaor, so pflegen auch die späteren Helden ein Pendant
zu haben, das ihre eigenen Vorzüge deutlicher hervortreten
läßt. Noch d'Urfé stellt seinem Celadon den Hylas
zur Seite.

Montalvo selbst schrieb ein fünftes Buch, Las sergas
de Esplandian (*sergas* = griech. ἔργα, Taten; 1510),
dessen Held ein Sohn des Amadis und der Oriana ist.
Das sechste Buch erzählt die Erlebnisse eines Neffen des
Amadis, Florisando (Verfasser: Paez de Ribera, 1510),
das siebente und achte (von Juan Diaz, 1514 bezw. 1525)
jene von Esplandians Sohn Lisuarte de Grecia, das
neunte, eines der beliebtesten der ganzen Serie (1535),
berichtet von Amadis de Grecia, dem Ritter vom
brennenden Schwerte, und hat Feliciano de Silva zum Verfasser. Das zehnte Buch (von demselben, 1532) füllen die
Taten des Don Florisel de Niquea und des Anaxartes,
und so geht es fort bis zum dreizehnten Buch, wobei
jeder Autor seine Vorgänger in der Abenteuerlichkeit der
Erzählung und in Beteuerungen ihrer Wahrheit zu über-
bieten sucht.

Und als ob es an einer solchen Reihe von Unsinnig-
keiten nicht genug wäre, erschien bald auch noch eine
Konkurrenzserie, die der Palmerine, welche dieselben
Grundsätze befolgte. Ihr Stammvater ist Palmerin de
Oliva (1. Ausgabe Salamanca 1511), der von einer vor-
nehmen Portugiesin, nach anderer Ansicht von einer
Zimmermannstochter aus Burgos verfaßt sein soll. Das
Schlußblatt nennt Francisco Vazquez aus Ciudad
Rodrigo als Übersetzer und Bearbeiter des ursprünglich
griechischen Textes. Der Held hat seinen Namen daher,
daß er als Knäblein von einem Bauer auf einem mit

Palmen und Oliven bedeckten Hügel gefunden wird. Ein Kaufmann, den er aus den Klauen eines Löwen errettete, bringt ihn an den mazedonischen Hof, und hier schlägt ihn sein eigener Vater, der König Florendos, ohne ihn zu erkennen, zum Ritter. Als er eine Heilquelle von einer Schlange befreit, erhält er von der Quellnymphe die Kraft, jeglichem Zauber zu widerstehen. Er tötet sodann den verzauberten Ritter, welcher den deutschen Kaiser in Gent belagert, und verliebt sich in des Kaisers Tochter, die Prinzessin Polinarda, zu deren Ehren er fortan das Schwert führt. Der Zwerg Urgando verhilft ihm zu ihrem Besitze. Als Palmerin den Sohn des Kaisers Trineus auf einem Zuge nach Norwegen begleitet, wird die Geliebte des letzteren von den Türken geraubt, Trineus selbst aber in einen Schoßhund verwandelt, während Palmerin auf die Insel Calfa gelangt. Hier bewahrt er Polinarda, den Reizen einer babylonischen Sultanstochter zum Trotz, seine Treue. Endlich rettet er seinen Eltern, die unschuldig den Scheiterhaufen besteigen sollen, das Leben, indem er ihre Verleumder besiegt, und gibt sich ihnen zu erkennen. Vom Kaiser von Konstantinopel zum Erben des Thrones eingesetzt, heiratet Palmerin seine Geliebte. — Die Fortsetzung des *Palmerin* ist die Geschichte seines Sohnes Primaleon (1512), dann folgen Don Polindo (ein anderer Sohn Palmerins, 1526), Platir (1533), Palmerin de Inglaterra (Enkel des ersten Palmerin, 1547, Verfasser Luis Hurtado) u. a. Nebenbei gab es natürlich auch eine große Menge einzelner Ritterromane, von welchen die beliebtesten im *Don Quixote* (I, 6) vor ihrer Verurteilung genannt werden.

Eine solche Romanproduktion bedeutete in jener verhältnismäßig bücherarmen Zeit eine wahre Sintflut. Alle Welt, groß und klein, vornehm und niedrig, las sie, sie fanden ihren Weg in die Paläste der Fürsten wie in die Hütten der Armen, ja sogar in die Klöster. Und da nicht nur diese Ritterromane, sondern auch die karolingischen, die Artusromane und die Romane über antike

Stoffe in Spanien wucherten, war es kein Wunder, wenn sie dem Volk die Köpfe verdrehten und Karl V. sogar Gesetze gegen sie erließ. Besonders aber nahm die Kirche Stellung gegen diese Bücher voll Lügen und Eitelkeiten, welche die Gläubigen von der Lektüre der Andachtsbücher abzogen. Aber geistliche und weltliche Gesetzgebung waren ohnmächtig gegenüber dieser vielköpfigen Hydra, welche erst die Satire des Cervantes unschädlich machte.

Die Amadisromane kamen nun gewissermaßen auf offiziellem Wege nach Frankreich, denn der Gründer des Collegium trilingue, der Vater der Renaissance, König Franz I., der sich trotz seiner humanistischen Denkweise im Gefängnis zu Madrid (1525—26) sehr an dieser Lektüre ergötzt hatte und zeitlebens eine große Vorliebe für die Ritterromane und ihren ganzen Apparat behielt, ließ 1540—48 die ersten acht Bücher des *Amadis* durch Nicolas Herberay des Essarts († ca. 1552) übersetzen. Herberay, der sich schon früher als Übersetzer bewährt hatte, stand bei dieser Arbeit auf dem Standpunkt, Frankreich nur das wiederzugeben, was ohnedies sein eigen war (*«pour faire revivre la renommé d'Amadis, laquelle par injure et antiquité du temps, estoit estaincte en nostre France. Et aussi pour ce qu'il est tout certain qu'il fust premier mis en nostre langue françoise, estant Amadis gaulois et non Espagnol»*). Er hielt sich ziemlich genau an seine spanische Vorlage, die nach seiner Ansicht auf einem Buche in pikardischer Mundart beruhte und von welcher er stofflich nur in Details abweicht. Um so bedeutsamer sind seine stilistischen Änderungen. Er suchte die Erzählung psychologisch zu vertiefen, arbeitete die im Original oft nur angedeuteten Konflikte aus und entfaltete dabei die sentimentalen Keime, die in der chevaleresken, vom Geiste der Minne getragenen Erzählung lagen. Die Sprache wird in seiner Übersetzung fließender, geschmeidiger, nicht nur als jene des Spaniers, sondern auch als die aller älteren französischen Romane. Da sein Unternehmen Erfolg hatte, setzten andere es fort. Bis 1574 lagen 14 Bücher vor, die ebensovielen Büchern des Originals entsprachen; die Folgezeit brachte es bis 1597 auf 24 Bücher, die in zahlreichen Auflagen verbreitet waren. Eine geschickt gemachte Anthologie, der Trésor des Amadis (1559) erlebte allein 13 Auflagen. Von Frankreich aus hat der *Amadis* den Weg in die deutsche (22 Bücher, 1569 ff.), in die holländische (21 Bücher, 1617 ff.) und in die englische Literatur (4 Bände, 1619 ff.) gefunden, auf welche er sämtlich einen nicht unbeträchtlichen Einfluß geübt hat. — Das Interesse an der Amadisserie kam natürlich auch ihrer Konkurrenz zugute. Das erste Buch des Palmerin de Oliva wurde 1546 von dem Tristanbearbeiter Jean Maugin *dit l'Angevin*, der Primaleon in den Jahren 1550—83 in vier Teilen von François de Vernassal, von Guillaume Landré und von Gabriel Chappuys, der Palmerin de Inglaterra 1553 von Jacques Vincent ins Französische übertragen. An diese französischen Übersetzungen hielt sich der Engländer Anthony Munday, der in den Jahren 1586—1609 seinen Landsleuten die Kenntnis der wunderbaren Taten des Palmerin de Oliva und seiner Deszendenten vermittelte.

Wenn der *Amadis* in Frankreich auch nie so fest Wurzel faßte wie in Spanien, so war seine Beliebtheit doch eine große. Im Jahre 1587 schreibt de la Noue (*Discours politique et militare*): «*Sous le regne du roy Henry second ils (les livres de Amadis) ont eu leur principal vogue, et croy que si quelqu'un les eust voulu alors blasmer on lui eust craché au visage, d'autant qu'ils servoyent de pedagogues, de jouet et d'entretien à beaucoup de personnes*». Allerdings verkannte man auch nicht ihre demoralisierende Wirkung. Derselbe de la Noue erklärt diese Bücher für «*instruments fort propres pour la corruption des mœurs*» und beweist, «*que la lecture des livres d'Amadis n'est moins pernicieuse aux jeunes gens que celle des livres de Machiavel aux vieux*». Er wirft ihnen vor, daß sie Aber- und Hexenglauben bestärken, zur Astrologie und Duellwut verleiten und die

Rachsucht nähren «*en attachant le plus haut point d'honneur de chevaliers à s'entrecouper la gorge pour choses frivoles*». Diese Bücher scheinen ihm von Unmöglichkeiten zu wimmeln. «*Quand un gentilhomme auroit toute sa vie lu les livres d'Amadis, il ne seroit bon soldat ni bon gendarme, car pour être l'un et l'autre il ne faut rien faire de ce qui est là dedans*». Brantôme (*Dames galantes*, IX., 573) möchte nur sovielmal hundert Taler haben, als schöne Frauen, weltliche und Nonnen, durch den *Amadis* verdorben worden seien.

In den letzten Jahren des Jahrhunderts nahm die Bewunderung für ihn ab, und Pasquier sagt 1611, er sei vergessen. Heinrich IV. ließ sich ihn aber stets gerne vorlesen, und man nannte den *Amadis* deshalb spöttisch «*la bible du roi*». Als in den zwanziger Jahren zwei der albernsten spanischen Ritterromane, der Caballero del Sol und der Don Belianis de Grecia von Fr. de Rosset, bzw. Cl. du Bueil ins Französische übertragen wurden, erlebte im Anschluß an diese auch der *Amadis* eine Neubearbeitung in Duverdiers Roman des Romans (7 Bde., 1626—29). Dann schlummerte er über hundert Jahre in Vergessenheit, bis ihn Mlle. de Lubert (1750–51), und mit etwas mehr Erfolg Graf Tressan in seiner *Bibliothèque universelle des romans* (1779) ans Licht zogen. Allerdings ist er unter den Händen des letzteren auf drei kleine Bändchen zusammengeschrumpft, welche nur den Inhalt der ersten fünf Bücher umfassen. Erst die Romantik des beginnenden XIX. Jahrhunderts hat wieder nachdrücklicher auf ihn hingewiesen (Southey 1803, Creuzé de Lesser 1813). Goethe besaß für ihn das volle Verständnis: «Ich habe vor Langeweile allerlei gelesen, z. B. den *Amadis von Gallien*. Es ist doch eine Schande, daß man so alt wird, ohne ein so vorzügliches Werk anders als aus dem Munde der Parodisten gekannt zu haben» (Briefwechsel, Stuttg. 1856, II., 449).

Nicht minder beachtenswert ist eine Reihe von kleineren Erzählungen, die damals den Weg von Spanien nach Frankreich fanden und in welchen das sentimentale Element in anderer Art, aber noch stärker, hervortrat. Dies gilt zunächst von zwei Novellen von Diego de San Pedro, einem Autor, von dessen Leben so gut wie nichts bekannt ist. Diese Novellen sind die Carcel de amor (1492) und Arnalte y Lucenda (1491). Französische Übersetzungen der ersteren (Prison d'amour) erschienen 1526 (nach d. Ital. v. Lelio Manfredi) und 1552, und erlebten bis 1533 bzw. 1616 vier bzw. zehn Auflagen; die der anderen (L'amant mal traicté de s'amye) erschien 1539, hat Des Essarts zum Urheber und wurde bis 1583 sechzehnmal neu aufgelegt. Beides sind romantische Erzählungen, deren Handlung sich im chevaleresken Milieu abspielt, beide zeichnen sich durch eine besondere Grausamkeit der Vorgänge aus, wie sie wohl dem spanischen, nicht aber dem französischen Geschmack entsprach. Die Sentimentalität liegt in einer mystischen, selbstquälerischen Analyse des Herzens, und das Leid, welches die Liebe bringt — denn sie ist stets mit solchem verbunden —, wird unter starkem Aufwand von Allegorie geschildert. In der Carcel de amor begegnet der Autor im Walde einem wild aussehenden Ritter, der in der Linken einen Schild, in der Rechten das Bildnis einer Frau trägt. Hinter ihm keucht ein Mensch einher, der von den Strahlen, welche von dem Bilde ausgehen, versengt wird. Dieser ruft den Autor zu Hilfe, und letzterer fragt nun den Ritter um Erklärung der Vorgänge. Der Ritter sagt ihm, er sei *Désir*, die Sehnsucht, ein Diener des Gottes der Liebe, er führe jenen in den Kerker der Liebe das Bild entflamme ihn, mit dem Schild wehre er seine Hoffnungen ab. Der Autor folgt ihm in den Kerker, der auf dem hohen Felsen der Treue liegt, und dessen Pfeiler: *Entendement*, *Raison*, *Mémoire* und *Volonté* sind. Drei Bilder auf dem Turme stellen *Angoisse*, *Tristesse* und *Travail* dar. Zwei Frauen, *Peine* und *Passion*, drücken ihm die Märtyrerkrone aufs Haupt. Das Feuer, welches ihn verzehrt, ist *Affection*. Und er erzählt ihm die Geschichte seiner Liebe. Er ist

Leridano, der Sohn eines mazedonischen Herzogs, und liebt Lauréole, die Tochter des Königs. Die Liebenden werden durch neidische Nebenbuhler verraten und verleumdet, Lauréole wird zum Tode verurteilt, aber durch Leridano befreit. Die Wahrheit kommt ans Licht, und der König würde nun ihrer Verbindung zustimmen, aber — und dieser Schluß ist echt spanisch und sentimental — Lauréole kann sich nicht entschließen, dem Geliebten die Hand zu reichen, da er zu einer, wenn auch ungerechten Verdächtigung ihrer Ehre Anlaß gab. Sie erklärt, ihn nicht wiedersehen zu können.

Während in dieser Geschichte chevalereske und allegorische Elemente eine große Rolle spielen, herrscht in Arnalte y Lucenda das sentimentale vor. Hier verirrt sich der Autor in einem Walde und kommt zu dem Hause eines Edelmannes, wo alles die tiefste Tauer verrät. Sogar in der Nacht hört man traurige Gesänge. Am nächsten Morgen erzählt ihm sein Gastgeber seine Geschichte. Er lebte am Hofe des Cadmus zu Theben. Da ihn seine Geliebte nicht erhörte, zog er sich in die Einsamkeit zurück. Plötzlich schien sie anderen Sinnes zu werden und nachgeben zu wollen. Er ist ganz glücklich, da hört er, daß sie gegen ihren Willen einen andern, seinen Freund Yerso, heiraten solle. Er fordert diesen und tötet ihn. Nun glaubt er, daß sie seine Gattin werden würde, aber — auch hier dieselbe Wendung — sie betrauert nun den Verhaßten und geht ins Kloster. Seitdem ist er der Verzweiflung anheimgefallen.

Noch charakteristischer ist vielleicht eine Novelle von Juan de Flores, Grisel y Mirabella, die aus derselben Zeit (Ende des XV. Jahrhs.) stammt und deren französische Übersetzung, nach der italienischen des Lelio Aletiphilo zuerst 1530 und in der Folge noch siebzehnmal gedruckt wurde (Le Jugement d'amour, auch Histoire d'Aurelio et d'Isabelle). Die späteren Auflagen sind doppelsprachig, ja sogar viersprachig (italienisch, spanisch, französisch, englisch) und zu Unterrichtszwecken

oestimmt. Schon im Untertitel dieser Geschichte wird
auf die subtile Frage der Liebestheorie hingewiesen, um
die es sich handelt: *Qui baille plus occasion d'aymer,
l'homme à la femme ou la femme à l'homme?* Ein König
von Schottland will seine Tochter keinem Bewerber geben.
Aurelio gewinnt ihr Herz, aber Afranio verrät das Ein-
verständnis der Liebenden dem König. Nach dem Gesetz
soll nun derjenige von den beiden, welcher den andern
verführte, sterben, der Verführer dagegen des Landes verwiesen werden. Es entsteht ein edler Wettstreit zwischen
ihnen, da jeder der Schuldigere sein will. Die Frage
wird verallgemeinert, ein Gerichtshof von Rittern und
Damen mit Generalrednern für die Partei der Männer
und Frauen eingesetzt, und das Resultat ist, daß Isabella
als Frau, und damit als die Sträflichere, zum Feuertode
verurteilt wird. Aurelio will die Exekution nicht zulassen
und stürzt sich selbst in die Flammen, Isabella, die
ihm nacheilt, wird zwar gerettet, springt aber in der
folgenden Nacht in den Löwenzwinger. Der Verräter
Afranio wird am Schlusse von der Königin und deren
Frauen in der grausamsten Weise zerfleischt.

Eine andere Frage der Liebeskasuistik ist der Gegenstand der weitverbreiteten spanischen Question de amor
(1512), deren Titel in der anonymen französischen Übersetzung von 1541 folgendermaßen lautet: Le débat des
deux gentilhommes Espagnolz sur le faict d'amour:
*l'un nommé Vasquiran regrette sa mye que mort luy a tollue
après l'avoir espousée, et l'autre nommé Flamyan voudroit
mourir pour la sienne à la charge d'en jouir par espouse ou
autrement.* — Welches Interesse man an solchen Problemen
nahm, zeigt auch der Anklang, welchen der Filocolo,
eines der frühesten Werke des Boccaccio, und speziell
die darin vorkommende Episode der 13 Liebesfragen fand.
Boccaccio läßt im 5. Buche seines Ritterromans, der den
Stoff von *Flore und Blancheflore* behandelt (s. o. S. 8), einen
Kreis von Kavalieren und Damen über derartige Fragen
verhandeln. Ob ein Mann eine Frau lieben solle, die im

Rang über oder unter ihm stehe? (Nr. 8.) Ob man aus
Gründen der Ehre lieben könne? (Nr. 7.) Was größeres
Vergnügen bereite, die anwesende Geliebte zu sehen oder
an die abwesende zu denken? (Entscheidung: letzteres;
Nr. 11.) Welchen von zwei Kavalieren eine Dame mehr
liebe, denjenigen, welchem sie. ihren Hut mit Blumen
gibt, oder denjenigen, welchem sie seinen eigenen Hut
nimmt, um ihn selbst aufzusetzen? (Nr. 1.) Auch werden
die drei Arten der Liebe, *Amour honnête, Amour delectable*
und *Amour profitable,* definiert. Das 5. Buch wurde zuerst
1531 übersetzt, der ganze *Filocolo* 1542 von Adrien Sevin.

Die Franzosen, die sich für derartige Spielereien von
den Zeiten der *Jeux partis* bis zu jenen des Hotel Rambouillet sehr interessierten, erhielten bald selbst ein
standard work der Liebeskasuistik in den Arrêts d'amour
von Martial d'Auvergne (de Paris), einem gelehrten
Juristen, Notar und Parlamentsprokurator († 1508), der
auch ein langes Gedicht über die Taten Karls VII. und
Karls VIII. verfaßt hat *(Les Vigilles).* Die erste Ausgabe
der *Arrêts* erschien ohne Angabe des Jahres, vor 1520,
von 1525—87 zählt man weitere 13 Auflagen. Martial
behandelt in ernsthafter, juristischer Prosa 53 Prozeß-
fragen der Liebe und die Entscheidungen des Liebes-
gerichtshofes, wobei der Kontrast zwischen dem Gegenstand
und der Darstellung oft recht heiter wirkt. So wenn
z. B. über einen Liebhaber geurteilt werden soll, der durch
eine Täuschung das Mitleid seiner Geliebten erregte, oder.
wenn für einen geraubten Kuß Schadenersatz begehrt,
oder ein versprochener Kuß eingeklagt wird, oder eine
verräterische Kammerzofe sich zu verantworten hat. Von den
13 Auflagen enthalten sieben (seit 1533) den schwerfälligen
wissenschaftlichen Kommentar von Benoit de Court, der
sich in langen Exkursen ergeht und 245 Autoren zitiert.

Von den übrigen Werken des Boccaccio bot namentlich die Fiammetta dem sentimentalen Bedürfnis der
Zeit Nahrung. Der Dichter verherrlicht darin bekanntlich
seine Geliebte Maria d'Aquino, eine verheiratete Frau, die

uch in allen seinen anderen Werken genannt wird. Das
uch hat die Form des Monologs. Fiammetta erzählt ihre
eimlichen Beziehungen zu Panfilo (Boccaccio), die plötz-
ich abgebrochen werden, als er von seinem Vater heim-
)erufen wird. Sie verfällt in tiefe Trauer und erwartet
hn sehnsüchtig von Stunde zu Stunde. Vergeblich versucht ihr Gatte sie zu zerstreuen. Sie empfängt eine
Hiobspost nach der anderen. Zuerst heißt es, Panfilo
habe sich gegen seinen Willen verheiraten müssen, dann,
daß er bloß eine andere Geliebte habe. Fiammetta macht
schließlich ihrer Verzweiflung durch Selbstmord ein Ende.
Die Handlung der Geschichte ist, wie man sieht, gering, aber
die seelischen Zustände der Heldin, die übrigens mehr jenen
Boccaccïos als jenen der Fiammetta entsprechen, sind mit
einer Genauigkeit und Eindringlichkeit geschildert wie in
keinem früheren Buche, Dantes *Vita nuova* vielleicht ausgenommen. Leider ist der Stil des alternden Boccaccio
recht schwülstig und mit Mythologie überladen. Eine
moralische Absicht liegt darin, daß sich das Buch an die
verliebten Frauen *(Alle innamorate donne)* wendet. Es wurde
erst 1532 und dann nochmals 1585 von Chappuys ins
Französische übersetzt. — Von den Novellen des Decameron, die seit 1485 in Premierfaicts Übersetzung
gedruckt vorlagen, zeigen nur zwei, allerdings zwei der berühmtesten, sentimentale Elemente. Diejenige von Guiscardo und Ghismonda (IV., 1) erzählt von einer
Prinzessin, die einen Knappen liebt; ihr Vater tötet diesen
und schickt ihr sein Herz (provenzalisches Motiv), sie bereitet einen giftigen Trank, gießt ihn über das Herz und
trinkt ihn aus. Die andere (X., 10) ist die rührende Geschichte von Griseldis, der vielgeprüften Frau des Mark-
grafen von Saluzzo, die ohne Grund, nur um erprobt zu
werden, unzählige Qualen erdulden muß, bis sie endlich
wieder zu Gnaden aufgenommen wird. Diese Novelle ist
vielleicht die schwächste des ganzen *Decameron*, hat aber
bezeichnenderweise allein die Anerkennung Petrarcas gefunden und verdankt dessen lateinischer Übersetzung zum

Teil ihre große Verbreitung. Eine Einzelübersetzung nach
Petrarca ist seit 1484 (vor Premierfaict) nachgewiesen,
und es gab vielleicht auch schon viel früher dramatisierte
Bearbeitungen. Die Erlebnisse von Guiscardo und Ghismonda besang Jehan Fleury 1493 in einem langweiligen Gedicht.

Noch weniger Sentimentales als der *Decameron* enthalten die Novellen des Matteo Bandello, Bischofs von
Agen († 1562), die sich nach jener des Boccaccio der
größten Verbreitung erfreuten und die Stoffe zu unzähligen
Dramen geliefert haben. Sechs derselben wurden 1559
von Boistuau, die übrigen 1568 von Belleforest
(Histoires tragiques) übersetzt. In ihnen kehrt der
grausame Zug der Spanier wieder. Es sind meist greuel-
volle Erzählungen von Morden, barbarischen Racheakten
von Ehemännern, Bluttaten u. dgl. m. Insofern, als sie
die monströsen Folgen der Leidenschaften darstellen, sind
auch sie für die Entwicklung der Sentimentalität nicht
ganz ohne Bedeutung gewesen.

Große Beliebtheit erlangte in Frankreich die Novelle
von Euryalus und Lucrezia, ein Jugendwerk des
Äneas Silvius Piccolomini, des späteren Papstes
Pius II., von dem in den Jahren 1470—1500 über 30
lateinische Auflagen erschienen. Er wurde 1493 von dem
Bischof Octavien de Saint-Gelais, dem Übersetzer der
Aeneis und der Ovidschen Episteln, in französische Verse
übertragen. Außerdem gab es drei Übersetzungen in französische Prosa. Der gelehrte Verfasser der Geschichte
Friedrichs III. und des Baseler Konzils erzählt darin, wie
ein deutscher Ritter (der Kanzler Schlick) im Gefolge des
Kaisers Sigismund nach Siena kommt — Piccolomini war
seit 1449 Bischof von Siena — und an einem Fenster
die vornehme Bürgersfrau Lucrezia erblickt. Die beiden
verlieben sich ineinander. Da Lucrezia von ihrem
Manne eifersüchtig gehütet wird, ist es ihnen schwer, sich
zu verständigen; endlich läßt sich Euryalus in einem
Getreidesack zu ihr bringen. Nach einer kurzen Zeit un-

getrübten Liebesglückes verläßt er sie jedoch im Gefolge des Kaisers, und seitdem trauert sie um ihn wie Fiammetta um ihren Panfilo und stirbt schließlich aus Gram. Die Nachricht davon ergreift ihn, doch heiratet er auf Befehl des Kaisers eine andere. Auch hier liegt das Haupt-gewicht auf der sentimentalen Schilderung des Schmerzes der Verlassenen, deren Charakteristik hervorragend gelungen ist.

Mehr als diese Novellen haben jedoch auf die Ent-wicklung der französischen Sentimentalität einige ita-lienische Bücher eingewirkt, in denen die Gedanken der Platonischen Philosophie in feiner und delikater Weise zum Ausdruck kamen. Hier gebührt die erste Stelle dem berühmten Libro del Cortegiano des Grafen Baldassare Castiglione, päpstlichen Gesandten am spanischen Hofe († 1529), dessen italienischer Text zuerst 1528 gedruckt und 1537 von Colin d'Auxerre, 1585 von Gabriel Chappuys übersetzt wurde. Beide Über-setzungen erlebten mehrere Auflagen. Das in Gesprächs-form abgefaßte Buch sollte den Zeitgenossen das Ideal des Höflings zeigen und galt mit Recht als ein Meister-werk eleganter Prosa. In bezug auf die Liebe vertritt Castiglione ganz den platonischen Standpunkt. Er faßt die Schönheit als einen Abglanz der Göttlichkeit auf, empfiehlt: *fuir toute laideur et vulgaire amour*, und Aus-schaltung der Sinnlichkeit. Die Frau muß die höchste Reserve beobachten, sie darf dem Manne nicht entgegen-kommen, sich mit ihm nur einlassen, wenn Aussicht auf eine Heirat vorhanden ist, und ihn nur nach langem «*service*» akzeptieren. Die verheiratete Frau ist zu un-verbrüchlicher Treue verpflichtet, für Ehebruch gibt es keine Entschuldigung. — Dieselben Lehren wurden in den italienischen Briefsammlungen, z. B. in den Liebes-briefen des Girolamo Parabosco (1546) gepredigt, die bis 1597 14 Ausgaben zählten, und schon 1556 von Philippe Hubert de Villiers teilweise ins Französische übersetzt wurden. Aus ihnen lernte man die Kunst, nach

den Regeln des guten Geschmacks zu lieben *(bien aimer)*.
Hier fand man alle jene Schlagworte, die über ein Jahrhundert in Mode blieben: *délibérations d'aimer, raisons de
n'avoir point parlé, offrir et présenter service, cruauté, capti-
vité, servitude* usw., bis herab auf die Unterschrift unter
den Briefen: *votre misérable et perpetuel esclave*.

Solche Doktrinen mußten naturgemäß auch eine
Änderung in der sozialen Stellung der Frau nach sich
ziehen, deren gesellschaftliches Prestige sehr gehoben wurde.
Die mittelalterlich-theologische Auffassung der Frau als
eines gefährlichen Übels schwindet, die frauenfeindlichen
Schriften im Gefolge des *Corbaccio* (s. oben S. 137) werden
immer seltener, die apologetischen immer häufiger, die
Frauen werden zu Richterinnen des guten Geschmacks.
Und wenn auch die am französischen Hofe geübte Praxis
mit den Grundsätzen des *Amour spirituel* einigermaßen
im Widerspruch stand, so ist eine Verfeinerung der Auf-
fassung doch nicht zu verkennen. M a r g a r e t h e   v o n
V a l o i s , die Schwester Franz' I. und Verfasserin des
Heptameron hat wesentlich zur Verbreitung der platonischen
Ideen beigetragen.

Nicht gering ist endlich auch der Anteil des g r i e -
c h i s c h e n R o m a n s anzuschlagen, dessen charakteristisches
Merkmal in der Verbindung einer erotischen Fabel mit
abenteuerlichen Ereignissen liegt. Zwei Liebende werden
durch unglückliche Zufälle, Schicksalsfügungen, durch
Schiffbruch, Gefangenschaft u. dgl. m. voneinander getrennt
und nach Jahren wieder vereinigt. *«Nous n'y trouvons rien de
plus héroique et de plus à estimer que la fidélité en amour»*, sagt
Charles Sorel 1664. Unter den hierhergehörigen Büchern
war bisher nur der A p o l l o n i u s r o m a n in Frankreich
heimisch geworden. Die Geschichte dieses rätsellösenden,
von seinem Schwiegervater verfolgten, seiner Frau und
seines Kindes auf der Meerfahrt beraubten Königs von
Tyrus, der nach langen Jahren endlich die Seinigen
wiederfindet, erscheint zum erstenmal im Jahre 1432 in
französischer Wiedergabe. Sie wurde in der Bearbeitung

'on Gilles Corrozet seit den ersten Jahrzehnten des
'VI. Jahrhunderts viel gelesen (s. S. 86). Im Ge-
hmacke der Ritterromane gehalten, hatte sie mit diesen
ire Verbreitung verloren, und nun lenkte sich die Auf-
erksamkeit auf andere griechische Romane. Das Hauptwerk der ganzen Gattung, Heliodors Aethiopica
(*Theagenes und Chariclea*) wurde 1547 von Jacques Amyot,
Bischof von Auxerre, dem berühmten Plutarchübersetzer,
musterhaft ins Französische übertragen (*Les amours de
Teagène et Chariclée*). Sein Werk erlangte eine große und
nachhaltige Verbreitung. Noch Racine konnte sich in
Port-Royal daran nicht satt lesen. Amyot übersetzte auch
den Schäferroman des Longos, Daphnis und Chloe
1559, zehn Jahre vor dem Erscheinen der lateinischen
Übersetzungen von Gambara und von Annibale Caro,
40 Jahre vor jenem des Originaltextes. Der Roman des
Eustathios wurde 1559 von Jean Louveau und 1582
von Jerôme d'Avost, der des Achilles Tatius zum
Teil 1545 und 1556, vollständig 1568 von Belleforest
übersetzt.

Bei der Beliebtheit der griechischen Romane fehlte
es bald nicht an Nachahmungen, unter welchen eine geschickte Mystifikation Beachtung verdient. Es ist das
Buch Du vray et parfaict amour (1599), welches sich
als eine Übersetzung nach dem Griechischen des Athen-
agoras ausgibt und als Übersetzer einen gewissen Martin
Fumée, *seigneur de Genillé*, nennt. Die im Titel bezeichnete Liebe ist die platonische, der Verfasser will ein Beispiel solcher edler Liebe erzählen, das noch dazu wahrhaft
erscheinen soll. In der Tat ist jedoch alles erfunden.
Unter den antiken Autoren hat er ausgiebig Plutarch,
Herodot, Livius, Q. Curtius, Procop, Vitruv und Pausanias
benützt, den größten Einfluß hat aber Heliodor auf ihn
geübt, derselbe verrät sich selbst in den Personennamen.
Die Liebenden heißen hier Theogenes und Charide und
fallen bei der Einnahme von Meliböa in die Hände der
Römer. Während Charide bei dem römischen Feldherrn

Cn. Octavius freundliche Aufnahme findet, von ihm wie
seine Tochter behandelt wird und in dessen Haushälterin
Melangenie eine treue Freundin findet, lernt Theogenes
die Leiden der Gefangenschaft kennen. Endlich gelingt
es Charide, sich mit ihm brieflich in Verbindung zu
setzen; sie wird jedoch erst mit ihm vereinigt, nachdem sie ihn von byzantinischen Piraten losgekauft und
eine zeitlang in den Kerkern der Skythen geschmachtet
hat. Endlich kehren sie nach Meliböa zurück und
heiraten. Der Roman wurde viel gelesen, ohne daß jemand
die Mystifikation ahnte. Der Bischof Huet, der sich in
seinem unten zu besprechenden Traktat ausführlich mit
diesem Buche beschäftigt, nennt es «*inventé avec esprit,
conduit avec art, sententieux, plein de beaux préceptes de
morale, orné d'une grande variété d'images agréables et judicieuse-
ment arrangées*» und spricht von einem griechischen
Original des Guillaume Philander († 1565), des gelehrten Vitruvübersetzers. Es besteht aber kein Zweifel
darüber, daß Fumée, von dem man auch Übersetzungen
aus dem Spanischen, Griechischen u. a. besitzt, der alleinige
Verfasser ist.

Literatur. Amadis. Les Livres I à XII d'Amadis de
Gaule, *trad. d'Espagnol en François.* Paris, Vincent Sertenas,
Est. Groulleau et Jehan Longis 1540—56, 12 Teile in 6 oder in
4 Bänden, fol. — Spätere Ausgaben: ibid. 1548—60, 8°; ibid.
1557 16°; Anvers, Jean Waesberghe (gedr. v. Plantin) 1561, 4°;
Anvers, Guill. Silvius 1572—73, 4°; Lyon, Benoist Rigaud 1575
bis 76, 16°; Lyon, Fr. Didier 1577, 16° usw. — Die ersten acht
Bücher sind von Herberay des Essarts übersetzt. Buch I—V
decken sich mit den entsprechenden Büchern der spanischen
Vorlage; Buch VI und VIII der letzteren *(Florisando* und *Lisuarte de Grecia)* blieben unübersetzt; Herberays VI. Buch entspricht
dem VII. des Originals, Herberays VII. und VIII. Buch dem IX.
des Originals *(Amadis de Grecia).* — L. IX (entspricht dem ersten
Teil des spanischen X. Buches, *Florisel de Niquea)* . . . *Reveu,
corrigé* . . . par Claude Colet, Paris, Vincent Sertenas 1553;
die zugrunde liegende Übersetzung von Gilles Boileau erschien
bereits 1552. — L. X (entspricht dem zweiten Teil des spanischen
X. Buches), *traduit par* J. G. P. [Jacques Gohorry Parisien,
genannt *le solitaire,* † 1576], Paris, Vinc. Sertenas 1553. — L. XI

entspricht dem ersten Teil des spanischen XI. Buches, *Rogel de rrecia*), übersetzt von Jacques Gohorry, Paris, Jean Longis 1554.
- L. XII (entspricht dem zweiten Teil des spanischen XI. Buches), ibersetzt von Guillaume Aubert aus Poitiers, Paris, Estienne Groulleau 1556.

L. XIII (entspricht dem spanischen XII. Buch, *Silves de Selva*), übersetzt von J. G. P. [Jacques Gohorry Parisien], Paris, Lucas Brayer 1571; dann Anvers, Guill. Gurman 1571; Anvers, ʻuill. Silvius 1572; Lyon, Fr. Didier 1575 usw. — L. XIV (Fortʃetzung des spanischen XII. Buches), übersetzt von Antoine yron, durchgesehen von Jacques Gohorry, Paris, Nicolas ᵒnfons 1574; dann Anvers, Jean Waesberghe 1574; Chambéry, r. Poumier 1576, usw. — L. XV. (desgleichen), übersetzt von ʃabriel Chappuis, Lyon, Ben. Rigaud 1577. — L. XVI—XXI Sferamond und dessen Fortsetzungen) übersetzt von demselben, ach dem Italienischen des Mambrino Roseo, 6 Bde., Lyon, Ben. ʈigaud, Fr. Didier usw., 1577—82. — L. XXII—XXIV *„faits ʼespagnol françois"* (anonym), 3 Bde., Paris, Gilles Robinot usw., 1615. — Es gibt außerdem Übersetzungen des XV. Buches von Antoine Thory, Anvers, Henr. Heyndricx 1577; Paris, J. Parent, 1577; des XVI. Buches von Nicolas de Montreux (s. u. S. 211), Paris, J. Pouppy und Parent 1577; des XIX. Buches von Jacques Charlot, Lyon, Louis Cloquemin 1581 und des XX. Buches von Jean Boyron, Lyon, Ant. Tardif, 1582.

Le Trésor des Amadis. Le Trésor des Amadis, *contenant les epitres, complaintes, concions, harangues, deffis et cartels, recueillis des douze livres d'Amadis de Gaule*, Paris, Estienne Groulleau 1559, 8⁰. — Spätere Ausgaben: ibid. 1560, 8⁰; Anvers, Plantin 1560, 8⁰; ibid. 1563, 8⁰; Paris 1564, 8⁰. — Discours des XIII liures d'Amadis, Paris, Buon und Olivier de Harsy 1573, 16⁰. — Le Thresor des quatorze livres d'Amadis de Gaule usw. Anvers, Jean Waesberghe 1574, 16⁰. — Trésor de tous les livres d'Amadis de Gaule usw. Lyon, Jean Huguetan 1582; Lyon, P. Rigaud 1605, 1606 usw. — Deutsche Übersetzung: *Schatzkammer schöner, zierlicher Orationen, Sendbriefen, Gesprächen, Vorträgen, Vermahnungen und dergleichen: Auß den vier und zwantzig Büchern des Amadis von Frankreich zusammengezogen* . . . Straßburg, bei Lazarus Zetzner, s. a. [1597], 8⁰; dann 1608, 1624. — Englische Übersetzung: *The Treasurie of Amadis of France, translated from the french* imprented by Henr. Bynneman, s. l., s. a., 4⁰.

Übersetzungen des französischen Amadis. Deutsche Übersetzung: *Das erste Buch der Hystorien von Amadis auß Frankreich, sehr lieblich und kurtzweilig und auch den jungen nützlich zu lesen, mit viel angehefften guten Leeren, newlich auß*

*frantzösischer in vnser allgemeine, geliebte, Teutsche Sprach gebracht
usw. usw.* 24 Bücher, Frankfurt a. M., bei Sigmund Feyrabend
1561 (recte 1569)—1594, oft abgedruckt; das 1. Buch neu herausgg.
von Adalb. von Keller für den Literar. Verein in Stuttgart,
Bd. 40, 1857. — Niederländische Übersetzung: *Amadis van
Gaule, wt de Francoysche in onse Nederduytsche Tale overgezet.*
Rotterdam, J. de Waesberghe, 21 Bde., 1619—24 (Übersetzungen
der einzelnen Teile erschienen seit 1546). — Englische Übersetzungen: *The history of Amadis de Gaule written in french by
the lord of Essars Nicholas de Herberay, translated* by Anthony
Munday, London 1619, fol. (enthält Buch I—IV); das V. Buch
wurde 1664 von J. J[ohnson], das VI. 1652 von Francis Kirk-
man, das VII. 1694 übersetzt. — *Amadis of Gaule, by Vasco
Lobeira, from the spanish version of Garci Ordoñez de Montalvo*
by Robert Southey 4 Bde., London 1803. — *Amadis de Gaul,
a poem in three books, freely translated from the first part of the
french version of N. de Herberay, sieur des Essars, with notes by*
William Stewart Rose, London 1803.

   Neubearbeitungen des französischen Amadis: Von Duverdier, *Le Roman des Romans, où on verra la suite et la conclusion de D. Belianis de Grèce, du Chevalier du Soleil et des Amadis.* Paris, Du Bray, 7 Bde., 1626—29, 8° (über den Verfasser
s. auch unten 298). — Von Mlle de Lubert, 4 Bde., Amsterdam
(Paris), 1750; nebst Fortsetzung: *Les hauts faits d'Esplandian,
suite d'Amadis de Gaule,* 2 Bde., ibid. 1751, 8°. — Vom Grafen
Tressan, *Traduction libre de l'Amadis de Gaule,* 2 Bde.,
Amsterdam und Paris 1779 (umfassend die ersten fünf Bücher):
dann in der Bibliothèque Universelle des Dames, Bd. 16—20,
1785 ff., 12°; dann Evreux 1796, 8°; deutsche Übersetzung von
W. C. S. Mylius, 2 Bde., Leipzig 1782. — Von Creuzé de Lesser,
Amadis de Gaule, poëme faisant suite aux Chevaliers de la table ronde,
Paris 1813. — Von Arthur Graf Gobineau, *Amadis* (1887).

   Vgl. Pascual de Gayangos im 40. Band der Bibliotheca
de Autores Españoles (mit ausführlicher Bibliographie). —
E. Baret, *De l'Amadis de Gaule et de son influence sur les mœurs
et la littérature au 16. et 17. siècle.* 2. Aufl., Paris 1873. — Ludw.
Braunfels, *Kritischer Versuch über den Roman Amadis von Gallien,*
Leipzig 1876. — M. Pfeiffer, *Amadis-Studien,* Diss. Erlangen
1905. — Wolfg. v. Wurzbach in der Einleitung zur Jubiläums-
ausgabe des Tieckschen *Don Quixote,* Leipzig 1905, S. 70 ff. —
G. S. Williams, *The Amadis-Question* (Revue hispanique, XXI). —
Birch-Hirschfeld, l. c., S. 190 ff. — Bobertag, l. c. I, S. 303 ff.
(über den deutschen Amadis). — Hugues Vaganey, *Amadis en
français. Livres I—XII. Essai de bibliographie et d'iconographie* in:
La Bibliofilia V—VII, 1903 ff., auch Paris 1906. — W. Küchler,

Empfindsamkeit und Erzählungskunst im Amadisroman (Zeitschrift für franz. Sprache und Lit. XXXV. Bd.) — Vgl. ferner: Gröber. l. c. II. 2, S. 216 ff. — Dunlop, l. c., S. 146 ff. — Grässe, l. c. S. 405 ff.

Palmerin. *Le premier livre de Palmerin d'Oliue, filz du Roy Florendos et de la belle Griane . . . trad. iadis par un auteur incertain de castillan en françoys, reueu* par Jean Maugin, natif d'Angiers. Paris, Jeanne de Marnef pour Jean Longis 1546. fol. — Spätere Ausgaben: Paris, Estienne Groulleau 1553; Lyon, Pierre Rigaud 1619 usw. — Englische Übersetzung: *Palmerin d'Oliua, the Mirrour of Nobilitie and wonder of Chivalry: in two parts, turned into english* by A[nthony] M[unday] London, B. Alsop and T. Fawcet 1637, 4 ° (frühere Ausgaben: London, Thomas Creed 1586; ibid., John Charlewood 1588). — Flämische Übersetzung: Arnhem, Jan Janszen 1613, 4 °. — *Histoire de Primaleon de Grèce, continuant celle de Palmerin d'Olive . . . naguère tirée tant de l'italien comme de l'espagnol et mise en nostre vulgaire*, par François de Vernassal, Quercinois. Paris, Estienne Groulleau, Vincent Sertenas, Jehan Longis 1550, fol. — Spätere Ausgaben: Paris, Galliot du Pré und Orléans, Pierre Trepperel 1572; Lyon, Rigaud 1580, 1600, 1618. — *Histoire et poursuite de Primaleon de Grèce . . . trad. d'espagnol en francoys* par Guillaume Landré d'Orléans. Paris, Jean Parent und Anvers, Hendr. Heindricx 1577, 8 °. — *Le second livre de Primaleon de Grèce, auquel les faits héroïques et merveilleuses amours d'iceluy sont proprement dépeintes . . . trad.* par Gabriel Chappuys. Lyon, J. Béraud 1577, 8°; dann Lyon, Ben. Rigaud 1588, 1612. — *Le troisième livre de Primaleon de Grèce, auquel les faits héroïques et merveilleuses amours d'iceluy sont tant bien déduites. . .* [Übersetzt von Gabriel Chappuys]. Lyon, J. Béraud 1579; dann Lyon, Ben. Rigaud 1587, 1609. — *Le quatrième livre de Primaleon de Grèce, auquel les faicts héroïques et merveilleuses amours du prince Darinel de Grèce et celles de la belle Richarde de Paris sont proprement dépeintes . . .* [übersetzt von Gabriel Chappuys]. Lyon, Ben. Rigaud 1583; dann ibid. 1597. — Englische Übersetzung: *The famous and renowned history of Primaleon of Greece, sonne to the great and mighty Prince Palmerin d'Oliua, Emperor of Constantinople;* the first book. London, Cuthbert Burby, 1595. — *The famous and renowned history of Primaleon of Greece . . . translated out of french and italian by* A. M. [Anthony Munday], London 1619. — *Le premier (et le second) livre du preux, vaillant et très victorieux chevalier Palmerin d'Angleterre, filz du roy dom Edoard, auquel seront recitées ses grandes proësses; et semblablement la chevaleureuse bonté de Florian du desert, son frère, auec celle du prince Florendos, filz de Primaleon . . . traduit du castillan en françois* par maistre Jaques Vincent, du

Crest Arnauld en Dauphiné, Lyon, Thibauld Payen 1553, 2 Bde., fol.; dann Paris, Jean d'Ougoys und Robert Magnier 1574, 8⁰. — Englische Übersetzung: *The Historie of Prince Primaleon of England, translated out of french by* A[nthony] M[unday]. London 1602 bis 1609, 3 Bde., 4⁰; dann ibid. 1639, 1664. — *The third and last part of Palmerin of England [Palmerin d'Oliva], translated* by Anthony Munday, London 1602, 4⁰.

　　Sentimentale Erzählungen. Über die im folgenden besprochenen Schriften vgl. Gustave Reynier, *Le roman sentimental avant l'Astrée.* Paris 1908 (mit sorgfältiger Bibliographie, 1509—1610).

　　Diego de San Pedro, Carcel de amor. *La Prison d'Amours, laquelle traicte de l'amour de Leriano et Laureole, faict en Espaignol, puis translaté en Tusquan et nagueres en langaige françoys. Ensemble plusieurs choses singulieres à la louenge des dames.* Paris, Galliot Dupré 1526, 8⁰. — Spätere Ausgaben: s. l. 1527, 8⁰; Lyon, Olivier Arnoullet 1528, 4⁰; Paris, 1533. — *La Prison d'amour* (andere Übersetzung), Paris 1552, 16⁰. — Spanisch-Französische Ausgaben: Anvers 1556, 1560; Paris 1567, 1581: Lyon 1583; Paris 1594, 1595; Lyon 1604; Paris 1616. — Vgl. Reynier, l. c. S. 55 ff.

　　Diego de San Pedro, Arnalte y Lucenda. *L'amant mal traicté de s'amye,* trad. par Nicolas de Herberay, seigneur des Essars. Paris 1539, 16⁰. — Spätere Ausgaben: Paris 1546; Lyon 1547; Paris 1548; Lyon 1550. — Mit der italienischen Übersetzung von B. Maraffi: Lyon 1553, 1555; Paris 1556; Gand 1556; Paris 1561 usw. — Vgl. Reynier, l. c. S. 66 ff.

　　Juan de Flores, Grisel y Mirabella. *Le Jugement d'amour, auquel est racompté l'hystoire de Ysabel, fille du roy d'Escoce, translatee de Espaignol en Francoys.* s. l. 1530, 8⁰ (nach der italienischen Übersetzung des Lelio Aletiphilo). — Spätere Ausgaben: Lyon, Olivier Arnoullet 1532; Paris, s. a.; Paris 1533. — *Histoire d'Aurelio et d'Isabelle, fille du roy d'Escoce, en laquelle est disputé qui baille plus d'occasion d'aimer, l'homme à la femme ou la femme à l'homme. mise d'esp. en franç. et mieux revuë.* Paris, Gilles Corrozet, 1546; dann ibid. 1547. — Französisch-Italienische Ausgaben: Lyon 1552; Paris 1553, Lyon 1555 usw. — Französisch-Spanische Ausgaben: Anvers 1560; Bruxelles 1596. — Italienisch-Spanisch-Französisch-Englische Ausgaben: Anvers 1556; Bruxelles 1608. — Vgl. Reynier, l. c. S. 76 ff.

　　Question d'amour. *Le debat des deux gentilhommes sur le faict d'amour* ... (s. oben S. 189), Paris, Jehan Longis 1541, 8⁰.

　　Boccaccio, Filocolo. *Treize elegantes demandes d'amours, premierement composees par le tres faconde poete Jehan Eocace et depuis translatees en Francoys: les quelles sont tres bien*

*es, jugees et diffinies ainsi que le lecteur pourra veoir par ce que
ʃt.* Paris, Galliot du Pré s. a. [1531]. — Spätere Ausgaben:
s. a.; Paris 1541, 8⁰. — *Le Philicope de messire Jehan Boc-
florentin, contenant l'histoire de Fleury et Blanchefleur,* divisé
ʃt livres traduictz d'italien en françoys par Adrien Sevin,
Denys Janot s. a. [1542], fol. — Spätere Ausgaben: Paris
1575.

   artial d'Auvergne (de Paris), Arrêts d'amour. *Sensuy-
es cinquante et ung arrest damours.* Paris, Michel Lenoir,
kl. 4⁰. — Spätere Ausgaben: Paris 1525; 1528. — *Arresta
um cum erudita Benedicti Curtii Symphoriani explana-
Lugduni,* apud Gryphium, 1533, kl. 4⁰. — Spätere Ausgaben:
538; 1546; Paris. Ch. l'Angelier 1544; 1555 usw. — Vgl.
er, l. c. S. 1157. — Söderhjelm, l. c. S. 159 ff.

Boccaccio, Fiammetta. *Complainte tres piteuse de Flamette
amy Pamphile,* translatee d'Italien en vulgaire Françoys.
Jehan Longis 1532. — Spätere Ausgaben: Lyon, Claude
y 1532, Lyon, Franç. Juste 1532; Paris 1541. — *La Fiam-
e amoureuse de M. Jean Boccace . . . contenant d'une
ion gentile toutes les plainctes et passions d'amour,* faite fr.
par G. C. D. T. [Gabriel Chappuys de Tours], Paris,
elier 1585, 16⁰. — Spätere Ausgaben: 1609, 1622. — Vgl.
ier, l. c. S. 37 ff.

Boccaccio, Guiscardo und Ghismonda. *Traicté tres plaisant
ʒreatif de l'amour parfaicte de Guiscardus et Sigismonde,
le Tancredus prince de Salernitiens.* Paris, Antoine Verard
   — Spätere Ausgaben: Paris, Pierre le Caron 1493; Paris,
el Lenoir s. a.; Rouen s. a. — Über die anderen französischen
beitungen dieser Novelle s. Reynier, l. c. S. 21.

Boccaccio, Griseldis. *Cy commence la histoire et pacience
riselidis,* s. l., [Vienne] s. a., 8⁰ u. ö. — Über die anderen
beitungen s. Reynier, l. c. S. 18 f.

Bandello, Novelle. *Histoires tragiques extraictes des œuvres
anes de Bandel et mises en nostre langue françoise* par
re Boistuau, surnommé Launay natif de Bretaigne. Paris,
ent Sertenas und B. Prevost 1559, 8⁰ (enthält die ersten
ʃ Novellen). — Spätere Ausgaben: Paris 1561; Lyon 1564.
*ʃistoires tragiques extraictes des œuvres italiennes de Bandel
ʃes en langue françoise, les six prémières* par Pierre Bois-
ι . . . *et les suyvantes* par Fr. de Belleforest, Comingeos,
e., Paris, J. Macé 1568, 8⁰. — Spätere Ausgaben: 6 Bde.,
ι 1569—83; 7 Bde., Lyon 1575—78; desgl. 15ⁿ1—96; Rouen
—04. — Ein 8. Bd., übersetzt von De Tournes, erschien
1574; dann 1577; 1578.

Äneas Sylvius Piccolomini, Eurialus und Lucretia.

Crest Arnauld en Dauphiné, Lyon, Thibauld Payen 1553, 2
fol.; dann Paris, Jean d'Ougoys und Robert Magnier 1574, 8
Englische Übersetzung: *The Historie of Prince Primalec
England, translated out of french by* A[nthony] M[unday]. Lo
1602 bis 1609, 3 Bde., 4°; dann ibid. 1639, 1664. — *The third
last part of Palmerin of England [Palmerin d'Oliva], trans
by* Anthony Munday, London 1602, 4°.

Sentimentale Erzählungen. Über die im folgender
sprochenen Schriften vgl. Gustave Reynier, *Le roman
mental avant l'Astrée.* Paris 1908 (mit sorgfältiger Bibliogra
1509—1610).

Diego de San Pedro, Carcel de amor. *La Pr
d'Amours, laquelle traicte de l'amour de Leriano et Lau
faict en Espaignol, puis translaté en Tusquan et nagueres en
gaige françoys. Ensemble plusieurs choses singulieres à la lo
des dames.* Paris, Galliot Dupré 1526, 8°. — Spätere Ausga
s. l. 1527, 8°; Lyon, Olivier Arnoullet 1528, 4°; Paris, 153
La Prison d'amour (andere Übersetzung), Paris 1552, 16
Spanisch-Französische Ausgaben: Anvers 1556, 1560; Paris
1581; Lyon 1583; Paris 1594, 1595; Lyon 1604; Paris 161
Vgl. Reynier, l. c. S. 55 ff.

Diego de San Pedro, Arnalte y Lucenda. *L'amant
traicté de s'amye,* trad. par Nicolas de Herberay, seig
des Essars. Paris 1539, 16°. — Spätere Ausgaben: Paris
Lyon 1547: Paris 1548; Lyon 1550. — Mit der italieni
Übersetzung von B. Maraffi: Lyon 1553, 1555; Paris 1556;
1556; Paris 1561 usw. — Vgl. Reynier, l. c. S. 66 ff.

Juan de Flores, Grisel y Mirabella. *Le Jugement d'an
auquel est racompté l'hystoire de Ysabel, fille du roy d'I
translatee de Espaignol en Francoys.* s. l. 1530, 8° (nach der
nischen Übersetzung des Lelio Aletiphilo). — Spätere Ausg
Lyon, Olivier Arnoullet 1532; Paris, s. a.; Paris 1533. — *His
d'Aurelio et d'Isabelle, fille du roy d'Escoce, en laquelle est d
qui baille plus d'occasion d'aimer, l'homme à la femme ou la
à l'homme, mise d'esp. en franç. et mieux revuë.* Paris, Gilles
rozet, 1546; dann ibid. 1547. — Französisch-Italienische Ausg
Lyon 1552; Paris 1553, Lyon 1555 usw. — Französisch-Spar
Ausgaben: Anvers 1560; Bruxelles 1596. — Italienisch-Spa
Französisch-Englische Ausgaben: Anvers 1556; Bruxelles 16
Vgl. Reynier, l. c. S. 76 ff.

Question d'amour. *Le debat des deux gentilhomme
le faict d'amour* ... (s. oben S. 189), Paris, Jehan Longis 154

Boccaccio, Filocolo. *Treize elegantes demandes
mours, premierement composees par le tres faconde poete J
Eocace et depuis translatees en Francoys: les quelles sont tre*

debatues, jugees et diffinies ainsi que le lecteur pourra veoir par ce que s'ensuyt. Paris, Galliot du Pré s. a. [1531]. — Spätere Ausgaben: Paris s. a.; Paris 1541, 8°. — *Le Philicope de messire Jehan Boccace florentin, contenant l'histoire de Fleury et Blanchefleur,* divisé en sept livres traduictz d'italien en françoys par Adrien Sevin, Paris, Denys Janot s. a. [1542], fol. — Spätere Ausgaben: Paris 1555; 1575.

Martial d'Auvergne (de Paris), Arrêts d'amour. *Sensuyvent les cinquante et ung arrest damours.* Paris, Michel Lenoir, s. a., kl. 4°. — Spätere Ausgaben: Paris 1525; 1528. — *Arresta amorum cum erudita Benedicti Curtii Symphoriani explanatione.* Lugduni, apud Gryphium, 1533, kl. 4°. — Spätere Ausgaben: ibid. 1538; 1546; Paris, Ch. l'Angelier 1544; 1555 usw. — Vgl. Gröber, l. c. S. 1157. — Söderhjelm, l. c. S. 159 ff.

Boccaccio, Fiammetta. *Complainte tres piteuse de Flamette a son amy Pamphile,* translatee d'Italien en vulgaire Françoys. Paris, Jehan Longis 1532. — Spätere Ausgaben: Lyon, Claude Nourry 1532, Lyon, Franç. Juste 1532; Paris 1541. — *La Fiammette amoureuse de M. Jean Boccace . . . contenant d'une invention gentile toutes les plainctes et passions d'amour,* faite fr. et it. par G. C. D. T. [Gabriel Chappuys de Tours], Paris, L'Angelier 1585, 16°. — Spätere Ausgaben: 1609, 1622. — Vgl. Reynier, l. c. S. 37 ff.

Boccaccio, Guiscardo und Ghismonda. *Traicté tres plaisant et recreatif de l'amour parfaicte de Guiscardus et Sigismonde, fille de Tancredus prince de Salernitiens.* Paris, Antoine Verard 1493. — Spätere Ausgaben: Paris, Pierre le Caron 1493; Paris, Michel Lenoir s. a.; Rouen s. a. — Uber die anderen französischen Bearbeitungen dieser Novelle s. Reynier, l. c. S. 21.

Boccaccio, Griseldis. *Cy commence la histoire et pacience de Griselidis,* s. l., [Vienne] s. a., 8° u. ö. — Über die anderen Bearbeitungen s. Reynier, l. c. S. 18 f.

Bandello, Novelle. *Histoires tragiques extraictes des œuvres italiennes de Bandel et mises en nostre langue françoise* par Pierre Boistuau, surnommé Launay natif de Bretaigne. Paris, Vincent Sertenas und B. Prevost 1559, 8° (enthält die ersten sechs Novellen). — Spätere Ausgaben: Paris 1561; Lyon 1564. — *Histoires tragiques extraictes des œuvres italiennes de Bandel et mises en langue françoise, les six prémières* par Pierre Boistuau ... *et les suyvantes* par Fr. de Belleforest, Comingeos, 3 Bde., Paris, J. Macé 1568, 8°. — Spätere Ausgaben: 6 Bde., Turin 1569—83; 7 Bde., Lyon 1575—78; desgl. 1581—96; Rouen 1603—04. — Ein 8. Bd., übersetzt von De Tournes, erschien Lyon 1574; dann 1577; 1578.

Äneas Sylvius Piccolomini, Eurialus und Lucretia.

Octavien de Saint-Gelais, *L'Ystoire de Eurialus et Lucresse, vrays amoureux selon pape Pie.* Paris, Antoine Verard s. a. [1493], fol. — Spätere Ausgaben: Rouen 1599; 1602. — *Sensuyt l'histoire des deux vrays amans Eurial et la bele Lucresse compillee par Enee Silvius* et translatee de latin en françoys par Maistre Anthitus. Lyon s. a. [1497], 4°, u. ö. — *L'histoire delectable et recreative des deux parfaicts amans estans en la cité de Sene,* s. l. 1537, 16°. — *L'histoire d'Aeneas Sylvius touchant les amours d'Eurialus et de Lucrece,* traduite du latin [par Jean Millet], Paris 1551. — Vgl. Reynier, l. c. S. 28 ff.

Baldassare Castiglione, Libro del Cortegiano. *Le courtisan nouuellement traduict de langue ytalique (de Balthazar Castillon) en francoys* par Jaq. Colin d'Auxerre. Paris, Vinc. Sertenas (et Jean Longis) 1537, kl. 8° — Spätere Ausgaben: Lyon, Fr. Juste 1538 (bearbeitet von Est. Dolet und Mellin de Saint-Gelais); Paris 1540. — *Le parfaict courtisan du comte Baltasar Castillonois, es deux langues respondans par deux colonnes, l'une à l'autre, pour ceux qui veulent avoir l'intelligence de l'une d'icelles.* Lyon, Louis Cloquemin 1580. — Spätere Ausgaben: Lyon, Huguetan 1585; Paris, Nic. Bonfons 1585; Paris, Cl. Micard 1585 usw.

Parabosco, Lettere amorose. *Lettres amoureuses de Girolame Parabosque, avec quelques autres ajoutées de nouveau à la fin.* Trad. d'italien en franç. par Hubert-Philippe de Villiers. Lyon, Charles Pesnot 1556, 12°. — Spätere Ausgaben: Anvers, Plantin 1556; Paris, Gilles Corozet s. a.

Apollonius von Tyrus. *Appollin roy de Thire. Cy cõmence la cronicque et hystoire de appollin roy de thir et premieremẽt danthiogus et de sa fille, cõmẽt p luxure il violla sa fille et cõmẽt il mourut meschãmẽt p la fouldre q̃ loccit.* Genesue, Louys Garbin s. a., kl. fol. — *Apolonius Prince de Thir en Affricque et roy d'Antioch, redige en escript* par Gilles Corrozet. Paris, Jehan Bonfons s. d., 4°; ibid., Alain Lotrian und Denis Janot s. a., usw. — Die altfranzösischen Versionen der lateinischen *Historia Apollonii Regis Tyri,* nach allen bekannten Handschriften zum erstenmal herausgeg. von Charles B. Lewis. Breslauer Diss. 1912. (Vgl. Roman. Forschungen XXXIV, 1.) — Englische Übersetzung (nach der französischen): *Kynge Appolyn of Thyre,* London, Wynkyn de Worde, 1510, 4° [Verfasser ist Robert Copland]; Neudruck von W. Ashbee, London 1870 (in nur 21 Exemplaren hergestellt). — Neubearbeitung: *Les Aventures d'Apollonius de Tyr,* par le B*** (Ant. le Brun), Paris 1710, 12°, dann Rotterdam 1710 und Paris 1797 (Bibliothèque des romans grecs). — Vgl. Hagen, *Der Roman von König Apollonius in seinen verschiedenen Bearbeitungen,* Berlin 1878. — E. Klebs, *Die Er-*

zählung von Apollonius von Tyrus. Eine geschichtliche Unter-
suchung über ihre lateinische Urform und ihre späteren Bearbeitungen.
Berlin 1899 (spez. S. 412 ff.).

Heliodor, Aethiopica. *L'Histoireaethiopique de Helio-*
dorus contenant dix livres traitant des loyales et pudiques amours
de Theagenes Thessalien et Chariclea Aethiopienne, nouvellement traduite [par Jacques Amyot). Paris, Vinc. Sertenas (Jean
Longis) 1547, fol. — Spätere Ausgaben: ibid. 1549; ibid. 1553;
ibid., J. Longis, Est. Groulleau, R. Le Magnier 1559 (durchgesebene
Ausgabe); Rouen, Th. Mallard 1588, fol., usw. — Andere Übersetzung von Cl. Colet, Lyon 1559. — Über den Einfluß des
griechischen Romans, speziell Heliodors auf den französischen
vgl. Dr. Heinrich Koerting *Geschichte des französischen Romans*
im XVII. Jahrhundert, 2 Bde., Leipzig und Oppeln 1885—87,
I, S. 22 ff. und Michael Oeftering, *Heliodor und seine Bedeutung*
für die Literatur, Berlin 1901 (Literarhistorische Forschungen,
Bd. 18).

Longos, Daphnis und Chloe. *Les amours pastorales de*
Daphnis et Chloé, traduits en françois [par Jacques Amyot].
Paris, Vincent Sertenas 1559, 8°. — Spätere Ausgaben: Paris,
Antoine Du Brueil 1594, 12°; ibid. 1596, u. ö.

Eustathius, Ismenias und Ismene. *Les Amours d'Isme-*
nius, composez par le philosophe Eustathius, traduictz du grec
en franç. par Jean Louveau. Lyon, G. Roville 1559, kl. 8°
(nach der italienischen Übersetzung von Lelio Carani 1550). —
Übersetzt von H. d'Avost, Paris, Bonfons 1582, 8° (desgl.).

Achilles Tatius, Clitophon und Leucippe. *Les devis amou-*
reux, trad. nagueres de grec en latin et depuis de latin en
franç. par l'amoureux de vertu [Claude Colet]. Paris, G. Corrozet
1545, 8° (enthält nur die letzten vier Bücher). — *Les quatre der-*
niers livres des Propos amoureux contenans le discours des amours
et mariage du seigneur Clitophont et damoiselle Leucippe, trad.
par Jacques de Roquemaure. Lyon, C. Marchant 1556, 16°;
dann Lyon, B. Rigaud 1573, 16°. — *Les amours de Clitophon*
et de Leucippe, escrits en grec par Achilles Statius [sic]
Alexandrin, et depuis mis en latin par L. Annibal [della Croce]
Italien, et nouvellement trad. en langue franç. par B. [Belleforest],
Comingeois. Paris 1568, 8°; dann ibid. 1575, 8°; Lyon, 1586, 16°.

Martin Fumée, Du vray et parfaict amour. *Du vray et*
parfaict amour, escrit en grec par Athénagoras, philosophe
Athénien, contenant les amours honnestes de Theogenes et Charide,
de Phérécide et de Melangenie. Trad. du grec d'Athénagoras par
Martin Fumée, seigneur de Genillé, Paris, Daniel Guillemot
1599. — Spätere Ausgaben: ibid. 1612; Paris, Touss. du Bray
1612. — Vgl. Körting, l. c. I, S. 37 ff. — Dunlop, l. c. S. 36 ff.

— W. Küchler, *Martin Fumées Roman Du vray et parfait amour,*
ein Renaissance-Roman (Zeitschrift für französische Sprache und
Literatur XXXVII, 1911).

X. Der sentimentale Roman und die Astrée.

Unter dem Einfluß der geschilderten Literatur entwickelte sich in der zweiten Hälfte, besonders gegen Ende
des XVI. Jahrhunderts, der sentimentale Roman der
Franzosen, der außer einem halben Hundert recht minder-
wertiger und bald vergessener Erzählungen ein Werk von
der Bedeutung der Astrée gezeitigt hat.   Kurz nachdem
die *Fiammetta* übersetzt worden war (1532), finden sich
die ersten Anzeichen des Genres in dem interessanten
Buch einer Frau, Hélisenne de Crenne, von deren
Lebensumständen man nur weiß, daß sie aus der Pikardie
stammte, dann am Hofe Franz' I. lebte und daß sie nach
1550 starb.   Eine Übersetzung der ersten vier Gesänge der
Aeneis hat sie 1541 dem König gewidmet.   Ihr Buch Les
angoisses douloureuses qui procèdent d'amour
contenant trois parties composées par dame Hélisenne de Crenne,
laquelle exhorte toutes personnes à ne suyvre folle amour (1538)
ist wie die *Fiammetta* im autobiographischen Stil erzählt.
Sie berichtet darin, daß sie als dreizehnjähriges Mädchen
an einen Edelmann verheiratet wurde, sich aber bald
darauf in einen Jüngling namens Guenelic verliebte, der
vor ihrem Fenster zu promenieren pflegte.   Sie schildert
den seelischen Konflikt zwischen Pflicht und Liebe, in
welchen sie gerät, und der immer heftiger wird, obwohl
ihr Mann, der ihre Koketterie bemerkt, sie ohrfeigt und
sogar einsperrt.   Zum Ehebruch kommt es nicht, aber
wohl nur mangels Gelegenheit.   Der zweite Teil, der im
Stil der Ritterromane, und der dritte, der moralisch-
didaktisch gehalten ist, kommen für uns nicht in Betracht.
Der letztere wendet sich in warnendem Tone an die Frauen,
ganz wie die *Fiammetta*, an welche auch der mythologische
Schwulst und die Mischung von heidnischer und christ-

licher Religion erinnern. Die *Angoisses douloureuses* erlebten bis 1560 zehn Auflagen.

Die Lektüre der spanischen Novellen, in der Art von *Arnalte und Lucenda* spricht deutlich aus der Histoire de l'amant resuscité de la mort d'amour (1555 u. ö), deren Verfasser sich Theodose Valentinian Françoys nennt. Der Schriftsteller, der sich hinter diesem Pseudonym verbirgt, verfügt über nicht unbeträchtliche juristische, philosophische und historische Kenntnisse. Er berichtet, daß er nach einem Schiffbruche nach London kam, und erfuhr, daß sich hier ein Landsmann von ihm aufhalte, der an einem unbekannten Leiden hinsieche. Dieser erzählt ihm, daß er lange ein Mädchen liebte, dessen Herz er mit vieler Mühe gewann. Eine diplomatische Mission nach England trennte ihn von ihr, und er erfuhr bald darauf, daß sie einen andern geheiratet habe. Seitdem näherte er sich sichtlich dem Tode, und der Bericht seiner Leiden erschöpft ihn derart, daß man glaubt, er habe schon ausgelitten; als man ihn aber tags darauf begraben will, zeigt es sich, daß er noch lebe, ja er wird sogar völlig gesund. Nur ein Wunder konnte ihn von den Qualen der Liebe heilen.

Diese beiden Schriften waren so ziemlich die einzigen französischen Originalwerke sentimentalen Charakters, die vor dem Ausbruch der Religionskriege erschienen. Dann trat eine große Unterbrechung ein. Als sich aber die Stürme gelegt hatten, wucherte die Saat üppig empor, und seit 1594 erschien eine Unzahl von solchen Romanen, die schon in ihren Titeln eine große Gleichartigkeit bekunden. Sie führen direkt zur *Astrée,* die, schon ganz äußerlich betrachtet, durch die halb griechisch klingenden Personennamen mit ihrem «*je ne ̗ sais quoi d'amoureux et de doux*» (Sorel) an sie erinnert. Die Namen der Autoren sagen uns, soferne sie überhaupt genannt sind, heute nichts mehr. Die meisten erschienen übrigens anonym. In chronologischer Reihenfolge seien erwähnt: Les tragiques amours du brave Lydamas et de la

belle Myrtille (von J. Philippes, 1594), La Mariane
du Filomène (1596), Les chastes amours d'Eros et
de Kalisti (Dialog, von Marie Le Gendre, Dame de
Rivery, 1596), La Monophile ou Orphée triumphant de l'amour (graziöse mythologische Erzählung,
von einer Frau zur Widerlegung der gefährlichen Lehren
von Albertis *Hecatomphile* verfaßt, 1597), Les chastes et
infortunées amours du baron de l'Espine et de
Lucrece de la Prade (von A. de Nervèze, 1598 u. ö.),
Les constantes et fidelles amours de Dalchmion
et de Deflore (von J. Philippes, 1599), Les amours
de Philocaste (von J. Corbin, 1601), Les infortunées
et chastes amours de Filiris et Isolia (von des Es-
cuteux, 1601), Les constantes et infortunées amours
de Lintason avec l'infidelle Palinoé (von De la
Regnerye, 1601), Les chastes et heureuses amours
de Clarimond et Antonide (von des Escuteaux,
1601), Les tragiques amours du fidel'Irion et de
la belle Pasithée (1601), La constance d'Alisée et
de Diane (1602), Les pudiques amours de Calistine
(von einer Dame, 1605), Les amours du brave Flori-
mond et de la belle Clytie (von Blaise de Saint-
Germain, 1607).

Diese Erzählungen unterscheiden sich sehr von der
früheren Romanliteratur. Wir finden in ihnen alle jene
Momente wieder, welche für die oben erwähnten Werke
anderer Literaturen charakteristisch waren, speziell den Pla-
tonismus und den grausamen Zug der spanischen Novellen.
Es sind durchwegs Liebesgeschichten, denen aber jede Aus-
gelassenheit und Schlüpfrigkeit fehlt. Die Liebe erscheint
in rein platonischer Auffassung. Sie ist stets tugendhaft
(*chastes amours, pudiques amours*), wobei, wie im griechischen
Roman, auf die Treue ein Hauptgewicht gelegt wird (*constantes et fidelles amours, le triomphe de la constance*).
Anderseits ist diese Liebe stets ernst und schmerzlich,
wovon viele der Titel Zeugnis geben: Le désespéré contentement d'amour (1599), Le martyre d'amour

(von J. Corbin, 1603), L'enfer d'amour (von J. B. du Pont, 1603), Les espines d'amour (von Est. Durand, 1604), Les tragiques et infortunez amours d'Amphion et de Philomelie (1604) usw. Ja so groß schienen die Schmerzen der Liebe dem damaligen Geschlecht, daß man ihnen sogar auf medizinischem Wege beizukommen suchte. Jean Aubery, ein Arzt, publizierte 1599: L'Antidote d'amour *avec un ample discours contenant la nature et les causes d'iceluy, ensemble les remèdes les plus singuliers pour se préserver et se guérir des passions amoureuses*, und auch noch später erschienen ähnliche Schriften.

An den mittelalterlichen Roman erinnert es, wenn die Autoren besonderen Wert darauf legen, daß man ihre Geschichten für wahr halte. Sämtliche sollten sich erst jüngst zugetragen haben. Und wie Boccaccio es im *Decameron* zu tun pflegt, so suchen auch sie die Vorgänge sorgfältig zu lokalisieren, und versichern, die Leute, von welchen sie erzählen, persönlich gekannt zu haben. Die Handlung ist meist sehr einfach. Es wird eine Liebe geschildert, der sich Hindernisse in den Weg stellen, diese werden endlich überwunden, und die Heirat findet statt. Die Personen sind wenige: er, sie, ihre Eltern und ein oder zwei andere Bewerber. Die Hindernisse liegen in der Standesverschiedenheit oder Unebenbürtigkeit des einen Teiles, in politischen und konfessionellen Gründen, die in der Zeit der Religionskriege besonders nahe lagen (z. B. Le désespéré contentement d'amour, 1599), in einem Zwang des Mädchens zu einer anderen Heirat (z. B. Les amours de Lydamas et de Myrtille, 1594), oder in Elementarereignissen wie im griechischen Roman. Vereinzelt begegnet auch schon die *Vocation forcée*, die 150 Jahre später ein so fruchtbares Roman- und Dramenmotiv werden sollte (Nervèze, Les réligieuses amours de Florigène et de Meléagre, 1600). Die sentimentale Liebe, welche in diesen Romanen herrscht, nimmt sich sehr schablonenhaft aus. Sie entsteht beim Manne plötzlich, in der Form des «*coup de foudre*», bei der Frau nur allmählich, als Lohn für seine Huldigungen. Sie äußert sich beim Manne in einer an Idolatrie grenzenden Anbetung der Geliebten, in einer unendlichen Zartheit und Delikatesse, in der fortwährenden Furcht, sie zu beleidigen, in beständigem, etwas zaghaftem und ängstlichem Werben. Ihm gegenüber zeigt die Frau eine übertriebene Schamhaftigkeit, ein krankhaftes *point d'honneur*, das durch jeden Blick verletzt wird und sich gegen jeden Hauch in subtil-affektierter Weise verteidigt. Durch diese konventionellen Formen hört die Liebe auf Gefühl zu zu sein und sinkt zu einem mehr oder weniger geistvollen Wortgeplänkel herab. Der Stil aber zeigt bereits alle charakteristischen Eigenschaften des preziösen Stils. Man findet hier schon die sich selbst widersprechenden Wortverbindungen in der Art von «*une douce rudesse*» oder «*une main audacieusement craintive*». Anderseits werden Rabelais' Wortspielereien zu einer fürchterlichen Methode: «*L'un la merveille des beautez, l'autre la beauté des merveilles*» — «*Ils naissent en mourant et meurent en leur naissance*» — «*Elle est l'honneur de l'Orient et l'Orient de l'honneur*». — Besonders aber gefallen sich die Verfasser in jenen kühnen Vergleichen und Metaphern, die später bei Mlle. de Scudéry einen so breiten Raum einnehmen: der schmachtende Liebhaber spricht von seinen Fesseln und seiner Gefangenschaft, von den flammenden Blicken seiner Dame, von der Glut seiner Leidenschaft, von seiner seligen oder unseligen Schiffahrt auf dem Meere der Liebe usf. Solche Phrasen müssen über den Mangel an Handlung hinweghelfen, die meist nur schwer fortschreitet. Dies zeigt besonders deutlich eine von Reynier (S. 314) angeführte Stilprobe aus den *Amours de Poliphile et de Mellonimphe* von Du Souhait (1599), die als Illustration hier ihren Platz finden möge:

Mell: *C'est votre courtoisie qui me preste les faveurs que le Ciel et la nature m'avoient deniees.*

Pol: *Les souffreteux ne doivent rien prester aux riches.*

Mell: *Aussi mendie-je les richesses de vostre esprit pour revestir la nudité du mien.*

Pol: *J'ay apris à me cognoistre, je ne puis mescognoistre mes imperfections ... etc.*

nd zehn Seiten später:

Pol: *Ma chere Princesse, c'est la coustume des malades de courre à leur remede et aux amans de demander guerison à celles qui ont causé leur blesseure.*

Mell: *Ceux qui n'ont point de mal, n'ont pas besoing de guerison.*

Pol: *Vostre beauté est ceste hache d'Achille, qui, causant ma playe, porte ma medecine.*

Mell: *Vostre remede m'est incogneu aussi bien que vostre blesseure.*

Pol: *Vous estes comme ces mauvaises meres, vous reniez ce que vous faictes naistre ... etc.*

In Roussels *Cléophas et Sephora* (1601) sagt die Heldin: «*Mes baisers ne sont pas à moy, ils sont à mon honneur qui l'empesche*». Im *Bréviaire des amoureux* (1604) apostrophiert der Liebende das Papier folgendermaßen: «*Papier, afin que les restes de votre blanc ne rougissent de ma honte, souffrez que je les noircisse de ma douleur*».

Solcher Art war der sentimentale Roman, dessen erste Anzeichen sich bei Hélisenne de Crenne finden, und der von der Beendigung der Religionskriege bis zum Erscheinen der *Astrée* den Markt beherrschte. Er war auch von Einfluß auf die dramatische Literatur, da seine Stoffe vielfach in Tragikomödien übergingen. Interessant ist der Umstand, daß die Autoren dieser Romane, soweit man sie kennt, meist nicht professionsmäßige Schriftsteller waren und daß jeder derselben nur ein oder zwei, höchstens drei oder vier solche Bücher schrieb. Sogar ein ehemaliger Schneider, Laffemas, der Vater des berüchtigten Lieutenant civil, schrieb einen solchen Roman (*Les amours tragiques*, 1607). Als er denselben dem König Heinrich IV. überreichte, meinte dieser: da die Schneider jetzt Bücher schrieben, werde er sich fürder von seinen Schreibern die Hosen machen lassen. Auch d'Urfé war Soldat.

Um ein Werk wie die Astrée hervorzubringen, bedurfte es außer den vorhandenen literarischen Anregungen noch einer Ingredienz, von welcher bisher nicht gesprochen wurde. Es ist das pastorale Element, welches d'Urfé mit dem sentimentalen verband. Das Interesse an der Schäferpoesie wurde den modernen Völkern gleichfalls durch die humanistischen Studien nahegelegt, denn ihre Ahnherren und klassischen Vorbilder waren ja der Grieche Theokrit und der Römer Virgil mit ihren Idyllen bzw. Eklogen. Auch einen richtigen Pastoralroman besaßen die Griechen in dem Werke des Longos (Daphnis und Chloe, 3. Jahrh. n. Chr.), welches Amyot 1559 ins Französische übersetzte. Erfüllt von dem Geiste dieser antiken Idyllen, schrieb Boccaccio 1342 seinen, übrigens stark mit autobiographischen Details durchsetzten Ameto. Die Vogue der Schäferpoesie datiert aber erst seit Sannazaros Arcadia (verf. ca. 1480, gedr. 1502), wo man zuerst jenes arkadische Hirtenvolk sah, welches in einem idyllischen Lande, fern von allem Weltgetriebe, ein nur der Liebe geweihtes Leben führt und seine Zeit damit zubringt, an den Ufern der Bäche kunstvolle Reime zu drechseln und sich gegenseitig Liebesgram und Liebesglück zu erzählen. Der heutige Leser kann nicht mehr begreifen, was eine längst vergangene Zeit an diesem Buche so sehr fesselte, und gibt unbedingt dem Engländer Walpole recht, welcher von diesem Schäferroman sagt, er sei so langweilig, weinerlich und pedantisch, daß nicht einmal eine verliebte Jungfrau mit ihrer ganzen Geduld ihn durchlesen könne. Auch das Drama wurde von der Schäferpoesie infiziert, wie Tassos Aminta (1537) und Guarinis Pastro fido (1585) zeigen. Besonders Pflege fand diese Dichtungsart in Spanien und Portugal, wo sie Jorge de Montemayor durch seine Diana enamorada (1542) beliebt machte. Diese erfuhr zwei apokryphe Fortsetzungen von Alonso Perez (1564) und von Gil Polo (1574, von Cervantes gerühmt) und zog eine lange Reihe von Schäferdichtungen nach sich, unter welchen Bernardim Ribeiros Menina *e moça* (1557), die *Galatea* des Cervantes (1584) und die *Arcadia* des Lope de Vega (1598) die berühmtesten sind. Auch England erhielt seinen Schäferroman in Sidneys *Arcadia* (1590).

Alle diese Werke wurden ins Französische übersetzt, Sannazaros *Arcadia* 1544 von Jehan Martin, Montemayors *Diana* 1578 von Nicolas Collin, 1582/3 samt ihren Fortsetzungen von Gabriel Chappuys, 1603 von Pavillon, 1613 von Bertanet, 1624 von Remy, dann (s. a.) von Vitray u. a., Cervantes' *Galatea* 1618 von Audiguier [?] Lopes *Arcadia* 1624 von Lancelot *(Délices de la vie pastorale)*, Sidneys *Arcadia* 1624 von Baudoin. Die Übersetzer waren der Ansicht, daß diese Schäfereien nach den wilden Kriegszeiten besonders segensreich auf das Publikum wirken müßten. Jener der *Arcadia*, J. Martin, sagt in seiner Vorrede 1544: «*J'ai fiance que plusieurs gentilshommes vivant noblement et autres de moindre qualité feront à cette traduction assez bon recueil, veu mesmement qu'elle ne traite guerres, batailles, bruslemens, ruines de pays ou telles cruautés énormes dont le récit cause à toutes gens horreur, compassion et mélancolie, réservé aux ministres de Mars, qui ne se délectent qu'en fer, feu, rapines et subversions des lois divines et humaines*». Dennoch hatte keine dieser zahlreichen Übersetzungen einen rechten Erfolg. Sollte man in der Übersetzung die Unwahrscheinlichkeit des Genres deutlicher empfunden haben als in französischen Originalwerken? Tatsache ist, daß die erste Publikation der letzteren Art, die Bergeries de Juliette (1585–98), wenigstens anfangs, in ihrem ersten Teile großen Beifall fanden, obwohl auch sie sich weder im Geist noch in der Form merklich von den ausländischen Vorbildern, speziell der *Diana* des Montemayor, unterschieden. Aber der Verfasser war wenigstens ein Franzose. Er nannte sich Ollénix du Mont-Sacré, und man wußte, daß sich unter diesem Pseudonym derselbe Nicolas de Montreux verbarg, der acht Jahre früher (1577), fast noch ein Knabe, einen 16. Band des *Amadis* herausgegeben hatte.

Man besitzt von ihm auch fromme Gedichte, eine Reihe
von Tragödien u. a. m. Seine *Bergeries* fanden solchen
Anklang, daß man noch 40 Jahre später dem Publikum
einen Auszug daraus zumuten konnte (*L'Arcadie françoise
de la nymphe Amarille,* 1625). Wenn Sorel sich 1627
darüber lustig macht, so beweist dies nur, daß das Buch
damals noch nicht vergessen war.

Diese Traditionen griff d'Urfé in seiner Astrée auf,
die 1607—27 in fünf Bänden im Gesamtumfang von
5000 Seiten erschien. Honoré d'Urfé (d'Urphé), Marquis de Verrome, Comte de Chateauneuf, Baron de Chateaumorand, war ein Edelmann aus Forez (Lyonnais) und 1568
zu Marseille geboren. Er gehörte einer sehr alten Familie
an, die bayrischen Ursprungs gewesen sein und ursprünglich Wulf geheißen haben soll, woraus dann mit der Zeit
d'Ulphé, d'Urfé geworden wäre. Sein Großvater war
Claude d'Urfé, der Erzieher Franz' II., sein Vater, Jacques
d'Urfé, bekleidete die Würde eines Bailli de Forez. Seine
Mutter Renée de Savoye, war eine Deszendentin der Las-
caris und eine Schwester des Grafen von Tende, des
damaligen Gouverneurs der Provence. Seiner engeren
Heimat, des Forez und der «*belle et agréable rivière du
Lignon*», gedenkt er stets mit rührender Liebe. In dem
Vorwort, welches er an die Heldin seines eigenen Romans
richtet *(L'Autheur à la bergère Astrée)*, heißt es: «*Si quelqu'un me blâme de t'avoir choisi un théâtre peu renommé en
Europe . . . responds lui . . . que c'est le lieu de ta naissance;
que ce nom de Forest sonne je ne says quoy de champestre,
et que le pays est tellement composé, et mesme le long de la
rivière de Lignon, qu'il semble qu'il convie chacun à y vouloir
passer une vie semblable . . . Nous devons cela au lieu de
nostre naissance et de nostre demeure, de le rendre le plus
honoré et renommé qu'il nous est possible . . . N'eust esté
Hésiode, Homère, Pindare et ces autres grands personnages
de la Grèce, le mont de Parnasse ny l'eau d'Hypocrène ne
seroient pas plus estimez maintenant que nostre mont d'Isoure
et l'onde de Lignon*».

D'Urfé verbrachte seine erste Jugend auf dem väterlichen Schlosse La Bâtie bei Montbrison, wurde sodann
im Jesuitenkolleg zu Tournon erzogen und widmete sich
darauf der militärischen Laufbahn. Er war ein hart-
näckiger Ligueur und als solcher eine Zeitlang gefangen
und verbannt. Nach Abschluß des Friedens begab er
sich in die Dienste des Herzogs von Savoyen, in welchen
er die letzten 22 Jahre seines Lebens verbrachte. Nur
gelegentlich hielt er sich kürzer oder länger am französischen Hofe auf. In Savoyen bekleidete er bald an-
gesehene Stellungen. Er wurde *ecuyer* und *chambellan*
des Herzogs, Oberstkommandierender der französischen
Kavallerie und erhielt noch verschiedene andere Ämter.
Noch kurz vor seinem Tode machte er einen Feldzug
in Piemont mit und kämpfte vor Pieve. Die Folgen
eines Sturzes vom Pferde und ein Brustleiden nötigten
ihn, den Kriegsschauplatz zu verlassen. Er starb 1625,
58 Jahre alt, zu Villefranche in Piemont, wohin man
ihn zur Erholung gebracht hatte. Camus, der ihn persönlich kannte, schildert ihn als einen hochgebildeten
Mann: «*Il estoit fort versé en la philosophie et en l'histoire;
il avoit les mathématiques à un haut point, avec la cognoissance des langues latine, grecque, italienne, espagnole, alle-
mande*» (*Esprit de S. François de Sales*, 1640, VI., 120).

Seine militärische Laufbahn ließ ihm Zeit, sich
mannigfaltig literarisch zu betätigen. Er hat außer seinem
großen Roman noch eine ganze Reihe von Gedichten und
Prosaschriften verfaßt. 1595 schrieb er in der Gefangenschaft zu Montbrison seine Epistres morales, die drei
Jahre später (1598 u. ö.) im Druck erschienen und in
denen er sich mit der antiken Philosophie sehr vertraut zeigt.
1596 bekundete er zum erstenmal sein Interesse an der
Schäferdichtung, indem er in Anlehnung an Montemayor
ein strophisches Gedicht La Sireine schrieb (gedr. 1606
u. ö.). Um 1605 verfaßte er eine Savoysiade, ein Heldengedicht auf das Fürstenhaus, dem er diente, und das nur
teilweise (in Fr. Rossets *Délices de la poésie françoise*, 1615

gedruckt wurde. Auch dichtete er eine Episode seiner *Astrée* (Silvanire, 1625) zu einem Drama um, welches dann (1629) von Mairet überarbeitet wurde.

Seine älteren Biographen erzählen viel von seiner Liebe zu Diane de Chateaumorand, die ihn seit seinen Kindesjahren beseelt haben soll. Er sei deshalb von seinem Vater nach Malta geschickt worden und habe einst, von dort zurückkehrend, die Geliebte als Gattin seines älteren Bruders, Anne d'Urfé, gefunden; der Papst habe diese Ehe getrennt, und Honoré habe Diane geheiratet, sei aber als ihr Gatte höchst unglücklich geworden und habe Trost in der Poesie gesucht. Man weiß heute, daß an dieser Geschichte nur wenig Wahres ist. Sie beruht vielmehr zum größeren Teil auf Erfindung des Akademikers Patru († 1681), der d'Urfé 1623, also zwei Jahre vor dessen Tode, auf Veranlassung Huets bei Turin besuchte, und weitere 58 Jahre später (1681) jene *Eclaircissements sur l'histoire de l'Astrée* herausgab, auf welchen die Angaben von dem angeblichen autobiographischen Gehalt des Romans beruhen. Einer näheren Prüfung halten sie nicht stand. Die Heirat des Bruders Anne d'Urfé mit Diane fand 1574 oder 1576 statt, also zu einer Zeit, da der Dichter d'Urfé sieben bis neun Jahre alt war. Diese Ehe wurde allerdings 1599 durch den Papst wegen Impotenz des Mannes getrennt, und Honoré heiratete darauf (ca. 1603) seine nicht mehr jugendliche Schwägerin. Die Maltareise ist durch nichts verbürgt. Zu jener Zeit, da er am heftigsten verliebt gewesen sein soll, befand er sich im Jesuitenkolleg zu Tournon und machte dort die Feste mit, die er auch im Auftrage der Jesuiten ausführlich beschrieben hat (*La triumphante entrée de Mme. Magdeleine de la Rochefoucauld dans la ville de Tournon*, 1583). Er hat Diane vielleicht nie geliebt und sie wohl nur geheiratet, um ihre reiche Mitgift seiner Familie zu erhalten. Sicher ist wieder, daß seine Ehe mit Diane unglücklich wurde und daß sie sich trennten, als Honoré in savoyische Dienste trat. Diane blieb in Frankreich, und Huet sagt in seiner *Lettre à Mlle de Scudéry touchant H. d'Urfé et iane de Chateaumorand*) sie sei sehr unreinlich geworden d habe sich mit großen Hunden umgeben, die sogar ihr Bett beschmutzten.

Der volle Titel des berühmten Romans lautet: *Les douze livres de* l'Astrée de Messire Honoré d'Urfé, *où par plusieurs histoires et sous personnes de bergers et d'autres sont déduits les divers effects de l'honneste amitié.* D'Urfé gab den ersten Teil im Jahre 1607, den zweiten 1608, den dritten 1619 heraus, und alle drei erlebten in den nächsten Jahren wiederholte Neuauflagen. Kein Wunder, daß ihr Erfolg unrechtmäßige Fortsetzungen nach sich zog. 1624 veröffentlichte eine Nichte des Dichters, Gabrielle d'Urfé, unter Benützung seines eigenen Manuskripts, einen vierten Teil, den er selbst als «*publication injurieuse et déraisonnable*» saisieren ließ, 1625 und 1626 folgte Borstel de Gaubertin mit einem fünften und sechsten Teile. Da d'Urfé mittlerweile gestorben war, entschloß sich sein Sekretär, der auch auf dramatischem Gebiete tätige Baltasar Baro, nach einem nachgelassenen Manuskript seines Herrn einen rechtmäßigen vierten Teil zu publizieren (*La vraye Astrée, IV. partie,* 1627), welchem er noch im selben Jahre unter seinem eigenen Namen in einem fünften Teil einen Abschluß gab. In der Vorrede zur *Vraye Astrée* sagt Baro, daß diese unrechtmäßigen Unternehmungen den Tod d'Urfés beschleunigt hätten: «*quand il a vu que l'intérêt d'un infame gaîn avoit porté un libraire à dechirer les écrits et la réputation d'Honoré d'Urfé, en voulant faire passer pour légitimes deux enfants supposés qui sous l'autorité de son nom n'ont pas laissé de courir toutes les parties du monde*». — D'Urfé hat seinen ersten Teil dem König Heinrich IV. gewidmet, welchen er durch so viele Jahre als Ligueur bekämpft hatte. Die Widmung ist höchst charakteristisch. «*Recevez cette œuvre, comme une œuvre de vos mains, car véritablement on vous en peut dire l'autheur, puisque c'est un enfant que la paix a fait naistre et que c'est à V. M. que toute l'Europe doit son repos*

et sa tranquillité», und er hofft, ihm eines Tages auf
andere Weise zu dienen «*au prix de son sang et de sa
vie*». Der dritte Teil trägt eine Widmung an Ludwig XIII.,
der vierte eine solche an Ambr. Spinola, den Eroberer
von Breda.

Wie Sannazaro und Montemayor, so zeigt auch d'Urfé
ein Volk von Schäfern, das angeblich im V. Jahrhundert
an den Ufern des Lignon, eines Flusses in Forez, der
Heimat des Verfassers, lebt. Die Herrschaft liegt in den
Händen einer Königin Amasis, der ein Rat von Druiden,
Rittern und Schäfern zur Seite steht. Die Religion, zu
welcher sich dieses Volk bekennt, ist eine Art von de-
generiertem griechisch-römischem Kult, vermischt mit
christlichen Elementen, eine Kombination, die sich auch
schon bei Boccaccio, Montemayor usw. findet. Die Bewohner dieser Gegend bringen ihre Zeit damit zu, unter
galanten Reden Lämmer zu weiden, die, wie auch die
Schäferinnen, bunte Bändchen um den Hals tragen.
Sie sind stets verliebt, schneiden Verse in die Rinden
der Bäume und lassen allenthalben ihre Hüte liegen,
in welche dann der andere Teil die Liebesbriefe legt,
als ob es Briefkasten wären. Höchst empfindsam, fallen
sie fortwährend in Ohnmacht und hätten jeden Tag mehrmals Gelegenheit zu sterben, wenn es nicht in diesem
Lande weise Druiden gäbe, die alle Krankheiten heilen.
Diese Schäfer und Schäferinnen führen jene süßklingenden
Namen, die uns zum Teil schon aus den älteren sentimentalen Romanen bekannt sind (*Carilas, Alcippe, Calidon,
Melandre, Belinde, Damon, Lygdamon, Thamyre, Lydias,
Célion* usw.). Der Ton, in welchem die Paare miteinander
verkehren, ist der der feinsten Gesellschaft, die Konversation
dreht sich nur um Liebe und um spitzfindige Liebesfragen.
Es sind sämtlich «*de grands seigneurs et de grandes dames
en villégiature*», wie Girardin sagt. Im Mittelpunkte der
Handlung stehen Celadon und Astrée. Celadon, dessen
Name sprichwörtlich geworden ist für einen hoffnungslos
schmachtenden Liebhaber, ist der Sklave seiner Gefühle

für die stolze Astrée, der sein Herz gehört, seit er, 14 Jahre alt, die damals Zwölfjährige zum erstenmal bei einem Feste im Tempel der Venus erblickte. Da aber die Familien der beiden verfeindet sind, können sie einander nicht heiraten, und Astrée veranlaßt ihn, um ihre Eltern irrezuführen, sich in andere Schäferinnen verliebt zu stellen. Sie fängt dabei natürlich selbst Feuer, wird infolge der Intrigen eines anderen Bewerbers eifersüchtig und verbietet ihm, fürder vor ihren Augen zu erscheinen. Celadon stürzt sich in seiner Verzweiflung in den Lignon, und ihr begegnet durch einen Zufall dasselbe. Aber beide werden gerettet und Celadon sogar von drei Nymphen, Galatée, Silvie und Léonide, in mehr als freundlicher Weise aufgenommen. Er zieht sich jedoch in die Einsamkeit zurück, baut der Astraea, Göttin der Gerechtigkeit, einen Tempel und gibt dem von ihm geschnitzten Bild der Göttin die Züge der Geliebten, um die er sich in Sehnsucht abhärmt. Astrée, die ihn lange Zeit für tot hält, kommt einst in die Nähe des Tempels, sieht das Bild und schläft voll Kummer um den Totgeglaubten ein. Celadon küßt sie wach und entflieht. Obwohl sie nun überzeugt sein könnte, daß er lebe, kann sie sich an diesen Gedanken so wenig gewöhnen, daß sie ihn stets für seinen eigenen Schatten hält. Übrigens darf er sich ihr ja nicht zeigen, da sie es ihm verboten hat. Auf den Rat des Druiden Adamas folgt er ihr dann als Mädchen verkleidet und hat auf diese Weise Gelegenheit, in ihrer Nähe zu bleiben. Soweit (Ende des dritten Teils) führte d'Urfé selbst die Handlung. Im weiteren Verlaufe wird Celadon zugleich mit Astrée gelegentlich einer Belagerung der Stadt Marcilly von Polemas, einem abgewiesenen Bewerber Galatées, entführt, gibt sich ihr zu erkennen und erweist sich im Kampf als Held. Auf Astrées Befehl soll er zwar zur Strafe für die begangene Täuschung und seinen Ungehorsam von den Löwen, die am Quell der reinen Liebe wachen, zerrissen werden, aber diese verschonen ihn. Astrée läßt sich daraufhin endlich erweichen und reicht ihm, nachdem sich Kupido selbst ins Mittel gelegt hat, die Hand. — In diese Haupthandlung sind die Geschichten von ca. 40 anderen Liebespaaren verwoben. Sie sind in ihrem Verlaufe ähnlich und schließen sämtlich auch mit der Heirat.

Aus der *Astrée* spricht eine genaue Kenntnis der älteren Pastoraldichtung, welche d'Urfé durch den gesellschaftlichen Ton am savoyischen Hofe besonders nahegelegt worden sein dürfte. Man las dort Sannazaro, Tasso und Guarini. Mehr als von diesen lernte er jedoch von Montemayor, an dem er sich schon 1596 inspiriert hatte. Wenn man einen älteren Schäferroman als Vorbild der *Astrée* bezeichnen kann, so ist es entschieden die *Diana enamorada*. Daneben machte er für die Figuren des Celadon und der Astrée manche Anleihen in Tassos *Aminta*, den Malherbe pries und der noch ein Lieblingsbuch des Hotel Rambouillet war. Auch Reminiszenzen aus anderen Autoren begegnen uns hin und wieder. Die Art der Komposition, das Eintreten *in medias res* und die Rückentwicklung der Voraussetzungen verrät das Studium der griechischen Romane, speziell Heliodors. Schon Sorel hat in einer Stelle eine Entlehnung aus Achilles Tatius erkannt (eine Biene hat Leucippe in die Lippe gestochen, Klitophon gibt vor, sie mit einem Kusse heilen zu können). Auch Apulejus und Ovid sind benützt. Ferner ist die Beltenebros-Episode des *Amadis* I, 12 nachgeahmt.

Man hat die *Astrée* den ersten modernen Roman genannt, und sie ist es insofern, als die Liebe in keinem älteren Buch so eingehend analysiert worden war. Allerdings ist diese Liebe nichts anderes als jene sentimentale Galanterie, die wir aus den Romanen der jüngst vorhergegangenen Zeit kennen. Sie hat mehr vom spitzfindigen Geist als vom Gefühl, mag d'Urfé auch noch so sehr versichern, daß Liebe das Zentrum alles seelischen Lebens sei, und erklären, daß *aymer* früher *amer* gelautet habe, was so viel sei wie *animer*, «*c'est-à-dire faire la propre action de l'âme*». Nie vorher war die Souveränität der

Frau beredter gepredigt worden. Der Mann hat nur die Aufgabe, ihr zu dienen, und er muß seine respektvollen Huldigungen nach strengen Grundsätzen darbringen, welche die Liebe zu einer Kunst *(un art)* machen. In diesen Wäldern des Forez gelten schon dieselben Regeln, welche wir 20 Jahre später in dem blauen Salon der Marquise de Rambouillet finden werden. Celadon duldet von Astrée alle Unbilden, ja er fühlt sich wohl dabei, «*c'est un dévot d'amour*» (Girardin). Sein Denken gilt wie das der andern Schäfer nur der Liebe und wird durch die zwölf Gebote auf dem Astraeatempel geregelt. Diese gebieten: 1. im Übermaß zu lieben; 2. nur eine Person zu lieben; 3. keine andere Leidenschaft außer dieser Liebe zu haben; 4. ehrgeizig nur deshalb zu sein, um der Geliebten zu gefallen; 5. mit voller Uneigennützigkeit zu lieben; 6. seine Schäferin in jedem Falle zu verteidigen; 7. alles an ihr vollkommen zu finden; 8. keinen andern Willen zu haben als den ihrigen; 9. mit ihr nur eine Seele zu haben; 10. nur in ihr zu leben; 11. nichts anderes zu erwarten als die Ehre, sie lieben zu dürfen; und 12. sich zu verpflichten, sie immer zu lieben. — Unendlich ist die Zahl der Liebesfragen, welche von diesen Schäfern aufgeworfen und nach langen Debatten entschieden werden. So streitet man z. B. (I. 7) darüber, ob der trauernde Tircis seine verstorbene Geliebte Cleone ferner lieben oder ob er die Liebe Laonices erwidern solle. Das Urteil lautet: «Eine Liebe, welche enden kann, ist keine wahrhafte Liebe; die Liebe derer, die nur den Körper liebten, kann im Grabe aufhören, die aber, welche Geist und Körper liebten, können dem geschiedenen Geist ins Elysium nachfolgen. So verordnen wir denn, daß Tircis auch ferner Cleone liebe, und verbieten Laonice, seine Ruhe zu stören.» Wie sehr das ganze Buch von diesem Geist durchdrungen ist, so hat d'Urfé dennoch nicht unterlassen können, dem Celadon in dem flatterhaften schäferlichen Dandy Hylas, der in allen Stücken sein Gegenteil bildet, eine Art Folie zu geben. Repräsentiert Celadon die neue, sentimentale

Zeit, so ist er gewissermaßen der Vertreter der alten
Tradition und des gesunden Menschenverstandes. Er ist
der Sancho Pansa jenes Don Quixote, der Libertin im
Geiste Brantômes. Er läßt sich mit jeder Schäferin ein
und liebt keine, spottet über die Treue der anderen, reizt
sie zur Untreue und parodiert sogar die oben erwähnten
Gebote der Liebe.

Auch die *Astrée* erhielt ein erhöhtes Interesse dadurch,
daß man in ihr einen Schlüsselroman sehen wollte.
Der Verfasser verwahrte sich zwar dagegen ausdrücklich,
betonte aber anderseits wiederholt, seine Personen seien
nicht etwa Berufsschäfer, sondern «*personnages de condition*», die nur aus Laune das ländliche Kostüm an-
legten. «*Reponds leur, ma bergère, que tu n'es pas, ny celles
aussi qui te suivent, de ces bergères necessiteuses qui pour
gagner leurs vies, conduisent les trouppeaux aux pasturages;
mais que vous n'avez toutes pris ceste condition que pour vivre
plus doucement et sans contrainte*» (I., Vorwort). Man wollte
in Celadon d'Urfé selbst, in Astrée Diane de Chateaumorand, in Galatée Margarethe von Valois, in Euric
Heinrich IV. sehen, und dies hat zu dem großen Erfolge
des Buches gewiß sehr beigetragen. Die neuere Forschung
ist jedoch davon ganz abgekommen und steht auf dem
Standpunkt, daß die *Astrée* nichts Persönliches enthalte.

Wir sind heute nicht mehr in der Lage, die bewundernden Lobeshymnen der Zeitgenossen auf die *Astrée*
nachzuempfinden. Der einzige Vorzug, welchen ihr auch
die neuere Kritik rückhaltlos zuerkennt, ist der reine,
plastische Stil, der an jenen J. L. de Balzacs heranreicht
und an Fénelon erinnert. Er kommt besonders in den
Naturschilderungen zur Geltung, ohne daß deshalb von
einem richtigen Natursinn bei d'Urfé die Rede sein könnte,
diesen hat ja erst Rousseau entdeckt. Seine Landschaften
sind phantastisch wie sein ganzes Werk. Für den Inhalt
des Romans ist uns, wie für die ganze Schäferpoesie, das
Verständnis längst abhanden gekommen. Damals konnte
man sich jedoch an diesen Süßigkeiten nicht satt lesen.

Perrault sagt, *Astrée* habe «*les delices et la folie de toute la France*» hervorgerufen. Als Heinrich IV., gequält von der Gicht und von seiner Liebe zu Mlle. de Montmorency, keinen Schlaf finden konnte, ließ er sich von Bassompierre, Bellegarde und Grammont die *Astrée* vorlesen: «*qui lors etoit en vogue*» (*Mém. de Bassompierre*, 1609). Tristan l'Hermite las seiner Geliebten täglich fünf bis sechs Stunden aus diesem Buche vor, ohne daß er oder sie ermüdete, doch schläferte er damit die Großmutter ein, so daß sie nun ungestört miteinander kosen konnten (*Page disgracié*, I., 373). Sorel berichtet gelegentlich, er habe sich in einer Gesellschaft befunden, wo die jungen Leute und die Mädchen sich Namen aus der *Astrée* beilegten und die Unterhaltung eine fortwährende Pastorale war (*Berger extravagant*, I., 56). Noch im *Roman bourgeois* (1666) wird die unschuldige Javotte durch zu häufige Lektüre der *Astrée* alsbald verdorben, und Furetière warnt daher vor ihr. La Rochefoucauld las sie im Hause der Mme. de Lafayette mit Interesse. Der Bischof Huet bezeichnet d'Urfé als den ersten, der die Romane aus der Barbarei befreite und sie in Regeln brachte, und nennt die «unvergleichliche *Astrée*» «*l'ouvrage le plus ingénieux et le plus poly qui eust jamais paru en ce genre et qui a terni la gloire que la Grèce, l'Italie et l'Espagne s'y estoient acquise*». Er pflegte, sie mit seinen Schwestern zu lesen, und sie mußten oft die Lektüre unterbrechen, um ihre Tränen zu trocknen. Bisweilen getraute er sich nicht, das Buch zu öffnen, aus Furcht, es zu Ende lesen zu müssen. Er schreibt an Mlle. de Scudéry: «*J'étois presque enfant quand je lus ce roman la prémière fois et j'en fus si pénétré que j'évitois puis de le rencontrer et de l'ouvrir craignant de me trouver forcée de le relire, par le plaisir que j'y prévoyais comme par une espèce d'enchantement*». Camus beteuert: «*La mémoire m'en est douce comme l'épanchement d'un parfum*». Auch Mme. de Sévigné und Lafontaine bewunderten die *Astrée*. Der letztere, der sie auch zu einer Oper (1691) verarbeitete, sagt mit Bezug auf d'Urfé:

„Etant petit garçon, je lisais son roman,
Et je le lis encore, ayant la barbe grise".

Boileau behandelt ihn schonend, lobt die lebhafte und doch stilvolle Erzählung, die ingeniöse Erfindung und die feingezeichneten Charaktere, und tadelt auch die Moral *«fort vicieuse, ne prechant que l'amour et la molesse et allant jusqu'à blesser un peu la pudeur»*. In letzterer Hinsicht war man übrigens einig, und dies allein trübte ein wenig die allgemeine Anerkennung. Auch Perrault *(Hommes illustres)* erklärt sie als eine für junge Mädchen ungeeignete Lektüre und meint, die Leidenschaft sei hier um so gefährlicher, weil von allen Unreinlichkeiten frei. Diese pädagogischen Bedenken haben gewiß ihre Berechtigung. Etwas kleinstädtisch und zimperlich nimmt es sich aber aus, wenn ein Literarhistoriker urteilt: «Namentlich jene Szenen, in denen Celadon, als Mädchen verkleidet, die Reize der Geliebten unverschleiert bewundern darf, sind mit einem bedauerlichen Raffinement ausgemalt» (Koerting, l. c., I., 111).

Stofflich bildete die *Astrée* für viele spätere Autoren eine reiche Quelle. La Calprenède verwertet im *Faramond* zwei Episoden (9 und 10) aus dem zweiten Band der *Astrée*, Bossuet entlehnt ihr Phrasen im Panegyrikus auf den heiligen Bernhard, Corneille nimmt daraus Verse für den *Cid*. Und während die Schäfergedichte wie Pilze aus dem Boden schossen, reproduzierte Poussin die schönsten Landschaften des Lignon. Der apokryphen Fortsetzungen der *Astrée* von Gabrielle d'Urfé (1624) und Borstel de Gaubertin (1625—26) wurde schon oben gedacht. Aber noch 1713 erschien eine Nouvelle Astrée von dem Abbé de Choisy, welche den dickleibigen Roman allerdings zu einem *«petit ouvrage de galanterie champêtre»* zusammenstrich, und 1733 abermals eine Neubearbeitung durch den Abbé Souchay. Besonders viele Anregungen fand aber die dramatische Dichtung in der *Astrée*. Das Jahr 1618 brachte die Bergeries von Racan, 1626 die Inconstance d'Hylas von Maréchal und die Sylvie

von Mairet, 1629 die Silvanire desselben Dichters,
welche eine Überarbeitung des gleichnamigen Dramas von
d'Urfé ist. Viele andere Pastoralstücke folgten (Corneille,
Mélite, 1629), und die Brüder Parfaict sagen, daß die
Dramendichter durch 30 Jahre mit Vorliebe diesem beliebten Roman ihre Stoffe entnahmen. In demselben
Sinne sprechen sich auch andere Autoren aus. *«Pendant
quarante ans on a tiré presque tous les sujets de pièces de
théâtre de l'Astrée, et les poètes se contentaient ordinairement
de mettre en vers ce que M. d'Urfé y a fait dire en prose à
ses personnages. Ces pièces-là s'appellaient des pastorales,
aux quelles les comédies succédèrent. J'ai connu une dame
qui ne pouvait s'empêcher d'appeller les comédies des pastorales,
longtemps après qu'il n'en était plus question»* (*Segraisiana*,
S. 144).

Auch in anderen Ländern fand die *Astrée* Bewunderung
und trug viel zur Verbreitung der Schäfermode und zu
der Vorliebe für Schäferkostüme bei. Sie wurde 1619
und 1624 ins Deutsche übersetzt, 1620 (von John Pyper)
und 1657 ins Englische, 1637 (von Orazio Persiani) ins
Italienische, 1645 sogar ins Finnische; 1624 erhielt d'Urfé
einen Brief aus Deutschland, der von 50 Personen fürstlichen Ranges unterzeichnet war und worin ihm mitgeteilt
wurde, daß diese eine Akademie der wahrhaft Liebenden
gegründet und sich die Namen der Personen der *Astrée*
beigelegt hätten. Nur hätte keiner von ihnen sich für
würdig gehalten, sich Celadon zu nennen, und sie bitten
d'Urfé selbst, unter diesem Namen in ihren Bund zu
treten. Wie lächerlich eine solche Huldigung uns heute
erscheinen mag, sie verrät doch ein tieferes Interesse an
literarischen Dingen, als den fürstlichen Personen unserer
Tage eigen zu sein pflegt.

Eine leise Opposition gegen die Pastoralmode in
der Romanliteratur macht sich schon zur Zeit der
größten Beliebtheit der *Astrée* geltend. Es fehlte auch
damals nicht an Leuten, welche das Unnatürliche der
ganzen Richtung erkannten und der Ansicht waren,

daß man Schäfer, soferne man sie dem Publikum
vorführe, doch nur wie Schäfer sprechen und handeln
lassen könne. Dies war der Standpunkt, welchen der
provenzalische Edelmann Guillaume Coste in seinen
Bergeries de Vesper (1618) einnahm. Coste ist
ein durchaus realistischer Autor, der, nur dem Zuge
der Zeit folgend, das Schäfermileu wählt. Er erzählt in
einem frischen, natürlichen Tone, mit einer gewissen
schalkhaften Naivität eine einfache Handlung, die Liebesgeschichte zwischen Antonin und Florelle, deren größte
und einzige Aufregung darin besteht, daß er sie vor den
Zudringlichkeiten eines Satyrs rettet, und die alsbald mit
der Heirat der beiden endet. Zwei andere Liebespaare
dienen den Hauptpersonen zur Staffage. Da das Publikum im Jahre 1618 für eine so harmlose Lektüre nicht
reif war, geriet das Buch bald in Vergessenheit, und man
kannte es bis in die jüngste Zeit nur aus den Bemerkungen,
welche ihm Sorel im *Berger extravagant* gewidmet hat.
Sorel hebt die realistische Eigenart der Darstellung ausdrücklich hervor: *Si Lysis les [les Bergeries de Vesper] repute*
grossières, c'est à cause que ce sont des bergers de ce temps
qui y sont introduits et non pas des bergers comme Sirène et
Celadon. Ils font l'amour comme le peuuent faire auiour-
d'huy les païsans, auec beaucoup de petites rencontres rustiques,
ce que l'autheur a fait pour descrire les choses auec de la
naïueté, et de la vraysemblance.»

Der Autor, welche diese Zeilen schrieb, zeigt die Op-
position gegen die Pastoralromane auf ihrem Gipfel.
Sorel gab seinen Berger extravagant in demselben
Jahre (1627) heraus, in welchem der rechtmäßige vierte
Teil der *Astrée* von Baro erschien, also noch während der
höchsten Vogue der Schäferpoesie. Er wollte in seinem
Buche dasselbe Mittel benützen, welches 22 Jahre früher
Cervantes mit so viel Glück gegen die Ritterromane angewendet hatte. Der *Berger extravagant* hatte zwar einen
literarischen, aber keinen praktischen Erfolg (s. u. S. 294),
und das arkadische Phantasieland tauchte auch später

mmer wieder, wenn auch modifiziert, in der französischen omanliteratur auf. Wir finden es um 1700 im *Télémaque*, 0 Jahre später in der *Neuen Héloise* des Rousseau, der on Lyon nach Forez fahren wollte, um den Schauplatz er *Astrée* kennen zu lernen, knapp vor Ausbruch der evolution bei Saint-Pierre *(Paul et Virginie)* und Florian *Estelle et Némorin)*, zu Beginn der romantischen Zeit bei hateaubriand *(Atala, René)*. Auch in der bildenden :unst hat es tiefe Spuren hinterlassen (Watteau, Boucher, ancret). Es ist nichts anderes als das Eden, das weltntrückte Eiland, welches, je stürmischer die Zeiten, desto erführerischer vor den Augen des Menschen erscheint. Je trauriger, je wechselvoller das Leben ist, um so mehr sehnt er sich hinweg nach nach einem Lande, wo er, aller irdischen Sorgen ledig, nur seinen Gefühlen leben kann. Aus einer solchen Sehnsucht ist auch die *Astrée* erwachsen, sie zeigt, wie sich die Kämpfer der Hugenottenkriege das Eldorado vorstellten.

Literatur. Hélisenne de Crenne, Angoisses douloureuses. *Les Angoysses douloureuses qui procedent d'amours conte- nant troys parties composees par dame Helisenne de Crenne, la- quelle exhorte toutes personnes à ne suyvre folle amour.* Paris, Denys Janot s. a. [1538], 8°. — Spätere Ausgaben: ibid. s. a.; Paris 1541; Lyon s. a.; ferner in den *Oeuvres de Ma Dame Helisenne qu'elle a puis nagueres recogneues et mises en leur entier.* Paris, Ch. l'Angelier 1541 und 1543, 16°; dann Paris 1550, 1551, 1553 usw. — Vgl. Reynier, l. c. S. 98 ff.

L'amant resuscité de la mort d'amour. *Histoire de l'amant resuscité de la mort d'amour, comprise en cinq livres, par* Theodose Valentinian françois. Lyon, M. Roy et Loys Pesnot 1555, 4°. — Spätere Ausgaben: ibid. 1557, 1558, 4°; Paris 1572, 1580, 16°; Lyon, Travers 1626, 8° *(Les Angoisses d'amour).* — Vgl. Reynier, l. c. S. 136 ff.

Sentimentale Romane. Die ausführlichen Titel und Druckorte der im Texte S. 206 angeführten Romane s. bei Reynier, l. c. Bibliographe, S. 359 ff.

Sannazaro, Arcadia. *L'Arcadie de Sannazar, mise d'italien en françoys* par J. Martin. Paris, Mich. Vascosan 1544 8°.

Montemayor, Diana enamorada (samt Fortsetzungen). *Les sept livres de la Diane de George de Montemayor, esquelz* *par plusieurs plaisantes histoires* ... *sont décrits les variables et estranges effects de l'honneste amour,* trad. de l'espagnol en françois, par N. Collin. Reims 1578, 8°; dann ibid. 1579. — *La Diane de George de Montemayor,* traduite en françois, la première partie par N. Collin, la seconde partie par Perez et la troisième par Polo, l'une et l'autre traduite par Gabriel Chappuis. Lyon 1582; dann Paris 1587; Tours 1592: — *Los siete libros de la Diane,* traduicts d'espagnol en françois et conferez és deux langues. Par S. G. P[avillon]. Paris 1603; dann ibid. 1611, 1612, 1613 (corrigez par J. D. Bertanet). — *La Diane de Monte-Mayor,* divisée en trois parties. Nouvelle et dernière traduction. Par A. Remy. Paris 1624.

Cervantes, Galatea. Übersetzt von d'Audiguier, 1618[?].

Lope de Vega, Arcadia. Lancelot, *Les délices de la vie pastorale,* Lyon 1624, kl. 8°.

Sidney, Arcadia. *L'Arcadia* par J. Baudoin 3 Teile (der 2. Teil übersetzt von G. Chappuis) Paris, Touss. du Bray und Rob. Fouet 1624, 8°.

Nicolas de Montreux, Bergeries de Juliette. *Le premier livre des Bergeries de Juliette, auquel par les amours de bergers et bergères l'on voit les effects differents de l'amour auec cinq histoires comiques racontées en cinq journées par cinq bergères et plusieurs echoz, enigmes, chansons, sonnetz, elegies et stances: ensemble vue pastorale en vers françois à l'imitation des Italiens, de l'Inuention* d'Ollenix du Mont-Sacré. Paris, Gilles Beys 1585, kl. 8°. — Spätere Ausgaben: ibid. 1587; 1588; Tours, J. Mettayer 1592; Lyon, J. Veyrat 1593. — Das zweite Buch erschien Paris, Gilles Beys 1587; dann Tours, J. Mettayer 1592. — Das dritte Buch: Tours, Jamet Mettayer 1594 (keine weitere Auflage). — Das vierte Buch: Paris, A. Saugrain 1595 (desgl.). — Das fünfte Buch: ibid. 1598 (desgl.). — *L'Arcadie françoise de la nymphe Amarille, tirée des Bergeries de Julliette.* Paris, Antoine Robinot 1625, 8°.

Honoré d'Urfé, L'Astrée. Erstes Buch: *Les dovze livres d'Astrée de Messire Honoré d'Urfé ... ov par plvsievrs histoires, et sous personnes de bergers et d'autres sont deduits les diuers effects de l'honneste amitié.* Paris, Toussaincts du Bray 1607, 8°. — Spätere Ausgaben: ibid. 1608; 1610; 1612; 1615; 1616. — Zweites Buch: ibid. 1610, 8°. — Spätere Ausgaben: ibid. 1616, usw. — Drittes Buch: ibid. 1619, 8°. — Spätere Ausgaben: ibid. 1621; 1624; 1627 usw. — Viertes Buch (von Baro): *La vraye Astrée* ... IV. partie, ibid. 1627, 8°. — Fünftes Buch (von demselben): *Cinquième et dernière partie, ou conclusion d'Astrée,* ibid. 1627. — Spätere Ausgaben: ibid. 1630; 1632; 1633; 1647. — Ausgaben des ganzen Werkes: Paris, Courbé et A.

de Sommaville 1632—33, 5 Bde., 8⁰; ibid. 1647 usw. — *L'Astrée le Messire Honoré d'Urfé*, nouvelle édition, Paris 1911 (im Erscheinen). — Gekürzte Neubearbeitungen: *La nouvelle Astrée, lédiée à Son Altesse Royale Madame*. Amsterdam 1713 (abgedr. n der Bibliothèque de Campagne, Bd. V., S. 219 ff.) — Von Abbé Souchay, 1733. — Deutsche Übersetzungen: *Von der Lieb Astreae vnd Celadonis Einer Schäfferin vnd Schäffers . . . durch den Herrn von Urfée in Frantzösischer Sprach an Tag gegeben vnd . . . den Teutschen Liebleydenten in Teutsche Sprach versetzt durch J. . B. V[on]. B[orstel?]*. Mümpelgart, Jacob Foilet 1619, 2 Bde., 3⁰. — *Die Schäfferin Astrea, durch Herrn Homorat von Urfe Frantzö-isch beschrieben, jetzt verteutscht. Erster, ander vund dritter Teil*, Halle, Michel Oelschlegel 1624, 8⁰; dann 1625; vierter Teil, Leipig 1635. — Englische Übersetzungen: von John Pyper, London 1620, 4⁰. — *Astrea, a Romance, translated by a person of quality*. London 1657, fol. — Italienische Übersetzung: von Orazio Persiani, Venedig 1637. — Finnische Übersetzung: *Dend Hyrdinde Astrea ved H. Honor. aff Uerfé forst franzoest betreffven . . .* Prented i Lykstad, hos Andreas Koch 1645, 4⁰. — Vgl. Aug. Bernard, *Les d'Urfé, souvenirs historiques et littéraires du Forez an 16. et 17. siècle*. Paris 1839 (nur in 300 Exemplaren gedruckt). — Derselbe, *Recherches bibliographiques sur le roman d'Astrée*. 2. Aufl., Montbrison 1861 (auch im Bulletin du Bibliophile 1859, S. 531 ff.) — N. Bonafous, *Études sur l'Astrée et sur Honoré d'Urfé*, Paris 1846. — Bernard Germa, *L'Astrée, d'Honoré d'Urfé, sa composition, son influence*. Paris 1904. — Derselbe, *L'Astrée, roman psychologique* (La Nouvelle Révue, Nouv. sér. XXVIII, 1904, S. 221 ff.). — H. Welti, *Die Astrée des Honoré d'Urfé und ihre deutschen Verehrer* (Zeitschrift für französische Sprache und Literatur, 5. Bd.). — Ch. Bauti, *L'Amynthas du Tasse et l'Astrée d'Honoré d'Urfé*. Paris 1895. — Abel Lefranc, *Les clefs et les sources de l'Astrée. Le livre à travers le 17., 18 et 19. siècle* (Revue des cours et conférences XIV, 1905, Nr. 1, 5, 6, 7); — ferner: Louis de Loménie, *L'Astrée et le roman pastoral* (Revue des Deux Mondes vom 15. Juli 1858). — André Lebreton, *Le roman au dixseptième siècle*, Paris 1890, S. 1 ff. — Dunlop, l. c. S. 350 ff. — Koerting, l. c. I, S. 69 ff. — Reynier, l. c. S. 341 ff.

Guillaume Coste, Bergeries de Vesper. *Les Bergeries de Vesper ou les amours d'Antonin, Florelle et autres bergers et bergères de Placemont et Beauséjour* par le Sieur Guillaume Coste, gentilhomme provençal. Paris, Rollin Baragues 1618, 8⁰. — Vgl. W. Küchler, *Guillaume Coste, Les Bergeries de Vesper*. (Archiv f. d. Studium der neueren Sprachen 127. Bd., 1911, S. 115 ff.)

Dritter Teil.

Der heroisch-galante Roman und seine Gegenströmungen.

XI. Die Zeiten Ludwigs XIV. und das Preziösentum.

Nur ein kleiner Schritt trennt den sentimentalen vom heroisch-galanten Roman. Der letztere schließt sich unmittelbar an die *Astrée* an, gewinnt gegen Ende der Regierung Ludwigs XIII. immer mehr Verbreitung und erreicht seine Blüte in den ersten Dezennien der Herrschaft Ludwigs XIV., deren Geist sich in ihm deutlich widerspiegelt. Ludwig XIV. (reg. 1643—1715) stand, solange er noch minderjährig war, unter der Vormundschaft seiner Mutter Anna, einer spanischen Prinzessin, während die Leitung der Staatsgeschäfte vollständig in den Händen des Kardinals Mazarin lag. In diese Zeit (1648—53) fällt der Aufstand der Fronde, die letzte Erhebung des Adels — nicht des Volkes — gegen den Hof. Nach ihrer Niederwerfung war auch der letzte Widerstand gebrochen und dank der immer energischer durchgeführten Zentralisation die absolute Monarchie begründet, welche Heinrich IV. und Ludwig XIII. vorbereitet hatten, und die sich nun über hundert Jahre bis zum Ausbruch der großen Revolution behauptete. Als nach Mazarins Tode (1661) der junge König selbst die Zügel der Regierung ergriff, hatte er nur den begonnenen Bau auszuführen. Er nahm sich hierbei die Regierungsprinzipien der spanischen Habsburger zum Vorbilde. Der geheime Rat des Königs, las Organ des königlichen Willens, besaß die höchste egislative, richterliche und administrative Gewalt. Wie n Spanien, so wurde auch hier die katholische Kirche, ie seit dem Ende der Religionskriege sehr erstarkt war, ie mächtigste Verbündete des Königtums. Neue Orden, wie die der Oratorianer, der Visitandines, der Karmeliterinnen, fanden Eingang, und die Jesuiten, die 1603 aus der Verbannung zurückgekehrt waren, erlangten immer größeren Einfluß. Alle bedeutenden Autoren der Franzosen bis auf Voltaire herab, ein Descartes, ein Corneille, ein Molière, ein Diderot, waren Jesuitenschüler.

Ludwig XIV. war namentlich in der ersten Zeit ein vorzüglicher Herrscher. Er mehrte durch seine kriegerischen Erfolge das Ansehen seines Reiches nach außen, aber auch im Innern wirkte er segensreich, indem er den richtigen Mann auf den richtigen Platz berief. Colbert rangierte die Finanzen, Louvois das Kriegswesen. Dabei war der König unablässig darauf bedacht, alle Kräfte des Reiches an seinem Hofe zu vereinen. Ludwig XIII. hatte wie sein Vorgänger wenig Sinn für geistige Bestrebungen gehabt. Er liebte nur die Jagd, und es berührte ihn wenig, wenn einige aus der Art geschlagene Aristokraten, wie Richelieu, Longueville, Montmorency, die Gelehrten und Dichter um sich versammelten und die Rollen von Mäcenen spielten. Dies wurde nun anders. Ludwig XIV. wollte nicht nur Kriegsruhm ernten, er strebte auch nach Ehre in den Künsten des Friedens. Er wollte den Hof nicht nur zum politischen, sondern auch zum geistigen Mittelpunkt seines Reiches und damit ganz Europas machen. Er liebte Glanz und Prunk, Bälle und Feste, musikalische und theatralische Aufführungen und schuf für diese Veranstaltungen einen unvergleichlichen Rahmen in dem Schlosse von Versailles mit seinen kolossalen Dimensionen. Der Bau desselben verschlang 200 Millionen, und die Kosten, welche die Erhaltung und ein Troß von 10000 Beamten und Dienern erforderte, gingen ins Unermeßliche. Der König unterstützte Künste und Wissenschaften und sparte dabei nicht mit Geld. Zum Teil mochte er so nachholen, was an ihm selbst versäumt worden war. Denn Ludwigs Bildung war recht sehr vernachlässigt worden, und seine geistigen Interessen wurden erst durch Mazarins Nichte, Maria Mancini, geweckt. Ein starkes Motiv war aber für ihn hier wie stets die Eitelkeit, und manche seiner Unterstützungen hatte in der Ruhmbegier ihren Grund; er benützte auch dieses Mittel, um in der öffentlichen Meinung zu gewinnen. Darum förderte er wohl auch die von Richelieu 1635 gegründete Akademie. Molière, Boileau und Racine genossen seine besondere Gunst — die beiden letzteren standen in königlichen Diensten. Am Hofe verkehrten alle bedeutenden Geister. Außer den eben Genannten sah man da Corneille, La Rochefoucauld, Mme. de Lafayette, Bossuet, Fléchier, Fénelon, Boursault, Quinault · und viele andere. Und durch das Beispiel des Königs angeregt, nahm der ganze Hof lebhaftes Interesse an dem geistigen Schaffen der Nation, ja er bildete eine Art höchster Instanz, einen Areopag des Geschmacks. Bossuet sagt in einer seiner Predigten: «Alle Angelegenheiten der Welt finden am Hof ihre Anregung, ihren Beginn. Darum wirft der Feind des Menschengeschlechts hier alle seine Netze aus und entfaltet hier seine ganze Pracht. Hier findet man die feinsten Leidenschaften, die zartesten Interessen, die verlockendsten Hoffnungen. Wer von dieser Quelle einmal getrunken hat, läßt nicht mehr ab, er ist wie durch Zauber verwandelt.»

Neben dem Hofe gewann das Bürgertum, «die Stadt» (*la ville*, d. h. Paris), wie man zu sagen pflegte, nur langsam Geltung. Boileaus Mahnung «*Etudiez la cour et connaissez la ville*» (*Art poét.*, 3, 391) wurde erst verhältnismäßig spät notwendig. Das nicht höfische Publikum hatte lange Zeit keine Stimme, und die bürgerliche Kritik fand kaum Gehör. Der Arzt Renaudot hatte zwar 1631 die erste französische Zeitung, die wöchentlich erscheinende Gazette de France begründet, aber ein richtiges

kritisches Organ gab es erst seit 1672 in dem halbmonat-
lichen Mercure galant, welchen Donneau de Visé
herausgab. Erst in den letzten Jahren der Regierung
Ludwigs XIV. war der Sieg der Stadt Paris in Sachen
des Geschmackes entschieden. Er war ein nachhaltiger
und hat sich bis heute behauptet.

Mit dem zunehmenden Alter des Königs änderte sich
manches, besonders durch den Einfluß einer merkwürdigen
Frau, die ihn in den letzten Jahrzehnten vollkommen
beherrschte. Mme. de Maintenon hatte eine größere
Macht über ihn als alle seine früheren Mätressen, die
Montespan mit einbegriffen, obwohl diese ihm sechs Kinder
schenkte, die der König legitimierte. Nur der einzigen
Maintenon hat er eine gewisse Ingerenz auf Staatsgeschäfte
gestattet. Sie war die Enkelin des eifrigen Hugenotten
Agrippa d'Aubigné, des Verfassers der *Histoire universelle,*
der *Tragiques* und des *Faeneste* (s. u. S. 285). Im Kerker
geboren, wohin ihren Vater sein verbrecherischer Lebens-
lauf immer wieder führte, hatte sie eine freudlose Jugend
verbracht, war zum Katholizismus bekehrt worden und
hatte, 17 Jahre alt, um dem Kloster zu entgehen, den
durch eine furchtbare Krankheit zum Krüppel entstellten
Scarron geheiratet. Nach seinem Tode (1660) blieb sie
in dürftigen Verhältnissen zurück, hatte aber das Glück,
durch Verwendung mächtiger Gönner 1669 Erzieherin der
Kinder der Montespan zu werden. Der König, der gegen
die letztere damals schon kühler wurde, fand Gefallen
an der geistvollen und liebenswürdigen Frau, die sich
des kranken Herzogs du Maine so aufopferungsvoll annahm, und schenkte ihr 1675 200000 Livres zum An-
kauf der Herrschaft Maintenon, nach welcher sie sich
fortan nannte. 1684, kaum ein Jahr nach dem Tode der
Königin Marie-Thérèse, heiratete er heimlich, 46 Jahre
alt, die 50jährige Maintenon. Die Ehe blieb eine clan-
destine, und beim Anblick der bescheidenen Hofdame
ahnte niemand ihre wahre Stellung. Hinter den Kulissen
machte sich ihr Einfluß aber um so deutlicher fühlbar,

und da Agrippas Enkelin völlig auf der Seite der kirchlichen Politiker stand, in der schädlichsten Weise. Sie hat,
mögen sie Lavallée und Geffroy noch so sehr verteidigen,
gewiß das Ihrige zur Aufhebung des Ediktes von Nantes
(1685) beigetragen. Durch diese Maßregel, welche dem
Protestantismus die bisherige Duldung entzog, verlor Frankreich 200000 seiner besten Bewohner, die nach England
und Holland auswanderten. Ähnlich wie die Vertreibung
der Mauren für Spanien, so hatte dieser Gewaltakt für
Frankreich einen Niedergang des Handels und Gewerbes
und damit des Volkswohlstandes zur Folge, und er war
eine der ersten Veranlassungen der großen revolutionären
Bewegung, die 100 Jahre später ausbrechen sollte.

Da unter dem Regime der Maintenon der pfäffische
Geist am Hofe immer mehr überhandnahm, verschwanden
die bedeutenden Männer aus der Umgebung des Königs.
Und während die geistige Atmosphäre sich immer mehr
verdünnte, ließ sich Ludwig durch seine nimmersatte
Herrschgier, durch den Gedanken an eine Universal-
monarchie, zu einer Raubpolitik hinreißen, welche die
Stellung Frankreichs schließlich erschüttern mußte. Seit
dem Frieden von Ryswick (1697) war seine Macht gebrochen, der spanische Erbfolgekrieg verzehrte die letzten
Kräfte des arg heimgesuchten, durch die Bauwut des
Königs, die Verschwendung des Hofes und die fortwährenden Rüstungen erschöpften Landes. Der Tod des
greisen, einst so geliebten Herrschers, der Sohn und
Enkel überlebt hatte, wirkte auf das Volk wie eine Er-
lösung. Die Hoffnung, daß es nun besser werden würde,
erwies sich aber leider als trügerisch.

Das Zeitalter Ludwigs XIV. ist in politischer Beziehung für Frankreich die Aera der absoluten Herrscher-
gewalt des Königs, der Unterordnung aller Interessen unter
den königlichen Willen und die Zwecke der Krone. In
kultureller Hinsicht ist es eine Epoche glänzender Entfaltung aller jener Keime, die bis dahin der Entwicklung
geharrt hatten. Es ist speziell die Blütezeit der fran-

zösischen Poesie, die in dem König, solange er geistige und künstlerische Interessen hatte, einen eifrigen Förderer und Protektor fand. «Die Zeit wird nicht wiederkehren, wo ein Herzog de la Rochefoucauld, der die *Maximen* geschrieben, nach einer Unterredung mit einem Pascal oder Arnaud ins Theater ging, um ein Corneillesches Stück zu sehen» (Voltaire, *Siècle de L. XIV.*, 32). Wie groß aber auch die Bewunderung sein mag, welche die Nachwelt für die Meisterwerke jener Epoche hegt, es zeigt sich doch nur allzudeutlich, daß diese üppige und reiche Entwicklung geistiger Kräfte nicht frei und ungehemmt, sondern daß sie beengt war durch eine strenge Bevormundung von oben, durch jenen *«protective spirit»*, der alle Kräfte des Landes, und damit auch die intellektuellen seinen Zwecken dienstbar zu machen suchte. Wie auf politischem Gebiete, so ist auch in den Werken des Friedens von der Regsamkeit des XVI. Jahrhunderts nichts mehr zu verspüren. Das Ringen um Probleme hat aufgehört, man ist auf einem Gipfel angelangt, der vorläufig nicht überschritten werden kann. An die Stelle der Bewegung und des Strebens ist eine glänzende Stagnation getreten, die erst im folgenden Jahrhundert durch äußere Einflüsse wieder in ihr Gegenteil umgesetzt wurde. In der Wissenschaft wurde die unbefangene Kritik von Vorurteilen unterdrückt. In der ganzen Regierungszeit Ludwigs XIV. wurde in Frankreich fast kein wissenschaftlicher Fortschritt gemacht. Die Philosophie weist seit dem Tode des Descartes (1650) keinen selbständigen Denker auf. Die Geschichtschreibung ist bis auf Saint-Simon herab eine wahrhaft klägliche und durchaus einseitig, pfäffisch und servil. Ihr trauriges Chef d'œuvre ist Bossuets für den Dauphin verfaßter *Discours sur l'histoire universelle* (1681). Dieselbe Rückständigkeit herrscht in den exakten Wissenschaften, in der Mathematik und Astronomie, in der Physik und Chemie, in der Zoologie und Botanik sowie in den verschiedenen Zweigen der Medizin. In all diesen Disziplinen wurde in Frankreich in der Regierungszeit Ludwigs XIV. nichts geleistet, was neben der Geistesarbeit der Engländer, Holländer und Deutschen genannt werden könnte, in manchen Fächern machte man sogar Rückschritte gegen die unmittelbar vorhergegangene Zeit. Unter dem auf äußeren Glanz abzielenden Regime wendete sich der Geschmack naturgemäß mehr dem Künstlerischen zu. Man verlangte mehr nach Schönheit als nach Wahrheit. Es war eines jener Jahrhunderte, von welchen Diderot in der Enziklopädie sagt, daß ihnen die Kühnheit des Geistes fehle.

Aber auch die Schönheit ist keine einwandfreie. Sie hat etwas Geziertes, Abgezirkeltes, das an den Park von Versailles mit seinen geradlinig abgestutzten Alleen und Boskets erinnert. Konventionelle Rücksichten, servile Empfindungen und vorurteilsvolles Denken hindern den freien Aufschwung des Gedankens auch in den imposantesten poetischen Leistungen jener Zeit. Die Verse eines Corneille und Racine erwecken bei all ihrer Pracht doch sehr die Empfindung der Unnatur. Es ist Hofpoesie, wenn sie auch nicht immer für den Hof bestimmt war. Die Helden und Heldinnen scheinen Degen und Allongeperücke auch dann nicht abzulegen, wenn man sie mit aller Kostümtreue darstellt. Der Regelzwang beengte die Sprache und schlug die Phantasie in Fesseln. In den Zeiten, wo es dem Lyriker wegen des Hiatus verboten war, *«Tu as»* oder *«Tu aimes»* zu schreiben, wo der Dramatiker seinen Stoff in das Prokrustesbett der drei Einheiten zwängen mußte, konnte sich auch der Roman nicht frei entwickeln.

Schon in den Tagen Ludwigs XIII. hatte sich in den schöngeistigen Salons der sogenannte preziöse Geschmack entwickelt. Er hatte seine vornehmste Quelle und Pflegestätte in dem Salon der Marquise de Rambouillet, der in den Jahren 1620—50 das Zentrum des geistigen Lebens der Hauptstadt bildete. Cathérine de Vivonne, Marquise de Rambouillet, war 1588 als die Tochter des Jean de Vivonne, Marquis de Pisani, des französischen Gesandten in Rom, geboren. Von Seite ihrer Mutter Julia Savelli hatte sie italienisches Blut in den Adern. Sie wuchs in Rom heran und verheiratete sich, 13 Jahre alt (1600), mit Charles d'Angennes. Marquis de Rambouillet, der damals 23 Jahre zählte. Ihr Haus in Paris, Rue St.-Thomas du Louvre, welches sie 1618 renovieren ließ, wirkte schon äußerlich epochemachend. Es zeigte zuerst eine Flucht von Gemächern, die nicht durch die Treppe unterbrochen waren, und große, bis zur Erde herabreichende Fenster. Berühmt war der blaue Salon *(chambre bleue)*, das Schlafzimmer der Marquise. *« C'est la première, qui c'est avisée de faire peindre une chambre d'autre couleur que de rouge ou de tanné »*, sagt Tallement des Réaux *(Historiettes*, II., 487). Hier empfing sie jeden Mittwoch ihre Gäste, nach der Sitte jener Zeit auf oder in ihrem Bette sitzend, das in der Mitte des Zimmers auf einer Estrade stand. Die Gäste saßen im Kreise umher, die Damen auf Stühlen, die Herren zu ihren Füßen auf ihren ausgebreiteten Mänteln. Die Marquise war eine geistvolle Frau, welche den Sinn für ernste Bildung mit gesellschaftlichen Talenten zu vereinen wußte. Sie sprach französisch, italienisch und spanisch gleich gut und las wissenschaftliche Werke. Die Zeitgenossen sind einig in der Schilderung des Zaubers, der von der Hausfrau ausging. Die Scudéry beschreibt sie im *Grand Cyrus* wie folgt: *« Cléomire est grande et bien faite . . . La délicatesse de son teint ne se peut exprimer. Les yeux de Cléomire sont si admirablement beaux qu'on ne les a jamais pu bien représenter. »* Und als charakteristisches Merkmal fügt sie noch hinzu: *« Toutes ces passions sont soumises à la raison »* (*Gr. Cyr.*, VII., 489). Ihre unwandelbare Freundschaft wird gerühmt: *« Elle était bonne amie, obligeait tout le monde »* (Tallement des Réaux). Das *« Palais de Cléomire »* war das Entzücken der Besucher: *« L'air est toujours parfumé dans son paluis; diverses corbeilles magnifiques, pleines de fleurs, font un printemps continuel dans sa chambre et le lieu où on la voit d'ordinaire est si agréable et si bien imaginé qu'on croît être dans un enchantement lorsqu'on y est près d'elle »*. — Neben der Marquise war bald auch deren ältere Tochter J u l i e d'Angennes eine Stütze dieser Gesellschaft. Sie ist berühmt durch die ihr 1641 vom Herzog von Montausier, ihrem späteren Gatten, überreichte Guirlande de Julie (herausgegeben von Sercy 1653; von Didot 1784; von Nodier 1826 u. a.), ein Album mit gemalten Blumen und Gedichten namhafter Dichter. Nach 14jährigem Werben belohnte sie 1645 den Herzog durch ihre Hand. Er soll alle Stationen der *Carte du tendre* durchgemacht haben. Die Ansicht, daß er das Vorbild von Molières *Misanthrope* gewesen sei, beruht auf einem Irrtum.

Im Hotel Rambouillet verkehrte die Elite der damaligen Gesellschaft. Aristokraten, Kirchenfürsten, Gelehrte, Dichter und Schriftsteller fanden sich hier zusammen. Vor einem solchen Kreise verstummte selbst die Medisance eines Tallement des Réaux. Er nennt das Hotel Rambouillet «*le théâtre de tous les divertissements, le rendez-vous de tout ce qu'il y avoit de plus galant à la cour et de plus poli parmi les beaux-esprits*». Der höchste Adel war durch den Herzog von Richelieu, den Herzog von Guise, durch Charlotte von Montmorency, die Herzogin von Trémouille, Anne de Rohan, Prinzessin von Guéméné, die Marquise de Sablé (die *Parthénie* des *Grand Cyrus*) und andere illustre Namen vertreten. Auch der Herzog von Enghien, der spätere große Condé, das Urbild des *Cyrus*, der eine so bedeutende Rolle in den Kämpfen der Fronde spielte, ging hier oft aus und ein. Unter den Damen erfreute sich übrigens auch eine Bürgerliche großer Beliebtheit, Angélique Paulet, wegen ihres blonden Haares «*la belle lionne*» genannt. Ihr Leben verlief nicht ohne Skandal, aber man sagte von ihr, sie singe so schön, daß einst an der Stelle, wo sie gesungen, zwei Nachtigallen vor Neid den Tod fanden. — Von Dichtern und Gelehrten sah man Malherbe, den Diktator der französischen Poesie, der die Marquise als *Arthénice* feierte; seinen Freund Racan, den Verfasser der *Bergeries*; die Gründer der französischen Akademie: Balzac, Vaugelas, Chapelain; den Herzog de la Rochefoucauld,

Georges und Madeleine de Scudéry, Gombauld, Ménage, Corneille, Bossuet, den Italiener Marini, der in Paris seinen schwülstigen *Adone* (1623) vollendete, und viele andere. Die Seele aller gesellschaftlichen Veranstaltungen war aber Vincent Voiture († 1648), den man wegen seiner Kleinheit *El rey chiquito (le roi nain)* nannte. Er war der *maître des plaisirs*, dessen Scherze uns heute allerdings etwas derb vorkommen. So brachte er einst einen Gaukler mit zwei Bären in den Salon der Marquise. Übrigens war er längere Zeit aus dem Sanktuarium des blauen Zimmers verbannt, weil er es gewagt hatte, Julies Arm zu küssen. Aus seinen Gedichten und Briefen lernt man den gezierten, affektierten und frivol-galanten Ton jenes Kreises am besten kennen.

Das preziöse Moment, welches im Hotel Rambouillet zwar noch nicht jene krankhafte Ausbildung fand wie in späteren Salons dieser Art, verriet sich auch hier schon in dem Bestreben, im Gespräch besonders vornehme Formen einzuhalten und alle Ausdrücke, die nur im entferntesten vulgär erscheinen konnten, zu vermeiden. Man gelangte dadurch zu einem Abwägen der Worte und zu einem Schwulst, der von der natürlichen Ausdrucksweise oft recht weit abwich. Immerhin war der Geschmack noch die oberste Richtschnur. Freilich wundert man sich, über welche Bagatellen und Subtilitäten sich die dort versammelten großen Geister erhitzten. Man lächelt heute über den großen Streit, ob einem Sonett von Benserrade oder einem von Voiture der Vorzug gebühre. Anderseits ist doch nicht zu leugnen, daß das Hotel Rambouillet eine Pflegestätte geistiger Kultur gewesen ist, der sich keine andere an die Seite stellen konnte. Ein großer Teil der bedeutendsten dichterischen und wissenschaftlichen Werke jener Zeit hat im blauen Salon der Arthénice die Sanktion für die Öffentlichkeit erhalten. Hier wurden Balzacs Briefe mit Enthusiasmus besprochen, Descartes' *Discours de la méthode* zuerst bewundert, hier las Corneille alle seine Dramen vom *Cid* bis zur *Rodo-*

gune vor, ehe sie aufgeführt wurden. So konnte Fléchier an dem Sarge Julies mit Recht sagen: «*Souvenez vous de ces cabinets, que l'on regarde encore avec tant de vénération, où l'esprit se purifiait*».

Seit der Heirat Julies (1645), besonders aber seit dem Tode Voitures (1648), verlor das Hotel Rambouillet im gesellschaftlichen und geistigen Leben merklich an Bedeutung. Die Marquise schien zwar trotz ihrer 60 Jahre noch nicht sehr gealtert — Ménage nennt die 58jährige in einem italienischen Sonett «*florida sempre*» —, aber ihre Gesundheit hatte doch gelitten. Traurige Familienereignisse ließen sie an der Geselligkeit nicht mehr denselben Reiz finden wie früher. 1631 hatte sie einen siebenjährigen Sohn durch die Pest, 1645 einen andern durch die Schlacht von Nördlingen verloren. Die Fronde trennte und zersprengte dann die Gesellschaft völlig, und als die Marquise 1665 starb, besaß ihr Haus kaum mehr einen Schimmer seines einstigen Glanzes.

Ihre Traditionen waren damals bereits auf den Salon der Mlle de Scudéry übergegangen, der seine Geltung bis ca. 1660 behauptete, aber nie diese vornehme Höhe erreichte. Er zeigt das Preziösentum bereits in seiner vollen Entfaltung. Die Scudéry (geb. 1608) war oft zu Rambouillet gekommen, und sie hat die dortige Gesellschaft in ihrem *Grand Cyrus* porträtiert. Nun hielt sie als ältliche, hoffnungslose Jungfer, von ihren Freunden als *Sappho* gefeiert, ihre Samstage in der Rue de Beauce, die sich aber trotz der Anwesenheit eines Conrart, Chapelain und Ménage von den Mittwochen der Marquise doch sehr zu ihrem Nachteil unterschieden. «*Chapelain et quelques autres y avoient mené des gens ramassés de tout côté*», sagt Tallement. In ihrem Kreise herrschte die Bourgeoisie vor. Mlle. Robineau (die *Doralise* des *Cyrus*) und die durch ihren schlagfertigen Witz bekannte Mme. Cornuel führten das große Wort, das sie zeitweise an eine Mme. Arragonais oder ein Mlle. Brecquet abtraten. Hier erreichte die preziöse Affektation ihren Höhepunkt. «*Elle*

[Mlle. de Scudéry] a autant introduit de méchantes façons de parler que personne ait fait il y a longtemps» (Tall. d. R., VII., 59). Man vermied in der Konversation geflissentlich jedes gerade Wort und schwelgte in unglaublichen Geschmacklosigkeiten. Man nannte sich gegenseitig bei griechischen und römischen Spitznamen und veranstaltete Besprechungen nach vorher bestimmtem Programm (die Journée des Madrigaux vom 20. Dez. 1653, herausgg. von Colombier 1856). Oder man diskutierte über subtile Fragen der Liebestheorie, z. B. welcher der unglücklichste Liebhaber sei, der, welcher fern von seiner Dame lebt, der, welcher nicht geliebt wird, der, welcher von ihr getäuscht wird, oder der, welcher sie sterben sieht? In langen Debatten, welche Conrart zu Protokoll brachte, suchte man zu entscheiden, ob Liebe oder Ehrgeiz die edlere Eigenschaft sei? Ob Liebe jür einen jungen Mann nützlich sei? Ob es besser sei, eine Melancholische oder eine Heitere zu lieben? Was schlimmer sei, zu wenig oder zu viel zu reden?

Ungleich vornehmer war dagegen jener preziöse Kreis, welchen um dieselbe Zeit die Prinzessin Anne Marie Louise de Montpensier, genannt Mademoiselle oder La grande Demoiselle (1627—93) um sich versammelte. Sie war die Tochter des Herzogs Gaston von Orléans, des Bruders Ludwigs XIII., ging, als sie vom Hofe in ihren Heiratsplänen gehindert wurde, zur Fronde über und nahm mit großer Energie an den Kämpfen teil. Nachdem sie eine Zeitlang in der Verbannung auf einem Schlosse in der Champagne gelebt hatte, wurde sie 1660 begnadigt, kehrte nach Paris zurück und hatte ihren Salon im Palais Luxembourg. La Rochefoucauld, Mme. de Lafayette und Frau von Sévigné waren dort häufige Gäste. Die Mitglieder dieser Gesellschaft entwarfen zuerst Porträts, d. h. Charakteristiken von sich selbst, welche 1659 publiziert wurden und als entfernte Vorläufer Labruyères interessant sind. Der Prinzessin werden außer verschiedenen satirischen Werken (*Relation de l'île imaginaire, Histoire de*

la princesse de Paphlagonie, 1659, usw.) auch die Nouvelles françaises et divertissements de la prin-
cessin Aurélie (2 Bände, 1656) zugeschrieben, eine Art
Hexameron, dessen Geschichten von sechs Damen erzählt
werden; Aurélie ist die Prinzessin selbst. Sie berichten
angeblich nur wahre Vorgänge *(ne rien dire que de véritable)* und üben bisweilen ein wenig Kritik an den
heroisch-galanten Romanen. Eine der Geschichten, *Floridon
ou l'amour imprudent,* ist die Quelle von Racines *Bajazet.*
Die Prinzessin hatte an der Abfassung gewiß Anteil, der
eigentliche Autor ist aber ihr Sekretär Jean Renaud
de Segrais, den wir bei Mme. de Lafayette wiederfinden
werden und der den Zeitgenossen durch langweilige Eklogen,
der Nachwelt durch die Anekdotensammlung der *Segraisiana*
(1721) bekannt ist.

Neben diesen führenden Preziösen wären noch viele
andere zu nennen. Der Salon der seit 1640 verwitweten
Marquise Madeleine de Sablé (1599—1673) ist dadurch
berühmt, daß La Rochefoucauld viele seiner Maximen
dort zuerst vorgelesen hat. Auch bei ihr wurden über
die Verhandlungen förmliche Protokolle aufgenommen,
die uns zum Teil erhalten sind. Die Freunde der Marquise blieben ihr auch treu, als sie sich 1659 in das
Kloster Port-Royal zurückzog. — Von der Hauptstadt
griff die preziöse Mode auf die Provinz über, und bald
gab es in Poitiers, Bordeaux, Aix, Montpellier, Arles,
besonders aber in Lyon viele Preziösen. Speziell in diesen
weniger glänzenden Salons entwickelte sich das Preziösentum in jener lächerlichen Weise, welche Molière verspottet hat.

Die Art, wie die Unterhaltung in diesen Kreisen gepflegt wurde, erreichte nachgerade einen Grad der Unnatur, der an den allegorischen Schwulst der Dichtungen
des Mittelalters heranreichte. Wer die Literatur jener Zeit
überblickt, hat allerdings den Eindruck, daß es sich hier
nur um die lokale Spielart einer förmlichen Modekrankheit handelt, die damals alle Länder Europas heimsuchte.

Denn der italienische Marinismus, dessen Urheber Giamb. Marini, ein gern gesehener Gast des Hotel Rambouillet, war, der spanische Gongorismus, der englische Euphuismus, die Schreibweise unserer Schlesier sehen dem preziösen Stil sehr ähnlich. Sein charakteristisches Merkmal liegt darin, daß alles metamorphosiert wird; nicht nur die Gefühle, auch Körperteile, Toilettegegenstände, Möbel und anderes Hausgerät werden durch Bilder umschrieben. Man war zu vornehm, für die Nase die gewöhnliche Bezeichnung zu verwenden, und sagte dafür *les écluses du cerveau*, für das Haar *petite vie de la tête*, für graues Haar *quittances d'amour,* für die Hand *la belle mouvante*, für die Füße *les pauvres souffrants*, für das Mittagmahl *nécessités méridionales*, für ein Glas Wasser *un bain intérieur*, für einen Fauteuil *les commodités de la conversation*. Balzac nennt die Frauen *le mal de yeux*, die Pfauen *des pierreries vivantes*. Da sich zu dieser Metaphernsucht andere Unarten gesellten, wie der Mißbrauch mit Adverbien *(tendrement, furieusement, fortement, terriblement, indiciblement)*, so kam ein höchst unerfreuliches Kauderwelsch zustande, und wenn auch manche dieser Phrasen der Sprache geblieben sind *(travestir sa pensée, avoir l'abord peu prévenant, les bras m'en tombent)*, so macht das Ganze heute doch den Eindruck einer großen Verirrung. Antoine Baudeau de Somaize, der Historiker und Bewunderer des Preziösentums, der in seinem Grand Dictionnaire des Précieuses (1661) 700 solcher schöngeistiger Frauen unter ihren antiken Pseudonymen anführt, sagt, eine Preziöse müsse notwendig anders sprechen als das Volk, damit ihre Gedanken nur von jenen verstanden werden, deren Erleuchtung sich über das Gewöhnliche erhebt. Darum verwenden sie ihre ganze Mühe darauf, die alte Redeweise zu zerstören und eine neue, ihnen eigentümliche, einzuführen (Ausg. v. Livet, I., 158).

Das Preziösentum hat in den Jahren 1620—1660 den Geschmack der vornehmen Kreise beherrscht. Der heroisch-galante Roman, dessen Blüte in diese Zeit fällt, ist ganz von seinem Geiste erfüllt, und er fand die größte Bewunderung von seiten aller jener, die auf ein maßgebendes Urteil in literarischen Fragen Anspruch erhoben. Seine Beliebtheit ließ erst nach, als die gesellschaftlichen Formen, auf welchen er basierte, erschüttert waren. Der erste, welcher die Lächerlichkeit des Preziösentums kennzeichnete, war der Abbé Michel de Pure (1634—80), der 1656—80 unter dem Titel La Prétieuse ou le mystère des ruelles eine vierbändige Satire auf die preziösen Salons schrieb, die er aus eigener Erfahrung kannte. Aber sein verworrenes, in Dialogform geschriebenes Buch konnte trotz der eingestreuten «albern-lüsternen Geschichten» keine Wirkung erzielen, es war allzu langweilig. Mit Recht gibt ihm Kœrting (II., 274) den «höchsten Preis für gähnendste, geradezu unglaubliche Langweiligkeit», und man kennt das Werk wie seinen Verfasser heute nur noch aus zwei Versen Boileaus (*Sat.*, II., 17 f.):

> *«Si je veux d'un galant dépeindre la figure,*
> *Ma plume pour rimer trouve l'abbé de Pure».*

Ein wuchtigerer Schlag waren Molières Précieuses ridicules (1659). Der Dichter zeigt darin zwei einfältige Mädchen, Madelon und Cathos, die aus der Provinz nach Paris kommen, von der preziösen Modekrankheit ergriffen werden und ihre beiden ehrenwerten Freier, die ihnen nicht feingebildet genug erscheinen, abweisen. Diese rächen sich nun, indem sie ihre Bedienten Jodelet und Mascarille als Edelleute bei jenen einführen und ihnen auftragen, sich in der modernen Weise mit jenen zu unterhalten. Der Erfolg entspricht den Erwartungen. Madelon und Cathos sind eben im Begriffe, zu Ehren ihrer neuen Kavaliere einen Ball zu veranstalten, als die zurückgewiesenen Freier erscheinen und ihre Bedienten tüchtig durchprügeln. Die Idee des Stückes war nicht neu, sie liegt in der Rache des Abgewiesenen, der den Gegenpart verleitet, seine Neigung einem Unwürdigen zuzuwenden. Sie ist tragisch wiederholt, u. a. von Diderot in *Jacques e fataliste* (deutsch von Schiller), von Sardou in *Fernande*, on Victor Hugo im *Ruy Blas* verwertet worden. Angelika Kauffmann soll selbst eine analoge Erfahrung gemacht aben. Molière hat dieses Motiv komisch gewendet. Das tück enthält zahlreiche Anspielungen auf wirkliche Peronen und Werke. Madelon nennt sich in Erinnerung an en Roman von François de Molière Polixène, Cathos legt ich den Namen der Aminte, der Vertrauten der Alciiane im *Polexandre*, bei. Besonders aber zeigte sich die atire im Stil, in der Redeweise der lächerlichen Preziösen it ihren gesuchten Ausdrücken, Phrasen, Häufungen ıd Metaphern. In der Vorrede der Buchausgabe nahm olière darauf Bedacht, daß die Überlebenden des Hauses ambouillet, speziell die Marquise, sich nicht getroffen ühlen könnten. Er sagt ausdrücklich, er wende sich ur gegen die lächerlichen Preziösen, welche die wahraften nachäffen; diese hätten keinen Grund, böse zu ein, wenn man ihre schlechten Nachahmerinnen verspotte. Doch sah jedermann in Madelon eine Karikatur der Mlle. de Scudéry. — Die Freunde des Preziösentums konnten ein Stück wie dieses nicht ruhig hinnehmen, und Somaize wollte in der Tat in seinen Véritables précieuses (1660) ein Gegenstück dazu liefern, dasselbe wurde aber nicht aufgeführt, und Somaize versifizierte darauf — seltsam genug — die Molièresche Komödie. Er veröffentlichte auch im selben Jahre ein burleskes Gedicht Le procès des Précieuses.

Wie treffend die Satire Molières sein mochte, der preziöse Geist hielt ihr doch lange stand, und es gab auch noch in der Folgezeit Salons, in denen eine mehr oder weniger preziöse Konversation geführt wurde. Als nach 1660 die Samstage der Scudéry ihre Attraktion verloren, versammelten sich ihre Gäste bei Mme. Deshoulières (1634—94), einer Idyllendichterin, die von ihren Freunden die zehnte Muse genannt und von Boileau arg verspottet wurde. Zu ihr kamen Corneille, Ménage, Conrart, Benserrade, Fléchier, Perrault und viele andere. Werke im preziösen Geschmack, wie die *Rhé-torique françoise* von René Bary, die 1659, in demselben Jahre wie Molières *Précieuses*, erschien, erlebten wiederholte Auflagen. Im *Roman bourgeois* (1666) wird Javotte in preziöse Gesellschaft geschickt, um ihre Bildung zu vervollkommen. Molière selbst kam noch 1672 in den *Femmes savantes* auf das Thema zurück, das noch immer aktuell war. Seine letzten Ausläufer erstrecken sich bis tief ins XVIII. Jahrhundert, dessen schöngeistige Salons jenen des XVII. sehr ähneln. Die Konversation der Marivauxschen Komödie ist eine preziöse, und noch Lesage hat sich über diese Affektation lustig gemacht.

Literatur. Über die gesellschaftlichen Zustände zur Zeit Ludwigs XIV. und über das Preziösentum im besonderen vgl. man: P.-L. Roederer, *Mémoire pour servir à l'histoire de la société polie en France*, Paris 1835. — Victor Cousin, *La Société française au XVII. siècle d'après le Grand Cyrus de Mlle. de Scudéry*, 2 Bde., Paris 1852; 4. Aufl. 1873. — Derselbe, *Mme. de Sablé*, Paris 1855. — Ch. Livet, *Précieux et Précieuses*, Paris 1859; 2. Aufl. 1870. — Derselbe, *Précieuses, Portraits du grand siècle*, Paris 1885. — Ed. Bourciez, *L'Hôtel de Rambouillet, Balzac, Voiture, Les Précieuses* (bei Petit de Julleville, l. c. IV, S. 82 ff.)- — Em. Magne, *Voiture et les origines de l'Hôtel de Rambouillet (1579—1635), Portraits et documents inédits*, Paris 1912. — Derselbe, *Voiture et les années de gloire de l'Hôtel de Rambouillet (1635—48), Portraits etc.*, Paris 1912. — Über Segrais: L. Brédif, *Segrais, sa vie et ses œuvres*, Paris 1863. — Über Somaize: G. Larroumet, *Un historien de la société précieuse au XVII. siècle, Baudeau de Somaize (Etudes de littérature et d'art*, Paris 1893, S. 1 ff.). — *Le grand dictionnaire des Précieuses*, herausgg. von Ch. Livet, 2 Bde., Paris 1856 (Bibl. Elzév.). — F. Schwarz, *Somaize und seine Précieuses ridicules*, Diss. Königsberg 1904. — Über de Pure: W. Knörich, *Über die Prétieuse des Abbé de Pure* (Archiv für d. Studium der neueren Sprachen LXXXVII, 1891, S. 369 ff.).

XII. Der heroisch-galante Roman.

Der heroisch-galante Roman hat in den 40 Jahren seiner Blüthe mannigfaltige Wandlungen durchgemacht. In der ersten Zeit verrät er durch die Beibehaltung des

'chäferkostüms noch deutlich seine Abstammung von der
strée. Dieses Kostüm hört jedoch bald auf, sich selbst
weck zu sein, und dient nur mehr zur Verdeckung wirk-
icher Vorgänge und zur Vorführung von sogenannten *Person-
tages déguisés* (Schlüsselroman). Später wird dieser Rahmen
iberhaupt zu enge, und man ersetzt den pastoralen Flirt
lurch Abenteuer nach dem Muster der spätgriechischen
ind der Amadisromane, deren Darbietungen aber weit
iberboten werden. Das Altertum, der Orient, exotische
'ölker und Gegenden werden herangezogen, um den
.utoren die gewünschte Gelegenheit zu geographischen
nd historischen Exkursen zu geben, mit welchen sie
inge Reihen von Bänden füllen. Dabei suchen sie nach
ie vor durch Zugrundelegung wirklicher Ereignisse und
durch Porträtierung bekannter Personen das sonst er-
lahmende Interesse des Lesers zu stützen. Alle diese
unwahrscheinlichen Vorgänge werden in dem preziösen
Ton der Zeit erzählt. Es dauerte lange, ehe das Publikum
sich eines Besseren besann und der allgemeine Geschmack
zur Möglichkeit zurückkehrte.

Der berühmteste Vertreter der ersten Periode ist der
Endymion von **Jean Ogier de Gombauld** (1570—1666).
Tallement des Réaux schildert den Verfasser als einen
adretten, gezierten Pedanten, Mme. de Rambouillet nannte
ihn in Erinnerung an Amadis «*le beau ténébreux*». Das
wichtigste Ereignis in seinem 96 Jahre währenden Leben
war auch zugleich die Veranlassung zu seinem Roman.
Er wohnte im Jahre 1610 der Salbung Ludwigs XIII. zu
Reims bei und zog bei dieser Gelegenheit die Blicke der
Königin-Mutter **Maria von Medici** auf sich, der er auf-
fiel, weil er sie an einen früheren Geliebten aus Florenz
erinnerte. Sie ließ durch ihre Zofe nach seinem Namen
fragen und verlieh ihm eine Pension von 1200 Francs.
Gombauld, der von nun an zu allen Festlichkeiten des
Hofes geladen wurde, bewahrte ihr eine zärtlich-ritterliche
Zuneigung, die man mit jener des Don Guritan in *Ruy
Blas* verglichen hat, und lebte in der Illusion, daß seine

Gefühle von der hohen Frau erwidert würden. Die ganze Sache kommt uns heute um so lächerlicher vor, wenn man bedenkt, daß beide damals ca. 50 Jahre alt waren.

Aus dieser platonischen Verehrung entstand auch der Roman Endymion (1624), der im Schäferstil gehalten ist und dessen phantastische Handlung mit der bekannten Mythe aus den Metamorphosen des Ovid nur wenig zu tun hat. Dem Endymion des Gombauld hat eine Seherin prophezeit, daß ihm die Göttin Diana ihre Liebe schenken werde. Er begegnet ihr zum erstenmal auf dem Berge Lathmos bei Heraklea und hat Gelegenheit, zu bemerken, daß sie ihm wohlgesinnt sei, aber sie zeigt sich ihm, seinen Gebeten zum Trotz, kein zweites Mal. Endlich verschafft ihm die Magierin Jsménie abermals ihren Anblick, und diesmal schießt Diana Liebespfeile auf ihn ab, die ihn nur innerlich, aber umso empfindlicher verletzen. Nymphen erzählen ihm, daß die Göttin in Liebe zu ihm entbrannt sei. In der Folge hat er das Unglück, sie durch Beschädigung einer heiligen Myrte zu erzürnen, und sie läßt daher zu, daß er in Alba in Albanien ihr selbst auf dem Altar geopfert werden soll. Sie verhindert auch nicht, daß sich die Nichte des Oberpriesters, Sthénobée, in ihn verliebt und aus Schmerz über seinen bevorstehenden Tod stirbt. Als der Priester, darob entsetzt, mit dem Vollzug des Opfers zögert, stößt Endymion sich selbst das Messer in die Brust. In der Unterwelt tröstet ihn Diana über sein Geschick damit, daß er die Unsterblichkeit errungen habe. Wo immer man von ihr sprechen werde, werde man auch seiner gedenken. — Schon diese kurze Inhaltsangabe zeigt, daß diesem Werke der Grundgedanke und der streng durchgeführte Plan fehlen. Es ist als Roman sehr schwach, und da der Stil ein geradezu unerträglicher ist, kann ihm der heutige Leser kein Interesse mehr abgewinnen.

Die Königin-Mutter scheint jedoch an dieser Huldigung Gefallen gefunden zu haben, denn Gombauld erhielt die Erlaubnis, ihr sein Buch vorzulesen. Und 1624 wurde der Roman in besonders splendider Ausstattung, mit Kupfern von Cr. de Pas u. a. gedruckt. Das königliche Privileg vom Oktober des genannten Jahres sagt, er sei veröffentlicht worden «*pour satisfaire au désir de la reine (Anne), notre très honorée compaigne et espouse*». Tallement berichtet, daß das Buch bei seinem Erscheinen ein sehr großes Aufsehen machte. «*On disait que la Lune, c'était la Reine-mère, et effectivement dans les tailles-douces c'est la Reine-mère avec un croissant sur la tête. On disait que cette Iris qui apparaît à Endymion au coin d'un bois, c'était Mlle. Cathérine*» usw. Als sich das aktuelle Interesse gelegt hatte, blieb von dem Buch natürlich nur die Langeweile zurück:

> „*On sait de tant d'auteurs l'aventure tragique,*
> *Et Gombauld tant loué garde encore la boutique*". (Boileau.)

Es war bald ebenso vergessen wie die Gedichte, Epigramme, Briefe, Tragödien und Schäferspiele des Verfassers.

Unter den zahlreichen Romanen, welche hier noch zu nennen wären, ist François de Molières Polyxène (1623) hervorzuheben. Sie zeigt den unmittelbaren Einfluß der *Astrée*, blieb aber unvollendet, da der Verfasser in demselben Jahre ermordet wurde. Man erkannte in den Vorgängen die Liebesgeschichte der Prinzessin von Conti mit dem Herzog von Bellegarde, die auch von der Prinzessin selbst verschiedenen ihrer Erzählungen zugrunde gelegt wurde. Davon abgesehen, ist aber der ganze Roman, wie schon Sorel (*Berger extrav.*, XIII.) bemerkte, nur eine Ausspinnung der Daphnide-Episode im dritten Buch der *Astrée*. «*C'est un livre mal commencé et mal poursuivy . . . Outre cela tous les succez sont si communs qu'il ne méritent pas d'estre racontez*». Dies hinderte Sorel nicht, selbst 1643 eine Fortsetzung (*vraye suite*) dazu zu schreiben, nachdem schon zwei Jahre früher eine andere von dem Buchhändler Pomeray erschienen war.

Den Schritt vom pastoralen zum richtigen heroischgalanten Roman tat Gomberville. Marin le Roy, Sieur de Gomberville (1600—74) war ein reicher Mann aus vornehmer Familie, der nur zu seinem Vergnügen zur Feder griff. Damit begann er allerdings sehr früh, denn er veröffentlichte schon im Alter von 14 Jahren ein *Tableau du bonheur de la vieillesse opposé au malheur de la jeunesse*, in 110 Quatrains (1614). Sein erster Roman war die Carithée, welche sich schon im Titel als Schlüssel-roman präsentiert: *La Carithée contenant sous des temps, des provinces et des noms supposez plusieurs rares et véritables histoires de nostre temps* (1621). Der Verfasser sagt selbst, Carithée sei jene Geliebte des Königs, welche Ronsard als *Callirée* besang, Sivol ist Ludwig XIII., Suniles ist Luines usw. Obwohl ein Band von 735 Seiten, war es doch ein unvollendetes Werk. Es trägt die Widmung *Aux belles et vertueuses bergères*, und ist in den beiden ersten Büchern mehr im heroischen, vom dritten an im pastoralen Stil gehalten. Die Geschichte spielt im ersten Jahrhundert unserer Zeitrechnung am Nil. Die Anachronismen grenzen ans Unglaubliche. S. 155 liest man, daß Germanikus dem Gracchus einen Kartellträger sendet mit der Weisung, er solle «Punkt ein Uhr auf dem Marsplatze sein».

Den Gipfel seines Ruhmes erreichte Gomberville mit dem Polexandre, der zuerst (1629) in zwei Bänden unter dem Titel L'Exil de Polexandre, in seiner definitiven Gestalt 1637 in fünf Bänden mit ca. 4400 Seiten Gesamtumfang erschien. Er zeigt schon vollkommen den Typus der heroisch-galanten Gattung mit ihrer Häufung unmöglicher Abenteuer und ihren geographischen Exzessen. Polexandre ist König der Kanarischen Inseln. Er wurde in seiner Jugend von Seeräubern entführt, nach Frankreich gebracht und da erzogen. In sein Reich zurückgekehrt, verliebte er sich nach einem Bilde in Alcidiane, die Königin der «unzugänglichen Insel». Er kämpft mit Abdelmelec, dem Sohne des Kaisers von Marokko, im Turnier, wird später vom Sturm auf ihre Insel verschlagen, erfährt, wo er ist, bleibt, als Schäfer verkleidet, um Alcidiane zu beobachten, rettet ihr auf einer

Jagd das Leben, unterdrückt eine Empörung ihrer Unter-
tanen, begeht aber die Unvorsichtigkeit, die Insel zu verlassen, und kann sie daher nicht wiederfinden (weil sie
eben unzugänglich ist). In der Folge macht er einige
erfolglose Bemühungen in dieser Richtung, die nur durch
seine Kämpfe mit anderen Anbetern der Königin unterbrochen werden. Nachdem er sie alle besiegt hat, trifft
er in einem Lande am Niger ein Schiff von Alcidianes
Insel, welches durch einen Zauber den Weg zurückfindet.
Er befreit die Insel von der Belagerung durch ein spanisches
Heer, und nun endlich wird er für seine platonischen
Bemühungen durch die Hand der Geliebten belohnt,
nachdem zuvor noch eine alte Prophezeiung an ihm in
Erfüllung gegangen ist.

Wer diesen Roman heute liest, hat den Eindruck,
daß er von einem wahnsinnig gewordenen Weltreisenden
geschrieben sein müsse. Der Verfasser schwelgt in Geographie. Gegen Polexandre sind die Helden der griechischen und der Amadisromane wahre Stubenhocker.
Selbst Prinz der Kanarischen Inseln, kommt er nach
Marokko, nach dem Senegal, Timbuktu, Mexiko, nach
den Antillen, aber auch nach Frankreich und Dänemark.
Gomberville nahm diese Reisen seines Helden sehr ernst,
und er rechtfertigt sie im Nachworte des fünften Bandes
(Advertissement aux honnêtes gens) ausführlich gegen die
Angriffe seiner Gegner. Unter Zuhilfenahme von Reise-
berichten u. a. rechnet er aus, wie lange Polexandre zur
Fahrt von den Kanarischen Inseln bis zum Senegal
brauche, ob Zelmaide in 23 oder 24 Tagen vom Kap
Verde zum Panama-Isthmus kommen könne, ob die Prinzessin Izalide erblinden mußte, weil sie auf den Kanarischen Inseln unter einem Manzanillenbaum einschlief,
und antwortet jenen, welche ihm vorhielten, daß der Islam
die Porträts verpöne. Er weist nach, das dieses Verbot
von den Türken ebensowenig beobachtet werde wie das
des Weines. Einen seltsamen Gegensatz zu der lokalen
Färbung der Vorgänge bildet es, wenn mitunter die

christlich-moralische Gesinnung des Verfassers zum Durch-
bruch kommt, denn Gomberville dachte streng jansenistisch,
und um den Schaden, den er durch seine Romane an-
gerichtet, gut zu machen, hat er die letzten 30 Jahre
seines Lebens in Port-Royal verbracht. — Auch *Polexandre*
soll ein Schlüsselroman sein, aber der Verfasser ist in
dieser Hinsicht selbst nicht recht sicher, denn er sagt in
der Widmung zu jedem einzelnen Bande einem anderen
Gönner, daß er in dem Helden porträtiert sei, im ersten
Band soll Ludwig XIV., im zweiten Richelieu, im dritten
der Kanzler Séguier, im vierten der Marschall Schomberg,
im fünften Roger de Plessis de Liencourt das Vorbild
sein. Polexandre degeneriert also sichtlich.

Gomberville hat seinen *Polexandre* mit keinem späteren
Werke übertroffen. Sein nächster Roman Cythérée
(4 Bde., 1640—44) nimmt sich wie ein matter Abklatsch
davon aus. Auch hier ein Held, der seine Geliebte sucht.
Als Cythérée von dem König Antiochus mit Werbungen
bestürmt wird, muß ihr Geliebter Araxes flüchten. Er
kämpft mit einem Drachen, wird durch dessen Gifthauch
in einen todesähnlichen Schlummer versenkt, erwacht
endlich und durchreist die ganze Welt, um die Geliebte
zu finden, die unterdessen im Auftrage des Antiochus von
Seeräubern entführt wurde. Sie besteht in der Folge
mannigfache Abenteuer, hält sich einige Zeit bei dem
König Abdias auf und wird endlich Tempeldienerin zu
Jerusalem. Als Antiochus, ihren Bitten zum Trotz, ent-
schlossen ist, den Araxes opfern zu lassen, will Cythérée
sich an seiner Statt das Leben nehmen, Araxes aber
verhindert es. So stehen die Dinge, als sich zur Überraschung des Lesers ergibt, daß Araxes der Sohn des
Antiochus ist; dieser muß jetzt natürlich in die Heirat
willigen. — Ein letzter Roman Gombervilles, La jeune
Alcidiane (1651), blieb, wie der erste, unvollendet und
wurde erst 1733 von Frau von Gomez zu Ende geführt,
obwohl Gomberville selbst noch 20 Jahre Zeit gehabt
hätte, dies zu besorgen.

Aber auch die beiden Romane, welche er fertig-
stellte, nehmen sich aus wie wüste Entwürfe. In lichten
Augenblicken erkannte er selbst die Minderwertigkeit
seiner Werke, machte sich aber nicht viel daraus, und
erklärte ihre Fehler aus seinen eigenen. In dem schon
erwähnten *Advertissement* setzt er auseinander, daß er wohl
einen größeren Plan fassen könne, daß ihm aber Geduld,
Ausdauer und Ordnungssinn fehlten, um ihn auszuarbeiten.
Er liebe ja auch an den Frauen *«négligence et inégalité»*.
Sein Geist finde Gefallen an der Unordnung, an der Un-
gleichheit der Zusammensetzung, daher auch seine Vorliebe für die Musik. *«Estant dans cette folie, je vous laisse
à juger si vous devez rien attendre de moy qui fust ny re-
gulier ny achevé.»* Er hatte nicht notwendig, von seiner
Feder zu leben, und konnte die Kritik ertragen. Er
lebte in glänzenden Verhältnissen, zumeist in Versailles
oder auf seinem unweit davon gelegenen Gute Gomberville. Tallement des Réaux beziffert sein Einkommen mit
15000 Francs. Gomberville, der sich auf einem Medaillon
(vor seiner Sittenlehre nach den Stoikern 1646) *Thalas-
sius Basilides a Gombervilla* nennt, erfreute sich unter
dem Namen Gobrias großen Ansehens im Kreise der
Preziösen, und ihm wird die Erfindung verschiedener
preziöser Wendungen zugeschrieben. Somaize erwähnt,
daß er zuerst die Malerei *la sœur de la poésie* und *la
seconde rivale de la nature* genannt habe. Im *Polexandre*
finden sich folgende: *caractères de feu* (Küsse), *jeune merveille* (Jüngling, junges Mädchen); *une belle âme; la douce
importunité* (Vogelgesang) u. a. Bekannt ist seine absurde
Abneigung gegen das Wörtchen *car*. Er rühmt sich, daß
daselbe im *Polexandre* nicht vorkomme, es entwischte ihm
aber doch drei- oder viermal. Voiture verspottet ihn deshalb in einem mit *car* beginnenden Briefe. Gomberville
war einer der Gründer der Akademie. Auffallend ist,
daß ihn Boileau in seinem Dialog vollkommen verschont.
    Mit dem *Polexandre* wetteiferte lange an Beliebtheit
die A r i a n e von A r m a n d D e s m a r e t s de S a i n t - S o r l i n

(1595—1676), der einer der fünf Dichter Richelieus, gleichfalls Mitbegründer der Akademie und ein Freund des Hauses Rambouillet war. Er hat außer seinem berühmten Roman eine Anzahl von frommen Gedichten (*Clovis ou la France chrestienne*, 1657, *Les délices de l'esprit*, 1658), Erbauuungsschriften (Übersetzung von *De Imitatione Christi*, 1654) und Dramen verfaßt und auch Spiele zum Amüsement des jungen Ludwig XIV. erfunden. Seine Ariane erschien 1632 in zwei Teilen mit zusammen 16 Büchern. Sie spielt wie der *Polexandre* in den ver- schiedensten Gegenden, in Rom, Syrakus, Nikopolis, Thessalien. Der Brand Roms unter Nero entsteht hier nur, um die tugendhafte Syrakusanerin Ariane leichter entführen zu können, die nach Rom kommt, um ihren kranken Geliebten Melinte zu pflegen. Nero veranstaltet ihr zu Ehren Feste im Dianatempel und läßt ihr durch angebliche Götter nahelegen, ihn zu erhören. Da dies alles erfolglos bleibt, läßt er das Stadtviertel, in welchem sie wohnt, in Brand stecken, um ihrer bei dieser Gelegenheit habhaft zu werden. Dann folgen eine Menge abenteuerlicher Vorgänge, Entführungen, Gefangenschaften, Wiederfindungen, die nicht ohne Reiz erzählt werden. Das Buch wirkte damals ähnlich wie 200 Jahre später Dumas' *Musketiere*. «*Le roman d'Ariane est très-bien inventé*», muß sogar Boileau zugeben. Desmarets, der, wie Gomberville, später sehr fromm, aber ein wütender Gegner des Jansenismus wurde, geriet mit Nicole von Port-Royal in einen Streit über die moralische Schädlichheit der Romane, in dessen Verlauf Nicole acht Briefe *(«Visionnaires»)* an ihn richtete. In diesen kommt u. a. der Satz vor: «*Un faiseur de romans et un poète de théâtre est un empoissoneur public, non des corps, mais des âmes*». — Ein anderer Roman von Desmarets, Rosane (1639), dessen Stoff gleichfalls der römischen Geschichte entnommen ist, hatte keinen Erfolg.

Technisch vorzüglich gemacht sind die Romane von Gautier de Coste Seigneur de la Calprenède

(1609—63), der uns als ein mutiger Soldat und angenehmer Gesellschafter geschildert wird. Er war seiner
Herkunft nach ein halber, seinem Wesen nach ein ganzer
Gascogner, «ein d'Artagnan der Feder». Er soll sehr
aufbrausenden Temperaments gewesen sein. Als Richelieu
den Stoff einer seiner Tragödien gut gewählt, die Verse
aber «*un peu lâches*» fand, fuhr er auf: «*Comment! lâches!
Cadédis! Il n'y a rien de lâche dans la maison de la Calprenède!*» Er begann als Dramatiker und schrieb, bevor
er an seine Romane ging, zirka ein Dutzend emphatischer
Tragödien, darunter einen *Grafen Essex* (1639), der noch
40 Jahre später (1678) von Thomas Corneille neubearbeitet
wurde, sowie eine Fortsetzung der *Mariamne* von Tristan
l'Hermite. Von seinen drei großen Romanen ist Cassandre der erste. Er erschien in zehn Bänden 1642—45.
Die Handlung knüpft an die Teilung des Reiches Alexanders d. Gr. an, was dem Verfasser Gelegenheit gibt,
sich mit der Geschichte der Mazedonier, Skythen, Perser
und noch einiger Völker zu beschäftigen. Schon im ersten
Band kommen acht Schlachten und unzählige Abenteuer
vor. Die Heldin ist Statira, die Tochter des Perserkönigs
Darius, die auch zeitweise den Namen Cassandre führt.
In sie verliebt sich der skythische Prinz Oroondate. Dies
geschieht zu einer Zeit, da eben ein Krieg zwischen Persern
und Skythen geführt wird. Da Oroondate bei dieser Gelegenheit auch mit Statiras Bruder Artaxerxes, Freundschaft geschlossen hat, begibt er sich nun unter dem
Namen Orontes an den persischen Hof und kämpft mit
den Persern gegen sein eigenes Volk. Als Statira in die
Gefangenschaft Alexanders d. Gr. gerät, macht er einen
Versuch, sie zu befreien, und wird sodann im eigenen
Lande als Verräter in den Kerker geworfen. In der Folge
besteigt er den väterlichen Thron und heiratet endlich
Statira, nachdem sich noch zuvor Roxane aussichtlos in
ihn verliebt hat. Calprenède scheut sich nicht, als
Quellen für seinen Roman Plutarch (in der Übersetzung
von Amyot), Q. Curtius Rufus, Justinus und andere

Historiker namhaft zu machen, Segrais aber sagt, er habe die Handlung aus einer *Histoire négropontique* entnommen, die bereits damals vergriffen und die für uns völlig unauffindbar ist. Eine *Histoire négropontique* von 1631, welche das Leben und die Liebe des Alexander Castriot erzählt, ist nicht die Vorlage der *Cassandre*.

Auch für den Inhalt der Cléopâtre (1647—58. zwölf Bände mit ca. 4000 Seiten) werden Plutarch, Tacitus und Sueton verantwortlich gemacht. Die Heldin, eine Tochter der berühmten ägyptischen Königin dieses Namens, wird von dem maurischen Prinzen Juba (Coriolan) geliebt. Andere Liebesgeschichten spielen zwischen Cesarion und der äthiopischen Prinzessin Candace, zwischen Artaban und der parthischen Prinzessin Elise u. a. m. Eine Episode ist mit veränderten Namen aus Marinis *Colloandro fedele*, der später (1688) von Georges de Scudéry übersetzt wurde, entlehnt. Auf diesen Roman spielt Boileau an, wenn er sagt:

„*Tout a l'humeur Gascon en un auteur Gascon,*
Calprenède et Juba parlent du même ton."

Calprenèdes letzter Roman, Faramond ou l'his-toire de France, blieb mit sieben Bänden (1661) un-vollendet. Er ist Ludwig XIV. als einem Abkömmling des Helden, gewidmet und vermischt gleichfalls Geschichte und Dichtung. Faramond verliebt sich in die schöne Cymbernfürstin Rosemonde, die er durch seine Tapferkeit gewinnen will. Als er in ihre Gefangenschaft gerät, schenkt sie ihm voll Bewunderung die Freiheit, kann ihn aber nicht heiraten, weil er der Mörder ihres Bruders Theobald ist. Da auch jeder einzelne von Faramonds Kriegern seine Liebesgeschichte erzählt, werden sieben Bände leicht angefüllt. Pierre d'Ortigue de Vau-morière, der den Roman *«avec grande peine et travail»* zu Ende führte, läßt schließlich die Heirat zwischen Fara-mond und Rosemonde zustande kommen. In der Vor-rede sagt La Calprenède auch einiges über seine Art der Geschichtsbehandlung. Er meint, daß seinen früheren wie auch diesem Werke der Name Roman eigentlich nicht gebühre. Es seien vielmehr *Histoires embellies de quelque invention;* es finde sich darin nichts *contre la vérité, quoiqu'il y ait des choses au delà de la vérité* — Worte, die sich wie eine Vorahnung der Tendenzen der Romantik ausnehmen.

La Calprenède starb infolge eines Hufschlages, den er bei einem Sturz vom Pferde, oder durch eine Verwundung, die er durch einen Eber auf der Jagd erhalten hatte. Keinesfalls wurde er von seiner auch schriftstellerisch tätigen Gattin ermordet. Die Angabe, daß diese ihn, wie ihre fünf (?) früheren Männer, aus der Welt geschafft habe, ist unrichtig. Übrigens war er von ihr zur Zeit seines Todes geschieden. Mme. de la Calprenède (Madeleine de Lyée) schrieb unter dem Pseudonym Délie eine Reihe von Liebesgeschichten in Rahmenerzählung, die im Titel an einen Roman Gombervilles und an eine der Prinzessin von Montpensier zugeschriebene Novellensammlung erinnern (Les Nouvelles ou les divertissements de la princesse Alcidiane, 1661).

La Calprenèdes Romane teilen die Fehler der gesamten Gattung. Sie sind unerträglich weitschweifig und leiden sehr an Wiederholungen. In den zwei ersten Büchern des *Faramond* kehrt z. B. dreimal die Szene wieder, wie eine Prinzessin, von ihren natürlichen Beschützern verlassen, in einer fremden Stadt belagert wird. Der Stil ist durch seinen Schwulst sprichwörtlich geworden. Schon im XVII. Jahrhundert war «*Calprenède*» gleichbedeutend mit Gallimathias *(Quel Calprenède me chantes-tu là?).* Wie Gomberville, so schrieb auch er zu seinem Vergnügen. «*Dans tout ce que j'écris, mon unique but est mon divertissement*» (*Epistre* vor *Cassandre*, II.). Trotzdem sind seine Romane die besten in der heroisch-galanten Art. Kein anderer Autor hat die starken Konflikte zwischen Pflicht und Liebe so herausgearbeitet wie Calprenède. Er erinnert hierin an Corneille, wie überhaupt viele Eigenschaften des Dramatikers in seinen Romanen zum Ausdruck kommen.

Seine Bühnenroutine kam ihm zustatten. Er beobachtet auch mit Vorliebe die Einzelheiten, speziell die des Ortes. *Cassandre* spielt vom Anfang bis zum Ende am Ufer des Euphrat, *Cléopâtre* stets an demselben Ort in Ägypten.

Beliebt und geschätzt waren auch die beiden Romane von François de Soucy Sieur de Gerzan, die Histoire africaine de Cléomède et de Sophonisbe (1627/8) und die Histoire asiatique de Cérinthe, de Calianthe et d'Arténice (1634), die nur Teile eines größeren Zyklus sein sollen. Der Verfasser hatte die Absicht, solche *Histoires* auch über die beiden anderen damals bekannten Erdteile zu schreiben und eine *Histoire gauloise* zu Ehren seines Vaterlandes hinzuzufügen. Die Helden der vorliegenden *Histoires* sind Scipio und Alexander d. Gr., die der anderen sollten Karl V., Henri le grand und Louis le Juste sein. In den vorhandenen Teilen sind die griechischen Romane, speziell Heliodor und die *Babylonica* des Jamblichus, sowie der *Amadis* stark benützt. — Jean Puget de la Serre, der auch Verfasser zahlreicher Erbauungsschriften und einer Anstandslehre (*Le secrétaire à la mode*, 1635) ist, schrieb eine Erzählung Clytie ou le roman de la cour (1633—35), die noch in Sorels *Polyandre* (1648) von einer Meßverkäuferin neben den Metamorphosen, dem *Berger extravagant* und den Novellen des Cervantes als ihre Lieblingslektüre genannt wird. — Vaumorière, der Vollender des *Faramond*, war namentlich als Verfasser des Grand Scipion (1656—62) berühmt. Er nennt ihn selbst in der Vorrede «*un bel amas d'avantures d'amour, de guerre et de politique*». Scipio ist Prinz Conti, Emilie die Prinzessin, welcher der Roman gewidmet ist. Auch seine Agiatis, reine de Sparte (1685), welche Mlle. de Scudéry gewidmet ist, wurde viel gelesen. Er verfaßte außerdem noch einige historische Novellen und eine *Histoire de la galanterie des anciens* (2 Bände, 1671—76). — François Hédelin, Abbé d'Aubignac (1604—76) verfaßte seine Macarize, reine des Isles fortunées (2 Bände, 1664), zur Be-

ehrung seines Zöglings, des Herzogs von Fronsac, eines
Neffen Richelieus. Sie hatte, nach Boileau, keinen Erfolg
«et ne fit de chez Sercy qu'un saut chez l'épicier» (Brief vom
19. April 1702). «Die Lektüre ist heutzutage eine Folter»,
sagt Koerting (I., 393). Der Verfasser war im übrigen
keine uninteressante Persönlichkeit. Man besitzt von ihm
außer Tragödien über Zenobia, die Jungfrau von Orléans,
die heilige Katharina u. a. auch einige bemerkenswerte
Abhandlungen. In einer derselben (1627) will er nachweisen, daß Satyre und Dämonen keine besondere Art
von Menschen sind. In seinen *Conjectures académiques sur
l'Iliade* (gedr. 1715) stellt er zuerst die Vermutung auf,
daß Homer nicht existiert habe und daß *Ilias* und *Odyssee*
Konglomerate von populären Gesängen seien. Er schrieb
ferner eine dramatische Poetik (*La pratique du théâtre*,
1657), eine Abhandlung über Terenz (1640, gegen Ménage)
u. a. m. Er geriet in Streit mit Corneille, sowie auch
mit Scudéry wegen seines angeblichen Plagiats an der
Carte du tendre (s. u. S. 267). Chapelain urteilt über ihn:
*«C'est un esprit tout de feu qui se jette à tout et qui se tire
de tout sinon à la perfection; en sorte qu'il y a plus lieu de
le louer que de le blâmer.»* — Auch der Bischof H u e t,
der Verfasser des unten zu besprechenden *Traité*, ist hier
zu erwähnen wegen seines Romans D i a n e d e C a s t r o o u
l e s f a u x I n c a s (1663), der inhaltlich an den *Polexandre*
anknüpft und in gewissem Sinne ein Vorläufer von
Marmontels *Incas* ist. Da derselbe aber erst 1728 im
Druck erschien, blieb seine Wirkung auf die wenigen
Leser des Manuskripts beschränkt. — Dagegen nahm ein
verspäteter Nachzügler der sentimentalen Gattung an den
Erfolgen des heroisch-galanten Romans teil. Dies ist
d'Audiguiers H i s t o i r e d e s a m o u r s d e L y s a n d r e e t
C a l i s t e, die bereits 1616 als *Histoire tragi-comique de
notre temps* erschienen war, und seit 1650 unter dem
neuen Titel erhöhte Verbreitung erlangte und auch in
andere Literaturen überging. Der Verfasser, mit seinem
vollen Namen H e n r i V i t a l d'A u d i g u i e r, sieur de la Menor

(en Rouergue) soll 1624 in einer Schenke nach einem Streite beim Spiel getötet worden sein, erlebte also seinen größten Erfolg nicht mehr. Er verfaßte auch Gedichte (*La défaite d'amour*, 1606; *Œuvres poétiques*, 1613 f.), verschiedene Übersetzungen aus dem Spanischen und den interessanten psychologischen Roman *Les diverses affections de Minerve* (s. u. S. 352).

Am deutlichsten zeigt sich der preziöse Einfluß in den Romanen der Mlle. Madeleine de Scudéry, die einer alten Familie aus Apt (Provence) entstammte und 1608 zu Le Hâvre als Tochter des Lieutenant de la ville geboren wurde. Ihre Eltern starben früh, und sie wurde von einem Oheim erzogen. 1630 kam sie mit ihrem Bruder Georges de Scudéry nach Paris, wo sie mit ihm bis zu seiner Heirat (1654) zusammenlebte. Georges, dessen literarische Richtung durch seine Stellung in der *Querelle du Cid*, durch seine zahlreichen Dramen und durch sein Epos *Alaric* (1654, 11000 Verse) gekennzeichnet wird, war auch der Mitarbeiter seiner Schwester bei deren Romanen, welche sie sämtlich unter seinem Namen publizierte. Wie von Beaumont und Fletcher, so wird auch von diesem Geschwisterpaar die Anekdote erzählt, daß sie eines Abends in einem Wirtshause den Plan zu einem Roman *(Artamène)* besprachen und von zwei Kaufleuten dabei belauscht wurden, wie sie darüber berieten, ob der Prinz (Mazares) durch Gift oder durch Dolch sterben solle. Die Kaufleute, welche an ein wirklich geplantes Attentat glaubten, bewirkten ihre Verhaftung, dann klärte sich alles auf (diese Anekdote wurde 1812 von Scribe und Delestre-Poirson unter dem Titel *L'Auberge ou les brigands sans le savoir* dramatisiert). Georges de Scudéry, der als eitel, großsprecherisch und provokant geschildert wird, soll seine Schwester sehr tyrannisiert und sie zeitweilig sogar eingesperrt haben, um sie zu größerem Fleiße zu zwingen (?). 1647 wollte sie ihn verlassen und Erzieherin werden, gab diesen Plan jedoch wieder auf. Madeleine war in allen Stücken das Gegenteil ihres

Bruders. Sie trug schon frühzeitig das Wesen einer bescheidenen, resignierten alten Jungfer zur Schau, die über der Schriftstellerei das Interesse an häuslichen und anderen Dingen nicht verloren hatte. Nach Conrarts Zeugnis verstand sie «*les choses qui dépendent de l'agriculture, du jardinage, de la cuisine, les causes et les effects des maladies, la composition d'une infinité de remèdes, de parfums, d'eaux de senteur et de distillations utiles ou galantes pour la nécessité ou pour le plaisir*». Sie war häßlich, aber in der Konversation liebenswürdig und angenehm, und wenn Tallement des Réaux sich über ihren Adelsstolz und ihre dozierende Sprechweise lustig macht, so steht er mit diesen Bemerkungen vereinzelt da. Conrart, der Sekretär der Akademie, und der Historiker Pelisson, der in seinem Aussehen ebensowenig anziehend war wie sie, bewarben sich um ihre Hand, sie aber wies sie, halb im Ernste, halb scherzhaft, ab und blieb bei ihrem Bruder, der durch Vermittlung der Marquise de Rambouillet 1643 die Sinekure eines Gouverneurs der Zitadelle Notre-Dame de la Garde bei Marseille erhielt. Er hatte da seine bescheidenen Bezüge, brauchte sich nur hin und wieder einmal an Ort und Stelle aufzuhalten und lebte nun nach Herzenslust seinen Passionen, Antiquitäten zu sammeln und Tulpen zu züchten, während Madeleine in den schöngeistigen Unterhaltungen ihres Salons ihr Genügen fand.

Sie war 33 Jahre alt, als ihr erster Roman Ibrahim ou l'illustre bassa erschien (4 starke Bände, 1641). Die recht originelle Idee scheint sich allerdings mehr für die novellistische Behandlung zu eignen. Die Handlung spielt zur Zeit Karls V. Der Genuese Justiniani, der sich in die Fürstin Isabella von Monaco verliebt hat, fällt in die Hände der Türken, wird als Sklave nach Konstantinopel verkauft und gewinnt, dank der Fürsprache der Sultanstochter, die Gunst Solimans. Dieser erhebt ihn unter dem Namen Ibrahim zu seinem Großvezier und gibt ihm das Versprechen, ihn, solange er (der Sultan) lebe, nicht töten zu lassen, möge was immer geschehen. Später ändert er jedoch seine Gesinnung, und dies wird von Ibrahims Gegnern ausgenützt, um diesen anzuschwärzen. Soliman bereut nun sein Versprechen und will sich von demselben befreien, indem er es ihm durch den Mufti in spitzfindiger Weise deuten läßt. Wenn der Sultan schlafe, lebe er nicht, und er könne ihn daher in dieser Zeit töten lassen. Aber, o Wunder, der Sultan kann den Schlaf, der dazu nötig ist, um sich Ibrahims zu entledigen, nicht finden. In seinen Gewissensqualen erkennt er sein Unrecht, widerruft den Befehl und läßt Ibrahim mit Isabella, die mittlerweile auch in die Türkei gekommen ist, nach Genua heimkehren, worauf die beiden heiraten. Justinianis Übertritt zum Islam war nur ein scheinbarer gewesen. — Eine Episode behandelt die Verschwörung des Fiesco zu Genua. Derselben liegt ohne Zweifel die Darstellung von Agostino Mascardi (*La congiura di Fieschi*, 1629) zugrunde, die 1639 von dem Sieur de Fontenay Sainte Genéviève ins Französische übersetzt worden war. Die Version des Kardinals von Retz war wohl früher verfaßt, erschien aber erst 1665 im Druck. — Der Roman wurde 1643 von Georges de Scudéry dramatisiert.

Der Höhepunkt ihres Schaffens und zugleich das Höchste, was der preziöse Geist hervorbrachte, ist Artamène ou le grand Cyrus, der in zehn Bänden 1649—53 erschien und die Zeitgenossen durch diese fünf Jahre in großer Spannung erhielt. Treu dem Herkommen, nennt die Verfasserin Xenophon und Herodot als ihre Gewährsmänner, aber was hat sie aus der Antike gemacht! Cyrus, der als Kind infolge des bekannten Traumes ausgesetzt wurde und für tot gilt, hat sich durch seine Kühnheit schon in seiner Jugend in Asien berühmt gemacht. Im Alter von 19 Jahren wird er durch einen Seesturm nach Sinope verschlagen, wo sein Feind Cyaxares herrscht. Um vor ihm sicher zu sein, tritt Cyrus unter dem Namen Artamène auf. Als Cyaxares die unrichtige Nachricht erhält, daß Cyrus ertrunken sei, ordnet er Dankopfer an, und bei dieser Gelegenheit verliebt sich der junge Held

in die Tochter des Königs, Mandane. Da diese als
Thronerbin keinen Fremden heiraten darf, tritt er in das
Heer des Cyaxares ein und kämpft gegen den von Mandane zurückgewiesenen König von Ponthus, wobei er sich
durch seinen Mut auszeichnet. Cyaxares sendet ihn mit der
Siegesbotschaft an Mandane. In der nächsten Zeit gewinnt
er dem Cyaxares ganze Länder und rettet ihm sogar das
Leben. Es folgt Schlacht auf Schlacht, Heldentat auf
Heldentat, und die heroischen Ereignisse werden nur durch
höfisch-galante Unterhaltungen unterbrochen. Eine Wendung tritt ein, als Mandane in die Gefangenschaft des
unter dem Namen Philidaspe versteckten Königs von
Assyrien gerät. Cyrus-Artamène eilt, sie zu befreien, sie
aber wird unterdessen von dem König der Saker zu Schiff
entführt, gelangt darauf noch in den Gewahrsam verschiedener anderer Fürsten und besteht mannigfache
Abenteuer. Wie viele Städte Artamène um ihretwillen
auch belagern, wie viele Schlachten er auch gewinnen
mag, er kann sie nicht erreichen. Schließlich wird sie
von der Massagetenkönigin Tomyris gefangen genommen.
Mit Bezug auf sie sagt Minos in dem Dialog von Boileau:
«Das ist eine Schöne, die durch viele Hände gegangen
ist!», und Diogenes antwortet: «Wohl wahr, aber die
Räuber waren die tugendhaftesten Verbrecher, die es nur
geben kann. Sie haben nicht gewagt, ihr ein Leids
anzutun.» So bleibt sie unberührt, zum Unterschied von
der Braut des Königs von Algarbe bei Boccaccio, an
welche sie in ihren Schicksalen erinnert. Unterdessen wird Artamène bei Cyaxares des Verrates angeklagt. Als sich das Heer zu seinen Gunsten erhebt,
beschwichtigt es Artamène selbst und versöhnt sich mit
seinem Gegner; denn dem König müsse man sich unbedingt unterwerfen. Dann zieht er abermals aus, um
Mandane zu befreien. Er kommt in die Gefangenschaft
der Tomyris, die ihn für den Mörder ihres Sohnes hält.
Sie will ihn zuerst hinrichten lassen, verliebt sich aber
in ihn. Artamène bleibt jedoch der Mandane treu. «Ich

gestehe Euch offen», sagt er zu Tomyris, «daß ich den größten Beweis meiner Liebe zu Mandane dadurch gegeben habe, daß ich mich der Liebe zu Euch erwehrte. Das war schwieriger als die Einnahme von Babylon, Sardes und Cumä. Es ist gewiß viel leichter, Schlachten zu gewinnen und Städte zu erobern, als sein Herz gegen eine Dame von Eurer Schönheit zu schützen» (X., 708). Tomyris will nun beide töten lassen, sie werden aber durch ein a tempo erscheinendes Heer des Krösus befreit und heiraten, worauf Artamène, von allen Völkern anerkannt, den Thron von Asien besteigt. *«Après avoir esté le plus malheureux de tous les amans, Cyrus se vit le plus heureux de tous les hommes; car il se vit possesseur de la plus grande beaute de l'Asie, de la plus vertueuse personne de la terre ... qui respondit si tendrement à sa passion, dès que la vertu le luy permit, qu'il eut lieu de croire qu'il estoit autant aimé qu'il aimoit».»*

Der *Grand Cyrus* ist der Herzogin von Longueville, der Schwester des großen Condé, gewidmet, deren Porträt den ersten Band schmückt. In einer 30 Seiten langen Widmung, die, dem Schwulst nach zu urteilen, von Georges de Scudéry verfaßt sein dürfte, wird sie mit der Sonne verglichen. Auch jeder folgende Band wird mit einer Huldigung an die Condés und ihren Anhang eröffnet, denn die Scudérys waren eifrige Frondeurs. Mazarin, darüber erbost, entzog dem Georges de Scudéry seine Sinekure, die er jedoch durch die Verwendung des Herzogs von Montausier zurückerhielt. Der große Beifall, welchen dieser Roman fand, nimmt in den Zeiten der Fronde, wo Abenteuerliches an der Tagesordnung war, nicht wunder. Das Publikum erwartete ungeduldig das Erscheinen jedes Bandes. Zu Anfang des dritten findet sich eine Nachricht des Verlegers Augustin Courbé, daß dieser Band zugleich mit dem vierten hätte erscheinen sollen, daß ihm jedoch gestattet wurde, *«de laisser voir celle-cy durant qu'on imprime l'autre».* Courbé, den Furetière einen Generalpächter im Reiche Romanie nennt, soll von diesem Roman einen Reingewinn von 100000 Talern gehabt haben.

Kaum lag *Cyrus* vollendet vor, so begann die nimmermüde Verfasserin bereits einen neuen Roman erscheinen zu lassen. Dies war Clélie, histoire romaine (10 Bde., 1654—60). Porsenna, König von Clusium, gerät in die Hände seines Feindes, des Fürsten Mécence von Perusia, und schmachtet viele Jahre in Gefangenschaft, in der er sich heimlich mit Galérite, der Tochter dieses Fürsten, verheiratet. Ihr Kind ist Aronce, der Held des Romans, der von dem Römer Clelius zugleich mit dessen eigener Tochter auferzogen wird. Die beiden verlieben sich, herangewachsen, ineinander, und da Aronces Herkunft offenbar wird, will ihn Clelius zu seinem Schwiegersohn machen. Aber knapp vor der Hochzeit wird Clélie unter abenteuerlichen Verhältnissen von dem römischen Patrizier Horace geraubt. Aronce macht sich nun wie Cyrus auf die Suche nach seiner Geliebten. In der Ähnlichkeit seiner Erlebnisse mit jenen des Cyrus scheint sich zu zeigen, daß die Phantasie der Verfasserin schon erschöpft war. Aronce und Clélie treffen sich schließlich in Rom in der preziösen Gesellschaft des Sextus Tarquinius, des Tarquinius Superbus, des Brutus und der Lucrezia. Es folgt dann der Feldzug des Porsenna gegen Rom und die Auslieferung der Clélie und anderer Jungfrauen als Geiseln an die Etrusker. Porsenna verdächtigt den Aronce, das Attentat des Mucius Scävola begangen zu haben, und es fehlt nicht viel, so würde er hingerichtet. Clélie entflieht und durchschwimmt die Tiber. Endlich wird Frieden geschlossen, und nachdem Aronce seinem Rivalen Horace in der Schlacht das Leben gerettet hat, zieht Porsenna ab und bittet den Senat um Clélies Hand für Aronce. Horace wird durch eine Statue an der Via sacra, neben jener der Clélie, abgefunden.

Literarhistorisch und kritisch betrachtet, sind diese Romane wahre Monstrositäten, deren Beliebtheit der heutige Leser nur schwer begreifen kann. Die charakteristischen

Merkmale der spätgriechischen und der Amadisromane, die den Verfassern bewußt oder unbewußt als Muster vorschwebten, sind hier in völliger Entartung oder geschmackloser Übertreibung wiederzufinden. In diesen *Romans de longue haleine* werden ohne jeden künstlerischen Plan immer neue Unmöglichkeiten - aneindergereiht, «*comme la corde ou la nette qu'on peut allonger sans fin en y ajoutant toujours de la filasse ou de la paille*» (Sorel). Es entstehen auf diese Weise unwahrscheinliche Häufungen von Abenteuern, Entführungen, Seefahrten und Schlachten, die in ewiger Eintönigkeit wiederkehren. «*Jai vu des gens*», sagt Furetière, «*qui pour marquer l'endroit où ils en étaient d'une histoire, disoient: J'en suis au huitième enlèvement, au lieu de dire j'en suis 'au huitième tome.*» Die Komposition ist in der Regel eine sehr schlechte, die Intrige unklar und schleppend und durch zahllose Episoden unterbrochen, die einander in den Grundzügen oft bis auf die Namen der Personen ähneln. Schon dadurch verbietet sich der Vergleich mit den Romanen von Dumas père, der wohl nur durch die Zahl der Bände und das allmähliche Erscheinen nahegelegt wurde. Auf die heroisch galanten Romane paßt das Wort von Dalembert: «*Eh, mon Dieu, si vous avez de quoi faire deux romans, faites-en deux et ne les mêlez pas pour les gâter l'un l'autre.*» In jedem dieser Romane stecken ihrer mehrere. Die Art, wie dabei historische Personen und Vorgänge behandelt werden, ist geradezu empörend. Die Verfasser sehen dies selbst wohl ein, und man findet daher in den Vorreden neben den üblichen Versicherungen historischer Genauigkeit auch die Beteuerung, daß man doch schließlich nur einen Roman vor sich habe. Mlle. de Scudéry rühmt sich im *Avis* des *Grand Cyrus*, fast überall Xenophon, Herodot, Justinus, Zonaras und Diodor gefolgt zu sein, aber auf derselben Seite heißt es: «*C'est une fable que je compose et non une histoire que j'écris. ...* «*Je vous diray donc que j'ai pris et que je prendrai tousjours pour mes uniques modelles l'immortel Héliodor et le grand Urfé. Ce sont*

*les seuls maistres que j'imite et les seuls qu'il faut imiter;
car quiconque s'écartera de leur route, s'égarera certainement»*
(vgl. auch in ihren *Conversations sur divers sujets*, 1680,
II., 472; das interessante Kapitel «*De la manière d'in-
venter une fable*»).

Den heutigen Leser verletzt aber nicht so sehr die
Abweichung von der historischen Wahrheit als die
völlig unhistorische Auffassung vergangener Epochen.
Wo und in welcher Zeit immer sich diese Romane ab-
spielen mögen, das Ganze ist in einer geradezu wider-
lichen Weise von affektiertem Salongeschwätz über-
wuchert, das die Verfasser in rührender Naivität auf die
Antike und den Orient übertragen. Skrupellos werden
die Ideale des XVII. Jahrhunderts, wie sie aus dem Mittelalter erwachsen und durch sentimentale und preziöse
Momente modifiziert worden waren, diesen exotischen
Helden zugeschrieben. Ein kanarischer Prinz, ein per-
sicher Königssohn, ein römischer Kriegsheld sprechen unablässig von Ehre, Ruhm und Liebe in dem Sinne, wie
man darüber in den preziösen Salons sprach. In der
Clélie römische Verhältnisse zu suchen, wäre nach dem
Worte eines neueren Kritikers (L. Clarétie) ebenso vergeblich wie wenn man die Loire auf der *Carte du tendre*
finden wollte. Diese Römer nehmen sich aus wie Dandys
in einer antiken Rüstung, die nicht für sie paßt. Sie
debattieren wie die Damen und Kavaliere an den Samstagen der Scudéry, welche Liebe die vollkommenere sei,
diejenige, welche den Menschen plötzlich ergreift, oder
die, welche sich aus einer lange bestehenden Freundschaft
entwickelt? Ob mit dem Beginne der Liebe die Anbetung aufhöre? Ob die Zärtlichkeit des Herzens der
Bewunderung vorzuziehen sei oder umgekehrt? Ob es
besser sei, eine Melancholische zu lieben oder eine Heitere?
Das Ganze ist nicht viel mehr als ein fortgesetzter Mißbrauch historischer Namen — «*vray moyen d'oublier l'histoire*», sagt Sorel. So geben diese Romane nur ein Bild
ihrer Zeit, und das nur in beschränktem Maße mit Rück-

sicht auf einen verhältnismäßig kleinen Ausschnitt der
vornehmen Kreise. Man hat es daher Victor Cousin als
unrichtig vorgeworfen, daß er sie zum Ausgangspunkt
seiner Studien über die Gesellschaft des XVII. Jahrhunderts
machte, und darauf hingewiesen, daß der *Grand Cyrus*
ebensowenig ein Zeugnis für die damalige Denkweise sei
wie anderseits etwa die *Histoire amoureuse des Gaules.*

Im ersten Band der *Clélie* zeichnet die Heldin die
berühmte Carte du tendre auf ihre Schreibtafel. Diese
Spielerei war an den Samstagen der Scudéry entstanden,
und sie flocht sie auf Chapelains Rat in die Erzählung
ein. Die Liebe erscheint da als ein Land mit Bergen
und Städten, Flüssen und Meeren. Es gibt drei Städte
des Namens *Tendre*, die nach den Flüssen, an welchen
sie liegen, benannt sind, «*de même que l'on dit Cumes sur
la mer d'Jonie et Cumes sur la mer Tyrrène*». Zu ihnen
führen drei Wege, sämtlich von *Nouvelle Amitié* aus.
Nach *Tendre sur Estime* gelangt man über *Grand Esprit,
Jolis vers, Billet galant, Billet doux, Sincérité, Grandeur,
Probité, Générosité, Exactitude, Respect* und *Bonté*; nach
Tendre sur Reconnaissance über *Complaisance, Soumission,
Petits soins, Assiduité, Empressement, Grands services, Sensi-
bilité, Obéissance* und *Constante Amitié*. Auf dem Wege zur
wahren Hauptstadt *Tendre sur Inclination* finden sich
keine Stationen. «*Comme elle a présupposé que la tendresse
qui naît par inclination n'a besoin de rien autre pour estre
ce qu'elle est, Clélie, comme vous le voyez, Madame, n'a mis
nul village le long des bords de cette rivière, qui va si viste,
qu'on n'a que faire de logement le long de ses rives pour aller
de Nouvelle Amitié à Tendre.*» Der Fluß *Inclination* stürzt
sich in das gefährliche Meer *(La mer dangereuse)*, hinter
welchem sich die *Terres inconnues* ausdehnen. Abwege
von dem Wege nach *Tendre sur Estime* führen über
Négligence, Inégalité, Tiédeur, Légeréte, Oubli zum *Lac d'In-
différence*, solche vom Wege nach *Tendre sur Reconnaissance*
nach *Indiscretion, Perfidie, Orgueil, Médisance, Méchanceté*
und in das *Mer d'Inimitié.* Mit Stolz konnte die Scudéry,

lie solches ersonnen, von sich selbst (Sappho) im *Grand Cyrus* sagen: «*Elle sçait si bien faire l'Anatomie d'un cœur amoureux . . .*» Wir haben heute für solche Subtilitäten allerdings kein Verständnis mehr und sehen in der einst so bewunderten *Carte du Tendre* nur einen der schlimmsten Auswüchse der sogenannten preziösen Geographie, deren Ansätze man schon bei den Troubadours, im *Roman de la Rose* und in den Werken der Christine de Pisan findet. — Unter den Nachahmungen der *Carte du Tendre* seien erwähnt: d'Aubignac, *Histoire du temps ou relation du royaume de la coquetterie*, 1654 (von der Scudéry als Plagiat bezeichnet, worauf d'Aubignac mit der *Lettre d'Ariste à Cléonte* 1659 erwiderte); die Carte de la Poésie mit der Hauptstadt Epos im *Mercure galant* 1672, und die Carte du pays de la Braguerie in Bussy-Rabutins *Histoire amoureuse des Gaules*, 1655.

Auch der *Grand Cyrus* und *Clélie* sind Schlüsselromane, ihre Personen Personnages déguisés. Speziell zum Erstgenannten existieren mehrere Schlüssel, darunter ein sehr sicherer (gedr. 1657), welchen V. Cousin in der Arsenalbibliothek aufgefunden und publiziert hat. Über die Hauptpersonen kann übrigens kein Zweifel bestehen. Cyrus ist der große Condé, Mandane seine Schwester, die Herzogin von Longueville, die den Aufstand der Fronde in Paris leitete und der der ganze Roman zugeeignet ist. Man erkennt ferner Ludwig XIV. (Alcandre), Christine von Schweden (Cléobuline, Königin von Korinth), viele Gelehrte und Dichter wie Godeau, Chapelain, Malherbe, Voiture (Callicrate), Scarron und seine Frau, die spätere Maintenon, die Marquise de Rambouillet (Cléomire), deren Tochter (Philonide), Mme. de Sablé (Parthénie), Ninon de Lenclos (Damo) u. a. Sie selbst hat sich als Sappho porträtiert, «*dont la beauté n'étoit pas sans défauts, ni le teint de la dernière blancheur* [die Scudéry hatte eine mohrenartige Gesichtsfarbe], *mais généreuse, désintéressée, fidèle dans ses amitiés, à la conversation si naturelle, si aisée et si galante . . .*» Es mochte den Betreffenden selbstverständlich

sehr schmeicheln, sich in den Gestalten dieser vielgelesenen
Romane wiederzuerkennen. Die Ähnlichkeit ist indes stets
eine recht oberflächliche. Sie erstreckt sich im besten
Falle auf das körperliche Aussehen und einzelne Charakter-
züge oder Details. *«Le Cyrus n'indique que le caractère
des gens, leurs actions n'y sont pas»*, sagt Tallement des
Réaux. Im Benehmen und in den Handlungen der Personen konnte bei dem abenteuerlichen Inhalt dieser Romane niemand eine Übereinstimmung erwarten. Doch
liegt eine Spezialität der Scudéry darin, daß sie in den
Kriegsereignissen, die sie erzählt, bisweilen solche der
Zeitgeschichte mit großer Genauigkeit wiedergegeben hat.
Man erkennt in der Belagerung von Cumes *(Grand Cyrus)*
deutlich jene von D ü n k i r c h e n (1646), in der Massa-
getenschlacht die Schlacht von R o c r o y (1643), in der
Condé die Spanier aufs Haupt schlug, in der Schlacht
von Tybarra jene von L e n s (1648), was Cousin alles ausführlich nachgewiesen hat. Niemand wird in alldem die
Zeichen der Dekadenz verkennen. Die Verfasserin greift
zu künstlichen Mitteln, um das Interesse des Lesers wach
zu erhalten. Boileau hat diese Unsitte in den bekannten
Versen des *Art poétique* (III., 115 ff.) getadelt:

> *„Gardez donc de donner ainsi que dans Clélie*
> *L'air et l'esprit français à l'antique Italie,*
> *Et sous des noms Romains faisant notre portrait*
> *Peindre Caton galant et Brutus dameret.“*

An Brosette schreibt er mit Bezug auf die Scudéry: *«Il
n'y a pas dans son livre un seul Romain ni une seule Romaine qui ne soit copié sur le modèle de quelque bourgeois ou
de quelque bourgeoise de son quartier.»*

Zur Zeit, als die *Clélie* beendet war, hatte das Interesse
für diese Romane schon nachgelassen. Man war dieser
weitschweifigen Erzählungen müde geworden, und so blieb
auch der Scudéry nichts übrig, als sich dem geänderten
Geschmack anzubequemen. In den zwei Romanen, welche
sie noch schrieb, faßte sie sich kürzer, aber es war, als
ob sie sich dem Zwange nicht fügen könnte, sie gelangen

hr schlechter und erlangten auch. keine Beliebtheit.
1660 erschien Almahide ou l'esclave reine. 1667
Iathilde d'Aguilar. In *Almahide* bilden die Kämpfe
wischen Spaniern und Mauren den Hintergrund. Die
Icudéry lernte dieses Milieu in den Guerras civiles
Historia de los vandos de Zegríes y Abencerrajes, 1595—1604)
on Gines Perez de Hita kennen, die 1608 von einem
Anonymus ins Französische übersetzt worden waren. Es
zeigt sich hier zum erstenmal die Einwirkung eines
Buches, aus dem später noch Mme. de Villedieu für ihre
Galanteries grenadines, Mlle. de la Roche-Guilhem für ihre
Aventures grenandines, Florian für seinen *Gonzalve de Cordoue* und Chateaubriand für seinen *Dernier Abencerrage*
Anregung schöpfen sollten. — In den Kämpfen zwischen
den Zegríes und Abencerragen tut sich Léonce, ein Sklave
der Königin Almahide, der sich zur Partei der Abencerragen geschlagen hat, durch große Tapferkeit hervor.
Dies nimmt Dom Fernand de Solis, ein alter Sklave,
gleichfalls im Dienste der Königin, zum Anlaß, um dem
spanischen General Roderic de Narva die Vorgeschichte
des jungen Helden zu erzählen, die mit jener der Königin
auf das innigste verbunden ist. Almahides Vater, Morayzel,
ließ der Tochter bei ihrer Geburt von dem alten Wahr-
sager Cid Hamet, dessen Name uns aus dem *Don Quixote*
bekannt ist, das Horoskop stellen, und dieser sagte, sie
werde sehr tugendhaft und doch sehr verliebt, zugleich
Mädchen und Gattin, Jungfrau und Frau, Sklavin und
Königin, Mohammedanerin und Christin, unschuldig und
angeklagt sein. Um ein offenbar leidvolles Schicksal von
ihr abzuwenden, soll sich Almahide zu Verwandten nach
Algier begeben, wird aber auf der Fahrt dahin von Piraten
geraubt, wächst unter der Obhut des Dom Fernand de
Solis heran und soll dann als Sklavin an den Sultan
verkauft werden. Nachdem sie bei einem Schiffbruch
glücklich mit dem Leben davongekommen ist, findet sie
Aufnahme bei dem Herzog von Medina-Sidonia, und
schließt einen Herzensbund mit dessen Sohn Ponce de

Leon, Grafen von Peñafiel, der, wie sie, unter dem Druck einer Prophezeiung lebt. Ihre gegenseitige Liebe wächst, und Ponce bekehrt Almahide zum Christentum. Durch die Intrigen eines Nebenbuhlers, des Marquis von Monte-mayor, wird die Vereinigung der Liebenden vereitelt, der unerschrockene Ponce läßt sich aber als Sklave an Morayzel verkaufen, der ihn seiner Tochter zum Geschenk macht. Während Montemayor seine Belästigungen noch immer fortsetzt, wird Almahide schließlich aus politischen Gründen die Scheingattin des Königs Boaudilin von Granada. Ponce (Léonce) weiß auch hier Zutritt bei ihr zu erlangen, aber mitten in diesen Intrigen bricht der Roman ganz un-vermutet ab. «*Mais comme toute l'action . . . est annoncée et prédite dans l'horoscope d'Almahide, le lecteur devine qu'après bien de traverses, elle sera enfin réunie à l'objet de son amour par les nœuds de l'hymenée, et qu'elle se consolera d'un trône perdu dans les bras de Ponce de Léon*».

Mathilde d'Aguilar wird durch eine Rahmen-erzählung, ähnlich jener des *Decameron*, *(Les jeux servant de préface à Mathilde)* eingeleitet. Eine Pariser Gesellschaft von fünf Damen und vier Herren macht einen Ausflug und vertreibt sich die Zeit durch *Jeux d'esprit*. Jeder Teilnehmer erhält durch das Los eine andere Aufgabe, Noromate, «*la belle mélancholique*», diejenige, einen Roman zu erzählen. Nachdem sie sich einen Tag lang vorbereitet hat, gibt sie die Geschichte von Mathilde d'Aguilar zum besten. Die Heldin ist eine vornehme Spanierin, die in freundschaftlichem Verkehr mit Petrarca und Laura in Avignon herangewachsen ist. Sie soll Don Alfonso de Benavides heiraten, wozu aber anfangs weder er noch sie Lust haben. Dann verlieben sie sich ineinander, er über-windet alle Gefahren, denen ihn seine ränkevollen Neben-buhler aussetzen, und endlich findet die Heirat statt. Mathilde kann nun mit ihrem Gatten zu Petrarca und Laura zurückkehren, zu welchen sich unterdessen als dritter Boccaccio gesellt hat.

Die beiden letzten Romane der Scudéry vermeiden

nanchen Fehler der früheren, machen aber dessenun-
eachtet doch sehr den Eindruck, daß die Phantasie der
erfasserin bereits erschöpft war. Noch weniger Bedeutung
aben zwei andere kleine Erzählungen der Scudéry aus
en Sechziger Jahren, Célinte (1661) und Célandre
1669). Seit Mlle. de Scudéry keine Romane mehr schrieb,
rbeitete sie mit Vorliebe an ihren Conversations, deren
erschiedene Sammlungen (*Conversations sur divers sujets,*
onversations nouvelles, Conversations morales, Nouvelles con-
versations morales, Entretiens sur toute espèce de sujets usw.),
1680—92 in zehn kleinen Bändchen gesammelt erschienen.
Sie wurden wegen ihres pädagogischen Gehalts sogar von
Ime. de Maintenon in Saint-Cyr als Lektüre empfohlen.
Mlle. de Scudéry erhielt 1653 vom König eine Pension
'on 2000 Francs. Sie wird uns in dieser Zeit als Typus
der alten Jungfer geschildert. Sie hielt einen Papagei
und eine Zeitlang auch zwei Chamäleons, deren angeblicher Farbenwechsel das Amüsement ihrer Gäste bildete.
Im Alter wurde sie taub. Obwohl berühmt und sogar
gefeiert, zeichnete sie sich stets durch große Bescheidenheit aus. Ihre Meinung über die Ehe änderte sie nicht.
«Die Ehe ist nach meiner Ansicht dasjenige, was im
Leben am schwersten recht zu machen ist. Ich habe in
meinem Leben dreimal die Unabhängigkeit dem Reich-
tum vorgezogen und kann es nicht bereuen» (an Mme.
de Chandiol, 1691). Umso mehr hielt sie von der
Freundschaft, die sie mit Conrart, Pelisson u. a. verband.
Charakteristisch ist, wie sie sich über Damengesellschaften
äußert: «Auch die anständigsten Frauen der Welt sagen,
wenn sie in großer Zahl beisammen sind, fast niemals
etwas Vernünftiges und langweilen sich miteinander mehr,
als wenn sie allein sind.» Sie starb 1701, Bosquillon
hielt ihr eine schwungvolle Leichenrede.

Es würde zu weit führen, wollten wir alle Lobsprüche
und bewundernden Äußerungen wiedergeben, mit welchen
geistig hervorragende Zeitgenossen den heroisch-galanten
Romanen und deren Verfassern ihre Anerkennung be-

zeugten. L. de Balzac sagt: «*Quand je veux faire festin à mon esprit et le régaler magnifiquement, je le mène à la cour du roi Polexandre*». Ménage (*Menagiana*, II., 8) kennt im Lob der Scudéry keine Grenzen: «*Il y a mil choses dans les romans de cette savante fille qu'on ne peut trop estimer. Elle a pris dans les anciens tout ce qu'il y a de bon et l'a rendu meilleur comme ce prince de la fable qui changeoit tout en or*». Der große Condé las die *Cassandre* in den Laufgräben vor dem Feinde und verlangte von dem Verfasser, er solle noch einen solchen Roman schreiben (er widmete ihm darauf die *Cléopâtre*). Christine von Schweden und Elisabeth von England erwiesen der Scudéry große Gunstbezeigungen. Madame de Sévigné, deren Stil so natürlich ist, konnte sich zwar mit jenem La Calprenèdes nicht befreunden — «*le style de la Calprenède est maudit en mille endroits; de grandes périodes de roman, de méchants mots . . .*» — aber sie schwärmte für die Werke der Scudéry, las sie heimlich vor ihrer Tochter und ließ sich «*prendre à la glu*». «*La beauté des sentiments, la violence des passions, la grandeur des événements et le succès miraculeux de leur redoutables épées, tout cela m'entraîne comme une petite fille.*» Und an die Scudéry selbst schreibt sie (11. Nov. 1684): «*En cent mille paroles je ne pourrois vous dire qu'une vérité qui se reduit à vous assurer que je vous aimerai et vous adorerai toute ma vie; il n'y a que ce mot qui puisse remplir l'idée que j'ai de votre extraordinaire mérite*». Lafontaine, der Dichter der *Fables* und der *Contes*, gesteht, den *Polexandre* «*vingt et vingt fois*» gelesen zu haben. Huet findet noch 1699 als alter Bischof die Werke der Scudéry «*admirables*». In seinem *Traité* heißt es: «Man sah nicht ohne Erstaunen die Romane, welche ein durch seine Bescheidenheit und durch sein Verdienst gleich hervorragendes Mädchen unter einem fremden Namen herausgegeben hatte, indem sie sich solcher Art in großherziger Weise des Ruhmes beraubte, der ihr zukam, und ihren Lohn nur in ihrer Tugend suchte, als hätte sie, an dem Ruhme unseres Volkes arbeitend, unserem (dem männlichen) Geschlechte diese Demütigung ersparen wollen. Aber endlich hat ihr die Zeit jene Gerechtigkeit widerfahren lassen, welche sie sich selbst versagt hatte, und wir erfuhren, daß *l'Illustre Bassa, Le grand Cyrus* und *Clélie* Werke der Mlle. de Scudéry sind.»

Allerdings fehlte es auch nicht an Stimmen im entgegengesetzten Sinne. Die Schriften, welche sich gegen das Preziösentum im allgemeinen wendeten, gingen auch an seinen literarischen Niederschlägen nicht vorüber, und 1664, fünf Jahre nach der Molièreschen Satire, verfaßte Boileau einen eigenen Dialogue des héros de roman à la manière de Lucien, der 1668, ohne seine Zustimmung, gedruckt wurde. Er nennt ihn das wenigst frivole Werk von allen, welche er bis dahin geschrieben, wollte es aber nicht veröffentlichen «*pour ne point contrister une fille qui après tout avait beaucoup de mérite et qui avait encore plus de probité et d'honneur que d'esprit*». Es ist ein Totengespräch, der Schauplatz ist die Unterwelt. Minos klagt, daß die Schatten, welche herabkommen, keinen Verstand mehr haben, daß sie nur galante Reden führen und sogar der Proserpina ein *air bourgeois* vorwerfen. Unterdessen bringt Rhadamanthus die Nachricht, daß die Hölle in Aufruhr sei, Prometheus habe sich freigemacht, Tantalus sei betrunken, Ixion habe einer Furie Gewalt angetan. Darauf werden Cyrus, Alexander u. a. aus den elysäischen Gefilden herbeigerufen und erscheinen nun mit ihren Geliebten. In ihren Reden liegt die Satire auf die Moderomane. — In ähnlichem Ton ist der «Parnasse réformé» des Pariser Parlamentsadvokaten Gabriel Guéret (1667) abgefaßt, der eine Zusammenkunft der in den Romanen dargestellten historischen Personen auf dem Parnaß schildert. Sie beklagen sich, unwürdig dargestellt zu sein, wobei besonders Desmarets, La Calprenède und die Scudéry übel wegkommen. Apoll regelt darauf die Methode der Romandichtung.

Weder Boileau noch irgend ein anderer dieser Satiriker vermochte dem beliebten Moderoman den Garaus zu machen. Er überlebte sich selbst, und eine andere Gattung der Erzählung, die psychologische, trat an seine Stelle. Aber schon bevor dies geschah, war der heroisch-galante Roman über die Grenzen seines Vaterlandes hinausgedrungen und hatte dem Schrifttum anderer Völker seinen unleugbaren Stempel aufgedrückt. Wie bei dem mittelalterlichen Roman, so zeigten sich auch jetzt die germanischen Länder weit empfänglicher als die romanischen. Die Spanier nahmen gar keine, die Italiener recht wenig Notiz von diesen Romanen, nur die *Cléopâtre* wurde 1652 von Basaccioni, der *Ibrahim* 1684 von einem Anonymus ins Italienische übersetzt. In der deutschen und englischen Literatur haben die heroisch-galanten Romane der Franzosen dagegen förmlich Epoche gemacht. Es ist das fragliche Verdienst Philipp von Zesens († 1689), dieselben durch seine Übersetzungen des *Ibrahim* (1645) und der *Sophonisbe* (1646) in Deutschland eingebürgert und das Interesse seiner Landsleute auf sie hingelenkt zu haben. 1664 folgte eine Übersetzung der *Clélie* von Stubenberg; die *Cassandre* wurde 1670 von dem dänischen Oberst W. Hagdorn, 1685 von Christoph Kormart nach dem Holländischen ins Deutsche übertragen, die *Cléopâtre* 1700 von J. V., der *Faramond* 1688 von F. A. Pernauer, die *Almahide* von demselben 1682. Zu einer Übersetzung des *Grand Cyrus* brachte man es in Deutschland nicht. Die Früchte einer solchen eifrigen Übersetzungstätigkeit zeigten sich alsbald in den deutschen Originalromanen, in denen, bei der Plumpheit unserer Sprache die Fehler und Lächerlichkeiten der Gattung nur um so deutlicher zum Vorschein kommen mußten. Um wieviel höher stehen nicht die Werke der Gomberville, La Calprenède und Scudéry als die deutschen Romane, die unter ihrem Einfluß entstanden. Wir erinnern an Buchholtz' «*Durchlauchtige Syrerin Aramena*» (1669) und «*Des christlichen deutschen Großfürsten Herkules und der böhmischen königlichen Fräulein Valiska Wundergeschichte*» (1666), an des Herzogs Anton Ulrich von Braunschweig

«*Römische Oktavia*» (1677), an Lohensteins «*Großmütigen Arminius oder Hermann nebst seiner durchlauchtigen Thuselda*» (1689) und an Anselm von Ziglers vielbewunderte «*Asiatische Banise*» (1689).

Noch größerer und nachhaltiger Beliebtheit erfreuten ich diese Romane in England. Hier beginnt der Reigen ler Übersetzungen 1636 mit der *Ariane* (anonym), 1638 olgt *Lysandre et Caliste*, 1639 der *Endymion* (von R. Hurst), 1647 der *Polexandre* (von W. Browne), 1660 der *Scipion* von G. H.), 1652 ff. der *Ibrahim* (von Henri Cogan) und ie *Cléopâtre* (von verschiedenen). Karl I. las im Gefängnis lie *Cassandre*, die 1676 (von Ch. Cotterell) und dann nochmals 1703 (anonym) übersetzt wurde. Hier fand sich sogar für den endlosen *Grand Cyrus* ein Übersetzer (F. G., 1653—55). Eine Übertragung der *Clélie* von John Davies und G. Havers folgte 1656—61, eine solche der *Almahide* sowie des *Faramond* von John Philips 1677, eine der *Célinte (Zelinda)* 1692 (von T. D.). In England haben sich auch die dramatischen Dichter, Lee, Dryden u. a., mit Eifer der Stoffe bemächtigt, die in diesen Romanen in solcher Fülle aufgespeichert waren und dieselben ganz oder teilweise ihren Bühnenwerken zugrunde gelegt. *Cassandre* wurde von John Banks (*The rival kings or the loves of Oroondates and Statira*, 1677) und von Nath. Lee (*The rival queens or the death of Alexander the great*, 1677) dramatisiert, *Cléopâtre* von Aphra Behn (*The young king or the mistake*, 1683) und von Nath. Lee (*Gloriana or the court of Augustus Caesar*, 1676), *Faramond* von Nath. Lee (*Theodosius or the force of love*, 1680), *Ibrahim* von Elkanah Settle (*Ibrahim, the illustrious bassa*, 1677), *Le grand Cyrus* zweimal von Dryden, allerdings unter Zuhilfenahme des *Ibrahim* und anderer Romane (*Secret love or the maiden queen*, 1668; *Marriage à la mode*, 1673), *Almahide* gleichfalls von Dryden (*The conquest of Granada by the Spaniards*, 1672, unter Mitbenützung des *Ibrahim* und des *Grand Cyrus*). — Die englischen Übersetzungen dieser Romane erlebten bis gegen Mitte des

XVIII. Jahrhunderts wiederholte Neuauflagen, und der *Grand Cyrus* und *Clélie* wurden in England noch hundert Jahre nach ihrem Erscheinen parodiert. Die Heldin in Mrs. Lennox' *Female Quijote* (1752) wird durch das Lesen dieser beiden Romane verrückt, lebt in der Furcht, entführt zu werden, hält den Gärtner ihres Vaters für einen verkleideten Prinzen und verabschiedet, wie Molières Preziösen, ihren vernünftigen Liebhaber, weil er ihren Idealen nicht mehr entspricht.

Die neuen literarischen Tendenzen des XVIII. Jahrhunderts drängten dann auch in Frankreich die Erinnerung an den heroisch-galanten Roman immer mehr in den Hintergrund. Aber noch in «La nouvelle Talestris, histoire galante» von Mlle. Le De*** (Amsterdam, 1735) legen sich die Personen Namen aus der *Cassandre* bei, die sie auswendig wissen, und sprechen in ihrem Stil. Rousseau, der von diesem Roman ergriffen war, entlehnte daraus jene Stelle der *Nouvelle Héloise* (1761), wo sich Saint-Preux der an den Blattern erkrankten Julie nähert und von ihr im Halbschlummer erkannt wird (vgl. *Cassandre*, I., 1, 3). Chateaubriands Mutter wußte den *Grand Cyrus* fast auswendig, so oft hatte sie ihn gelesen.

So erstreckt sich die Wirkung dieser Romane, an denen sich die preziöse Gesellschaft des Siècle de Louis XIV. ergötzte, bis weit in das Zeitalter der Aufklärung, ja bis an die Schwelle der Romantik, die mit diesen Verirrungen der Phantasie mehr gemein hat, als man auf den ersten Blick glauben sollte. Für uns sind sie heute überwunden, und man hat mit Recht gesagt, den *Polexandre* oder den *Grand Cyrus* zu lesen sei für den modernen Menschen schwerer, als es den Helden dieser Romane wurde, die zahllosen Hindernisse zu überwinden, welche die unermüdlichen Verfasser vor ihnen auftürmten.

Literatur. Über den heroisch-galanten Roman und seine Gegenströmungen vgl. man außer den oben S. 137 genannten allgemeinen Darstellungen der französischen Literaturgeschichte: Heinrich Koerting, *Geschichte des französischen*

omans im XVII. Jahrhundert, 2 Bde., Leipzig und Oppeln 1885
is 1887. — Paul Morillot, *Le roman en France depuis 1610*
isqu'à nos jours. Lectures et esquisses. Paris, s. a. [1892]. —
erselbe, *Le roman [au XVII. siècle]* (bei Petit de Julleville,
. c. IV. Bd., 1897, S. 407 ff.). — André Le Breton, *Le roman*
u dix-septième siècle, Paris 1890. (Vgl. F. Brunetière, *Études*
ritiques, IV. Bd.). — Ferdinand Lotheissen, *Geschichte der*
ranzösischen Literatur im XVII. Jahrhundert. 2. Aufl., 2 Bde.,
Wien 1897. — Dunlop, l. c. S. 369 ff.

Gombauld. *L'Endimion.* Paris, Nicolas Buon 1624, 8⁰
mit 17 Gravüren von L. Gaultier, Cr. de Pas und J. Picart). —
2. Ausgabe: ibid. 1626. — Englische Übersetzung (teilweise):
ndimion, an exellent fancy. Interpreted by R. Hurst, London
1639, 8⁰. — Vgl. L. Morel, *Jean Ogier de Gombauld, sa vie, son*
œuvre. Neuchâtel 1911. — Abel Lefranc, *L'Endymion de Gom-*
bauld (Revue des cours et conférences, XIV, 1905, 11). — Koerting, l. c. I, S. 163 ff.

François de Molière. *La Polixene (Les advantures*
de Polixene) de Molière. Paris, Touss. du Bray 1623, 8⁰. —
Fortsetzung von Sorel: *La Vraye Suite des Aduantures de la*
Polixene du feu sieur de Molière, suivie et conclue sur ses Mémoires.
Paris, Ant. de Sommaville 1634; dann 1643; 1644. — Fortsetzung
von Pomeray, 1632. — Vgl. Koerting, l. c. I, S. 381 ff.

Gomberville. *La Carithée contenant sous des temps, des*
provinces & des noms supposez plusieurs rares & véritables histoires
de nostre temps. Paris 1621. — *L'Exil de Polexandre.* Paris,
Touss. du Bray 1629, 8⁰. — *Polexandre, revue, changée et aug-*
mentée dans cette nouvelle édition. Paris, ibid. 1632, 2 Bde. in 4⁰
oder 8⁰. — Dazu später ein III., IV. und V. Teil (*Suite de la*
quatrième partie de Polexandre, Paris, Aug. Courbé 1657). — Gesamtausgabe in 5 Bänden: Paris, Aug. Courbé 1637; dann 1638,
1640, 1641. — Englische Übersetzung: *The history of Pole-*
xander ... done into english by W. Browne, London 1647, fol.
— *Cythérée.* [Paris, Aug. Courbé 1640—44, 4 Bde., 8⁰. — *Seconde*
édition, revue et augmentée, Paris 1642 ff. — *La jeune Alcidiane*,
1651. — Vgl. Louis de Loménie *Le roman sous Louis XIII.*
(Revue des Deux Mondes vom 1. Fcbr. 1862). — A. Lefranc, *Le*
Polexandre de Gomberville et l'Ariane de Desmarets (Revue des
cours et conférences, XIV, 1905, 12). — Koerting, l. c. I, S. 211 ff.

Desmarets de Saint-Sorlin. *Ariane* (anonym), Paris,
Veuve Mathieu 1632, 2 Bde., 8⁰. — *Nouvelle édition, revue par*
l'autheur et enrichie de plusieurs figures. Paris, Math. Guillemot
1639, 4⁰; dann ibid. 1643, 4⁰; Leyden 1644, 1647, 1666 usw.;
Paris, 1724, 3 Bde., 12⁰. — Englische Übersetzung: *Ariane*
in two parts. As it was translated out of the french. London

1636, fol.; 2. Aufl. 1641, 4⁰. — Niederländische Übersetzung: Amsterdam, Ludw. Elzevier 1658, 2 Bde., 12⁰. — Deutsche Übersetzung: *Von der schönen Ariana . . . erstlich von dem frantzösischen Herren Des Marets . . . in hochteutsche Sprache übersetzet.* Frankfurt a. M. 1643, 8⁰; dann Amsterdam 1659, 2 Bde., 12⁰. — *Rosane.* Paris, H. Le Gras 1639.

La Calprenède. *Cassandre*, Paris, Ant. de Sommaville et Aug. Courbé 1642—45, 10 Bde., 8⁰; dann 1651 u. ö. — Gekürzte Bearbeitung vom Marquis de Surgère, Paris 1753. — Deutsche Übersetzungen: Christian Wilhelm Hagdorn (dänischer Oberst zu Ross), *Aequyan oder der große Mogul, eine chinesische und indische Staats-, Kriegs- und Liebesgeschichte.* Amsterdam 1670, 3 Bde., 8⁰ (freie Bearbeitung). — *Statira oder Cassandra mit persianisch- griechisch- szyth- und amazonischen Staats- und Liebesgeschichten, welche sich unter des Darius und des großen Alexanders bestrittenen Regierung begeben, nebst vielen schönen Kupffern. Aus dem französischen ins Teutsche übersetzt von* D. Cristof Kormarten, 1685 (unvollendet); 2. Aufl. Leipzig 1689—1707, 5 Bde. — Englische Übersetzungen: *Cassandra, the fam'd romance . . . rendred into English by Sir* Charles Cotterell, London 1676, fol.; 3. Aufl. 1725, 5 Bde. — *The famous history of Cassandra . . . written originally in french and newly translated . . . by several hands.* London 1703, 3 Bde. — *Cléopâtre.* Paris, Guill. de Luynes 1647—58, 12 Bde.; dann Leyden, Jean Sambix 1648 ff.; 1653 ff., Paris, Joly und Billaine 1663. — Abkürzungen: Von J. C., Paris, Cl. Jolly 1668, 3 Bde. — Von Benoist, Paris 1789, 3 Bde. — Italienische Übersetzung von Marolino Basaccioni, Bologna 1652; dann Venedig 1697 u. ö. — Deutsche Übersetzung: *Der vortrefflichen Egyptischen Königin Kleopatra curiöse Staats- und Liebesgeschicht. Vormals von dem Herrn Calprenède in französischer Sprache geschrieben, nunmehro aber in hochteutsche Sprache übersetzt durch J. V., worinnen auch zugleich die alte römische Historien mit vorgestellt werden.* Hamburg 1700—1701, 6 Teile in 2 Bänden. — Englische Übersetzung: *Hymens praeludia or Loves master-piece, being the first part of that so much admir'd Romance intituled Cleopatra . . . now rendred into English by* R. Loveday. London 1652, 12⁰; 2. T., 1654; 3. T., 1655 usw., 7. T., übersetzt von J[ohn] C[oles], 1658; 8. T., übersetzt von J[ames] W[ebb], 1658; 9.—12. T. übersetzt von J. Davies, 1659; Gesamtausgabe: London 1674, 2 Bde. — Niederländische Übersetzung: *Cleopatre. In't frans beschreven door de Heer Calprenède . . . en nu in't Nederduyts overgeset en met kopere figuren verçiert.* 6 Teile, Utrecht 1689—90, 12⁰; 2. Aufl., Amsterdam 1742, 8⁰. — *Faramond ou l'histoire de France.* Paris 1661 bis 1670, 12 Bde.; dann Amsterdam 1664—70. — Englische Über-

etzung: *Pharamond, or the history France. A romance in twelve
arts. Translated by* J. Phillips, London 1677, 2 Bde., fol. —
eutsche Übersetzung: *Des durchlauchtigsten Pharamunds
uriöse Liebes- und Heldengeschichte; oder französischer Kriegs-,
Siegs-, Lob- und Liebesthaten; aus dem französischen in das hoch-
eutsche übersetzt,* durch Herrn Philipp Ferdinand Pernauer,
Herrn von Perney, Freiherrn. Nürnberg 1688, 12 Teile in drei
änden. — Vgl. Koerting, l. c. I, S. 242 ff. — Abel Lefranc.
Tristan l'Hermite et la Calprenède (Revue des cours et conférences,
XIV, 1905, 13). — H. W. Hill, *La Calprenède's Romances and the
Restoration Drama* (University of Nevada Bulletin, 1911).

Francois de Gerzan. *L'Histoire afriquaine de Cléomède
et de Sophonisbe.* Paris, Moclot 1627—28, 2 Bde. — Deutsche
Übersetzung: Philipp' Zesen, *Der afrikanischen Sofonisbe
drei Teil,* Amsterdam bei Ludwig Elzeviern 1647, 12°; dann
Frankfurt 1647, 3 Bde., 12°. — *Histoire asiatique de Cérinthe,
de Calianthe et d'Arténice, avec un traicté du thrésor de la
philosophie des dames par* le sieur de Gerzan. Paris, Pierre
Lamy 1634. — Vgl. Koerting, l. c. I, S. 384 ff.

Puget de la Serre. *Clytié ou le romant de la cour.* Paris,
Guill. Loyson 1632—35; 2. Aufl. ibid. 1640. — Deutsche Übersetzung: *La Clytie de la Cour. Oder anmutige . . . Vorstellung
der vielfältigen, bedencklichen Eigenschafften . . . liebhaffter Personen*
[Übersetzer: H. Z. Erichfried]. Altenburg 1633—36, 2 Bde., 12°.

Vaumorière. *Le grand Scipion,* Paris 1656—62; 2. Aufl.
Paris 1661 f. — Englische Übersetzung: *The grand Scipio,
an exellent new romance. Rendered into english by* G. H., London
1660, fol. — *Agiatis, reine de Sparte, ou les guerres des
Lacedemoniens sous les rois Agis et Léonidas,* Paris 1685. — Vgl.
Koerting, l. c. I, S. 388 ff.

Hédelin d'Aubignac. *Macarize, la reine des Isles fortunées,
histoire allégorique contenant la philosophie morale des Stoïques
sous le voile de plusieurs advantures agréables en forme de roman
. . . par messire François Hédelin, abbé d'Aubignac.* Paris,
Jacques Du Breuil 1664, 2 Bde., 8° (unvollendet); 2. Aufl. Paris.
J. B. Loyson 1667; dann 1673. — Vgl. Koerting, l. c. I, S. 392 ff.

Huet. *Diane de Castro ou les faux Incas* (1663),
gedr. 1728. — Vgl. unten S. 374. — Englische Übersetzung:
Diana de Castro. A novel, written originally in french. London
s. a. [ca. 1730], 12°.

d'Audiguier. *Histoire tragicomique de nostre temps
sous les noms de Lysandre et de Caliste par le sr. Dau-
diguier.* Paris, Touss. Du Bray 1616, 8°. — Spätere Ausgaben:
ibid. 1620; 1628; Lyon 1633; Rouen 1637; ibid. 1645 usw. —,
Histoire des amours de Lysandre et de Caliste. Leyde

Pierre Leffen 1650, 12⁰. — Spätere Ausgaben: Amsterdam J. Rave-
stein 1657; 1659; 1663 (französisch-niederländische Ausgabe);
1670 (französisch-deutsche Ausgabe). — Niederländische Übersetzung: *De treurige, doch bly-eyndigende historie van Lysander
en Caliste . . . vertaelt door* J. Heerman. Amsterdam 1632, 12⁰;
dann ibid. 1669; 1703. — Deutsche Übersetzung: *Die traurige Historia von Lysandern und Kalisten hiebevorn frantzösisch
beschrieben . . . nun aber ins Hochteutsche ahrtig übergesetzet.* Leyden
1644, 8⁰. — Die oben erwähnte Übersetzung von 1670 erschien
separat: Amsterdam, Ludw. Elzevir 1650, 12⁰. — Englische
Übersetzung, s. unten S. 389 bei *Diverses affections de Minerve.*
　　　Mlle. de Scudéry. *Ibrahim ou l'illustre Bassa.* Paris
1641, 4 Bde.; 2. Aufl. ibid. 1665. — Deutsche Übersetzung:
Philipp von Zesen, *Ibrahims oder des durchlauchtigsten Bassa
und der beständigen Isabellen Wundergeschichte, durch Fil. Zaesien
von Fürstenau.* Amsteldam, bey Ludwig Elzevieren 1645, 4 Bde.,
12⁰; dann Zweybrücken 1665, 1667. — Italienische Übersetzung: *Il perfetto Ibrahim overo illustre Bassa,* Venedig 1634,
2 Bde. — Englische Übersetzung: *Ibrahim or the illustrious
bassa, an excellent new romance, written in french by Monsieur de
Scuderi, in four parts, englished by* Henry Cogan, London 1652,
fol.; 2. Aufl. 1674. — Niederländische Übersetzung: *Des
doorluchtigen Bassa Ibrahims en der volstandige Isabellae Wonder-
Geschiedenissen. In't fransch beschreven door den vermaerden Heer
Scudery . . . vertaelt door* S. de Vries. 4 Teile, Amsterdam 1723,
8⁰. — *Artamène ou le grand Cyrus.* Paris, Aug. Courbé 1649
bis 1853, 10 Bde.; spätere Ausgaben: ibid. 1653—54; 1656; 1658;
Leyden 1655, 1656. — Englische Übersetzung: *Artamenes or
the grand Cyrus, an exellent new romance. Written by Monsieur
de Scudéry . . . englished. by* F. G., London 1653—55, 5 Bde., fol.
— *Clélie, histoire romaine.* Paris, Aug. Courbé 1654—61,
10 Bde.; 2. Aufl. ibid. 1666. — Deutsche Übersetzung: *Clelia,
Eine Römische Geschichte durch Herrn von Scuderi in Frantzösischer
Sprache beschrieben; anitzt aber ins Hochdeutsche übersetzet durch
den Unglückseeligen* [Joh. Wilh. v. Stubenberg], Nürnberg 1664,
8 Bde., 12⁰. — Englische Übersetzung: *Cleila, an exellent
new romance, translated by* John Davies, London 1656—61, fol.,
5 Bde. (Teil 4—5 übersetzt von G. Havers); 2. Aufl. 1678. —
Almahide ou l'esclave reyne par de Scudéry. Paris, Billaine
1661—63. — Deutsche Übersetzung: *Almahide oder leibeigene
Königin. Aus dem Frantzösischen des Herrn von Scudery übersetzt
von* Ferdinand Adam Pernauern, Herrn von Perney, dem
im Pegnesischen Blumenorden benannten Daphnis. Nürnberg
1632—96, 3 Teile (der dritte Teil beruht auf Erfindung des Über-
setzers). — Englische Übersetzung: *Almahide or the captive*

queen ... *written in french by* ... *Monsieur de Scudery* ... *done into english by* J o h n   P h i l i p s, London 1677, fol. — *Mathilde d'Aguilar, dediée à Monsieur, unique frère du Roy.* Paris, Edmé Martin 1667. — *Les Jeux de Mathilde d'Aguilar, histoire espagnole et françoise, véritable et galante par* M. D. S., Villefranche 1704. — *Célinte.* Paris, Aug. Courbé 1661. — E n g l i s c h e   Ü b e r s e t z u n g: *Zelinda, an excellent new romance, translated from the french by* T. D., London 1692, 8⁰. — *Célandre.* Paris 1669; dann 1671; 1698. — Vgl. R a t h é r y   e t   B o u t r o n, *Mlle. de Scudéry, sa vie et sa correspondance avec un choix de ses poésis.* Paris 1873. — *Lettres inédites de Mlle. de Scudéry, publ. p.* G. P é l i s s i e r, Paris 1902. — E u g. D e s p o i s, *Le roman d'autrefois, Mlle. de Scudéry* (Revue des Deux Mondes vom 1. März 1846). — *E m i l e P e r r i e r, Scudéry et sa sœur à Marseille, 1644—47* (in 50 Exemplaren gedr.; vergl. Archiv für d. Studium d. neueren Sprachen CXXVI, 1—2). — K o e r t i n g, l. c., S. 395 ff. — L e B r e t o n, l. c., S. 159 ff., 195 ff. — B o i l e a u, *Dialogue*, Kritische Ausgabe von Th. F. C r a n e, Boston 1902. — A. G a s t é, *Mlle de Scudéry et le dialogue des héros de roman de Boileau.* Rouen 1902. — A. T ü c h e r t, *J. Dryden und seine Beziehungen zu Mlle. de Scudéry.* Zweibrücken 1885.

XIII. Der realistische Roman.

Der heroisch-galante Moderoman ist bei aller Bewunderung, die ihm gezollt wurde, nie volkstümlich geworden. Er war das Produkt der sozialen und literarischen Anschauungen einer Gesellschaftsklasse, die eine abgesonderte Stellung einnahm, und konnte nur bei Angehörigen oder Anhängern dieser Klasse, volles und wirkliches Verständnis finden. Aber der nüchterne und vorurteilslos denkende Franzose, der ferne vom Hotel Rambouillet und dem Salon der Mlle. de Scudéry lebte, wunderte sich in seinem Esprit gaulois über die Extravaganzen, die er hier las, und staunte über seine Landsleute, denen sie gefielen. Die Erfolge der *Astrée*, des *Polexandre*, des *Grand Cyrus* ließen neben sich noch viel Raum für andere. Diese allgemein erkannte Tatsache veranlaßte viele Autoren, sich mit diesen Werken in bewußten Gegensatz zu stellen, und so kam es, daß zu derselben Zeit, als der Idealroman seine ärgsten Exzesse

zutage förderte, eine Reihe von realistischen Romanen
veröffentlicht wurde, in denen klardenkende Schriftsteller
das wirkliche Leben zu schildern suchten. Die Helden
dieser Erzählungen waren weder arkadische Schäfer, noch
orientalische Prinzen, noch Helden des klassischen Altertums, sondern Menschen, wie man sie täglich auf der
Straße begegnen konnte. Die Handlung spielte sich ohne
gefährliche Abenteuer, Schlachten und Schiffbrüche ab
und bewegte sich in den Grenzen der Möglichkeit. An
die Stelle der emphatischen, preziösen Diktion trat eine
natürliche Sprache. Die satirische Tendenz machte sich
anfangs ziemlich stark geltend, mit der Zeit aber wurde
der Realismus Selbstzweck. Der Beifall, welchen Sorel,
Scarron, Furetière u. a. mit ihren Romanen erzielten, beweist, daß sie das Richtige getroffen hatten; er war viel
größer und nachhaltiger als jener der d'Urfé, La Calprenède und Scudéry, wenn auch nicht so viel Aufhebens
davon gemacht wurde und die literarisch maßgebenden
Kreise solche minderwertige Bücherware nicht gelten ließen.

Der spanischen Literatur, die so oft entscheidend
auf die französische einwirkte, kommt in der Entwicklung
des realistischen Romans eine besondere Bedeutung zu.
Das Interesse an den *Cosas de España*, welches in Frankreich seit den Zeiten des *Amadis* und der sentimentalen
Romane vorhanden war, erhielt durch die Heirat Ludwigs XIII. mit Anne d'Autriche, der schönen und geistvollen Tochter Philipps III. (1615), und die damit verbundenen engeren Beziehungen der beiden Länder neue
Nahrung. Der spanische Geschmack trat immer mehr
an die Stelle des italienischen. 1616 sagt Cervantes in
seinem *Persiles:* «In Frankreich unterläßt weder Mann
noch Frau, die spanische Sprache zu erlernen». Die
zweisprachigen Ausgaben und zahlreiche Übersetzungen
spanischer Bücher geben von diesem Interesse Zeugnis.
Ein Blick in die Werke Corneilles und Molières zeigt,
wie viel auch die genialsten Dichter der Franzosen aus
der spanischen *Comedia* lernten. Als Ludwig XIV. im

Jahre 1660 Maria Theresia, die Tochter Philipps IV. heim-
führte, war die französische Literatur sehr stark von
spanischem Einfluß durchsetzt.

Die Spanier besaßen nun damals außer ihren Ritter-
und Schäferromanen zuerst unter allen europäischen
Völkern auch einen realistischen Roman, den man nach
seinen Helden, den Picaros, den picaresken oder
Schelmenroman zu nennen pflegt. «Dieser Ausdruck
(*Picaro*)», sagt Tieck, «den, keine andere Sprache übersetzen kann, bedeutet im Spanischen vielerlei. Einer, der
zum Gesindel gehört, lose Streiche ausführt, mehr oder
minder betrügt, aber mit einer gewissen Subtilität . . .
In der Kunst des Picaro gibt es verschiedene Stufen,
ein grober Schelm ohne List und Feinheit kann niemals
Picaro genannt werden . . . Was Mendoza, Aleman, Cervantes, Quevedo u. a. in Spanien für den Geschmack ihrer
Landsleute taten, das erweiterte später Beaumarchais und
schenkte den Picaro, seinen Figaro, mit geringer Namens-
änderung dem ganzen Europa» (*Marcos de Obregon,* hgg.
von Tieck, I., 252). — Diese Romane, die, um die Glaubhaftigkeit zu erhöhen, meist in autobiographischer Form
erzählt sind, behandeln das Leben eines armen Schelms,
der sich klug, verschmitzt und unverschämt durch die
Welt schlägt. Bei seinen vielen Beschäftigungen und
Abenteuern hat er Gelegenheit, die verschiedensten Milieus
und Menschen kennen zu lernen. Der Urtypus der ganzen
Art ist der berühmte Lazarillo de Tormes (*La vida de
L. de T. y sus fortunas y adversidades),* der zum erstenmal
1554 zu Burgos anonym erschien und dessen Verfasser,
trotz zahlreicher Hypothesen bis heute ebensowenig
festgestellt wurde wie jener seines heroischen Gegen-
stückes, des *Amadis.* Während die einen den Diego
Hurtado de Mendoza († 1575), den Staatsmann Karls V.
und Geschichtsschreiber des Granadinischen Krieges, gewiß mit Unrecht, für den Autor hielten, dachten andere,
ebensowenig überzeugend, an den Hieronymitermönch
Juan de Ortega. Die neuere Forschung ist der Ansicht,

daß das Buch in der Umgebung der Brüder Juan und
Alonso Valdés in einem Milieu von Schriftstellern und
Staatsmännern entstand, die sich mit religiösen und
sozialen Fragen beschäftigten. Auch diese Frage wird
vielleicht nie entschieden werden. Der *Lazarillo* ist die
flottgeschriebene Selbstbiographie eines Menschen aus den
untersten Schichten des Volkes, der seine Karriere als
Führer eines blinden Bettlers beginnt, sich durch seine
Klugheit und Verschlagenheit, die vor keiner Spitzbüberei
zurückschreckt, durchbringt, Diener eines Priesters, dann
eines Kavaliers und anderer Personen wird und schließlich
heiratet und sich zur Ruhe setzt. Das Buch, welches in
die moralische Verkommenheit des damaligen Spanien
tief hineinleuchtet, hatte einen großen Erfolg und zog
eine Menge von Nachahmungen nach sich. Es folgte
zunächst der Guzman de Alfarache von Mateo Aleman (1599—1605), dem sogar, ähnlich wie dem *Don
Quixote* und der *Diana enamorada*, die Ehre einer apokryphen Fortsetzung zuteil wurde (von Mateo Luxan de
Sayavedra [recte Juan Marti] 1603); dann der Marcos
de Obregon von Vicente Espinel (1618), der Gran
Tacaño von Quevedo (1626) u. a. Es gab sogar weibliche Picaros, wie die Picara Justina von Francisco
de Ubeda (recte Andreas Perez; 1605). Auch eine
Novelle des Cervantes, Rinconete y Cortadillo,
gehört in diese Richtung.

Alle diese Romane wurden in Frankreich viel gelesen
und seit 1560 auch mehrfach ins Französische übersetzt.
Die Übersetzungen beginnen mit dem Lazarillo de
Tormes, der in diesem Jahre von J. G. de L. (Jean
Garnier de Laval oder Jean Saugrain?) übertragen wurde.
Diese Übersetzung erlebte bis 1601 weitere vier Auflagen.
1615—20 kam eine neue von P. B. P. und d'Audiguier
hinzu, 1653 eine dritte und in der Folge noch mehrere
andere. Guzman de Alfarache wurde 1600 von
Chappuys, 1632 von Chapelain übersetzt; der Marcos
de Obregon 1618 von d'Audiguier, der Gran Tacaño

1631 von de la Geneste (oft abgedruckt), die Justina 1635, Rinconete y Cortadillo in der Übersetzung der Novellen des Cervantes von d'Audiguier 1620. — Auch das Hauptwerk des Cervantes, das, wenn auch nicht picaresk, sich doch mit besonderer Schärfe gegen die Verirrungen der Idealromane wendete, fand bald nach seinem Erscheinen Eingang in die französische Literatur. Der erste Teil des Don Quixote wurde 1614 von Oudin (bis 1646 sieben Auflagen), der zweite 1618 von Rosset (bis 1645 fünf Auflagen) übersetzt. 1677/8 erschien dann die Übersetzung von Filleau de Saint Martin, die ihre Beliebtheit bis gegen Ende des XIX. Jahrhunderts behauptete.

Diese neue Romanliteratur arbeitete den Idealen des heroisch-galanten Romans mächtig entgegen. Man sah da die Menschen mit ihren verächtlichen Eigenschaften, das nackte Leben ohne Bemäntelung und Schönfärberei, wie es sich in den nüchternen Seelen der Verfasser widerspiegelte. Unter ihrem Einfluß entstand der realistische Roman in Frankreich, dessen erster Vertreter Sorel ist. Vor ihm gab es in Frankreich keinen realistischen Roman, denn Agrippa d'Aubignés Aventures du Baron de Foeneste (1617, gedr. 1630) sind kein solcher, sondern eine Satire gegen Hof und Adel, Großsprecherei und Modetorheiten, und die Fragments d'une histoire comique des übelberüchtigten Théophile de Viau (gedr. 1621) machen sich bloß über die preziöse Schreibweise jener Zeit lustig und treten für einen naturalistischen Stil ein, ohne selbst außer einigen Bildern aus dem Volksleben etwas Positives zu bieten. Die darin enthaltenen Mahnungen waren gewiß beherzigenswert: «*Il faut que le discours soit ferme, que le sens y soit naturel, le langage exprès et signifiant; les affecteries ne sont que mollesse et qu'artifice, qui ne se trouve jamais sans effort et sans confusion ... Ces larcins qu'on appelle imitation des autheurs anciens, se doivent dire des ornements qui ne sont point à nostre mode. Il faut escrire à la moderne, Demosthène et*

Virgile n'ont point escrit en nostre temps, et nous ne sçaurions escrire en leur siècle; leurs livres quand ils les firent, estoient nouveaux et nous en faisons tous les jours des vieux. L'invocation des Muses à l'exemple de ces payens est profane pour nous et ridicule . . .»

Die erste Nachahmung, welche der Schelmenroman außerhalb Spaniens fand, ist der Euphormio des Barclay, dessen erster Teil 1603 (1605), dessen zweiter Teil 1607 erschien. Wie Barclays Hauptwerk, die *Argenis*, ist auch der *Euphormio* ursprünglich lateinisch verfaßt und er gemahnt in seinem Titel (Euphormionis Lusitini Satyricon) an Petronius. Da er jedoch in den Jahren 1624—40 dreimal ins Französische übersetzt wurde, spielt er in der Entwicklung des Genres eine nicht zu unterschätzende Rolle. Barclay verläßt den realistischen Boden, auf dem sich die Spanier bewegen, und nimmt in seiner Weise reichlich Allegorie und Symbolik zu Hilfe. Euphormio kommt völlig unverdorben aus dem utopischen Schlaraffenlande Lusinien. Seine Naivität ist so groß, daß er nicht einmal weiß, daß man in Wirtshäusern zu bezahlen hat. Er wird Sklave des Callion, dessen Gunst er sich durch ein angebliches Universalheilmittel erwirbt, entrinnt der Knechtschaft, heiratet, kommt fast an den Galgen, geht nach Italien, wird in Alexandrien von einem Goldmacher geprellt und entflieht. Damit endet das erste Buch, welches Jakob I. gewidmet ist, fast ganz auf Erfindung beruht und in der Milieuschilderung, in der Einführung von Ärzten, Goldmachern, Studenten, Gelehrten, Advokaten den *Francion* des Sorel vorahnen läßt. Das Ganze sollte eine Anklage gegen das Menschengeschlecht sein. In der Widmung an den König heißt es: «*Non peccavi in virtutem tuam, invictissime rex, dum terrarum scelus libello hoc acerbe ultus sum.*» — Anders der zweite Teil, der stark autobiographisch ist, und unter Benutzung der Zeitgeschichte eine Seelenkrise des Verfassers, allerdings in romanhafter Umgestaltung, darstellt. Euphormio kommt, noch immer vor seinem Herrn Callion fliehend, in die Universitätsstadt Delphium und studiert bei Themistius, der ihn an Kindes Statt annimmt. Nachdem Callion gestorben ist und ihm testamentarisch die Freiheit geschenkt hat, will er mit seinem Freunde Anemon in den Orden der Acignier (Jesuiten) eintreten. Die beiden gehen nach Italien. In Mailand erkennt der alte Priester Theophrastus ihren mangelhaften Beruf zum geistlichen Stande, und Euphormio beschließt darauf, seinen Studien zu leben. Er begibt sich deshalb zunächst nach Marcia (Venedig), dann nach Eleutheria (Frankreich), findet in Ilium (Paris), wo ihn Doromisus (Sully) zwar abweist, eine Geliebte, nähert sich dann wieder den Acigniern, nimmt an deren Disputationen teil, wendet sich aber, nach verschiedenen symbolischen Vorgängen, angeekelt von ihnen ab, kommt über Deutschland nach England (Skolymorrhodien), wohin er sich schon lange sehnte, und findet schließlich dort Aufnahme. Dieser zweite Teil wurde auf Betreiben des päpstlichen Nuntius unter der Presse beschlagnahmt. Barclay schrieb deshalb 1610 die Apologia Euphormionis prose, die seitdem als dritter Teil oft mitgedruckt wurde. 1616 fügte er als vierten Teil das Icon animarum bei, «ein elegantes Handbüchlein der Sittenkunde», in dem er die Erfahrungen verwertete, die er auf seinen Reisen erworben, und in dem besonders die Schilderung der Nationalcharaktere verschiedener Völker interessant ist. Den fünften Teil bildet die Fortsetzung von Morisot (*Alitophili veritatis lachrymae,* 1625), den sechsten jene von Bugnot (*Alitophilus castigatus,* 1674). 1625 erschien die erste französische Übersetzung von J. Tournet, der 1626 jene von M. Nau, 1640 jene von J. Béraut folgte. Die *Apologie* wurde 1625 von einem Anonymus, das *Icon* 1624 von Nanteuil de Boham ins Französische übersetzt. Der Erfolg reichte zwar bei weitem nicht an jenen der *Argenis* heran, war aber immerhin ein bedeutender. Es fehlte indes auch nicht an Leuten, welche die Geschichte langweilig, den Stil schwülstig und gedrechselt fanden. Sorel, der vom Konkurrenzneid nicht freizusprechen ist, urteilt:

«*La satire d'Euphormion . . . est une histoire d'un homme de
basse qualité; mais elle est extrêmement niaise . . . Ce qui a
donné cours à ce livre, c'est qu'il est en latin, et qu'on n'avoit
pas accoustumé de veoir des romans modernes en cette langue*»
(*Berger extravagant, Remarques*, S. 529).

Während der *Euphormio*, der vier Jahre vor dem
ersten Teil der *Astrée* erschien, noch keine opposextro-
nelle Tendenz hatte, findet sich eine solche schon
deutlich in dem ersten Roman von Sorel, im *Francion*.
Charles Sorel de Souvigny (1602—74) war der Sohn
eines Parlamentsprokurators zu Paris, und legte Wert
darauf, von Agnes Sorel, der Geliebten Karls VII., abzu-
stammen, durch die er auch mit verschiedenen englischen
Königen verwandt sein wollte. Diese Ambition erklärt
sich aus seiner Stellung als Historiograph von Frankreich,
die er von seinem Oheim Charles Bernard kaufte, später
aber wegen seines lockeren *Francion* und wohl auch aus
anderen Gründen verlor. Er begann als Schriftsteller mit
Romanen in sentimentaler Art. 1621 erschien (anonym)
seine **Histoire amoureuse de Cléagenor et de
Doristée**, die von Rotrou erfolgreich dramatisiert wurde,
1622 sein **Palais d'Angélie** (unter dem Pseudonym
eines **Sieur de Marzilly**), 1623 seine **Nouvelles françaises**, 1626 der heroische Liebesroman **L'Orphise de
Chrysanthe, histoire cyprienne**.

Mittlerweile scheint er jedoch das Verfehlte dieser
Richtung eingesehen zu haben und publizierte 1622, ein
Jahr nach Gombervilles *Carithée,* unter dem Namen
Nicolas de Moulinet Sieur du Parc, *gentilhomme
lorrain,* seine **Histoire comique de Francion**. Wie er
dazu kam, sich dieses Pseudonyms zu bedienen, ist nicht
bekannt. Wir wissen nur, daß unter demselben Namen
Nicolas Moulinet Sieur du Parc bereits früher einige
Romane erschienen waren (*Les adventures de Floris et de
Cléonte*, 1613; *Les adventures de Chrisaure et Phinimène*,
1614), die in Anbetracht der Zeit ihrer Publikation unmöglich schon von Sorel herrühren können. — Man hat

Francion mit Recht den ersten französischen Sittenroman genannt. Sorel erklärt offen, daß er mit der
herrschenden Richtung brechen wolle. «*Nous avons assez
d'histoires tragiques, qui ne font que nous attrister, il en faut
maintenant voir une qui soit toute comique*» (*Francion*, I., 1).
Der Held ist ein junger Mann aus guter Familie, aber
dabei ein richtiger Gauner und Picaro, gar nicht sentimental, kein Celadon, sondern ein zynischer, berechnender
Mensch, der darauf ausgeht, eine reiche italienische Marquise zu heiraten, was ihm am Schlusse auch gelingt.
Der Weg, welcher ihn zu diesem Ziele führt, ist ein
mannigfach gewundener, und die Handlung bewegt sich
in nicht voraussehbaren Sprüngen, gegen welche alle
Kompositionsfehler der heroisch-galanten Romane gering-
fügig sind. Der Verfasser führt uns zunächst in ein
burgundisches Schloß, das von dem alten Valentin ver-
waltet wird. Francion hat auf dessen junge Frau Laurette
ein Auge geworfen. Er verkleidet sich als Pilger und
erlangt Zutritt bei Valentin, als er ihm verspricht, ihm
durch Beschwörungen des Asmodi seine Manneskraft
wieder zu verschaffen. Laurette gibt dem Francion ein
Stelldichein, aber durch einen unglücklichen Zufall steigt
an seiner Statt ein Räuber in ihr Zimmer, während er
zu einer vermeintlichen Magd gelangt, die in der Tat
gleichfalls ein als Frau verkleideter Räuber ist. Am
nächsten Tage findet man Valentin an einen Baum gebunden, zwei Räuber am Fenster aufgehängt und Francion
in einer Badewanne. Letzterer flieht nun und erfährt
(2. Buch) in einer Herberge von einem Edelmann, der
mit ihm das Zimmer teilt, und von der alten Kupplerin
Agathe die Vorgeschichte der Laurette. Agathe, welche
die Laurette erzogen hat, will seine Fürsprecherin bei ihr
sein. Erst im 3. Buch beginnt Francion seine eigene
picareske Vergangenheit zu erzählen; zunächst seine
Jugend und Erziehung und seine Studien bei dem Pedanten Hortensius, dann (4. Buch), wie er bei Hofe unter-
kommen wollte, von Freunden betrogen wurde, in Dürftig-

keit geriet, mit Alchymisten (5. Buch), Buchhändlern, Poeten verkehrte und nirgends Glück hatte, auch nicht mit seiner Geliebten Diane. Wie er dann endlich (6. Buch) zu Gelde kam und glückliche Liebesabenteuer bei Damen (Luce) und Zofen (Fleurence) hatte, und (7. Buch) zusammen mit dem reichen Clérante verschiedene Abenteuer bestand. Im 8. Buch erkennt er in dem Edelmann, der ihn beherbergt, einen alten Bekannten namens Raymond, der ihn einst bestohlen hat. Doch Pack schlägt sich — sie bleiben beisammen, und Raymond will alles gut machen, indem er zu Ehren des Francion und der Laurette, die sich auf Agathes Zureden einfindet, Festlichkeiten veranstaltet. In der Folge (9. Buch) lebt Francion unter Bauern, gibt sich für einen Quacksalber aus und trifft in Rom mit Hortensius zusammen, dem er einredet, er sei zum König von Polen erwählt worden. Unterdessen läßt er sich in ein neues Liebesabenteuer mit der Italienerin Nais ein, deren Porträt er bei Raymond gesehen hat, und die er mit Hilfe des Malers Dorini ausfindig macht und nach vielen Wechselfällen heiratet.

Zum erstenmal erscheint hier in der französischen Literatur eine Lebensgeschichte, wie sie noch 100 Jahre später im *Gil Blas* das Interesse des Publikums erwecken sollte. Francion ist der erste in der Reihe der französischen Picaros, und seine Erlebnisse und Begegnungen sind jenen seines berühmtesten Nachfolgers sehr ähnlich. Wie *Gil Blas*, so ist auch die *Histoire comique de Francion* ein schlechter Roman, dem der innere Faden, die festgefügte Handlung fehlt. Sie ist heute nur noch kulturhistorisch interessant. In dieser Hinsicht ist sie allerdings nicht zu unterschätzen. Sorel hat die verschiedenen Stände, deren Vertreter er uns vorführt, ausgezeichnet geschildert. Das Volk von Paris, die Bauern, die Studenten, die Gelehrten, die Richter, die Literaten, die dichtende Bohême — sie alle sind ungemein lebendig charakterisiert. Unter Pseudonymen erkennt man ganz

deutlich Théophile, Racan u. a. zeitgenössische Dichter.
Die Preziösen werden im sechsten Buch in der Gestalt
der Madame Luce verspottet. Der Pedant Hortensius,
nach Tallements Versicherung eine Karikatur Balzacs und
zugleich eine Reminiszenz an die Erzieher Gargantuas,
hat in der Folge manche Nachahmungen gefunden. Auch
die Satire gegen die Richter gemahnt an Rabelais. Die
vielen Ausfälle, sowie mehrere obszöne Stellen machen es
begreiflich, daß Sorel trotz des Beifalls nicht als Autor
genannt werden wollte. Die alten Ausgaben des *Francion*
erschienen anonym und unter verschiedenen Pseudonymen.
Sorel leugnete stets seine Autorschaft, mit besonderem
Nachdruck in der *Bibliothèque française,* aber doch so, daß
man bemerkte, daß er der Verfasser sei. Der Erfolg des
Buches war ein bedeutender, es erlebte bis 1700 an 30
Auflagen und wurde ins Holländische (von D. V. R.,
1643), ins Englische (*by a person of honour,* 1655) und
ins Deutsche (anonym 1662 u. ö., 1714) übersetzt. Eine
Dramatisierung des Romans lieferte Gillet de la Tes-
sonerie (*La comédie de Francion,* 1642).

Die Schäferromane, die im *Francion* hin und wieder
einen wohlgezielten Hieb erhalten hatten, nahm Sorel
noch besonders in seinem Berger extravagant (1627)
aufs Korn. Im Vorwort heißt es, dieser solle sein «*un
livre qui se moquast des autres et qui fust comme le tombeau
des Romans et des absurditez de la Poésie*». In diesen
Worten liegt eine Anspielung auf eine kurz vorher erschienene Schrift von de Faucon (*Le tombeau des
romans où il est discouru I. contre les romans, II. pour les
romans,* 1626). Die Idee ist dem *Don Quixote* entnommen.
Wie der Held des Cervantes durch das Lesen von Ritterromanen von Sinnen kommt und selbst ein fahrender
Ritter zu sein glaubt, so ergeht es hier dem jungen
Pariser Louis, dem Sohne eines Tuchhändlers, durch die
Lektüre der modernen Schäferromane, speziell der *Astrée.*
Er nennt sich Lysis, und statt im Laden seines Vaters
Tuch zu verkaufen, weidet er in einem lächerlichen

19*

Schäferkostüm räudige Hämmel an der Seine. Seine
Dulcinea ist die Magd Cathérine, die er für eine Schäferin
«Charite» hält und in Versen besingt. Sein Diener
Carmelin ist sein Sancho Pansa. Bei seinen Abenteuern,
die zum Teil in der Art jener des Don Quixote sind,
bekundet er einen beispiellosen, an Idiotismus grenzenden
Schwachsinn. Er glaubt, daß Charites Augen ihm den
Hut verbrennen, und denkt ernstlich daran, den Meer-
göttern Besuche abzustatten. Als er in einen hohlen
Baumstamm fällt, ist er der festen Meinung, selbst in
einen Baumstamm verwandelt zu sein, wie dergleichen in
Ovids *Metamorphosen* vorkomme, auf die er sich beruft,
als ihn seine Freunde erfolglos eines Bessern belehren
wollen. Unter dem Vorwand, daß der Baum begossen
werden müsse, gibt man ihm zu essen und zu trinken.
Erst als Anselme, als Magier verkleidet, eine Entzauberung
an ihm vornimmt, entschließt er sich, den Baumstamm
zu verlassen. Es dauert lange, ehe er, dank dem gütlichen
Zureden seiner Freunde, wieder Vernunft annimmt.

Das ganze Buch ist weniger ein Roman als vielmehr
eine Satire auf die Romane, die uns heute in Anbetracht
ihres Zieles etwas zu heftig und unzart erscheint. Dabei fehlt
ihr jener unwiderstehliche Humor, der den Roman des Cervantes in so hohem Grade auszeichnet, und für welchen der
pedantische Kommentar am Schlusse jedes Buches nicht
entschädigt. Daß der *Berger extravagant* lediglich eine Nachahmung des *Don Quixote* sei, erkannten viele Zeitgenossen,
und Sorel sah sich veranlaßt, sich in den *Remarques* gegen
den Vorwurf des Plagiats ausdrücklich zu rechtfertigen.
Er sagt, daß er den *Don Quixote* seit zwölf Jahren nicht
gelesen habe, und daß seine Aufgabe in jeder Hinsicht
schwerer gewesen sei als jene des Cervantes, weil sein
Stoff nicht so dankbar war. Um so beachtenswerter sei
sein Erfolg. Wie der Spanier im 6. Kapitel die beliebtesten Romane seiner Zeit Revue passieren läßt, ehe
sie dem weltlichen Arm der Haushälterin übergeben
werden, so flicht Sorel im 13. Buch eine Diskussion über

Wert und Wesen der Poesie, besonders der Romandichtung, ein. Clarimond verurteilt die *Ilias* und die *Odyssee*, weil darin die historische Wahrheit entstellt, die Konzeption eine mangelhafte und die Sprache eine unreine sei. Virgil kommt im allgemeinen besser weg, doch habe auch er die Fehler Homers, welchen er nachahme. Die *Metamorphosen* des Ovid seien in ihrer Grundidee verfehlt, entbehrten des inneren Zusammenhangs und der Originalität. Auch von Ariosto und Tasso weiß er nichts Gutes zu sagen. Ronsard, der beste und berühmteste Dichter Frankreichs, sei in seinen Sonetten und Elegien wie auch in der *Franciade* ein blasser Nachahmer der Alten. Die neueren Romandichter hätten sich aber leider den Heliodor zum Muster genommen, der in dieser Hinsicht ebenso verderblich gewirkt habe wie Longos bei den Schäferdichtungen. Guarini, Montemayor, die *Bergeries de Juliette*, Sidneys *Arcadia* werden bei dieser Gelegenheit getadelt, und auch die *Astrée* des d'Urfé findet nur wenig Gnade vor seinem Urteil. Dasselbe gilt von Barclays *Argenis*, von Fr. de Molières *Polyxène* u. a. «Ich kann nicht dulden», sagt Clarimond, «daß einige Menschen so töricht seien, zu glauben, daß sie durch ihre Romane, ihre Poesien und andere überflüssige Werke sich den Anspruch erworben hätten, den schönen Geistern beigezählt zu werden.... Man sehe sich diese Schreiber nur etwas näher an. Sie sind lasterhaft, unerträglich durch ihre Eitelkeit und so ohne gesunden Menschenverstand, daß sie von Handwerkern lernen könnten. Ihr ganzes Wissen besteht aus sieben oder acht Pointen, deren man sich so oft bedient hat, daß sie ganz abgenützt sind, und aus drei oder vier übermütigen Redensarten, die sie uns so mysteriös machen wollen, als wäre es die Kabbala. Wenn man sie von diesen loslöst und mit ihnen irgendeinen Gegenstand des gewöhnlichen Lebens bespricht, so sind sie so hilflos, als hätte man sie in eine fremde Gegend versetzt, und man kommt zu der Einsicht, daß es sehr gut wäre, sie aus den Städten auszuscheiden, wie man

das Überflüssige aus dem Körper ausscheidet.» — In einer
Gegenrede nimmt Philiris zwar die angegriffenen Autoren
ein wenig in Schutz, und Anselme entscheidet in einem
Schlußwort, daß die Hauptaufgabe des Romans darin bestehe, zu amüsieren, aber der Eindruck, welcher dem
Leser bleibt, ist dennoch ein absprechender und rechtfertigt es, daß das Buch in den späteren Auflagen (seit
1633) kurzweg den Titel L'Antiroman führt. — Der
Erfolg war immerhin ein nachhaltiger. Im Verlaufe von
30 Jahren, bis 1657, erschienen 15 Auflagen, 1654 eine
Übersetzung ins Englische, 1656 eine solche ins Holländische. Aber die Wirkung blieb weit hinter jener des
Don Quixote zurück. Die Schäferromane wurden durch
den *Berger extravagant* in ihrer Verbreitung nicht nennens-
wert geschädigt. Man las nach wie vor die *Astrée* und
die Übersetzungen italienischer und spanischer Pastoralromane. Eine ziemlich freie und dabei recht schwache
Dramatisierung des *Berger extravagant* lieferte Thomas
Corneille (*Le berger extravagant*, 1653). Sein Stück diente
einem Lustspiel von Gryphius (*Der schwärmende Schäfer*,
1673) zur Vorlage.

Sorel hinterließ endlich noch einen unvollendeten
Roman Polyandre (1648), dessen Held abermals ein
Picaro ist, «*un subtil et raffiné qui fait pièce à tout le monde
et qui faisant son profit de toutes choses ou plusieurs establit
seurement sa fortune*». Soweit man sich aus dem vorliegenden Fragment ein Urteil bilden kann, wollte Sorel
aber nicht so sehr einen Roman als vielmehr eine Reihe
von Szenen aus dem gesellschaftlichen Leben seiner Zeit
geben und dem Leser eine Anzahl von markanten Typen
vorführen. Er will besonders «den lächerlichen Dichter,
den Allerweltsliebhaber, den Bramarbas, den Schmarotzer
und den betrügerischen Goldmacher» zeichnen. Diese
Karikaturen sind ihm, soweit sie in dem erhaltenen Bruchstück erscheinen, trefflich gelungen. Der Dichter Musigène,
der Parasit Gastrimargue, der Alchymist Théophraste sind
ohne Zweifel Porträts nach wirklichen Personen, und wenn

er das Leben und Treiben auf einem Ball oder bei einer Messe schildert, wird man an die besten Stellen des *Roman bourgeois* erinnert. Eine richtige Handlung fehlt aber, und die vorkommenden Liebesintrigen zwischen Céphize und Valère, zwischen Polyandre und Aurélie sind recht unklar, farb- und zusammenhanglos und lassen nicht vermuten, wie sie der Verfasser zu Ende führen wollte.

So bleibt Sorels Ruhm als Romancier auf *Francion* und den *Berger extravagant* beschränkt. Er hat sich übrigens noch auf den verschiedensten anderen Gebieten schriftstellerisch betätigt. Besonders in den letzten Jahren seines Lebens bietet er das Bild eines richtigen Polygraphen. Unter den historischen Schriften, die er gewissermaßen von Amtswegen verfaßte, fanden besonders die *Histoire de la monarchie française* (2 Bände, 1629, umfaßt die Zeit von Pharamond bis zum Jahr 840) und die *Histoire de la monarchie française sous le règne de Louis XIV.* (1662, reicht bis zu diesem Jahre) Beachtung. Auch vollendete er die *Histoire de Louis XIII.* seines Oheims Ch. Bernard (1646). Am beachtenswertesten ist vielleicht die kleine Schrift *Avertissement sur l'histoire de France* (1627), in welcher er über die Vernachlässigung der französischen Geschichte gegenüber der griechischen und römischen klagt, für Klarheit der Darstellung und Emanzipation von den alten Vorbildern in der Geschichtsschreibung eintritt und die Gründung einer Akademie der Geschichte wünscht. Seine bibliographischen Werke *La Bibliothèque française* (1664, 2. Aufl. 1667) und *De la connaissance des bons livres* (1671) sind Revuen der Literatur jener Zeit, nach Materien geordnet. Er verfaßte ferner Traktate über Moral und Pädagogik und wissenschaftliche Kompendien (*Science universelle*, 3 Bände, 1641, deutsch von Stubenberg 1660). «Hätte er einige Jahrhunderte früher gelebt, er wäre imstande gewesen, den *Roman de la Rose* fortzusetzen und ihn noch länger zu machen, als er uns vorliegt» (Roy, S. 120). —

Man besitzt von ihm merkwürdigerweise auch einige Schriften im preziösen Geist, die kulturhistorisch zu den interessantesten gehören, wie *La maison des jeux* (1642, über Gesellschaftsspiele) und *Les lois de galanterie*. Die letzteren (gedruckt zuerst 1644 im *Nouveau Recueil des pièces les plus agréables de ce temps*) wurden in der Ausgabe von 1658 von Molière für seine *Précieuses ridicules* benützt. Molière machte überhaupt mit Vorliebe bei Sorel Anleihen, und die Spuren davon finden sich in allen Stücken aus der Zeit nach seiner Rückkehr nach Paris; im *Sganarelle*, im *Bourgeois gentilhomme* (Hortensius), im *Monsieur de Pourceaugnac* (Polyandre), im *Tartuffe* (Exposition nach *Polyandre*), im *Avare* erinnern Charaktere, Szenen, Einzelheiten, Ausdrücke an Sorel.

Die Persönlichkeit Sorels schildert sein Arzt und Freund Guy Patin in seinen Briefen (III., 17, ex 1653) folgendermaßen: «Er ist ein kleiner, dicklicher *(grasset)* Mann mit großer spitziger Nase, der alles genau ansieht, sehr melancholisch zu sein scheint, es aber durchaus nicht ist ... Er ist von sehr zarter Gesundheit und oft krank, dennoch führt er ein ganz angenehmes Leben, da er sehr mäßig ist ... Er ist ein Mensch von gesundem natürlichem Verstand und schweigsam ...» Furetière, der ihn im *Roman bourgeois* (II. T. s. u. S. 314) unter dem Namen Charrosselles auftreten läßt, gibt folgende Charakteristik von ihm: «Seine Nase, welche man mit vollem Rechte Seine Eminenz nennen konnte, und die auch stets in rotem Gewande war, schien für einen Koloß gemacht zu sein; nichtsdestoweniger war sie einem Manne von recht kleiner Gestalt verliehen worden. Nicht daß die Natur diesem kleinen Mann deshalb etwas entzogen hätte. Was sie ihm an Größe vorenthalten, das hatte sie ihm an Leibesfülle wieder gegeben, so daß er genug Fleisch besaß, nur war es schlecht verteilt. Sein Haar bot den unangenehmsten Anblick der Welt, auch kämmte er sich nie, außer mit den Fingern. Seine Haut hatte Narben wie Saffianleder, und ihre braune Farbe wurde lebhafter

urch die roten Finnen, die sie in großer Zahl aufwies.
ür gewöhnlich hatte er den Gesichtsausdruck eines
atyrs. Seine großen, hervortretenden Augen nahmen
ch aus, als stünden sie vor dem Kopfe . . . Es gab
iemals einen boshafteren und neidischeren Menschen . . .»

Obwohl Sorel zunächst nichts ausrichtete und der
eroisch-galante Roman in seiner Beliebtheit keine Ein-
uße erfuhr, fand er viele Nachfolger, die einsehen
lochten, daß dem Realismus die Zukunft gehöre. Es
rschienen zahlreiche Romane im Stile Sorels. Einer der
ekanntesten ist Jean de Lannels Roman satyrique
1624). Der Verfasser, der den Titel eines Sieur de Chain-
reau et du Chambort führte und u. a. auch eine Bio-
raphie Gottfrieds von Bouillon (1625) verfaßt hat, war
rsprünglich Soldat und stand seit 1621 in den Diensten
Ludwigs von Lothringen, Prinzen von Pfalzburg, eines
latürlichen Sohnes des Kardinals von Guise. Wie Sorel
m *Francion*, so will auch er eine Satire der gesellschaft-
ichen Zustände geben — *«représenter le dérèglement des
lassions humaines sous des noms supposés»* —, wählt aber
ls Mittel eine recht schwach komponierte Amadisgeschichte
nit vielen Entführungen, Duellen und Episoden. Der
Held Ennemidor, *«le plus joly enfant du monde, monté sur
e plus petit bidet et portant une chétive mallette»*, besiegt im
Zweikampf Boittantual, den Geliebten der Königin von
Regnaut-Chamfort. Diese verliebt sich in den Sieger und
;ibt sich ihm hin. Er aber kann in ihren Armen kein
Glück finden, da sein Herz ihrer Schwester, der kühlen
Prinzessin Gonzanvert gehört. Wie dem Celadon in der
Astrée, so gelingt es auch ihm, als Mädchen verkleidet,
unter dem Namen Chrysolite in die Nähe der Geliebten
:u gelangen, ja er darf sogar des Nachts ihr Lager teilen.
Als die Prinzessin sein wahres Geschlecht entdeckt, ver-
:eiht sie ihm gerne. Komplizierter wird die Situation,
uls sich Ennemidors ehemalige Angebetete Filatée des-
;elben Tricks bedient und sich als Knabe Delphis verkleidet, um bei ihm weilen zu können. Und während

der Held so von einer Intrige in die andere kommt, sucht
die Königin das alte Verhältnis mit ihm wieder anzuknüpfen.
Als die Prinzessin erfährt, daß Delphis ein Mädchen sei,
wird sie von Eifersucht erfaßt und stirbt aus Gram.
Ennemidor soll nun Clarice, die Nichte des Prinzen
Gonzanvert heiraten. Er wäre imstande, seine edle Abkunft nachzuweisen und wird überdies von einem Kloster-
bruder als natürlicher Sohn des Prinzen Petruperyon
erkannt, heiratet aber Clarice dennoch nicht, sondern
bleibt Filatée treu, die unterdessen die größte Mühe hatte,
sich der Werbungen des Kaisers Hercule de Bournonvarre
zu erwehren. Endlich bringt sie ihn «mit den Finger-
nägeln zur Räson», und er beschließt darauf, Clarice zu
heiraten, während Filatée selbst Ennemidors Gattin wird.
— In den Figuren wollte man wirkliche Personen erkennen.
Der Held Ennemidor soll Ludwig von Lothringen sein,
dem der Roman gewidmet ist. Die Königin von Regnaut-
Chamfort wäre die geschiedene Frau Heinrichs IV., Margarete, die Prinzessin von Gonzanvert die Prinzessin
von Nevers-Gonzaga, der Kaiser Ludwig XIII. usw. —
Die allzugroße Durchsichtigkeit der Masken scheint den
Verfasser veranlaßt zu haben, in der zweiten Auflage, die
den Titel Le roman des Indes führt (1625), den Schauplatz der Handlung unter Änderung der Personennamen
nach Indien zu verlegen. Die dritte Auflage (1637) hält
sich wieder an die erste.

Der *Berger extravagant* zog eine ganze Reihe von
Don Quixotiaden nach sich. Ein Sieur Duverdier, dessen
Identität mit dem Verfasser des *Roman des Romans* nicht
ganz feststeht, wendete sich in seinem Chevalier hypocondriaque (1632) gegen die Romane in der Art des
Polexandre. Dasselbe tat Clerville in seinem unvollendet
gebliebenen Gascon extravagant (1639), während
Adrien Thomas Perdou de Subligny sich in seiner
gleichfalls unvollendeten, aber sehr beifällig aufgenommenen
Fausse Clélie (1670) damit begnügte, den Moderoman
der Scudéry an die Stelle der von Sorel verspotteten

Astrée zu setzen. Hier wird die Heldin durch die Lektüre der *Clélie* wahnsinnig. Der Verfasser, ein heftiger Gegner Racines, wird uns noch als Übersetzer der *Lettres portugaises* begegnen. Auch die Dramatiker bemächtigten sich dieser Idee. In Scarrons unvollendeter Komödie Le faux Alexandre kommt eine Dame durch die Lektüre der *Cassandre* von La Calprenède von Sinnen, und Jodelet verkleidet sich als Alexander der Große, um sie Léandres Plänen geneigt zu machen.

Ein richtiger Picaro im Geiste *Francions* erschien wieder 1643 vor dem französischen Publikum. Es ist der Page disgracié des Tristan L'Hermite (1601—55). Der vollständige Titel des Buches lautet: *Le page disgracié où l'on voit de vifs charactères d'hommes de tous tempéraments et de toutes professions.* Es ist realistischer als seine Vorgänger, denn was dieser Page seinem Freunde Tirynthe erzählt, das ist seine eigene traurige Jugendgeschichte (bis 1621). Er scheint von den Schicksalen, die ihn nicht ohne sein Verschulden trafen, nichts zu verschweigen. Die wahren Namen der auftretenden Personen werden jedoch erst in den Schlüsselanmerkungen der Ausgabe von 1667 genannt. Tristan stammte aus einer armen adeligen Familie der Marche. Ob er mit Peter dem Eremiten verwandt war, ist fraglich, mit Tristan l'Hermite, dem Henker Ludwigs XI., sicherlich nicht. Er wurde 1601 auf Schloß Souliers geboren und von seinen Großeltern erzogen. Der frühreife, aufgeweckte Knabe zeigte eine krankhafte Lesewut, er nennt sich «*le vivant répertoire des romans et des contes fabuleux*». Er wurde Page bei dem jungen Marquis de Verneuil, dem natürlichen Sohne Heinrichs IV. (Tirynthe), und genoß als solcher eine gute Erziehung. Sein ungestümes Temperament war die Ursache, daß er, 14 Jahre alt (1615 oder 1616), einen königlichen Bediensteten, der ihn schief ansah und im Vorübergehen anstieß, tötete. Er mußte fliehen und begab sich nach England und Schottland, wo er mit verschiedenartigem Gesindel, u. a. auch mit Alchymisten, verkehrte, und viele Liebesabenteuer hatte. «*Une matière sèche n'est pas plus capable de s'embraser à l'approche d'un miroir ardent que mon cœur ne l'était à la rencontre d'une beauté*» (II., 17). Er knüpft mit der Tochter einer Dame, die er durch sein Erzählungstalent unterhalten sollte, Beziehungen an, wird von einem Nebenbuhler mit Gift und Schwert verfolgt, kommt ins Gefängnis, entflieht nach Edinburg, gelangt an die norwegische Küste und tritt, endlich auf den Kontinent zurückgekehrt, die Fußwanderung durch Frankreich an, um sich zu Verwandten nach Spanien zu begeben — eine abenteuerliche, an Entbehrungen reiche Reise. Er kommt in die Dienste verschiedener Aristokraten und wird u. a. auch Sekretär des «*docte vieillard*» Scävola de Sainte-Marthe, des Historikers, Feldherrn und Dichters. 1619 wird er endlich, nachdem er verschiedene Kriegsabenteuer und die Purpurpest überstanden hat, über Veranlassung eines Gönners von Ludwig XIII. begnadigt. Am Schlusse verspricht er noch zwei weitere Bände, die aber nicht erschienen. «*C'est en ces deux volumes suivants que vous sçaurès l'apprentissage que j'ay fait en la cognoissance des hommes, et si j'ay quelque tort ou quelque raison de ne les vouloir hanter que rarement.*»

Tristan gibt ein treues Bild des Lebens, speziell des Hoflebens seiner Zeit. Seine Grundsätze präzisiert er Eingangs: «Ich schreibe kein großartiges Gedicht, in welchem ich mich als Heros einführe; ich schreibe eine traurige Geschichte, in der ich nur als ein Gegenstand des Mitleides erscheine, als ein Spielball der Leidenschaften und des Unglücks. Die Erzählung wird keinen besonderen Glanz entfalten können. Die Wahrheit wird so schlecht verhüllt sein, daß man sagen wird, sie sei ganz nackt. Man wird kein geschmeicheltes Gemälde finden, es ist nur eine treue Kopie eines beklagenswerten Originals, treu wie das Bild in einem Spiegel.» (*C'est une fidèle copie d'un lamentable original, c'est comme une réflexion de miroir.*) Er will also eher Memoiren schreiben als einen Roman, und doch ist sein Buch ein Roman, da sein Leben ein solcher war. Seit 1622 hat man wenig Nachrichten über ihn. Bis 1645 stand er mit Unterbrechungen in den Diensten des Herzogs Gaston von Orléans, genannt «Monsieur», des Bruders Ludwigs XIII., eines schwachen und kläglichen Charakters, dann beim Herzog von Guise u. a. Obwohl er auf den ersten Blick jedermann sympathisch war, hatte er dennoch stets Zerwürfnisse, woran sein eigener haltloser Charakter Schuld trug. Seit seiner Kindheit ein leidenschaftlicher Spieler, befand er sich stets in Geldverlegenheit. Unter dem Porträt des Page disgraciè, welches ihn selbst lesend darstellt, sieht man Würfel und Karten. Obwohl ein Picaro, fehlte ihm doch der praktische Verstand.

Seine literarische Bedeutung verdankte er übrigens in erster Linie seinen acht Dramen, mit welchen er neben Hardy und Corneille das Théâtre du Marais versorgte. Sein erfolgreichstes Stück war die *Mariamne* (1636); sie soll Richelieu zu Tränen gerührt haben. Man besitzt von ihm auch lyrische Gedichte an Philis und andere Damen, die man zum Teil identifiziert hat, Briefe *(Lettres mêlées)* u. a. m. Von einem Roman La Coromène, *histoire orientale*, an dem er gearbeitet haben soll (s. Vorwort der Komödie *Le parasite*, 1654) ist nichts auf uns gekommen. Tristan war seit 1648 Mitglied der Akademie und starb 1655 an Schwindsucht, in traurigen Verhältnissen im Hause des Herzogs von Guise, der sich seiner angenommen hatte, *«fort chrétiennement sans vouloir être visité de ses amis; et il les oublia tous pour penser à Dieu»* (Bayle, IV., 396). In den letzten Jahren wurde er sehr fromm. Ob er verheiratet war und einen Sohn hatte, ist nicht erwiesen. Er nahm sich des jungen Operndichters Philippe Quinault († 1688) in väterlicher Weise an, und dieser hat auch Tristans dramatischen Nachlaß herausgegeben.

In dieselbe Richtung gehören die verschiedenen autobiographischen Schriften von Charles Coypeau d'Assoucy (Dassoucy, geb. 1605, † 1674, oder bald darauf), der sich auch als burlesker Dichter in Scarrons Manier hervortat und sich selbst «*l'empereur du burlesque*» nannte. Er wird von Boileau mit Verachtung erwähnt:

> „*Le plus mauvais plaisant eut des approbateurs*
> *Et jusqu'à Dassoucy tout trouva des lecteurs.*"

Dassoucy war der Sohn eines Advokaten, entlief dem Vaterhaus und führte das abenteuerliche Leben eines richtigen *Bohème littéraire.* Er durchzog als wandernder Musikant das Land und machte wegen seiner Schulden und aus anderen Gründen wiederholt die Bekanntschaft der Gefängnisse. Seine Memoiren sind eine Hauptquelle für die Wanderungen Molières in einzelnen Teilen Frankreichs. Er traf 1653 mit ihm in Lyon zusammen, schloß sich seiner Truppe als Gast an und setzte Couplets von ihm in Musik. Er hat auch die musikalische Begleitung zu Corneilles *Andromède* geschrieben. Seine Memoiren enthalten gelegentlich Persiflagen von Teilen der *Astrée*, Parodien der Entführungsszenen in den heroisch-galanten Romanen usw. — Cyrano, der Dassoucy mit ebenso grimmigem Hasse verfolgte wie Scarron, nennt ihn einen häßlichen kleinen Menschen, sehr schmutzig und übelriechend, mit affenartiger Physiognomie, langen Zähnen, aufgestülpter Nase, gottlos fluchend, geschwätzig, geizig, einen Falschspieler, voll Schulden und stets hungrig. «Seine Nase», heißt es in dem Briefe *Contre Soucidas,* «fordert zu Nasenstübern heraus, und wenn die Stockhiebe, welche er bekam, auf ihm Wurzel gefaßt hätten, wäre daraus ein großer Wald geworden» (*un grand bois de haute futaie).*

Neben diesen wirklichen Picaros fehlte es in dieser Zeit auch nicht an erfundenen. Ein solcher war z. B. der Chevalier de la Gaillardise (*L'orphelin infortuné)* von César François Oudin Sieur de Préfontaine (1660). Dieses Buch erzählt, wie ein picaresk veranlagter Knabe, der zu Hause schlecht behandelt wird, erst als Gehilfe zu einem Schreiber, dann als Diener in das Haus einer Witwe kommt, «*s'accoste à un jeune homme à la sœur duquel il fait l'amour sans se déclarer*» (Kap. 12), sich dann

der kaufmännischen Karriere zuwendet, heiratet, Bankrott
macht, Gefängnis und Elend kennen lernt, bei einem
Raufhandel verwundet wird, eine Zeitlang wieder durch
Schreibarbeiten sein Brot verdient, nach Deutschland reist,
nach seiner Rückkehr in die Dienste eines Großen tritt,
wieder heiratet und schließlich mit seinem Herrn auf
Reisen geht.

Um diese Zeit gerät das picareske Genre in Vergessenheit, und erst 50 Jahre später hat es Lesage in
seinem *Gil Blas* zu neuem Leben erweckt. In anderer,
aber nicht minder deutlicher Weise zeigt sich der Einfluß
der Spanier in Scarrons *Roman comique*, der den Höhepunkt der realistischen Erzählung im XVIII. Jahrhundert
bezeichnet. Paul Scarron war 1610 zu Paris als Sohn
eines Parlamentsadvokaten geboren, der in dem Rufe stand,
sehr reich zu sein und wegen seiner Vorliebe für das
Zitieren der Schriften des Paulus den Beinamen *l'Apôtre*
führte. Wegen seiner regierungsfeindlichen Haltung wurde
er von Richelieu 1640 seiner Stelle enthoben und aus
Paris verwiesen. Die Mutter starb früh, und Scarron
erhielt eine Stiefmutter, die viel Zwietracht ins Haus
brachte. Er wuchs ohne rechte Aufsicht heran und ergab
sich bald einem liederlichen Leben. Wir sehen ihn in
dem Kreise der Marion Delorme, der Ninon de Lenclos
und anderer galanter Damen. Die Folge solchen Verkehrs
war ein Zerwürfnis mit dem Vater. Da er gelegentlich
(1629) die niederen Weihen empfangen hatte — «*on
l'ensoutane*» — hieß er fortan der Abbé Scarron. Um
1632 wurde er «Domestique» des Bischofs von Le Mans,
Charles Beaumanoir de Laverdin. Er hielt sich einige
Jahre in dieser Provinzstadt auf und begleitete den
Bischof gelegentlich auch nach Rom. Seit dem Jahre
1636 war er Kanonikus, nahm es aber mit seinen
Pflichten nicht sehr genau und schrieb lieber galante
Verse, als zur Vesper zu singen. Ein junger, hübscher
und liebenswürdiger Abbé, ein ausgezeichneter Sänger und
Lautespieler, führte er ein lustiges Leben in diesem durch

seine Poulardes und Chapons vorteilhaft bekannten Lande. In diese Zeit fällt auch der erste Plan zum *Roman comique*, der ja in Le Mans spielt. Hier lernte er die Leute kennen, die er darin porträtiert. Eine liebenswürdige Gönnerin fand er in Mme. de Hautefort, der späteren Herzogin von Schomberg, die 1640, nachdem sie die Gunst Ludwigs XIII. verloren und den Haß Richelieus auf sich gezogen, ins Exil nach Le Mans ging und dort als eine Preziöse im besten Sinne des Wortes einen schöngeistigen Zirkel um sich versammelte. Sie figuriert bei Somaize unter dem Namen Hermione.

Dieses lustige Leben fand einen jähen Abschluß durch die furchtbare Krankheit, welche Scarron im Jahre 1638 befiel und von der er nicht mehr geheilt wurde. Sie machte ihn zum Krüppel und zum Gegenstand des allgemeinen Mitleids. Über die Ursachen derselben ist viel geschrieben worden. Er selbst und die Zeitgenossen geben seinem ausschweifenden Leben die Schuld. Seit La Beaumelle (*Mémoires pour servir à l'histoire de Mme. de Maintenon*, 1735) bezeichnete man aber meist einen Karnevalsstreich als die Veranlassung. Scarron soll als Wilder verkleidet, d. h. nachdem er sich nackt in Federn und Honig gewälzt, an einer Maskerade teilgenommen haben. Das Volk habe an der Schamlosigkeit des Abbés Anstoß genommen, habe ihn verfolgt, und er habe sich gezwungen gesehen, des Nachts in einen Sumpf (*l'Huisne*) zu springen und sich dort einige Stunden aufzuhalten. Heute weiß man, daß diese sogenannte Maskerade von Pontlieue eine der zahlreichen Erfindungen La Beaumelles ist. Ebensowenig Berechtigung ist vorhanden, die Schuld auf die Kur eines unverständigen Arztes, La Mesnardière, zu schieben, dessen Pillen ihn so krank gemacht hätten. In diesem Falle wäre Scarron mit ihm später nicht in so gutem Einvernehmen geblieben. Soweit man nach den Schilderungen urteilen kann, handelte es sich entweder um ein Rückenmarksleiden mit Phtisis oder um einen schweren Muskelrheumatismus. Die Krankheit verzerrte ihn derart, daß er fortan einem *Z* glich. Er selbst nennt sich *cul de jatte*. Unfähig, sich zu bewegen, litt er die fürchterlichsten Schmerzen. Nur Opium brachte ihm zeitweilig Hilfe. Da alle Kuren und Bäder, die er anwendete, erfolglos waren, nahm er später zur Alchymie seine Zuflucht. Er erhielt vom König die Erlaubnis, sich ein chemisches Laboratorium einzurichten.

1641 starb der Vater, kurz nachdem es Scarron gelungen war, seine Verbannung aufzuheben und seine Wiedereinsetzung in die frühere Stellung zu erwirken. Es ergab sich, daß er wenig Geld hinterlassen hatte, und um dieses entstand noch ein Prozeß zwischen Scarron und seinen Halbgeschwistern, der sich durch neun Jahre hinzog. Trotz alledem blieb er bei guter Laune und bewahrte sich auch seinen Appetit. Er sah gerne Freunde bei sich, in deren Gesellschaft er sehr heiter sein konnte. Da ihm seine Pfründe wenig abwarf — er lebte in Paris und kam den Präsenzpflichten nicht nach — war seine materielle Lage nicht rosig. Um sie zu verbessern, warf er sich auf die Schriftstellerei. Von galanten Gedichten abgesehen, trat er zuerst 1637, und zwar in nicht eben vorteilhafter Weise hervor. Er schrieb damals aus Freundschaft für Scudéry zwei anonyme Schmähschriften gegen Corneille, worin er den Dichter des *Cid* mit 100 Stockschlägen bedrohte. Seit 1643 publizierte er b u r l e s k e D i c h t u n g e n, in welcher Manier er bald Meister war und viele Nachahmer fand. Besonders charakteristisch sind in dieser Art seine kleinen Gedichte, die in pompösem Stil anheben und am Schlusse eine überraschende burleske Wendung nehmen. Berühmt wurden seine größeren burlesken Werke: T y p h o n o u l a g i g a n t o m a c h i e (1644), und V i r g i l e t r a v e s t i (1648), wahre Muster ihrer Gattung. Nebenbei schrieb er für das Theater K o m ö d i e n nach spanischem Muster, unter denen *Jodelet ou le maître valet* (1645) besondere Beliebtheit erlangte. Auch in seinen Novellen hielt er sich an die Spanier. Scarron widmete den *Typhon* dem Kardinal Mazarin, hoffend, von ihm eine

entsprechende Belohnung zu erhalten. Diese blieb aber
aus, nicht nur weil Mazarin als Freund der klassischen
Poesie an derlei Werken kein Gefallen fand, sondern
auch weil Scarron ein Protegé von Mme. de Hautefort
war, gegen die auch er sehr eingenommen war. So bekam Scarron nichts. («*Je lui ai dedié mon Typhon, il ne l'a
pas seulement regardé.*») Scarron wurde daher Frondeur und
Mazarins heftigster Gegner und verfaßte die schmutzigsten
Epigramme und Lieder auf ihn (die Mazarinade 1651).
Obwohl ihm in der Folge auch manches mit Unrecht zugeschrieben wurde, zeugt ein solches Vorgehen gewiß nicht
von respektablem Charakter. Es war auch nicht klug, denn
er verlor die Pension von 500 Franken, welche er vom
Hofe bezogen hatte. Da er sich vom tropischen Klima
Heilung seiner Leiden versprach, dachte er damals ernstlich daran, auszuwandern (1652), und beteiligte sich an
einem amerikanischen Kolonisationsprojekt. Dieses schei-
terte jedoch, und Scarron verlor 3000 Franken.

In dieser Zeit heiratete der 42jährige Scarron. Er
resignierte sein Kanonikat und vermählte sich am 4. Febr.
1652 mit Mlle. Françoise d'Aubigné, einer Enkelin
Agrippas, der späteren Frau v. Maintenon. Sie war damals
noch fast ein Kind, 16 Jahre alt, und lebte bei einer sehr
geizigen Tante, Mme. de Neuillan, unweit von Scarron im
Hotel de Troyes. Er verliebte sich in das Mädchen «in
dem kurzen, ausgewachsenen Kleid» und hielt um sie an.
«*J'ai mieux aimé l'épouser qu'un couvent*» soll Françoise zu
ihrer Entschuldigung gesagt haben (Tallement d. R.). Auch
hoffte Scarron ja in Amerika gesund zu werden. Die
Forschung hat sich viel mit den Alkovengeheimnissen
dieses Krüppels und den ehelichen Freuden der zukünftigen klandestinen Königin von Frankreich beschäftigt.
Das Resultat war kein sehr befriedigendes. Ihr Ruf als
Frau war dennoch ein sehr guter, und sie hat alles getan,
um Scarron ein angenehmes Heim zu schaffen. Dabei
wirkte die künftige Gründerin von St. Cyr merklich ver-
edelnd auf den gesellschaftlichen Ton dieser Gesellschaft.

Von Schulden gedrückt, tat er später sein möglichstes,
um sich mit Mazarin auszusöhnen. Er ging so weit, ihm
nach der Besiegung der Fronde in burlesken Versen Ab-
bitte zu leisten, was ohne Erfolg blieb. Da er andere
Gönner fand, war sein Lebensabend wenigstens nicht allzu
traurig. Er starb in der Nacht vom 6.—7. Oktober 1660,
heiter wie stets. Er hat sich selbst das nachfolgende
rührende Epitaph gesetzt:

> *„Celuy qui cy maintenant dort*
> *Fit plus de pitié que d'envie*
> *Et souffrit mille fois la mort,*
> *Avant que de perdre la vie.*
> *Passants, ne faites pas de bruit,*
> *Et gardez vous qu'il ne s'éveille,*
> *Car voici la prémière nuit*
> *Que le pauvre Scarron sommeille.“*

(Sein Vorbild war die Grabschrift des Marschalls Trivulzio:
Hic quiescit qui nunquam quievit, tace!). Sein Tod wurde
wenig beachtet, da damals eben die Hochzeit Ludwigs XIV.
mit Maria Theresia stattfand. Mme. Scarron, die ihren
Gatten um 59 Jahre überlebte, erinnerte sich seiner später
nicht gerne und vermied, von ihm zu sprechen, obwohl
sie acht Jahre seinen Namen getragen und ihm ihren
Eintritt in die Gesellschaft verdankte. Sie wäre nie Mme.
de Maintenon geworden, wenn sie nicht früher Mme.
Scarron gewesen wäre.

Der Roman comique, dessen erster Teil 1651,
dessen zweiter Teil 1657 erschien, ist, wiewohl unvollendet,
einer der großen Marksteine der französischen Romanliteratur. Die oppositionelle Tendenz gegen den Moderoman tritt ziemlich deutlich hervor. Scarron wünscht
durch den Mund seiner Personen *«qu'on revienne à la
vérité dans les ouvrages et qu'on renonce à tant d'absurdes
fictions héroiques dont le récit n'en finit pas»*. Er nennt die
Vorgänge seiner Erzählung *«très véritables et très peu
héroiques»* (I., 12) und macht sich gelegentlich gerne über
die Unarten und Übertreibungen der heroisch-galanten

Erzählungen lustig. Er schildert in einer Reihe lose aneinandergefügter Kapitel das Leben und Treiben einer wandernden Schauspielertruppe. Scarron wurde dazu vielleicht durch Agustin de Roxas' Viaje entretenido (1603) angeregt. Weiter hat er diesem Buche allerdings nichts entnommen. Der Schauplatz ist Le Mans, wo die Truppe anfangs ihren Einzug hält und Tristans *Mariamne* in kläglicher Weise zur Aufführung bringt. Die Miseren des Schauspielerstandes werden realistisch geschildert, und der Leser empfindet die Seelenqual des Histrionen, welcher spielen muß, wenn auch sein Herz blutet. Das Hauptinteresse nehmen zwei Liebesgeschichten ein, · die des Schauspielers Léandre und der Angélique und die des Schauspielers Destin und der Mlle. l'Estoile, welche letzteren sich zwar für Bruder und Schwester ausgeben, aber, wie jedermann weiß, «*plus grand amis que proches parents*» und beide eigentlich vornehme Leute sind. Garigues hat Léonore vor den Zudringlichkeiten eines in sie verliebten Edelmannes Saldagne gerettet, und nach verschiedenen Abenteuern haben sie sich, aller Mittel bar, dieser Truppe zugesellt, wo die Drangsale der schönen Léonore allerdings nicht enden. Einer der Verehrer, vor welchen Destin sie schützen muß, ist der Advokat Ragotin, die komische Figur des Romans, ein kleiner, verlogener, eingebildeter Mann, «*veuf, avocat de profession, qui avoit une petite charge dans une petite juridiction voisine. Depuis la mort de sa petite femme, il avoit menacé les femmes de la ville de se remarier et le clergé de la province de se faire prestre et même de se faire prélat à beaux sermons comptans. C'estoit le plus grand petit fou qui ait couru les champs depuis Roland.*» Er erlebt die drolligsten Abenteuer. Seine Liebe zu der l'Estoile bringt ihn in die peinlichsten Verlegenheiten und kostet ihn viel Geld. Er bekommt einen Schlag, der ihm den Hut so ins Gesicht drückt, daß er ihm vom Kopf geschnitten werden muß. Er gerät mit dem Fuß in ein Zinngefäß, welches man durchfeilen muß, um ihn zu befreien. Er stürzt von einer Stiege herab, wird von einem Pferde abgeworfen und fällt in eine Pfütze. Betrunken, wird er von einem Dieb geplündert, nackt von einem Kutscher geprügelt, von einem Hund gebissen und von einem Bienenschwarm gestochen. Man legt einen Leichnam in sein Bett und näht ihm, während er schläft, die Kleider ein, um ihn glauben zu machen, daß sein Leib durch eine Krankheit angeschwollen sei. Nicht minder trefflich sind die anderen Personen gezeichnet: der Dichter Roquebrune, der Polizeibeamte La Rappinière, der verbitterte, eitle, von sich eingenommene Schauspieler La Rancune und Mme. Bouvillon, eine mannstolle Provinzlerin, die so beleibt ist, daß sie einen Wagen beim Einsteigen zum Umkippen bringt. In solchen derben Effekten liegt die Komik Scarrons. Sie besteht in einer ausgelassenen Lustigkeit, die des Geistes fast völlig entraten kann. Fast jedes Kapitel endet wie die Aufführung der *Mariamne* «*par mille coups de poing, autant de soufflets, un nombre incroyable de coups de pieds et des jurements qui ne se peuvent compter.*» Die Ohrfeigen klatschen durch das ganze Buch.

Der Realismus der Darstellung und der Umstand, daß die Handlung in Le Mans spielt, legte die Vermutung nahe, daß darin wirkliche Personen und Ereignisse geschildert seien. Man suchte die Schauspieler und Bürger zu identifizieren, und seit der Mitte des XIX. Jahrhunderts tauchten verschiedene Schlüssel auf. Paul Lacroix fand einen solchen in der Arsenalbibliothek, der sich aber als lügenhaftes Fabrikat einer späteren Zeit erwies. Fournel, Fournier, Moland u. a. dachten bei Destin und Mlle. l'Estoile an Molière und Mlle. Béjart, aber die verlockende Hypothese erwies sich als unhaltbar. Chardon stellte in seinem ersten Buche (1876) fest, daß Léandre mit einem gewissen Filandre (Sieur de Mouchaingre) identisch sei, der mit seiner Truppe 1638 in Le Mans war. Das Urbild seiner Partnerin hieß Angélique Meusnier. Im zweiten Band seines großen Werkes (1904) suchte er auch die übrigen Figuren zu identifizieren, was ihm jedoch, ungeachtet der Zuhilfenahme eines ungeheuren Aktenmaterials nicht immer gelungen ist. Mit einiger Bestimmtheit kann man in Ragotin den Sekretär des Bischofs Charles de Beaumanoir, Ambroise Denisot († 1647) erkennen, der übrigens verheiratet und Vater von neun Kindern war. Verwitwet, wurde er Priester und machte auch lateinische Verse. La Rappinière wäre François Nourry Sieur de Vauseillon, Leutnant der Maréchaussée; Mme. Bouvillon: Marguérite le Divin, Gattin des Jean Beautru; Monsieur de la Garoufière: Jacques Chouet de la Gandie, Rat am Parlament zu Rennes, usw. Für die Handlung ist keine tatsächliche Grundlage zu ermitteln.

Ein Vorzug des Buches liegt in der Kürze und Lebendigkeit der Darstellung. «*Scarron est un de ceux qui les prémiers ont essayé, avec du réel de faire du vrai*» (Morillot). Sein Stil ist vielleicht der natürlichste des Jahrhunderts. Er hielt sich als erster an die große Regel, welche Labruyère später so formulierte: «*Voulez-vous dire qu'il pleut? Dites, il pleut.*» Aber seiner Heiterkeit fehlt die Tiefe, sie macht nur lachen, nicht denken wie jene Molières. Das Buch ist ziemlich planlos geschrieben, und Scarron ist sich dessen bewußt. Er gesteht bisweilen, selbst nicht zu wissen, was er im nächsten Kapitel schreiben werde. «*Un chapitre attire l'autre ... je fais dans mon livre comme ceux qui mettent la bride sur le col de leurs chevaux et les laissent aller sur leur bonne foi*» (I., 12). Am Ende des ersten Kapitels heißt es: «*L'auteur se reposa quelque temps et se mit à songer à ce qu'il diroit dans le second chapitre*». Im Avis: «*Je ne sais souvent ce que je donne à l'imprimeur que la veille d'un jour que l'on l'imprime.*» Kein Wunder, daß auch der *Roman comique* kein richtiger Roman wurde. Es fehlt ihm die innere Geschlossenheit.

Nach der Gewohnheit spanischer Autoren hat Scarron in die Handlung vier Novellen eingeflochten, im ersten Teil: *L'amante invisible* und *A trompeur trompeur et demi* (auf einen Schelm anderthalbe), im zweiten Teil: *Le juge de sa propre cause* und *Les deux frères rivaux*. Es sind, wie fast alle Novellen Scarrons, Bearbeitungen spanischer Novellen, und zwar sind drei davon der Sammlung *Alivios de Cassandra* von Alonzo de Castillo Solórzano (1640) entnommen, *Le juge de sa propre cause* hat sein Vorbild in den *Novelas exemplares y amorosas* von Maria de Zayas (1637).

Der erste Teil des *Roman comique* trägt die lakonische Widmung: «*Au coadjuteur, c'est tout dire*». Gemeint ist Paul de Gondi, Kardinal von Retz, Koadjutor des Erzbischofs von Paris (1614—79), die Seele der Fronde, der Verfasser berühmter Memoiren. Der zweite Teil ist Mme. Foucquet der Gattin des Surintendanten zugeeignet. Der Erfolg des *Roman comique* war ein großer. Ménage nennt ihn (*Menagiana*, II., 174) das einzige Werk jener Zeit, welches auf die Nachwelt kommen werde, und wendet auf ihn den Vers Catulls an: *Canescet saeculis innumerabilibus*. Racine und Fléchier lasen ihn mit Entzücken, sogar vor Boileaus Augen fand er Gnade. Er erfuhr im XVII. Jahrhundert noch zwei Fortsetzungen von fremder Hand. Die eine, sehr amüsante, hat den Abbé Preschac zum Verfasser), die andere erschien anonym zu Lyon bei Offray, spätestens 1678. Sie führt alle von Scarron angefangenen Intrigen zu Ende. Die Truppe kommt, mit Ragotin als Hausdichter, nach Paris, Saldagne stirbt, und die beiden Paare heiraten. Daß auch Ragotin stirbt, empfindet man als Fehler. Chardon wollte beweisen, daß diese anonyme Fortsetzung von dem Kanonikus Jean Girault, dem Nachfolger Scarrons in seinem Kanonikat, herrühre. Eine Versifizierung des *Roman comique* lieferte Le Tellier d'Orvilliers (1733), einer der Fortsetzer des *Virgile travesti*. Lafontaine und Champmeslé machen daraus ein Lustspiel Ragotin ou le roman comique (1684). Im Titel erinnert an Scarron das 1662 erschienene Buch L'heure du berger, demi-roman comique ou roman demi-comique von Claude le Petit (ca. 1640—64), eine Schwanksammlung mit Einheit des Helden. Der Verfasser, der auch das kulturhistorisch interessante *Paris ridicule* (1668) schrieb, war ein atheistischer Debauché in der Art Théophiles und mußte wegen einiger Blasphemien und wegen Ermordung eines Augustiners den Scheiterhaufen besteigen (s. Boileau, *Art poét.*, II.). — Die bedeutendste Nachahmung des *Roman comique* ist unstreitig Théophile Gautiers Le Capitaine Fracasse (1863; man vgl. Gautiers Studie über Scarron in den *Grotesques*, 1844).

In dieselbe Richtung wie der *Roman comique* gehört der Roman bourgeois von Antoine Furetière (1666). Dieser war 1620 geboren, von niederer Herkunft, studierte Jurisprudenz und Sprachen, speziell orientalische, wurde zuerst Advokat, kaufte dann für 6000 Livres die Stelle eines Prokurators der Abtei St. Germain des Prés und wurde schießlich auch Kapitular derselben. 1662 wurde er in Anerkennung seiner Gedichte und literarisch-satirischen Werke *La nouvelle allégorique ou histoire des derniers troubles arrivez au royaume d'Eloquence* (1658, anonym erschienen) und *Le voyage de Mercure* (1659, in Versen) in die Akademie aufgenommen, in deren Geschichte er durch den großen Skandal wegen seines Wörterbuches einen Namen hat. Die Akademie arbeitete seit 1635 an ihrem Wörterbuch und erwarb 1674 das Privileg, daß kein anderes Wörterbuch gedruckt werden dürfe, ehe das ihrige nicht erschienen sei. Furetière ließ sich dadurch nicht beirren und erlangte auch 1684 ein Privileg für sein Werk. Die Akademie erhob nun gegen ihn nicht nur deswegen, sondern auch wegen Plagiats an ihrem eigenen für das Wörterbuch gesammelten Material Klage. Furetière verteidigte sich, es kam zu einer heftigen Polemik, und 1685 wurde er aus der Akademie ausgestoßen. Seine Stelle wurde zwar zu seinen Lebzeiten nicht wieder besetzt, aber sein Nachfolger Pierre Bayle, der Verfasser der berühmten *Dictionnaire historique et critique* durfte ihm nicht die übliche Gedenkrede halten. Es scheint, daß die Akademie sich in einem Irrtum befand. Furetières

Wörterbuch ist jedenfalls nach ganz anderen Grundsätzen
angelegt als das ihrige. Er erschien zwei Jahre nach
Furetières Tode, 1690, herausgegeben von Bayle, und ist
noch heute wertvoll für den Sprachgebrauch des XVII. Jahrhunderts. Es bildet die Grundlage für das Wörterbuch
der Jesuiten von Trevoux (1704 ff.). Furetière war mit
Racine, Molière, Boileau und Lafontaine intim befreundet
und kam mit ihnen im Mouton blanc zusammen, wo sie
sich gemeinsam über Chapelain lustig machten.

Der Roman bourgeois beginnt mit den Worten: «*Il
chante les amours et les avantures de plusieurs bourgeois de
Paris de l'un et de l'autre sexe.*» Er will «aufrichtig und
mit Treue verschiedene kleine Geschichten und Galanterien
erzählen, die zwischen Personen vorkamen, die weder
Helden noch Heldinnen sind, die keine Armeen ausrüsten,
noch Königreiche umstürzen, sondern welche gewöhnliche
Leute aus dem Mittelstande sind, die ruhig ihren täg-
lichen Weg gehen; die einen von ihnen werden schön,
die anderen häßlich sein, die einen klug und die anderen
töricht, und die letzteren werden wohl die Überzahl bilden».
Schon daraus spricht deutlich die Opposition gegen den
herrschenden Moderoman. *Personnages déguisés* liegen ihm
ferne. Im *Avis au lecteur* heißt es: «Um eines bitte ich
dich, ... daß du nicht nachdenken mögest, wer jene
Person sei, deren Porträt oder Geschichte du hier zu erkennen glaubst, und daß du diese nicht auf einen Herrn
oder ein Fräulein Soundso beziehen mögest mit der Begründung, daß ein Name oder ein Charakter an sie er-
innere.» «Wohl aber», sagt sogar der Verleger des Buches,
«müssen die Handlung einer Geschichte und die Charaktere der Personen unseren Verhältnissen so angepaßt sein,
daß wir in den Leuten im allgemeinen solche zu erkennen
glauben, welche wir täglich sehen.» Furetière gibt ein
Bild des Lebens in kleinen bürgerlichen Kreisen, speziell
in jenen der Juristen. Er führt uns in die Familie eines
Notars Villochon, der eine Tochter Javotte hat. Als diese
einst während der Predigt eines mondänen Abbés in der

Kirche absammeln geht, verliebt sich der junge Advokat
Nicodème in sie. Es gelingt ihm, das Wohlwollen ihres
Vaters zu gewinnen, und ihre Hand ist ihm schon sicher,
als Lucrèce, die Tochter eines Referendars, ein schrift-
liches Eheversprechen produziert, welches sie sich von
Nicodème, wie von jedem ihrer Liebhaber, geben ließ.
Nicodème muß dem Referendar 2000 Taler Schadenersatz zahlen und wird von dem Notar aus dem Hause
geworfen. Vollichon begünstigt nun einen anderen Bewerber, den grotesken Advokaten Jean Bedout. Damit
Javotte, deren Erziehung und Bildung sehr vernachlässigt
wurde, seiner würdig werde, schickt man sie in preziöse
Kreise, und bei einer solchen Dame, Angélique, macht
sie die Bekanntschaft des Schöngeistes Pancrace, der ihr
die *Astrée* und andere Moderomane zu lesen gibt, die
Javotte nun heimlich vor ihrer Mutter liest. Sie verliebt
sich in Pancrace, in dem sie ein Abbild Celadons erblickt,
und weigert sich, den Ehekontrakt mit Bedout zu sig-
nieren. Um sie zur Vernunft zu bringen, wird sie ins
Kloster geschickt, sie aber läßt sich von Pancrace entführen. Am Schlusse heiratet Bedout die Lucrèce, die
unterdessen einem Marquis uneheliche Vaterfreuden be-
schert hat; von Nicodème hört man nichts mehr.

Der zweite Teil hängt mit dem ersten nur lose zusammen. «Wenn du erwartest, lieber Leser, daß dieses
Buch die Fortsetzung des ersten sei und ein Zusammenhang zwischen beiden bestehe, so bist du arg im Irrtum.»
Furetière sagt, er habe die Geschichte nicht mit *fil de
roman* zusammennähen und nichts zu Ende führen wollen,
da die Dinge im Leben auch kein Ende haben. Er enthält
lediglich eine Satire auf Charles Sorel, der hier unter
dem Namen Charroselles als Liebhaber einer alten Jungfer
Namens Collantine erscheint- und mit dieser fortwährend
prozessiert. Dies hört auch nicht auf, nachdem er ihren
Verehrer, den Tölpel Belastre, aus dem Wege geschafft
und sie geheiratet hat. Schon am Morgen nach der
Hochzeit bringt sie gegen ihn wegen einer verlorenen

aarnadel eine Klage ein. Wie diese angenehmen Ver-
ältnisse schließlich ausgingen, erfährt man nicht. Fure-
ière und Sorel, die mit ihren Romanen analoge Tendenzen
verfolgten, standen früher im besten Einvernehmen, dann
trat eine Entfremdung ein, an welcher wohl Furetière die
Schuld trug. Sorel hatte ihn noch kurz vorher in seiner
Bibliothèque française (1664) gelobt und ließ diese Stelle
auch in der zweiten Auflage (1667) trotz der Angriffe
Furetières stehen. Über den *Roman bourgeois* setzte er
folgendes bei: «*Voilà qu'on nous donne un livre appellé le
roman bourgeois, dont il y a quelque temps qu'on a oui parler
et qui doit être fort divertissant selon l'opinion de diverses
personnes.*»

Dieser zweite Teil, der nur polemischen Charakter
hat, entbehrt für den heutigen Leser jedes tieferen
Interesses. Der erste bietet aber wohl die beste Milieu-
schilderung bürgerlicher Kreise, welche wir aus dem
XVII. Jahrhundert besitzen. Man erfährt daraus eine
Menge kulturhistorisch merkwürdiger Details über die
Lebensweise jener Zeit, über häusliche Verhältnisse, Toilette,
Mode u. dgl. m. Furetière gibt u. a. dem Leser eine
Tabelle, aus welcher zu ersehen ist, welche Ansprüche
ein Mädchen auf Grund ihrer Mitgift bezüglich der
Stellung ihres zukünftigen Gatten machen konnte. Die
Aspirantinnen sind in neun Klassen geteilt, von welchen
die unterste mit 2000—6000 Livres Aussicht auf einen
marchand de palais, einen *petit commis, sergeant* oder *solli-
citeur de procès* · hat, die oberste mit 100000—200000
Talern einen *président au mortier,* einen *vrai marquis,
surintendant, duc et pair* erwarten darf. Wie interessant
diese Dinge sein mögen, ein liebenswürdiger Autor ist
Furetière niemals. Man fühlt in allem, was er schreibt,
zu sehr die Galle, den Mißmut des unzufriedenen Gelehrten und des nörgelnden Juristen. Obwohl er Sorel
den Vorwurf macht, Schlüsselromane mit *Personnages déguisés* verfaßt zu haben, verschmäht er es selbst nicht,
in einer Episode Benserrade, den Surintandenten Foucquet,

Mlle. de Scudéry, Ninon de Lenclos u. a. deutlich zu por-
trätieren und allen erdenklichen Klatsch über diese Personen vorzubringen. Beherzigenswert war Furetières Vor-
schlag, für die Einführung wirklicher Personen in die
Romane Taxen einzuheben und aus den Geldern eine
Unterstützungskasse für notleidende Schrifsteller zu gründen.
*(Estat et Roole des sommes ausquelles ont esté modérément
taxées dans le Conseil poétique les places d'Illustres et Demy-
illustres, dont la vente a esté ordonnée pour faire un fonds
pour la subsistance des pauvres auteurs.)* Auf dieser Tabelle
ist festgesetzt, wieviel jemand zu bezahlen hat, wenn er
als Held oder Heldin, als Diener, vertraute oder episodische
Figur in einem Roman auftreten oder gelegentlich genannt
werden will. Die Preise richten sich nicht nur nach der
Bedeutung der betreffenden Figur im Roman, sondern
auch nach der Bändezahl des letzteren, nach der Schönheit oder Schmeichelhaftigkeit des Porträts, resp. der Erwähnung u. a. Momenten. Obwohl viel Witz in der Satire
Furetières liegt, war der Erfolg des *Roman bourgeois* nicht
groß. Er erlebte bis 1714 nur fünf Auflagen. Racine hat
ihn in den *Plaideurs* unzweifelhaft benützt. Zu Voltaires
Zeiten scheint er aber bereits vergessen gewesen zu sein,
denn die Notiz über den Autor im *Siècle de Louis XIV*.
erwähnt ihn nicht: «*Furetière (Antoine), né en 1620,
fameux par son dictionnaire et par sa querelle. Mort en 1688*».
Erst das XIX. Jahrhundert hat den *Roman bourgeois* wieder
entdeckt.

Furetière ist der letzte Vertreter des realistischen
Romans im XVII. Jahrhundert. Als der heroisch-galante
Roman seine Beliebtheit beim Publikum verlor, wurde
auch die Opposition der Realisten gegenstandslos und
schlief ein. Sie hatte, von einigen Übersetzungen der
Werke Sorels abgesehen, die Grenzen Frankreichs nicht
überschritten. An die Stelle der beiden Genres trat damals ein neues, der psychologische Roman.

Literatur. Über den realistischen Roman vergl. man die oben S. 276 f. angeführten Werke von Koerting (Bd. II), Morillot usw.

Lazarillo de Tormes. *L'histoire plaisante et facétieuse du Lazare de Tormes espagnol, en laquelle on peut recongnoistre bonne partie des mœurs, vie et conditions des Espagnolz.* Lyon, Jean Saugrain 1560 (der Übersetzer nennt sich J. G. de L. [Jean Garnier de Laval, nach anderer Ansicht ist er mit dem Verleger Jean Saugrain identisch]). — Spätere Ausgaben: Paris, Jean Longis und Robert le Magnier 1561; Anvers, Guislain Jansens 1594 (unter dem Titel: *Histoire plaisante, facétieuse et recréative du Lazare de Tormes, espagnol, en laquelle l'esprit mélancholique s'en peut recréer et prendre plaisir*); Anvers 1598 (desgl.); Paris, N. et P. Bonfons 1601 (doppelsprachige Ausgabe). — *La vie de Lazarille de Tormes et de ses fortunes et adversités* (I. partie), traduite nouvellement de l'espagnol en françois par P. B. P. Paris, Jean Corrozet 1615; dann 1620, 1623. — *Seconde partie... tirée des vieilles chroniques de Tolède*, trad. nouvellement de l'espagnol en françois par L. S. D. [le Sieur d'Audiguier]. Paris, Boutonné 1620; dann 1623, 1649, 1660. — *La vie de Lazarille de Tormes*, traduite de l'espagnol en vers françois par le sieur de B***. Paris, L. Chamhoudry 1653, 4⁰. — *Histoire facétieuse du fameux drille Lazarillo de Tormes, augmentée...* Lyon, J. Viret 1697. — *La vie et les aventures de Lazarille de Tormes...* traduction nouvelle sur le véritable original, I. et II. partie. Bruxelles, G. Backer 1698. — Vgl. Alfred Morel-Fatio, *Recherches sur Lazarille de Tormes.* (Études sur l'Espagne I, Paris 1888, 2. Aufl. 1895, S. 115 ff.)

Mateo Aleman, Guzman de Alfarache. *Guzman d'Alfarache...* trad. par Gabriel Chappuis (I. T.), Paris 1600, 12⁰; dann ibid. 1625; Lyon, J. Rigaud 1630; Rouen 1633; Paris 1639 usw. — *Les Gueux ou la vie de Guzman d'Alfarache... rendue... de l'original espagnol de Mateo Aleman...* [übersetzt von J. Chapelain]. Paris 1632. — *Histoire de l'admirable Don Guzman d'Alfarache*, trad. de l'espagnol... par Gabriel Brémond. Paris 1695.

Vicente Espinel, Marcos de Obregon. *Relations de Marc Obregon...* par d'Audiguier. Paris, Petitpas 1618.

Quevedo, Gran Tacaño. *L'Avanturier Buscon, histoire facétieuse, composée en Espagnol par Dom Francisco de Quevedo, cavalier Espagnol et traduite en français par M. de la Geneste. Ensemble les lettres du Chevalier de l'Espargne.* Paris 1633. — Spätere Ausgaben: Rouen, Jacques Besogne 1641; Paris 1644; ibid. 1668; Francfort 1671; Troyes 1705 usw.

Francisco de Ubeda, Piçara Justina. *La Narquoise Justine, lecture pleine de recréatives avantures et de morales railleries contre plusieurs conditions humaines.* Paris, A. de Sommaville et P. Billaine 1635.

Cervantes, Don Quixote. *Le valevreux Don Quixote de la Manche, ov l'histoire de ses grands exploicts d'armes, fideles amours & adventures estranges.* [I. Partie.] *Oevvre non moins vtile que de plaisante & delectable lecture. Traduit fidelement de l'Espagnol de Michel de Cervantes, & dedié au Roy.* Par Cesar Ovdin, *Secretaire Interprete de sa Majesté és langues Germanique, Italienne & Espagnole, & Secretaire ordinaire de Monseigneur le Prince de Condé.* Paris, Jean Fouet 1614; dann 1616, 1620 usw.; bis 1646: 7 Auflagen. — *L'histoire de l'ingenieux et redovtable cheualier Dom Qvichot de la Manche* [II. Partie]. Traduicte par F. de Rosset. Paris 1618, usw.; bis 1645: 4 Auflagen. — Neudruck beider Teile: mit Vorwort von E. Gebhart und Zeichnungen von J. Worms, 6 Bde., Paris, Librairie des Bibliophiles 1884—85, 16⁰. — *Histoire de l'admirable Don Quichotte,* traduite de l'espagnol [par le Sieur Filleau de Saint-Martin]. Paris, Claude Barbin 1677—78, 4 Bde, 12⁰. — Spätere Ausgaben: 1679; 1695 (5 Bde); 1696; 1700 usw., bis 1876: 49 Auflagen. — **Novelas exemplares.** *Les novveles, ov sont contenuës plusieurs rares advantures, et memorables exemples d'amour*... Traduictes d'espagnol en françois: les six premieres par le sr. F. de Rosset et les autres par d'Avdigvier. *Avec l'histoire de Ruis Dias usw.* Paris 1620, 8⁰. — *Nouvelles de Miguel Cervantes.* Traduction nouvelle [par Charles Cotolendi], Paris 1678, 2 Bde., 12⁰.

Barclay, Euphormio. *Les Satyres d'Euphormion de Lusine, contenans la censure des actions de la plus grande partie des hommes en diverses charges et vacations, composées en langue latine par Jean Barclay et mises en françois par J[ean] T[ournet], P[arisien], A[vocat] E[n] P[arlement].* Paris, J. Petitpas 1625, 8⁰. — *Loeil clairvoyant d'Euphormion dans les actions des hommes et de son Regne parmy les plus grands et signalés de la Cour. Satire de nostre temps. Composé en latin par Jean Barcley* [sic] *et mis en nostre langage par M. Nau, aduocat en Parlement.* Paris, Ant. Estoct 1626 und s. a. — *La Satyre d'Euphormion, composée par Jean Barclay et mise nouvellement en françois, auec des obseruations, qui expliquent toutes les difficultez contenues en la I. et II. partie.* [Übersetzer: Jean Béraut oder Bérault], Paris, J. Guignard 1640. — *Apologie d'Euphormion, touchant ses satyres.* Paris 1625, 8⁰. — *Le pourtrait des esprits de Jean Barclai* [Übersetzer: Nanteuil de Boham], Reims, N. Constant 1623; dann Paris, Nic. Buon 1625. — Vgl. Jules Dukas, *Étude bibliographique et littéraire sur le Satyricon de Jean Barclay.* Paris.

1880. — Albert Collignon, *Notes sur l'Euphormio de Jean Barclay.* Nancy 1901 (Annales de l'Est). — Philipp August Becker, *Johann Barclay* (1582—1621), (Zeitschrift für vergleichende Literaturgeschichte, N. F. XV, 1904, S. 37 ff.). — Koerting, l. c. II, S. 9 ff.

Agrippa d'Aubigné, Aventures du baron de Foeneste. 1. Ausgabe 1630; neu herausgg. von Prosper Mérimée, Paris 1855 (Bibliothèque Elzévirienne) und von E. Réaume und E. de Caussade in den *Oeuvres complètes d'A. d'A.* II (1873—77). — Vgl. Koerting, l. c. II, S. 39 ff.

Théophile de Viau, Fragments d'une histoire comique. Zuerst gedr. in den *Oeuvres de Théophile*, 1621; neu herausgg. von Alleaume in den *Oeuvres complètes*, 1855 ff. — Vgl. Koerting, l. c. II, S. 29 ff.

Charles Sorel. *Histoire amoureuse de Cléagenor et de Doristée, contenant leurs diverses fortunes avec plusieurs autres étranges aventures arrivées de notre temps, disposées en quatre livres.* Paris, Touss. du Bray 1621, 12⁰. — *Le palais d'Angélie, par le Sieur de Marzilly.* Paris, Touss. du Bray 1622. — *Les Nouvelles françaises, où se trouvent les divers effects de l'amour et de la fortune.* Paris, P. Billaine 1623; dann 1645. — *L'Orphyse de Chrysante, histoire cyprienne.* Paris, Touss. du Bray 1626, 8⁰; 2. Aufl. ibid., s. a. (unter dem Titel *L'Ingratitude punie où l'on voit les aventures d'Orphyse*). — *L'Hystoire comique de Francion, en laquelle sont découvertes les plus subtiles finesses et trompeuses inventions tant des hommes que des femmes, de toutes sortes de conditions et d'âges, non moins de profitable pour s'en garder que plaisante à la lecture.* Paris, Pierre Bilaine 1623, 8⁰. (Diese erste Ausgabe enthält nur 7 Bücher.) — Spätere Ausgaben: ibid. 1626; 1628; 1630. — *La vraie histoire comique de Francion, composée par Nicolas Moulinet sieur du Parc, gentilhomme lorrain, amplifiée en plusieurs endroits et augmentée d'un livre suivant les manuscrits de l'auteur.* Paris, Pierre Bilanie 1633. (Vgl. Sorels *Science universelle*, 1641, I, S. 350.) — Die Ausgabe von 1641 enthält zum erstenmal sämtliche 12 Bücher. — Neue Ausgaben: *La vraie histoire comique de Francion, composée par Charles Sorel, sieur de Souvigny.* Nouv. édition, avec avant-propos et notes par Emile Colombey. Paris 1858 (Bibl. gauloise); ferner bei Garnier und in der Nouvelle Collection Jannet-Picard. — Niederländische Übersetzung: *Kluctige leven van vrolyke Franje daar in de hegendaegse ongeregelt heden en bedriegeryen naak telijk vertoont worden. Vyt het françois van de Heer DV PARC vertaelt door D. V. R.* Amsterdam 1643; dann 1669. — Englische Übersetzung: *The comical history of Francion, wherein the variety of vices that abuse the age are satyrically limn'd in their native* *colours ... by M. de Moulines sieur du Parc, a Lorain gentleman. Done into English by a Person of honour.* London, 1655, fol. — Deutsche Übersetzungen: *Verteutschter Francion,* gedruckt anno 1662. — *Lustige Historie des Francions von Niclas von Mulinet.* Frankfurt, Gretze 1663. — *Volkomene comische Historie des Francion vor etlichen Jahren durch einen besondern Liebhaber der Sprachen gar artig aus dem französischen verteutschet und nun in diesem Druck von einem berühmten Mann fleißig übersehen und gebessert.* Leyden 1668. — *Lustige, wahrhafte und satirische Historie des Francions,* in 2 Teilen, ibid. 1714. — *Le Berger extravagant, ou parmy des fantaisies amoureuses on voit les impertinences des romans et de la poésie.* Paris, Touss. du Bray 1627, 3 Bde., kl. 8°; dann 1628. — *L'Anti-Roman ou l'histoire du berger Lysis, accompagnée de ses remarques par Jean de la Lande, poitevin* Paris, Touss. du Bray 1633, 4 Bde., kl. 8°; dann 1639; 1653 usw. — Englische Übersetzungen: *The extravagant sheperd. The antiromance or history of the sheperd of french.* London 1654, fol. — *The extravagant sheperd or the history of sheperd Lysis, an Antiromance, now made english...* London 1660. — Niederländische Übersetzung: *Den Buitenspoorigen Hardter oft den holboligen Lisis, wit het frans vertaalt.* Amsterdam 1656. — *Polyandre, histoire comique, où l'on voit les humeurs et actions de plusieurs personnes agréables qui sont entre autres le poète grotesque, l'amoureux universel, le fils du partisan, l'alchimiste trompeur, le parasite ou escorniffleur.* Paris, Veuve Nicolas Cercy [sic] und Aug. Courbé 1648, 2 Bde, 8°; dann Paris, J. B. Loyson 1650. — Vgl. Emile Roy, *La vie et les œuvres de Charles Sorel sieur de Souvigny.* Paris 1891. — F. Bobertag, *Charles Sorels Histoire comique de Francion und Berger extravagant.* (Zeitschrift f. franz. Sprache und Lit. III, 1882, S. 228 ff.) — Abel Lefranc, *Sorel* (Revue des cours et conférences, XIV, 1905, 7, 8, 10, 11). — Koerting, l. c. II, S. 45 ff. — Le Breton, l. c. S. 31 ff., 49 ff.

Jean Lannel, Roman satyrique. *Le romant satyrique de Jean de Lannel, escuyer seigneur du Chaintreau & du Chambort.* Paris, Touss. du Bray, 1624, kl. 8°. — 2. Auflage unter dem Titel: *Le roman des Indes,* ibid. 1625. — 3. Auflage ibid. 1637, wie die erste. — Vgl. Koerting, l. c. II, S. 119 ff.

Duverdier, Chevalier hypocondriaque. *Le cheualier hipocondriaque. Par le Sr du Verdier.* Paris, Pierre Billaine 1632, 8°. — Vgl. Koerting, l. c. II, S. 99 ff.

Clerville, Gascon extravagant. *Le Gascon extravagant, histoire comique.* Paris, Cardin Besogne 1639.

Subligny, Fausse Clélie. *La fausse Clélie. Histoire françoise, galante et comique.* Paris 1670, 2 Bde., 12°. — Spätere Ausgaben: Amsterdam, J. Wagenaer 1671, 2 Bde., 12°; Nimègue 1680,

> Bde., 8⁰; Paris 1718, 2 Bde., 12⁰. — Deutsche Übersetzung:
*ie falsche Clelia . . . auß der frantzösischen in die hochteutsche
prach übersetzet.* 1672, 12⁰. — Englische Übersetzung: *The
mock Clelia . . . translated out of french,* 1678, 8⁰.

Tristan l'Hermite, Page disgracié. *Le Page disgracié,
où l'on void des vifs caractères d'hommes de tous tempéramens &
de toutes professions, par M. de Tristan.* Paris, Touss. Quinet
1643, 2 Bde., 8⁰. — Spätere Ausgaben: Paris, 1665, 2 Bde, 12⁰;
ibid. 1667, 2 Bde., 12⁰. — Vgl. N. M. Bernardin, *Un précurseur
de Racine, Tristan l'Hermite, sa famille, sa vie, ses œuvres.* Paris
1895. — E. Hofmann, *Tristan l'Hermite. Sein Leben und seine
Werke.* I. Diss.. Leipzig 1894. — Abel Lefranc, *Tristan l'Hermite
et La Calprenède* (Revue des cours et conférences, XIV, 1905, 13).
— Koerting, l. c. II, S. 147 ff.

Dassoucy, Aventures. *Les Avantures de M. Dassoucy.*
Paris, Audinet, 1677, 2 Bde., 12⁰. — *Les Avantures d'Italie de M.
Dassoucy.* Paris, Raflé, 2 Bde., 12⁰. — *La Prison de M. Dassoucy,
dédiée au Roy.* Paris, Raflé 1674, 12⁰. — *Les pensées de M. Dassoucy dans le saint-office de Rome, dédiée à la Reyne.* Paris, Raflé
1676, 12⁰; dann Paris, T. Quinet 1679. — Neue Ausgabe der
vorgenannten Schriften: *Aventures burlesques de Dassoucy,* nouv.
édition avec préface et notes par Emile Colombey. Paris 1858.
— Vgl. Ferd. Lotheissen, *Virtuosen und Komödianten von ehedem (Zur Sittengeschichte Frankreichs,* Leipzig 1885, S. 1 ff.).

Préfontaine, Chevalier de Gaillardise. *L'orphelin infortuné, ou le portrait du bon père, histoire comique et véritable
de ce temps, par le sieur D. P. F.,* Paris 1660. — *Les avantures
tragicomiques du chevalier de la gaillardise, où dans le récit
facecieux de sa vie & de ses infortunes il diuertit agréablement les
esprits melancoliques. Dedié à Mr. le Cheualier de Cougot. Par le
Sieur de Préfontaine.* Paris, Cardin Besongne 1662, 12⁰. (Achevé
d'imprimer vom 10. Mai 1660; die 2. Auflage scheint sich nur
durch das Titelblatt von der ersten zu unterscheiden). — Vgl.
Koerting, l. c. II, S. 267 f.

Scarron, Roman comique. *Le romant comique [I. Partie].*
Paris, Touss. Quinet 1651, 8⁰. — *Le romant comique de Mr.
Scarron. Seconde partie, dédiée à Mme. Foucquet la surintendante.*
Paris, Guill. de Luynes 1657, 8⁰. — Spätere Ausgaben: Leyden, Sambix 1655 (nur der I. T.); Paris 1662; 1663; 1668; 1678 usw.; 1727;
Paris, Didot jeune, an IV (1796) (mit der Fortsetzung von Offray);
ferner in den Ausgaben der *Oeuvres de Scarron,* Paris und Amsterdam, Abr. Wolfgang 1668 *(suivant la copie imprimée);* ibid.
1695; Paris 1697; 1700; 1701; Amsterdam 1737 (herausgg. von
Bruzen de la Martinière); ibid. 1752 (mit der Fortsetzung
von Prechac) usw. — Neue Ausgaben: *Le roman comique*

par Scarron, nouvelle édition, revue, annotée et précédée d'une
introduction par M. Victor Fournel, .Paris 1857, 2 Bde.
(Bibl. Elzévirienne); 2. Aufl. 1875; ferner Paris, Garnier
Frères (1876); Lemerre, s. a.(mit Einleitung von Anatole France);
Jouaust 1880, 3 Bde. (illustriert, mit Einleitung von Paul Bour-
get); Ausgabe mit Illustrationen v. E. Zier, Paris 1888, 4⁰. —
Fortsetzungen des *Roman comique: Le roman comique de M.
Scarron, troisième et dernière partie.* Lyon, Offray 1678, 12⁰; ab-
gedruckt in der Ausgabe von 1796, in jener von Fournel, von
Garnier usw. — Von Abbé Preschac: *Le roman comique, troi-
sième partie.* Paris, Claude Barbin 1679, 12⁰. — *La suite et con-
clusion du roman comique par M. D. L.* Amsterdam und Paris
1771, 12⁰. (Inhaltsangabe in der *Biblioth. universelle des romans,*
Janvier 1776, II, S. 105 ff.) — J. Monnet, *Supplément au roman
comique,* Paris 1772. — Über eine Fortsetzung von Barré s.
Junker, Zeitschr. f. franz. Sprache, III, S. 30. — Versifizierung:
Le roman comique, mis en vers par Le Tellier d'Orvilliers,
Paris, Christ. David 1733. — Englische Übersetzungen:
*Scarron's comical romance; or a facetious history of a company of
strowling stage-players . . . turned into english.* London 1676, fol.
— *The comic romance . . .* translated by O. Goldsmith. London
1775, 2 Bde., 12⁰. — Deutsche Übersetzungen: *Des Herrn
Scarron Comischer Roman.* Hamburg, bey J. C. Bohn 1752 [von
dem Molière-Übersetzer F. S. Bierling]. — Andere Übersetzung:
Reval 1782, 3 Bde. — Von Saar, Berlin 1887, 3 Bde. — Von
Franz Blei, München 1908. — Spanische Übersetzung:
Von A. Rodenas, Paris 1907. — Vgl. Paul Morillot, *Scarron
et le genre burlesque.* Paris 1888. — A. de Boislisle, *Paul Scarron et Françoise d'Aubigné d'après de documents nouveaux,* Paris
1794. — Henri Chardon, *La troupe du roman comique dévoilée,*
Paris 1876. — Derselbe, *Scarron inconnu et les types des personnages du roman comique.* Paris 1903 ff., 2 Bde. — Em. Magne,
Scarron et son milieu, Paris 1906. — Victor Fournel, *La littérature indépendante et les écrivains oubliés au 17. siècle,* Paris 1862,
S. 251 ff. (identisch mit der Einleitung zur Ausgabe des *Roman
comique).* — E. Fournier, *Théâtre complet de Scarron,* Paris 1879,
Einleitung. — H. Lutze, *Über Scarron.* Progr. des Gymnasiums
zu Sorau, 1881. — H. P. Junker, *Studien über Scarron* (Zeit-
schrift für franz. Sprache u. Lit. III, 1881, S. 1 ff.). — Josef
Frank, *Scarroniana* (Archiv f. d. Studium d. neueren Sprachen,
CXXIV, 1910, S. 318 ff. und CXXV, 1910, S. 128 ff. u. 330 ff. —
Koerting, l. c. II, S. 206 ff. — Le Breton, l. c. S. 85 ff.

Claude le Petit, L'heure du berger. *L'Heure du berger,
demy roman comique, ou roman demy comique.* Paris, Antoine
Robinot 1662, kl. 12⁰; dann Paris, Jean Ribou 1664. — *L'heure*

du berger, roman de Cl. le Petit, nouvelle édition avec un avant-propos par Philomneste junior [Gustave Brunet]. Paris 1862, 12° (in nur 100 Exemplaren gedruckt und von der Zensur verboten). — Vgl. P. L. Jacob [Paul Lacroix], *Paris ridicule et burlesque au XVII. siècle,* Paris 1859 (Bibl. gauloise). — Koerting l. c. II, S. 276.

Furetière, Roman bourgeois. *Le Roman bovrgeois, ovvrage comique.* Paris, Denis Thierry 1666, 8°. — Im selben Jahre auch bei Claude Barbin, Jolly und Th. Girard. — Spätere Ausgaben: Amsterdam, Gérard Koyper 1704; ibid. 1709; Nancy 1713 (mit Schlüssel von Cusson); Amsterdam, Pierre Mortier 1714. — Neue Ausgaben: *Le roman bourgeois, ouvrage comique par Antoine Furetière,* nouvelle édition, avec des notes historiques et littéraires par M. Edouard Fournier, précédée d'une notice par M. Charles Asselineau. Paris 1854 (Bibl. Elzévirienne); Paris 1868 mit Einleitung u. Anmerkungen von Pierre Jannet (*Nouvelle Collection Jannet-Picard*); Prachtausgabe der *Bibliothèque de luxe de romans célèbres,* Bd. VII, s. a., mit Einleitung von E. Colombey; Ausgabe von Garnier frères, s. a., usw. — Deutsche Übersetzung von Erich Meyer, *Unsere biederen Stadtleut',* Leipzig 1905 (Romanische Meistererzähler, Bd. 5; enthält nur den I. Teil). — Vgl. Francis Wey, *Antoine Furetière, sa vie, ses œuvres, ses démêlés avec l'Académie française* (Revue contemporaine vom 31. VII. u. 15. VIII. 1852). — Vgl. Koerting, l. c. II, S. 236 ff. — Le Breton, l. c. S. 125 ff.

XIV. Politiker, Moralisten und Phantasten.

Während die Realisten den heroisch-galanten Roman durch ihre Wirklichkeitsdarstellungen aus [der Gunst des Publikums zu verdrängen trachteten, fehlte es nicht an vereinzelten Versuchen, der Erzählung eine neue Richtung zu geben; sei es, daß man die Opposition gegen den herrschenden Moderoman von einer anderen Seite in Angriff nahm, sei es, daß man sich dieser literarischen Form bediente, um reformatorische Tendenzen auf politischem oder wissenschaftlichem Gebiete einzukleiden. Ein ernster Denker benützte den Roman, um seine Ideen über Staat und Gesellschaft auszusprechen; ein eifernder Kirchenfürst sah darin das Mittel um die verderbte Leserwelt zur alleinseligmachenden Tugend zurückzuführen und ein ausgelassener Satiriker teilte auf diesem Wege seine übermütigen Einfälle und kritischen Bemerkungen mit.

Johannes Barclay, der bereits als Verfasser des *Euphormio* genannt wurde, hat sich durch seine Argenis ungleich größeren Ruhm erworben. Er entstammte einer alten schottischen Familie und wurde 1582 zu Pont-à-Mousson in Lothringen geboren, wo sein Vater damals Professor der Rechte war. Er wurde von Jesuiten erzogen, wie dies der streng katholischen Gesinnung des Vaters entsprach, der nach der Gefangennahme der Maria Stuart die Heimat verlassen hatte. Johannes veröffentlichte schon 1601, kaum 19 Jahre alt, einen Kommentar zu Statius, dem bald darauf (1603) der **Euphormio** folgte. Seit 1605 lebte er in London am Hofe Jakobs I., dessen Gunst er besaß und der ihn mit diplomatischen Missionen betraute. Im selben Jahre heiratete er Louise Debonnaire. 1609 gab er ein nachgelassenes Werk seines Vaters *De potestate papae* heraus, dessentwegen er von Bellarmin heftig angegriffen wurde. Barclay blieb ihm die Antwort nicht schuldig. 1615 übersiedelte er ungeachtet alles Vorhergegangenen nach Rom und fand Gunst bei Paul V., dem er seine *Paraenesis ad sectarios* widmete (1617). 1615 eignete er dem englischen Thronfolger Karl seine Gedichte zu *(Poematum libri duo)*. 1621 starb er zu Rom und wurde in San Lorenzo fuori le mura begraben.

In demselben Jahre erschien auch seine Argenis. Wie die Romane der Gomberville, La Calprenède und Scudéry ist auch sie in den Grundzügen der Handlung vom griechischen Roman und vom *Amadis* abhängig, nimmt sich aber mit der Klarheit und Einfachheit ihrer Vorgänge, mit ihrem Verzicht auf überflüssige Episoden und der Reinheit ihres Stils wie ein von allen Schlacken gereinigter heroisch-galanter Roman aus. Ein zu unbestimmter Zeit, lange vor der römischen Weltherrschaft regierender König Meleander von Sizilien hat eine einzige Tochter Argenis. Der hochverräterische Vasall Lycogenes trachtet sie zu entführen, der Prinz Poliarchus, ein incognito dort

lebender Erbe des südgallischen Königsreichs, verhindert
es aber und gibt sich Argenis zu erkennen. Während er
auf Betreiben des Lycogenes verbannt wird, treten zwei
neue Bewerber auf, Radirobanes, König von Sizilien, und
der mauretanische Prinz Archombrotus. Letzterer tötet
den Lycogenes. Poliarchus hat unterdessen nach vielen
Abenteuern das Erbe seines Vaters angetreten, wirbt nun
öffentlich um Argenis und tötet den Radirobanes. Arcbom-
brotus entpuppt sich als Argenis' Bruder. Die Heirat der
Liebenden bildet den Abschluß. In poetischer Hinsicht
liegt das Hauptgewicht auf dem Gegensatz zwischen der
reinen Liebe zwischen Argenis und Poliarchus und den
eigennützigen Bewerbungen der drei anderen Fürsten um
diese Prinzessin. Man findet in der Romanliteratur wohl
wenige Szenen, die sich an Poesie mit der Schilderung
der Begegnungen zwischen Argenis und Poliarchus im
Tempel der Pallas und in Argenis' Galerie messen können.
Aber der Verfasser gesteht selbst, daß es ihm nicht darum
zu tun sei, dem Leser eine reine Unterhaltungslektüre zu
bieten. Nicopompus (Barclay) macht seinem Freunde
Antenorus (Querenghi) kein Hehl daraus, daß es der Zweck
seines Buches sei, heilsame Kenntnisse auf den Gebieten
des öffentlichen Lebens zu verbreiten. Die Einkleidung
in eine Romanhandlung soll den Kranken die notwendige
Medizin nur etwas versüßen. Die Romanhandlung ist
nur der Faden, an welchen eine Reihe von wissenschaftlichen Erörterungen geknüpft ist. Wir finden da solche
über Rechte und Pflichten der Könige, über Gesetzgebung,
Steuern, Parlamente, Rebellion, politische Parteien, Sek-
tierungen, Militärwesen, Diplomatie, Rechtspflege, Pflege
der Wissenschaften, Kunst, Literatur u. a. m. Der Verfasser nimmt in diesen Fragen allerdings keinen besonders
fortschrittlichen Standpunkt ein. «Die Argenis», sagt einer
ihrer besten Kenner, «ist im tiefsten Grunde ein warmes
Plädoyer für die Freiheit, d. h. die Uneingeschränktheit
der Königsgewalt, eine Schule des aufgeklärten Unter-
tanengehorsams ... Da werden die Vorzüge der ver-

schiedenen Regierungsformen erörtert und als die beste die absolute, erbliche Monarchie anerkannt.» (Becker S. 99). Trotz dieses Eingehens auf verschiedene, dem Roman eigentlich fernliegende Gebiete, leidet das Interesse nicht.

Barclay hat in der *Argenis* zwar sich selbst *(Nicopompus)* und seine Freunde, Papst Urban VIII., Rob. Ubaldino, Antonio Querenghi, Hieron. Aleander u. a. unter fingierten, bisweilen recht durchsichtigen Namen auftreten lassen, keineswegs aber in den Personen der Haupthandlung dem Leser sogenannte *personnages déguisés* vorführen wollen, wie dies der Schlüssel *(Clavis onomastica)* zur Argenisausgabe von 1627 behauptet. Wenn man in Meleander Heinrich III., in Lycogenes den Herzog von Guise, in Argenis gar den aussterbenden Königsstamm *(deficiens in Henrico III. Valesiorum stirps)*, in Poliarchus die Gegner der Guisen, und der Liga *(persona eorum in quos belli civilis furor desaeviit)* etwa Heinrich IV. und Epernon sehen will, so ergeben sich daraus wahrhafte historische Ungeheuerlichkeiten. Wenn Meleander überhaupt Züge eines wirklichen Fürsten hat, so sind sie von Jakob I., wie auch manches andere in dem Roman an englische Zustände erinnert. Andrerseits wäre es gewiß ebenso falsch, die ganze *Argenis* als eine Verschleierung der englischen Zeitgeschichte anzusehen. «Der Barclaysche Roman ist und bleibt ein in sich begründetes Kunstwerk, eine freie Schöpfung der Phantasie. Nur in Einzelheiten hat sich der Dichter aus der eigenen Erfahrung inspiriert, und auch hier hat er die Entlehnungen aus der Wirklichkeit mit peinlicher Gewissenhaftigkeit und untrüglichem Kunstsinn seiner poetischen Aufgabe gemäß verarbeitet und dem Gesamtzweck untergeordnet.» (Becker S. 96.)

In der Folge erschienen verschiedene Fortsetzungen der *Argenis*. Jene von de Mouchemberg *(La seconde partie de l'Argenis*, 1625; später unter dem Titel: *La suite et continuation de l'Argenis)* ist französisch und im Stil eines abenteuerreichen, heroisch-galanten Romanes geschrieben; die lateinische des Benediktiners L. G. Bugnot

*Archombrotus et Theopompus, sive Argenidis secunda et tertia
?ars,* 1669) zeigt eine moralisierende Tendenz. Erstere
erlebte eine Anzahl von Auflagen und sogar einige Übersetzungen, letztere wurde nicht einmal in die Landessprache
übersetzt. Den Ruhm der ursprünglichen *Argenis* vermochte keine zu verdunkeln. Diese erschien seit 1621
sehr oft, in den ersten Jahren fast alljährlich in neuer
Ausgabe. Bis 1624 war sie dreimal ins Französische
übersetzt, von P. de Marcassus (1622), von N. Guibert
(1623) und von F. N. Coëffeteau (1624; gekürzt). Drei
weitere Übersetzungen folgten im XVIII. Jahrhundert.
Die Bewunderung war eine allgemeine, Richelieu las sie
immer wieder, Leibniz starb, die *Argenis* in der Hand.
Du Ryer (*Argenis et Poliarque,* zwei Teile, 1630/31), Cal-
deron (*Argenis y Poliarco,* 1637) u. a. haben sie dramatisiert.
In Frankreich wagte nur ein einziger sie schlecht zu
finden; es war Charles Sorel, dessen Geistesrichtung schon
damals eine zu verschiedene war, um daran Gefallen zu
finden: «*Histoire dans laquelle je ne trouve rien qui nous
doive ravir. Au contraire il m'est advis qu'elle nous doit
estre désagréable puisque les coustumes des pays n'y sont point
observées*» (*Remarques* zum *Berger extravagant,* S. 36). Und
er tadelt das Latein der *Argenis,* welches ein Hugo Grotius
bewundert hatte (*Romam Romano qui docet ore loqui*).

Die Werke des streitbaren Bischofs Pierre Camus
(1582—1652) gehören wohl zu den merkwürdigsten literarischen Erscheinungen ihrer Zeit. Camus war als das
älteste von 18 Kindern eines Trésorier de France zu Paris
geboren, war von den Jesuiten in Toulouse erzogen worden
und erhielt 1608, erst 26 jährig, dank der Protektion
Richelieus, das Bistum Belley (Dep. Ain), welches er bis
1629 versah und welches ihm neben seinen kirchlichen
Berufsgeschäften Zeit ließ, eine große Zahl von moralischen
und theologischen Abhandlungen, besonders aber von
Romanen zu schreiben. Er hat in den vierzig Jahren
seiner schriftstellerischen Tätigkeit über 180 Werke verfaßt — Niceron (*Mémoires* XXXVI) zählt 186 auf —, von

welchen einzelne bis zu 1600 Druckseiten zählen. Man merkt ihnen sämtlich die rasche Entstehung an und glaubt gerne, daß Camus' kürzere Erzählungen in einer Nacht, die längsten Romane in vierzehn Tagen vollendet wurden. Camus war ein Freund und eifriger Bewunderer d'Urfés (*«un des plus braves et des plus vertueux cavaliers que j'aie jamais connu»*), und die *Astrée* fand Gnade vor seinen bischöflichen Augen (*«Entre les romans et livres d'amour c'est possible l'un des plus honnestes et des plus chastes qui se voient»*). Aber im allgemeinen hielt er solche Bücher doch für höchst unmoralisch und verwerflich. Er ärgert sich über diese Romane und ihre Verfasser *«Ce sont des oignons mensongers qui tirent des yeux des inutiles larmes»*, und er wird nicht müde, Ausfälle zu machen gegen jene *«escrivains d'amours deshonnestes et de fables creuses et vaines»*, gegen *«ces histoires fabuleuses, ces livres d'amour, ces romans, ces bergeries, ces chevaleries et semblables fadaises»*, obwohl er deren stilistische Vorzüge bereitwillig anerkennt. Warum sollte man ein so treffliches System, wie es aus diesen Büchern spreche, nicht auch zu ehrbaren, moralischen Zwecken benützen können? Und er beteuert: *«Nous devous avoir pour but de nos œuvres et principalement de nos estudes l'honnour et la gloire de Dieu; j'ay tasché d'avoir ceste visée és miennes.... Je veux rejetter les œuvres ténébreuses et me veux revestir des claires et luisantes armes pour estre le champion de la vérité contre les mensonges de tant de romans pleins de fables charmantes»*.

Er fand für seine löblichen Vorsätze Unterstützung und Aneiferung bei seinem Lehrer und Nachbar, dem heiligen François de Sales, Bischof von Genf (1567 bis 1622), der ihm bei seinen Romanen (speziell bei *Agathonphile*) helfend zur Seite stand. Camus hegte für diesen Heiligen, mit welchem er in lebhaftem Verkehr stand, die größte Verehrung. Wenn François bei ihm zu Gaste weilte, pflegte er ihn eingestandenermaßen durchs Schlüsselloch bei der Toilette (!) und bei der Arbeit zu beobachten, um von ihm zu lernen. Er betrieb auch eifrig seine Kanonisation und verherrlichte ihn in dem sechsbändigen Werk L'esprit de Saint François de Sales (1641), welchem die eben angeführten Details entnommen sind (ed. Migne S. 203).

Sein Wille war gut, aber die eifrige Feder doch zu schwach. Camus' Romane stehen künstlerisch nicht hoch. Sie sind in einem schlechten, unerträglich breiten, mit Bildern überladenen Stil geschrieben, und die fromme, moralisierende Tendenz tritt allzustark hervor. Sie schildern meist in marktschreierisch sensationellem Ton überraschende Vorgänge und abenteuerliche Schicksale. Am Schlusse wird stets der Gute belohnt und der Böse bestraft, um dem Leser zu zeigen, daß die Vorsehung wache. Schon die Titel seiner Erzählungen verraten diese Methode: *Parthénice ou peinture d'une invincible chasteté* (1621); *Dorothée ou récit de la pitoyable issue d'une volontée violentée* (1621); *Eugène, offrant un spectacle de pitié et de pieté* (1623); *Alcime, relation funeste, où se decouvre la main de Dieu sur les impies* (1625); *Daphnide ou l'intégrite victorieuse* (1625); *Flaminio et Colman, deux miroirs l'un de la fidélité, l'autre de l'infidélité des domestiques* (1626); *Hyacinthe, histoire catalane où se voit la différence d'entre l'amour et l'amitié* (1627); *Casilde ou le bonheur de l'honnesteté* (1628); *Honorat et Aurélie, évenements curieux* (1628). In anderen tritt das fromme Moment in fast legendenhafter Weise hervor: *La mémoire de Darie, où se voit l'idée d'une dévotieuse vie et d'une réligieuse mort* (1620); *Elise ou l'innocente victime* (1621); *Agathonphile ou les martyrs Siciliens* (1627); *Le saint désespoir d'Oleastre* (1624); *Speridion, anacorète de l'Appenin* (1633) usw.

Wie verschieden die Stoffe dieser Erzählungen im Grunde auch sein mögen, sie ähneln einander doch sehr durch die stereotype Art der Darstellung, die auch in den spätesten Romanen keinen Fortschritt gegenüber den frühesten verrät. Die ungeheure Produktivität ließ Camus nicht Zeit, sich zu vervollkommnen. Wir müssen uns darauf beschränken, aus seinen zahlreichen Erzählungen einige wenige hervorzuheben. La mémoire de Darie (1620) schildert eine fromme Frau, die im Schmerz über den Tod ihres Gatten eine Fehlgeburt macht, Nonne wird und stirbt; in der Gestalt des edlen Théophile soll François de Sales porträtiert sein. — In Diotrèphe, histoire Valentine (1624), wendet er sich gegen die auch in der *Astrée* (I. 3) vorkommende Volkssitte, daß sich am St. Valentinstage verheiratete und unverheiratete junge Leute durchs Los als Liebesleute vereinen und zeigt, wie ein glückliches Ehepaar dadurch unglücklich wird und der Mann von dem Valentinsliebhaber seiner Frau sogar getötet wird.

Stoffgeschichtlich interessant ist La Cléoreste histoire françoise-espagnolle, *représentant le tableau d'une parfaitte amitié* (2 Bde., ca. 1500 S., 1626), da hier dieselbe Novelle Bandellos verwertet ist wie in Shakespeares Romeo und Julia, doch erlischt bei Camus am Ende die Feindschaft der beiden Häuser, und Cléoreste und Eufrase heiraten. Wegen der darin zutage tretenden politischen Tendenz und der realistischen Schilderung der Vorgänge angegriffen, schrieb Camus eine Défense de Cléoreste, die dem Roman häufig beigegeben ist. — Obwohl er gerne den Predigerton gegen die Eitelkeit und Gefallsucht der Frauen anschlägt und wahre Satzungeheuer von zwei und drei Seiten Umfang gegen Sünde und Weltlust schleudert, enthalten seine Romane manches Schlüpfrige. Agathonphile erzählt, wie sich seine Stiefmutter zu ihm ins Bett legt, Parthénice erregt in Knabenkleidern die Aufmerksamkeit einer Kurtisane, die sich ihr in derselben Weise nähert. Aber Camus beeilt sich stets, dergleichen zu rechtfertigen. «*Si je fouille dans les ordures du monde, si je représente de mauvaises actions et mesme des deshonnestes (quoique bien rarement) [je le fay] pour les détester*» (*Cléor.* II. 720). Der Jesuitenzögling verrät sich, wenn es im Vorwort zu *Elise* heißt: «*L'on doit juger des moyens par la bonté ou la mauvaiseté de la fin*» (diese Behauptung kehrt in verschiedenen seiner Werke wieder).

Sein berühmtestes Werk ist aber Palombe ou la femme honorable, histoire catalane (1624), eine Apologie der Ehe, die Geschichte einer Mustergattin, einer Art heiligen Griseldis. Die Heldin ist die junge, schöne Frau des Grafen Fulgent aus Tarragone. Dieser verliebt sich schon wenige Tage nach der Heirat in Glaphire, ein Mädchen, das infolge eines Unglücksfalles bei einem Stiergefecht verwundet in sein Haus gebracht wird. Während ihn Glaphire, von ihrer Familie unterstützt, mit Entrüstung zurückweist und zum Erzbischof flüchtet, der sie in einem Kloster unterbringt, verdoppelt Palombe ihre Zärtlichkeit gegenüber dem Gatten, aber der Graf jagt sie aus dem Hause und verbannt sie auf ein abgelegenes Gut. Von dort aus schreibt sie ihm erschütternde Briefe, die er aber ungelesen läßt, bis er eines Tages durch Zufall einen öffnet und von demselben mächtig ergriffen wird. Er liest nun auch die anderen, ruft Palombe zurück und verheiratet Glaphire mit seinem Bruder, seine eigene Schwester mit Glaphires Bruder. So hat sich wie durch ein Wunder alles zum Guten gewendet: «*Les femmes vertueuses et honorables par la douceur et la patience ramènent à la fin au train de la raison les maris les plus dissolus et les plus débauchés*».

Camus kämpfte lange voll Eifer und Zuversicht gegen die Moderomane. In der Vorrede zur *Callitrope* (1628) zitiert er mit emphatischen Worten seine Kritiker, überzeugt davon, daß seine Schriften standhalten werden, vor das Forum der Nachwelt. «*C'est là que j'appelle mes censeurs, on verra qui y pourra comparoistre, ou de leurs repréhensions ou de mes ouvrages.*» Er sollte nicht Recht behalten. Schließlich verzweifelte er selbst an seinem Beginnen: «Mein Unternehmen, gegen diese frivolen und gefährlichen Bücher anzukämpfen . . ., die unter dem Namen von Romanen auftreten, würde so viele Arme erfordern, als die Fabeln dem Briareus zuschreiben, oder die Kräfte, welche die Dichter dem Herkules beilegen — die Hände jenes Riesen, um die entsprechende Anzahl Federn in Bewegung zu setzen, die Stärke dieses Heros um eine

so mühevolle Arbeit auszuhalten. Wenn ich den unseligen Baum ansehe, welchen ich abhauen will, und der
um so mehr Zweige treibt, je mehr ich abschneide ...., so
fürchte ich ein Unglück ähnlich jenem der Danaiden oder
eine Qual ähnlich der des Sisyphus» (Vorrede zu *Evenements singuliers*, 1631).

Er fand auch keine Mitstreiter in diesem Kampfe.
«*J'ai beau crier au secours, personne ne se lève en mon aide,
je demeure seul contre ceste nuée d'assaillans*» (*Cléoreste* 703).
Als einen vereinzelten Nachfolger des Bischofs Camus
könnte man nur den Jesuiten René de Cériziers
1609—62) nennen, der mit seinen Romanen über die
heilige Genovefa (L'innocence reconnue, 1640 u. ö.)
und über die Jungfrau von Orléans (Les trois estats
de l'Innocence, 1646 u. ö.), mit seinem Jonathas ou
le vray amy (1667), seiner Histoire de Hirlande,
seinem Joseph ou la providence divine (1665) usw.
ähnliche Tendenzen verfolgt. Von solchen Erzählungen
ist nur mehr ein kleiner Schritt zu den Traktätchen der
Patres Décroix (*Les fleurs de l'amour céleste; Le miroir de
l'amour divin*), Girard (*L'Orphée sacré du paradis* 1627),
Nicolas Caussin (*La cour sainte*) usw.

Camus selbst verlor in der Folge immer mehr die
Lust an der Romanschriftstellerei und schrieb nur noch
fromme Abhandlungen wie den *Traité de la pauvreté
évangélique* (1634), den *Traité de la désapropriation claustrale*
(1634), *L'avois inement des Protestans vers l'Eglise romaine*
(1640) u. dgl. m. Obwohl er sich auch als witziger Kanzel-
redner großer Beliebtheit erfreute, resignierte er 1629
freiwillig sein Bistum und zog sich in die ihm vom König
geschenkte Abtei Aulnoy bei Caen zurück, später, als er
zu kränkeln begann, in das Hospital des Incurables zu
Paris. Er vertrat später den Erzbischof von Rouen
und entschloß sich sogar 1650 auf Bitten seiner Verehrer,
das Bistum Arras zu übernehmen. Er wurde vom König
ernannt, starb aber vor Eintreffen der päpstlichen Be-
stätigung 1652. Über seinen Aufenthalt in dem erwähnten

Hospital erzählt Tallement des Réaux kuriose Geschichten. Der greise Bischof soll hier nicht einmal einen Diener gehabt und auf einem Strohsack geschlafen haben. «*Un de ceux de la maison le servait et avait soin de lui donner un caleçon des pauvres quand il fallait mettre le sien à la lessive, car le bon prélat n'avait qu'un*».

Er geriet bald in Vergessenheit. Perrault *(Hommes illustres)* sagt zwar von seinen Erzählungen: «*Ces pieuses narrations passèrent dans les mains de tout le monde, firent un bruit très considérable et furent comme une espèce de contre-poison à la lecture des romans*», aber im XVIII. Jahrhundert kannte man nicht einmal mehr seinen Namen. Er wird weder in Voltaires *Siècle de Louis XIV.* noch in Laharpes *Cours de littérature* erwähnt. Als hätte er niemals Romane geschrieben, erhielt sich beim Publikum nur ein Auszug seines *Esprit de S. François de Sales*, der übrigens von fremder Hand (von Collot, 1821) herrührt. Aus der Feder dieses Heiligen stammt auch die beste Charakteristik von Camus: «*Beaucoup de science et d'esprit, une mémoire immense, une modestie parfaite, un mélange de naiveté et de finesse, une piété solide, de la gaieté, de l'apropos, mais pas de mesure, pas de goût; il ne lui manquait que le jugement*».

Savinien de Cyrano Bergerac, der dem großen Publikum heute weniger durch seine Schriften als durch ein Drama von Rostand (1897) bekannt ist, entstammte einer Beamtenfamilie, die vielleicht gaskognischer Herkunft war. Ihn selbst hat Rostand mit Unrecht zum Gaskogner gemacht. Der Beiname Bergerac rührte von einem kleinen Gut im jetzigen Departement Seine et Oise her, ein anderer Zweig der Familie hieß Cyrano-Mauvières. Der Dichter schrieb sich bald Savinien de Cyrano, bald Bergerac-Cyrano, bald de Bergerac. Scarron verspottet ihn wegen der verschiedenen Arten, seinen Namen zu schreiben, in der Komödie *Don Japhet d'Arménie* (1653):

> « . . . . *Don Zapata Pascal*
> *Ou Pascal Zapata, car il n'importe guère,*
> *Que Pascal soit devant ou Pascal soit derrière.*»

Er war zu Paris am 9. März 1619 geboren, genoß
zuerst eine mangelhafte Erziehung bei einem Landgeist-
lichen und empfing dann in der Hauptstadt im Collège
de Beauvais eine höhere Bildung. Hier sog er jenen
Haß gegen die Pedanterie ein, die er in der Person des
Rektors Grangier (im *Pédant joué*) verspottet hat. Er
war dann gleichzeitig mit Molière Schüler des Philosophen
und Physikers Pierre Gassendi (1592 — 1655), des
heftigen Gegners der Scholastik und Descartes' und Be-
gründers der epikuräischen Schule in Frankreich. Seine
Lehren waren von großem Einfluß auf Cyrano.

Im Leben hatte dieser wenig von einem Mann der
Wissenschaft. 1638 trat er als cadet (d. h. Freiwilliger)
in eine gaskognische Kompagnie und erlangte bald den
Ruf eines Raufbolds und Duellanten, eines *démon de
bravoure*. Er sagt in den *Lettres satiriques: «L'honneur
sali ne se lave qu'avec du sang»*. Er hinderte den dicken
Schauspieler Montfleury einen Monat lang mit Brachial-
gewalt am Auftreten und soll bei einem Raufhandel für
De Linières allein gegen hundert gekämpft haben. Der
Hauptanlaß zu seinen Tätlichkeiten war stets seine Nase,
die von monumentaler Größe gewesen sein soll. So erscheint sie auch auf seinen Porträts. Er rächte jeden
Blick auf sie sofort mit dem Degen. Cyrano machte die
Feldzüge in Flandern mit und wurde 1640 bei Monzon
und Arras mehrmals verwundet. Bald darauf gab er die
militärische Laufbahn auf, um sich ganz dem Studium
und der Poesie zu widmen. Er trieb besonders Philosophie
und Physik, schrieb Briefe, Dramen, Romane und Gedichte und wahrte sich, trotz mancher Anträge von aristo-
kratischer Seite und obwohl seine materiellen Verhältnisse
nicht gute waren, lange seine Unabhängigkeit. Erst gegen
Ende seines Lebens trat er in die Dienste des Herzogs
von Arpajon, dem er die *Oeuvres diverses*, die *Agrippine*
und den *Pédant joué* widmete. Der Tod traf ihn im
September 1655, erst 36 Jahre alt, durch einen unglücklichen Zufall. Als er eines Abends heim kam, fiel ihm

ein Scheit Holz auf den Kopf, und er starb nach langem
Leiden an den Folgen dieser Verwundung. Da er als
Atheist verschrien war, bemühten sich einige weibliche
Verwandte, ihn am Schlusse seines Lebens fromm zu
machen, aber wie es scheint vergeblich. Sein Aussehen
wird in dem Flugblatt «*Combat de Cyrano de Bergerac
avec le singe de Brioché au bout du Pont Neuf*» folgendermaßen geschildert: «Bergeracs Kopf schien fast ganz kahl.
Man hätte seine Haare auf die Entfernung von zehn
Schritten zählen können. Seine Augen verschwanden
unter den Brauen. Seine breite und gebogene Nase erinnerte an die gelben und grünen schwatzhaften Vögel
(Papageien), welche man aus Amerika bringt. Seine Beine,
die dem Fleische abhold waren, glichen Spindeln. Seine
Speiseröhre '*fagotait un peu*'. Sein Bauch war eine Kopie
des äsopischen Wanstes. Es ist nicht richtig, daß er
unreinlich war, aber seine Schuhe liebten den Straßenkot
so sehr, daß sie sich fast nie von demselben trennen
konnten».

Unter seinen Werken sind für seine Denkweise vor
allem seine Briefe (41 an der Zahl) charakteristisch, von
denen die meisten aus seiner Jugendzeit stammen. Sie
wurden 1653 gedruckt. Manche dieser Briefe sind philosophischen Inhalts (z. B. gegen den Winter, gegen den
Frühling, an einen Undankbaren), andere satirisch
(*Pour* und *Contre les sorciers,* gegen die Ärzte, gegen
einen Romanleser [mit Ausfällen gegen die heroisch-
galanten Romane]), wieder in anderen schlägt er einen
sehr heftigen persönlich-polemischen Ton an (gegen
Montfleury, gegen Ronscar [Scarron], gegen Soucidas [Das-
soucy]). Scarron wird wegen seiner Mißgestalt erbar-
mungslos verspottet: «Ohne zu sterben, hat er aufgehört
ein Mensch zu sein ... Wenn man ihn so sähe, ohne
Arme und Beine und seine Zunge stünde still — man
würde ihn für einen Grenzstein an der Wand des Tempels
des Todes nehmen ... Wenn ich das Skelett dieser
Mumie aufmerksam betrachte, kann ich Sie versichern,

daß, wenn die Parze jemals Lust bekäme, eine Sarabande zu tanzen, sie in jede Hand ein Paar Ronscars nehmen müßte, statt der Kastagnetten, oder sie würde wenigstens ihre Zungen zwischen ihre Finger nehmen, um sicn ihrer zu bedienen, wie man dies sonst bei den Hand-klappern der Aussätzigen sieht . . .» Und an anderer Stelle: «*Vous tomberez si bas, qu'une puce en lêchant la terre ne vous distinguera pas du pavé*». Ähnlich heißt es in dem Briefe an Montfleury: «Dicker Mann, ich kann Dich ver-sichern, daß Du, wenn man Stockschläge versenden könnte, meinen Brief mit den Schultern lesen würdest».

Cyrano glaubte mehrfache Gründe zu haben, um gegen den armen Krüppel Scarron so erbost zu sein. Zunächst politische, weil Scarron Frondeur, Cyrano da-gegen Anhänger Mazarins war, ein «*animal Mazarinicum*», wie Guy Patin das nannte. Cyrano verteidigte Mazarin in einigen Briefen, in denen er zu dem Schlusse kommt, daß ihn zu beleidigen und Gott zu beleidigen dasselbe sei. «Es ist das Kennzeichen einer gewöhnlichen Seele, wie der große Haufe zu denken. Ich bemühe mich mit aller Kraft, dem reißenden Strome zu widerstehen». In anderen Schriften sagt er allerdings oft das Gegenteil (s. u. S. 340). Aber sein Zorn war auch literarischer Art, weil Scarron keinen Wert auf die Pointe legte, die Cyrano so sehr liebte und von der er glaubte, sie sei sich selbst Zweck. Er nennt die Lilie einen Riesen aus saurer Milch (*«ce géant de lait caillé»*) und sagt von der Zypresse, sie sei so spitzig, daß man sich nicht einmal im Geiste darauf setzen könne. — Cyrano versuchte sich auch als Drama-tiker. Man besitzt von ihm eine Tragödie La mort d'Agrippine (gedruckt 1654), ein ganz mittelmäßiges Werk im Geschmack jener Zeit, welches immerhin Erfolg hatte, und eine Posse Le pédant joué (gedruckt 1654), die nicht viel mehr als ein Racheakt an seinem Lehrer Grangier ist, dem er auch Züge von Sorels Hortensius gegeben hat. Im übrigen erinnern die Figuren an die *Commedia dell'arte*. Molière hat den *Pédant joué* im *Amour médecin* und in den *Fourberies de Scapin,* Racine in den *Plaideurs* benützt. Ein dramatisches Talent war Cyrano entschieden nicht.

Die Histoire comique des états et empire de la Lune und die Histoire comique des états et empire du Soleil, um derentwillen wir ihn hier zu besprechen haben, waren als Teile eines Werkes, L'autre monde, gedacht, welcher Gesamttitel auch in Manuskripten erscheint. Die Mondreise wurde wohl vor 1643, wahrscheinlich 1642, verfaßt und war 1650 in der Handschrift schon bekannt. · Niceron (*Mémoires,* III. Bd.) nennt eine Ausgabe von 1656, nachweisbar ist aber nur eine von 1657. Sie ist von Henri Lebret, dem Jugendfreunde Cyranos herausgegeben, der mit ihm den ersten Unterricht des Landpfarrers genoß, mit ihm im selben Regiment diente, zugleich mit ihm die Armee verließ, dann Jurist, Parlamentsadvokat und schließlich Sekretär des Bischofs von Montauban und Kanonikus wurde. Er starb 1710, 93 Jahre alt und ist auch Verfasser verschiedener historischer und anderer Werke. Seine Ausgabe der Mondreise, zu welcher er von dem verstorbenen Cyrano beauftragt sein will (s. die Widmung an Tanneguy Regnault) ist leider eine Verballhornung, die nach Willkür korrigiert und alles Freigeistige wegläßt. Die Sonnenreise wurde nach 1650, dem Todesjahr des Descartes, verfaßt, blieb unvollendet und wurde 1662 in den von einem anderen Freunde Cyranos, dem Physiker Jacques Rohault herausgegebenen *Nouvelles Oeuvres de Cyrano Bergerac* veröffentlicht.

Beide Werke sind eigentlich keine richtigen Romane, sondern gehören der Gattung der phantastischen Reisebeschreibungen (Voyages imaginaires) an, und der Verfasser erscheint darin mehr als Philosoph, Physiker und Satiriker denn als Erzähler. Zu Anfang der Mondreise berichtet Cyrano, wie er eines Nachts mit einigen Freunden von Clamart heimkehrte und das Gespräch auf den Mond kam. Einer erklärte ihn für eine Lücke am Himmel, der andere für das Plätteisen, mit welchem

Diana den Kragen Apollos plätte, ein dritter meinte, das sei die Sonne, welche abends ihre Strahlen ablege und durch ein Loch beobachte, was die Welt mache, wenn sie nicht scheine. Cyrano aber sagte: «Ich glaube, daß der Mond eine Welt ist wie diese, der unsere Welt als Mond dient». Und als jene lachten, fügte er bei: «Vielleicht lacht man jetzt im Mond über diejenigen, welche glauben, unsere Welt sei eine Welt». Nach Hause gekommen, beschließt er, eine Mondreise zu schreiben. Er behängt sich mit Flaschen, die mit Tau gefüllt sind und setzt sich den Strahlen der Sonne aus. Bald fühlt er sich in die Luft gehoben und steigt einige Stunden lang empor. Um den Rückweg anzutreten, braucht er bloß ein paar Flaschen zu zerschlagen. Er landet aber nicht in Paris, sondern in Kanada, denn die Erde hat sich unter ihm gedreht, wie er dem Leser in einer beredten Verteidigung der Systeme von Kopernikus und Galilei auseinandersetzt. Er baut sich nun in Quebec eine neue Flugmaschine, deren Konstruktion leider nicht genau beschrieben wird. Der erste Versuch mit derselben mißlingt und Cyrano stürzt herab. Um sich zu stärken, reibt er sich mit Ochsenmark ein und besteigt dann wieder die Maschine, die ihn mittelst einer Art Rakete in die Luft schießt, worauf das Mondlicht, auf das Ochsenmark wirkend, ihn weiter emporzieht. Als er in den Bereich der Mondatmosphäre kommt, steigt er nicht mehr, sondern fällt auf den Mond hinunter (vgl. Jules Verne), und zwar glücklicherweise in das Laubwerk eines Baumes. Es folgt nun die Beschreibung des Mondes, der im ganzen der Erde ähnlich ist, nur daß dort alles riesenhafte Dimensionen hat. Wie später Voltaire, so will Cyrano durch dieses Mittel zeigen, daß wir untergeordnete Wesen und alle unsere Einrichtungen schlecht sind. Nicht nur die Vegetation hat etwas Gigantisches, auch die Menschen erreichen die Größe von 18 Fuß und werden 3000 bis 4000 Jahre alt. Sie lieben die Wahrheit, kennen keine Pedanterie, gehen auf allen Vieren, und leben vom Geruch.

der Speisen. Um ihnen diese Art der Ernährung zu
erleichtern, fallen die Lerchen, welche sie schießen, bereits
gebraten und gespickt herab. Es gibt kein Geld, man
zahlt mit Gedichten. Die Mondbewohner haben zwei
Sprachen. Die Vornehmen reden eine Art Musik, das
Volk verständigt sich durch Verrenkungen der Gliedmaßen.
Bei jenen ist ein ernstes Gespräch ein Ohrenschmaus,
bei diesen nehmen sich lebhafte Reden aus wie Akro-
batenkunststücke. Bücher werden mit den Ohren gelesen
und zuvor wie Uhrwerke (Phonographen) aufgezogen. Die
Zeit sehen die Mondbewohner an dem Schatten ihrer
Nasen ab, denn sie haben alle große Nasen wie Cyrano
selbst, und Knaben mit kleinen Nasen werden gleich nach
der Geburt kastriert. Denn eine kleine Nase zeugt von
niedriger Denkweise. «Die Stumpfnasigen» *(camus)*, sagt
Cyrano an anderer Stelle, «sind Mißgeburten *(avortons)*,
über welche die Natur errötet. An der Länge der Nase
mißt man die Tapferkeit, den Geist, die Leidenschaft, die
Feinheit; die Nase ist der Sitz der Seele, kein Thier hat
eine Nase wie der Mensch.» Der geschlechtliche Verkehr
ist auf dem Monde frei. Eine Frau kann den Mann, der
ihre Werbungen abweist, belangen (eine Art geschlecht-
licher Exekutionsführung). Über Cyrano ist man bei seiner
Ankunft sehr erstaunt. Er wird als Wundertier untersucht
und gegen Eintrittsgeld gezeigt. Über die Spezies, der er
angehöre, entsteht ein Streit unter den Mondgelehrten.
Schließlich einigt man sich dahin, daß er ein Papagei
ohne Federn sei. Cyrano remonstriert vergeblich durch
Zitate aus Aristoteles (Satire gegen Descartes' Ansicht über
die Tierseele). Der Dämon des Sokrates, der später den
Gassendi beseelte, sich zu dieser Zeit aber auf den Mond
zurückgezogen hat, bringt Cyrano zur Erde zurück und
setzt ihn in Italien ab. Da er nach Mondluft riecht,
bellen ihn die Hunde an. Er befreit sich von dem Geruch durch ein Sonnenbad.

Die Sonnenreise übertreibt die Ideen der Mondreise
ins Ungeheuerliche und Geschmacklose. Dyrcona (d. h.

Cyrano) steigt von Toulouse aus mit einer neuen Flugmaschine empor und landet nach vier Monaten auf einem Nebelflecken. Dort wachsen die Menschen aus dem Boden hervor. Nach weiteren 22 Monaten gelangt er zur Sonne, die ein belebtes Wesen ist. Er findet darauf verschiedene staatliche Gebilde, Monarchien und Republiken, einen Staat der Vierfüßler, der Vögel, Pflanzen, Steine usw. mit eigentümlichen Einrichtungen. Auch Menschen gibt es; er lernt den Staat der Philosophen, der Friedlichen, der Liebenden kennen. Cyrano kommt zu den Vögeln und wird hier vor Gericht gestellt. Da die Vögel gegen die Menschen sehr erzürnt sind, sagt Cyrano, er sei ein Affe, er wird aber von einigen gelehrten Vögeln untersucht, als Mensch erkannt und verurteilt. In der Folge begnadigt, kommt er in einen Wunderwald, dessen Bäume sprechen, wird von Campanella an den See des Schlafes geführt, erlebt noch verschiedenes andere, überläßt es aber diesmal dem Leser, sich seine Rückkehr zur Erde ad libitum vorzustellen.

Cyranos hauptsächliche Absicht liegt in der Satire auf die Menschen und ihre Einrichtungen. Die Mond- und Sonnenbewohner bringen uns und allem Irdischen nur Geringschätzung entgegen. Wir sind physisch minderwertig, klein, kurzlebig, haben zu kleine Nasen und falsche Ansichten. Wir ehren das Alter, statt die Jugend zu ehren, wie auf dem Monde, wo der Jüngling vom Greise begrüßt wird, weil in der Jugend die Kraft und die Zukunft des Menschengeschlechtes liegt. Und wie töricht ist unser falsches Schamgefühl, das der *bonne loi naturelle* widerspricht. Cyrano will ferner Gleichheit der Bürger im Staate, Abschaffung des Geldes, Einführung der Leichenverbrennung u. a. m. Manche dieser Reformvorschläge berühren um so auffallender, als Cyrano selbst im Leben entgegengesetzte Ansichten hatte. Er war ein strikter Anhänger des Absolutismus, der Aristokratie und des Kastenprinzips, ein Gegner der Demokratie, sein Grundsatz das *odi profanum vulgus et arceo*. «Die Volksherrschaft,» heißt es in einem seiner Briefe, «ist die schlimmste Geißel, mit welcher Gott einen Staat heimsuchen kann, wenn er ihn züchtigen will. Ist es nicht gegen die Ordnung der Natur, daß ein Ruderknecht oder ein Lastträger die Macht haben soll, einen Heerführer zum Tode zu verurteilen und daß das Leben der bedeutendsten Persönlichkeit der Lunge des größten Toren preisgegeben werden soll, der mit der ganzen Kraft seines Atems verlangt, daß jener sterben müsse?»

In seinen philosophischen und sonstigen wissenschaftlichen Ansichten ist Cyrano Gassendist und Gegner von Descartes. Wie Gassendi erweist er die Existenz Gottes auf philosophischem Wege, nicht wie Descartes, aus der Idee des Unendlichen. Wie Gassendi gibt er die Tierseele zu, während Descartes die Tiere für seelenlose Automaten erklärte. Cyrano, der Gassendi an verschiedenen Stellen lobend erwähnt, geht sogar über seine Lehren hinaus, indem er den Vögeln, ja sogar den Kohlköpfen unsterbliche Seelen gibt, sie den Menschen dagegen abspricht. Für letztere bedeute der Tod die Rückkehr ins Nichts, allenfalls den Anfang der Metempsychose (Seelenwanderung). Solche Ansichten machen es unwahrscheinlich, daß Cyrano der Verfasser des «Fragment de Physique ou la science des choses naturelles» sei, welches 1662 erschien und im wesentlichen nichts ist als eine Vulgarisierung der Lehren des Descartes.

Geradezu erstaunlich ist die wissenschaftliche Einsicht, welche Cyrano auf den verschiedensten Gebieten an den Tag legt. Er war gewiß einer der fortschrittlichsten Denker seiner Zeit. Die Art, wie er über die Bewegung der Erde spricht, verrät einen großen Mut, wenn man bedenkt, daß Galileis Lehre 1663 verurteilt wurde. Erst seit 1822 stehen Werke, welche die Bewegung der Erde um die Sonne und ihre Achsendrehung lehren, nicht mehr auf dem Index. Cyrano verteidigt die neue Ansicht gegen den Klerus in Gestalt der Jesuiten von Kanada und macht sich über den Inquisitionsprozeß gegen Galilei lustig. Über die Schwerkraft hatte er richtigere Vorstellungen als die meisten Physiker jener Tage. Er war auch einer der ersten, die von der Lehre vom Blutkreislauf überzeugt waren, den Harvey in seiner Schrift *De motu cordis et sanguinis* (1628) dargelegt hatte und der damals noch viel angezweifelt wurde. Aber auch die Mikrobentheorie scheint er vorgeahnt zu haben, denn er denkt sich Fleisch, Blut, Geist aus einer Unmenge kleiner Tierchen bestehend. *«Notre chair, notre sang, nos esprits ne sont autre chose qu'une tissure de petits animaux qui s'entretiennent, nous prêtent mouvement par le leur . . . et produisent cette action que nous appellons la vie».* Ein Mensch, der eine solche Auffassung von der Seele hatte, konnte nicht gläubig sein, und es ist kein Wunder, daß er als Atheist verschrien wurde. Endlich hat er zwei Erfindungen einer viel späteren Zeit literarisch vorweggenommen. Sein Vehikel ist eine veritable Flugmaschine samt Fallschirm, und die Mondbewohner bedienen sich bei der Lektüre des Phonographen. Die Mondbücher sind Uhrwerke in Schachteln. *«Le lecteur bande avec grande quantité de toutes sortes de petits nerfs cette machine»,* stellt sodann die Nadel auf das Kapitel, welches er lesen will, und der Text erklingt in Mondsprache.

Die Idee der Mond- respektive Sonnenreise war damals nicht neu. Man beschäftigte sich seit dem Altertum mit dem Mond und seinen Bewohnern. Dreiundzwanzig Jahrhunderte bevor Cyrano seine Reiseberichte publizierte, hatten sich die Pythagoräer den Mond schon als eine selbständige Welt gedacht, belebt von einer Art von Menschen, die größer, kräftiger und schöner als wir sind, die Milch schwitzen, Honig schneuzen und keine Exkremente ausscheiden. Anaxagoras (500 v. Chr.) spricht von Bergen, Tälern und Menschen im Monde. Plutarch (1. Jahrh. n. Chr.) sagt, es sei unsinnig zu glauben, daß der Mond nicht bewohnt sei, weil es für uns diesen Anschein habe; seine Bewohner müßten die Erde auch für unbewohnt halten, da sie von Nebeln, Wolken und Dünsten eingehüllt ist. Ähnliche Ansichten finden sich in neuerer Zeit. Giordano Bruno († 1600) glaubt, daß alle Planeten gleich der Erde von Pflanzen bedeckt und von Tieren verschiedener Art und von menschlichen Wesen bevölkert seien. Campanella († 1639), der Verfasser der politischen Allegorie *Civitas Solis*, zweifelt nicht, daß der Mond der Erde gleiche. In der Zeit nach Cyrano war man noch besser unterrichtet. Huyghens († 1695) weiß, daß die Planetenbewohner Hände mit fünf Fingern, zwei Augen mit Brauen und blondes oder dunkles Haar haben. Swedenborg († 1772) gibt ihnen sogar blaue und rote Röcke und spricht von Schafen, die dort von Schäferhunden gleich den unsrigen gehütet werden.

Die erste Beschreibung einer Reise nach dem Monde ist die «Wahre Geschichte» (Ἀληθὴς ἱστορία) des Lukian (2. Jahrb. n. Chr.), eine satirische Schrift gegen den Aberglauben. Sie ist das Urbild aller späteren Mondreisen, und Cyrano hat sie mehrfach benutzt. Lukian erzählt, wie er sich mit mehreren Freunden bei den Säulen des Herkules einschifft, nach Westen in den Ozean hinausfährt, vom Sturme ergriffen, auf eine entzückende Insel und von da zum Monde verschlagen wird. Männer, die auf Geiern reiten und sich vom Geruche gerösteter Fische nähren (vgl. Cyrano), führen ihn vor den Mondkönig Endymion, der eben mit dem Sonnenkönig Phaeton im Kriege liegt. Lukian und seine Begleiter treten in die Mondarmee ein und reiten nun auch auf Geiern, während die Sonnentruppen auf Flöben reiten, von welchen allerdings jeder so groß ist wie zwölf Elefanten. Die Schlacht findet auf einem großen Gewebe statt, welches die Mondspinnen herstellen. Die Mondarmee unterliegt, Lukian und seine Freunde werden gefangen genommen. Nach dem Friedensschluß kehren sie zum Meere zurück, ihr Schiff wird von einem Walfisch verschlungen, in dessen Bauch sich seltsame Menschen und große Berge und Wälder befinden. Als sie die Wälder in Brand stecken, geht das Tier in Flammen auf, sie fahren weiter usf.

Wohl nach Lukian ist die Schrift des Antonius Diogenes Τὰ ὑπὲρ Θούλην ἄπιστα (die unglaublichen Dinge jenseits von Thule): sie stammt aus dem 2. oder 3. Jahrhundert n. Chr. und ist nur in einem Auszug bei Photius, einem griechischen Schriftsteller des 9. Jahrhunderts, erhalten. Dieses Genre der Erzählung wurde im Mittelalter aufgegriffen; wir finden seine deutlichen Spuren in den Reisebeschreibungen des Marco Polo (XIII. Jahrh.), des Mandeville (XIV. Jahrh.), des Fernan Mendez Pinto (XVI. Jahrh.), des Hai Ebn Yokdhan (verfaßt von Ebn Tofail, einem arabischen Philosophen aus Spanien, XII. Jahrh.) und anderen ähnlichen Schriften, deren fabelhafte Abenteuer für wahr genommen wurden und die in alle Literaturen Eingang fanden. Reminiszenzen an solche Berichte sind sogar bei Dante und Ariosto (Astolfos Mondfahrt) nachzuweisen.

Cyrano dürfte die Anregung zu seinem Werke den Vorlesungen seines Lehrers Gassendi und dessen posthum erschienenen Lehrbuch *Syntagma philosophicum* (1638) verdankt haben. Hier findet man seine Ansichten über die Atome, die ewige Materie, den leeren Raum, die Tierseele die Ausfälle gegen Aristoteles und manches andere. Allerdings baut Cyrano die Lehren Gassendis bisweilen phantastisch aus, und er versteht auch manches unrichtig. Neben Gassendi wirkte unstreitig Sorel auf ihn ein, der dem Pedanten Hortensius das Projekt einer detaillierten Beschreibung des Mondes und seiner Bewohner in den Mund legt (*Francion*, S. 406 f.). Cyrano führt diesen Plan aus und erzählt, was er gesehen habe. Aus Sorel stammt die Nase als Uhr (*Berger extrav.* II, S. 122), das Lesen mit den Ohren, das Eintreten für die Leichenverbrennung, die Verwendung von Gedichten als Zahlung (*Francion*, S. 465) u. a. m. Eine von Sorel angeblich 1623 publizierte Mondreise (*Les aventures satiriques de Florinde habitant de la basse région de la lune*) hat wohl nur in der Phantasie V. Fournels (Ausg. des *Roman comique*, S. XXIX) existiert. Sorel spricht nirgends von einem derartigen Werke, das er geschrieben habe, und es ist bis heute unauffindbar geblieben. Außerdem benützte Cyrano auch ein englisches Buch über die Mondwelt, von dem Bischof Francis Godwin, The man in the moon or a discourse of a voyage thither by Domingo Gonzales (verfaßt 1599—1603, gedruckt Perth 1638). Eine französische Übersetzung gab Jean Baudoin unter dem Titel *L'homme dans la lune ou le voyage chimérique fait au monde de la Lune* (Paris 1648). Daß Cyrano dieses Buch kannte, ist nicht zu bezweifeln, denn er trifft auf dem Monde mit Domenico Gonzales zusammen, der sich von Enten dahin tragen ließ. Auch andere Momente, wie die Beobachtung der Drehung der Erde, die musikalische Mondsprache, fand er hier. Dagegen hat eine Schrift von John Wilkins, *Discovery of a new world or a discourse that 'tis probable there may be another habitable world in the moon* (anonym, Lond. 1638, übersetzt von Montagne, Rouen 1655), die oft als Cyranos Quelle genannt wird, keinen Einfluß auf ihn gehabt. Es ist «eine populär-wissenschaftliche Streitschrift für das kopernikanische System», und er kannte sie vielleicht gar nicht. Charakteristisch für ihn ist die groteske Übertreibung der Verhältnisse, worin er als direkter Nachfolger des Rabelais erscheint (vgl. zum Vogelreich *Pantagruel* V,1—6). Allerdings fehlt ihm dessen Frivolität.

Cyrano de Bergerac fand zu seiner Zeit wenig Beifall, und seine Schriften hatten nur geringen Erfolg. Wenige mochten die enthusiastische Bewunderung des Tristan l'Hermite für ihn teilen, der sich folgendermaßen ausspricht: «*C'est une honte aux grands de la France de reconnaitre en lui, sans l'adorer la vertu dont il est le trône ... il est tout esprit, il est tout cœur et il a toutes les qualités dont une jadis suffisoit à marquer un héros ... Enfin je ne puis rien ajouter à l'éloge de ce grand homme sinon que c'est le seul poète, le seul philosophe et le seul homme libre que vous ayez.*» Er schlief lange den Schlaf der Vergessenheit — Bayle und Voltaire ignorieren ihn — und wurde erst zur Zeit der Romantik wieder neu entdeckt, als

Th. Gautier in den «*Grotesques*» (1844) auf ihn hinwies und Charles Nodier sagte, er wollte lieber die *Lettre contre les sorciers* geschrieben haben als Pascals *Provinciales*. Ist man auch von solchen Überschätzungen längst zurückgekommen, so erblickt man doch in ihm einen der glänzendsten Vertreter jener Art der Erzählung, welche man Voyages imaginaires zu nennen pflegt und die «zu den wirklichen Reisen in demselben Verhältnis steht wie Novellen und Romane zu der Geschichte und den Lebensbeschreibungen» (Dunlop S. 417). Sie erlebte ihre richtige Blüte erst im XVIII. Jahrhundert, wo sie zu moralisierenden und satirischen Zwecken benützt wurde, indem man zeigen wollte, was der Mensch allein vermag (Defoe, *Robinson* 1719) oder indem andere Welten zum Vergleich mit der unseren herangezogen wurden (Swift, *Gullivers Travels* 1726; Voltaire, *Micromégas* 1752). Die meistgelesene Mondreise aus dem XIX. Jahrhundert, Jules Vernes De la terre à la lune (1865) dient reinen Unterhaltungszwecken und hat trotz der reichlichen Verwendung der Physik mit Cyrano nichts gemein. — Die verwandte Gattung der «Songes et visions» unterscheidet sich von den *Voyages imaginaires* dadurch, «daß hier der Körper ruht, während der Geist durch die ganze Welt der Chimären frei umherschweift» (Dunlop, S. 427). Das Urbild dieser Spezies ist Lukians *Somnium* (Περὶ τοῦ ἐνυπνίου), ihre Krone Dantes *Divina Commedia*. Auch Boccaccios *Corbaccio* (*Il laberinto d'amore*, 1356), die *Hypnerotomachia Poliphili* des Francesco Colonna (1499), Merciers *Songes et visions philosophiques* und viele andere Werke gehören ihr an.

Cyrano wurde durch Rostands Drama (1897) neuerdings wieder in den Vordergrund des Interesses gerückt. Dieses Werk, welches man «eine erlösende Tat nach dem Gemeinen, Häßlichen, Niedrigen der letzten zwanzig Jahre des Naturalismus und Kosmopolitismus» genannt hat, setzt allerdings an die Stelle des historischen Cyrano eine erfundene Persönlichkeit, wie sie der Dichter für ʂeine frei erdachte Handlung brauchte. Cyranos Biographie bietet für seine Beziehungen zu einer Roxane keinen Anhaltspunkt, ja in seinen gesamten Schriften weist nichts darauf hin, daß er überhaupt je verliebt gewesen sei. Seine *Lettres amoureuses* sind bloße rhetorische Übungen. Lebret sagt, er habe sich von den Frauen ferne gehalten. Roxane ist eine Kombination zweier historischer Frauengestalten, der Madeleine de Robineau, Baronin von Neuvillette und der Preciösen Mlle. Robineau. Aber nichts entspricht weniger der Wahrheit, als wenn Rostands Cyrano wegen seiner Nase melancholisch ist. Wir wissen, daß sie ganz im Gegenteil sein größter Stolz war.

Barclay, Argenis. *Les amours de Poliarque et d'Argenis de J. Barclay, mis en françois.* Par P. de Marcassus. Paris, Nicolas Buon 1622⁰; dann ibid. 1626, 2 Bde., 8⁰. — *L'Argenis de Jean Barclay. Traduction nouvelle, enrichie de figures* [Übersetzer: N. Guibert]. Paris, Nic. Buon 1623, 8⁰; dann ibid. 1624; 1625; Rouen, A. Ouyn 1632 (unter dem Titel *L'Argenis de Jean Barclay, de la traduction de* M. N. G[uibert]); dann Paris, Cl. Griset 1633; Paris, N. et J. de la Coste 1638, usw. — *Histoire de Poliarque et d'Argenis,* par F. N. Coeffeteau, evesque de Marseille. Paris, Samuel Thiboust und Jacques Villery 1624 (stark gekürzte Bearbeitung); dann ibid. 1626 (diese und die folgenden Ausgaben enthalten auch das *Promenoir de la Reyne à Compiègne*); 1628; Rouen, J. Cailloue 1641, usw. — Die älteste deutsche Übersetzung der *Argenis* von Martin Opitz beruht auf einer französischen Version (*Johann Barclaijens Argenis, deutsch gemacht durch Martin Opitzen . . . nach dem frantzösischen Exemplar.* Bresslaw 1626, 8⁰ u. ö.). — Deutsche Übersetzung der gekürzten Bearbeitung von Coeffeteau: *Historie von Poliarchus und Argenis. Fast nach Herrn Barclayen Lateinischen von F. N. Coeffeteau, Bischoffen zu Marsilien kürtzlich beschrieben. Auß dem frantzösischen in das Hoch-Teutsche.* Leipzig 1631, 8⁰ [Übersetzer: A. Friderici]. — Niederländische Übersetzung nach dem Französischen: *D'Argenis von J. Barclai, met de sleutel der verzierde namen door* J. H. Glazemaker *vertaalt.* Amsterdam 1643, 8⁰; dann ibid. 1680. — Fortsetzung von de Mouchemberg: *La seconde partie de l'Argenis.* Paris, Nic. Buon, s. a. [1625], 8⁰. — Spätere Ausgaben: *La suite et continuation de l'Argenis, faicte par le* Sr. de Mouchemberg. Paris, Nic. Buon, s. a. [1626], 8⁰; ibid. 1633; 1638; 1655. — Deutsche Übersetzung: *Der Argenis anderer Theyl verdeutscht durch* Martin Opitzen. Breslau 1631.

— Niederländische Übersetzung: *Vervolg op d'Argenis van J. Barklai . . . door* J. H. Glozemaker *mit de oorspronkelijke in de Nederlantsche Taal overgezet.* Amsterdam 1681. — Spanische Übersetzung: *Argenis continuada o segunda parte, por* D. Joseph Pellicer de Salas y Tobar. Madrid 1626 (gekürzter Auszug). — Vgl. Léon Boucher, *De Johannis Barclaii Argenide.* Thèse, Paris 1874. — Albert Dupond, *L'Argénis de Barclay.* Etude littéraire. Paris 1875. — Albert Collignon, *Notes historiques, litéraires et biographiques, sur l'Argénis de Jean Barclay.* Paris, Nancy 1902. — Philipp August Becker, *Johann Barclay* (1582—1621) (Zeitschrift für vergleichende Literaturgeschichte, N. F. XV, 1904, S. 88 ff.). — Karl Friedrich Schmid, *John Barclays Argenis. Eine literarhistorische Untersuchung, I. Ausgaben der Argenis, ihre Fortsetzungen und Übersetzungen.* Berlin-Leipzig 1904 (Literar-historische Forschungen XXXI). — Koerting, l. c. I., S. 131 ff. — Louis de Loménie, *Le roman sous Louis XIII* (Revue des Deux Mondes vom 1. Febr. 1862).

Camus. Das umfassendste Verzeichnis der verschiedenen Ausgaben seiner Schriften findet sich im *Catalogue général des livres imprimés de la Bibliothèque Nationale. Auteurs,* Bd. 23, Sp. 140—175 (1905). — Den Titelangaben im Text S. 329 ff. sei hier nur noch folgendes hinzugefügt: *Les Evenements singuliers, divisés en quatre livres.* Lyon 1628 (dann Paris 1631, Rouen 1643 usw.). Englische Übersetzung von S. Du Verger (*Admirable events*), London 1639, 2 Bde., 4⁰. — *Agathonphile* (1627). Neubearbeitung von Cusson, Nancy 1712. — *Alcime* (1625). Englische Übersetzung: *A true tragical history of two illustrious italian families; couched under the names of Alcimus and Vannoza. Done into english by a person of quality.* London 1677; 2. Aufl. 1678 (unter dem Titel: *The forced marriage*). — *Dorothée* (1621). Italienische Übersetzung: *Dorotea, overo Racconto del pietoso fine d'una volontà sforzata, descritta da Monsignor vescovo di Belley, tradotto della lingua francese nell'italiana da* Lodovico Cadamosto. Milano 1649. — *Elise* (1621). Italienische Übersetzung: *Elisa overo l'Innocenza colpevole . . . trad. dal Sig. Conte* Honofrio Bevilacqua. Venezia 1630. — *Palombe* (1624). Gekürzte Neubearbeitung von H. Rigault, Paris 1853 (Bibliothèque des chemins de fer), mit Einleitung über Camus. — *Heraclitus und Democritus, das ist C fröhliche und traurige Geschichte gedolmetscht aus den lehrreichen Schriften St. P. Camus, Bischoffs zu Belley . . . gesamlet durch ein Mitglied der hochlöblichen fruchtbringenden Gesellschaft* [G. Ph. Harsdörffer]. Nürnberg 1652; 2. Aufl. ibid. 1661. — *Der große Schauplatz jämmerlicher Mordgeschichte. Bestehend in CC traurigen Begebenheiten, mit vielen merckwürdigen Erzehlungen, neu üblichen Ge-*

*dichten ... verdolmetscht und mit einem Bericht ... von den Sinn-
bildern ... durch ein Mitglied der hochlöblichen fruchtbringenden
Gesellschaft* [G. Ph. Harsdörffer], Frankfurt 1652, 2 Bde., 5. Aufl.,
Hamburg 1666. — Vgl. Albert Bayer, *J. P. Camus, sein Leben
und seine Romane.* Diss., Leipzig 1906. — Koerting, l. c. I,
S. 174 ff. — Louis de Loménie, *Le roman sous Louis XIII*
(Revue des Deux Mondes vom 1. Febr. 1862).

Cériziers. *Géneviève ou l'Innocence reconnue, tragédie
chrestienne.* Paris 1640 (dann ibid. 1669; Rouen 1711 usw). —
Englische Übersetzung: *The triumphant lady or the crowned
innonce. A choice and authentick piece* of *the famous de Cériziers,*
translated by Sir W. Lower, knight. London 1656, 8°; 2. Aufl. (*The
innocent lady or the illustrious innocence*). London 1674. — Niederländische Übersetzung: *Het leéven van de heylige nederlandsche
Susanna ofte Genoveva ...* vertaelt in't Nederduytsch door C. van
den Houke. Antwerpen s. a. [ca. 1830], 8°. — Italienische
Übersetzung: *L'Innocenza riconosciuta, historia descritta in lingua
francese dal P. Renato Ceriziers ...* tradotta nell'italiana da Lodovico Cadomosto. Venezia 1652. — *L'Innocenza afflitta, historia
descritta in francese dal sig. di Ceriziers,* portata nella lingua italiana dal padre abbate D. Aniceto Dandi da Forli. Bologna
1671. — *Joseph ou la providence divine par le* S. de Cériziers ... nouv. éd. Paris, C. Angot 1665, 8°. — Englische
Übersetzung: *The innocent Lord or the divine Providence, being
the incomparable history of Joseph, written originally in french,*
and now rendred into English by Sir W. Lowre, knt., London
1655, 8°. — *L'Histoire d'Hirlande, ou l'innocence couronnée, par*
M. Cérisier [sic]. Nouv. éd., Rouen, J. B. Besongue 1751, 12°. —
Italienische Übersetzung: *L'Irlanda, overo l'Innocenza coro-
nata, del sig. de Ceriziers ...* tradotta dalla lingua francese nell'italiana dal sig. capitano Lodovico Cadamosto. Bologna 1666.
— Deutsche Übersetzung: in der Sammlung der deutschen
Volksbücher von Karl Simrock und Gust. Schwab.

Cyrano de Bergerac. *Histoire comique, par M. cyrano
bergerac, contenant les Estats & Empires de la Lune.*
Paris, Ch. de Sercy 1657, 12°. — Die von Nicéron (*Mémoires,*
Bd. 3) genannte Ausgabe von 1656 ist nicht nachweisbar. —
Spätere Ausgaben: 1659; 1663; in den *Oeuvres diverses,* Paris,
Ant. de Sommaville und Ch. de Sercy 1661; Paris, Ch. de Sercy
1663; 1676; 1681; Rouen, R. Séjourné 1676; ibid. J. Besongne
1678; Amsterdam 1699; 1709; 1710 usw.; in den *Oeuvres complètes,* Lyon 1663 usw. — *Nouvelles œuvres de Cyrano Bergerac,
contenant l'Histoire comique des Estats et Empires du Soleil, & autres pieces diuertissantes.* Paris, Ch. de Sercy 1662. —
Spätere Ausgaben: ibid. 1676; dann in den *Oeuvres diverses;* in

der *Oeuvres complètes usw.* — Neuere Ausgaben: *Oeuvres de Cyrano de Bergerac,* précédés d'une notice par Le Blanc. Toulouse 1855. — *Histoire des états et empires de la lune et du Soleil par Cyrano de Bergerac.* Nouvelle édition, revue et publiée avec des notes et une notice historique par P. L. Jacob [Paul Lacroix]. Paris 1858; 2. Aufl. 1900 (auch in der Ausgabe der *Oeuvres comiques, galantes et littéraires de C. de B.* publ. par P. L. Jacob, bibliophile, Paris 1858). — *Voyages fantastiques de Cyrano de Bergerac,* avec une introduction et des notes par M. de Montifaud. Paris 1875, 12°. — *Histoire comique des états et empires de la Lune et du Soleit par Cyrano de Bergerac, avec appendice contenant 1. Antonin Diogène, Choses vues au delà de Thulé; 2. Lucien, Histoire véritable;* publ. p. E. Müller. Paris 1886 (gekürzter Text). — *Savinien de Cyrano Bergeracs L'autre monde ou les états et empires de la Lune.* Nach der Pariser und der Münchener Handschrift sowie nach dem Drucke von 1659 zum ersten Male kritisch herausgg. von Leo Jordan. Dresden 1910 (Gesellschaft für Romanische Literatur, Bd. 23). — Deutsche Übersetzung: von Hönncher, Oppeln 1887 (nach der Ausgabe von Müller). — Englische Übersetzungen: Σεληναρχία *or the governement of the world in the moon. A comical history ... done into english by* T. St. Serf. London 1659, 16°. — *A voyage to the moon ... a comical romance. Done from the french of M. Cyrano de Bergerac.* By Mr. Derrick. London 1754, 12°. — *The comical history of the States and Empires of the worlds of the moon and the sun ... newly englished by* A. Lovell, London 1867, 8°. — Spanische Übersetzung: *Viaje á la luna,* traducción de Torcuato Tasso Serra. Barcelona 1902 (Coll. diamante N. 83). — Vgl. Ch. Nodier, *Bonav. Desperiers et Cyrano de Bergerac.* Paris 1841. — P.-Ant. Brun, *Savinien de Cyrano Bergerac. Sa vie et ses œuvres.* Paris 1893. — Derselbe, *Savinien de Cyrano Bergerac, gentilhomme parisien. L'Histoire et la légende.* Paris 1909. — Dr. H. Dübi, *Cyrano de Bergerac. Sein Leben und seine Werke.* Bern 1906 (auch im Archiv für d. Studium der neueren Sprachen, Bd. 113—115). — H. de Gorsse et J. Jacquin, *La jeunesse de Cyrano de Bergerac. Avec lettre-préface d'Edmond Rostand.* Paris 1904; 2. Aufl. 1906. — G. Capon et R. Yve-Plessis, *Lettres d'amour de C. de B., publ. d'après le ms. inédit de la Bibliothèque Nationale.* Paris 1905. — Fr. Lachèvre, *L'Édition originale de l'histoire comique ou voyage dans la lune de Cyrano de Bergerac* (Bulletin du bibliophile et du bibliothécaire, Janvier 1911). — Leo Jordan, *Ein neues Ms. von Cyranos L'autre monde* [Münchener Ms.] (Archiv f. d. Studium der neueren Sprachen, 122. Bd., 1909, S. 64 ff.). — Fournel, *La littérature indépendante usw.* S. 50 ff. — Koerting, l. c. II, S. 169 ff. — Dunlop, l. c., S. 421 ff. — P. Toldo, *Les*

voyages merveilleux de Cyrano de Bergerac et de Swift et leurs rap-
ports avec l'œuvre de Rabelais (Revue des Études Rabelaisiennes
IV, 1906, S. 295 ff.; V, 1907, S. 24 ff.). — Juppont, *L'œuvre*
scientifique de Cyrano de Bergerac. (Mémoires de l'Académie des
sciences, inscriptions et belles lettres de Toulouse, X. série,
VII., S. 312 ff.). — Hans Platow, *Die Personen von Rostands*
Cyrano de Bergerac in der Geschichte und in der Dichtung (Berliner
Diss.). Erlangen 1902 (auch in den Romanischen Forschungen).
— Emile Magne, *Le Cyrano de l'histoire.* 2. Aufl., Paris 1903.

XV. Der psychologische Roman.

Weder dem heroisch-galanten, noch dem realistischen
Roman war eine lange Dauer in der Gunst des Publikums
beschieden. Die Scudéry fand nach 1660 selbst für ihre
kürzeren Romane nur mehr wenige Leser, und nach
Furetières *Roman bourgeois* (1666) schien das Interesse
weiterer Kreise an den realistischen Schilderungen bis
auf weiteres erschöpft. War man in dem einen Falle der
Unmöglichkeiten und Extravaganzen endlich doch müde
geworden, so vermißte man in dem anderen das romantische, transzendentale Element, welches die Unterhaltungslektüre doch nicht ganz entraten kann. Wovon die
Gomberville, La Calprenède, Scudéry zu viel hatten, davon
hatten die Sorel, Scarron und Furetière zu wenig. So war
für ein neues Genre Platz geschaffen. Die Zukunft gehörte dem psychologischen Roman, welcher damals
in den Werken der Gräfin von Lafayette seine ersten
großen Erfolge erzielte. Das Bestreben nach psychologischer
Vertiefung hatte sich allerdings schon viel früher in der
französischen Literatur geltend gemacht. Es manifestierte
sich bereits in der Mitte der Zwanziger Jahre des Jahrhunderts, in den Zeiten des *Polexandre* und des *Francion*
sehr deutlich in einigen heute längst vergessenen Romanen, die merkwürdigerweise sämtlich dasselbe Problem
zum Gegenstande haben. In ihrem Mittelpunkte steht
immer eine kokette, launenhafte Frau, deren Charakter zu analysieren der Hauptzweck dieser Werke zu
sein scheint.

Den Reigen eröffnet der als Übersetzer und Verfasser der *Histoire de Lysandre et Caliste* (1615) erwähnte Henry Vital d'Audiguier mit seinem unvollendet gebliebenen Roman Les diverses affections de Minerve (I. T. 1625). Er hat in seiner Heldin «den Typus des schönen, die Sinne der Männer verwirrenden, aber sie immer nur hinhaltenden, nie sie befriedigenden, innerlich kühlen, äußerlich tugendhaften Weibes» gezeichnet, dessen Grundzüge er vielleicht einer Episode des ersten Teils der *Astrée (Histoire de Stelle et Corilas)* entnahm. Minerva wird als neunjähriges Mädchen mit einem elfjährigen Gatten verheiratet, läßt sich von ihm scheiden, heiratet bald darauf den Senator Tatius, scheidet sich auch von diesem und wird die Geliebte des Adraste, dem sie mehr Qualen als Freuden bereitet. Sie will stets leidenschaftlich begehrt sein, verweigert sich aber oder gibt sich nur halb. «*Se baignant de plaisir au tourment d'autruy, jusques à se tourmenter elle mesme, et souffrir les plus extremes martyres pour en causer quelquesfois des moindres il sembloit qu'elle ne fust jamais en repos que parmy les peines, et que le calme de son esprit consistait en la tempeste dont elle agitoit les autres. Elle aymoit le haut goust en amour et luy estoit admis qu'une affection trop douce eust esté trop fade, si elle n'eust esté meslée de l'aigreur de la jalousie.*» — Denselben weiblichen Charakter hat Duverdier in seiner Floride (1625) gezeichnet, die Wirkung aber durch allzubreites Ausspinnen des Stoffes abgeschwächt. Auch Floride wird jung verheiratet, geschieden, wird von Lisdan, Clidamas, Orante und anderen umworben und hält sie alle hin, bis sie sich selbst in Filandre verliebt, den sie auf Wunsch ihrer Mutter lassen muß und der bald darauf stirbt. Sie wird dann die Gattin des alten Trasille. In dieser Zeit versucht es Orante, sie zu entführen, wird jedoch ins Gefängnis geworfen und erzählt hier die Geschichte der Heldin.

Beide Romane werden an literarischem Wert von

André Mareschals Chrysolite ou le Secret des
romans (1627) übertroffen. Mareschal stand wie Jean
de Lannel in Diensten des Prinzen von Pfalzburg, dem
er auch sein Buch widmete. Ein hochgebildeter Mann,
der über ausgebreitete Kenntnisse verfügte, erkannte er
deutlich die Mängel der herrschenden Romanliteratur und
beschloß, eine neue Manier an die Stelle der bisher üblichen
zu setzen. «*Ce n'est pas un roman que je présente, mais le
secret des autres ou celui qu'ils devroient avoir*» (daher der
Nebentitel). In den bisherigen Romanen, sagt er, finde
man nur hohle Phrasen und Widersprüche, «*rien de solide,
rien de vraysemblable ni qui se puisse rapporter aux mœurs
et à la puissance des hommes ou au véritable cours des temps
et des siècles.*» Diesem Übelstand wolle er entgegentreten.
«*Ici je n'ay rien mis qu'un homme ne peust faire, je me suis
tenu dans les termes d'une vie privée afin que chacun se peust
mouler sur les actions que je descry.*» Wenn er dennoch
einen antiken Schauplatz gewählt und seinen Personen
griechische Namen gegeben habe, so habe er es nur getan,
um sich über die zeitgenössischen Verhältnisse besser
und ungenierter aussprechen zu können. Die Handlung
spielt in Athen. Chrysolite, ein frühreifes, aufgewecktes
Mädchen, ist Minerve und Floride in dritter, verbesserter
Auflage. Als sich Clytiman aus Megara in sie verliebt,
spielt auch sie lange Zeit die Unbeteiligte, bis sie ihm
endlich gesteht, daß sie seine Liebe erwidere. Aber auch
dann reizt sie ihn noch, indem sie ihn auf Félismon und
Clymanthe eifersüchtig macht. Und je mehr Clytiman
leidet, desto mehr quält sie ihn. Auf seine Vorstellungen
gibt sie ihm zur Antwort: «*Ne vous souvenez-vous pas, . . .
que je ne vous ay aymé qu'à cette condition que vous me
laisseriez la liberté de mon humeur?*» Als sie sich weigert,
ihn zu heiraten, will er sie verlassen, sie aber wirft sich
ihm zu Füßen und stimmt ihn wieder um — nur um
ihn gleich darauf von neuem zu quälen und heimlich
ihre Heirat mit Validor zu betreiben. Clytiman vereitelt
diese, sie nähert sich ihm wieder, bestrickt dann Estragon

und wird endlich für ihr frivoles Spiel bestraft, indem
sich alle von ihr abwenden. «*La voilà doncques aux ab-
bois, honteuse, confuse, quittée, perdue, mocquée et la fable
de tout le peuple.*» Der Verfasser verspricht «*en peu de
jours*» eine Fortsetzung zu liefern, die Chrysolite als
Gattin zeigen solle, die aber leider nicht erschienen ist. —
Mareschals *Chrysolite* ist in ihrer Zeit eine bemerkenswerte
Erscheinung. Lange vor der *Manon Lescaut* hat er es
verstanden, die «*quintessence de ce redoutable féminin si
doux et si perfide*» richtig zu zeichnen. Leider ist die
Darstellung auch hier viel zu breit, und der Verfasser
konnte es nicht unterlassen, dem Zeitgeschmack hin und
wieder ein Opfer zu bringen (vgl. die romantische Episode
Les amours de la Princesse Helione dans l'Isle de Latoa).
Bemerkenswert ist eine Stelle, wo sich Mareschal energisch
dagegen ausspricht, junge Mädchen gegen ihren Willen
ins Kloster zu stecken (vgl. ob. S. 207).

In den nächsten Jahren, die ganz den Triumphen
des heroisch-galanten Romans gehörten, ist kein neuer
derartiger Roman zu verzeichnen, aber 1644, drei Jahre
nach dem *Ibrahim* der Scudéry, erscheint derselbe Frauen-
typus zum viertenmal in Du Bails Galanteries de la
cour. Hier heißt die Kokette Belinde. Sie bezaubert
Selistor, Clidaman und Rosimon, ja sie hält es zugleich
mit vier oder fünf Männern, mit welchen sie zu verschiedenen Tageszeiten zusammentrifft. Rosimon entlarvt
sie endlich. Er versteckt die anderen, während er mit
ihr beisammen ist, in demselben Zimmer, und gibt ihnen
so Gelegenheit, sein Gespräch mit ihr zu belauschen.
Belindes gesellschaftliche Stellung wird dadurch unhaltbar,
und es bleibt ihr nichts übrig, als ins Kloster zu gehen.
Im ganzen tritt jedoch in diesem Roman das Streben
nach psychologischer Vertiefung gegenüber der Sitten-
schilderung in den Hintergrund.

Der Wunsch nach einer Regeneration des Romans
bestand auch in der Folge fort. De Pure läßt im vierten
Buch seiner oben erwähnten Satire eine Preziöse den Vor-

schlag machen, die herrschenden Romane durch ein neues
Genre zu ersetzen, das anstatt äußerer Vorgänge die
inneren, seelischen schildern solle — es ist das Programm,
welches später Mme. de Lafayette realisierte. Mehr als
die Überlebtheit der bisher gepflegten Romangattungen
begünstigte aber eine Art intellektueller Gärung die neue
Richtung. Das glänzende Hofleben, das gesellschaftliche
Treiben erzeugten in den mondänen Gemütern eine Ein-
kehr in sich selbst, eine neue Empfindsamkeit, die sehr
verschieden war von der früheren Sentimentalität. Es
tauchte die Modekrankheit der Melancholie auf, die sich
ausnimmt wie eine Vorahnung des romantischen Welt-
schmerzes. Es war die Zeit, wo sich Mlle. de Lavallière,
die Vorgängerin der Montespan in der Gunst Ludwigs XIV.,
in das Kloster der Karmeliterinnen zurückzog (1674) und
sich von Lebrun als büßende Magdalena malen ließ, in
welcher Geschmacksverirrung ihr viele vornehme Damen
folgten. Man las die visionären, ekstatischen Schriften
der heiligen Therese von Jesu († 1582). La Rochefoucauld
erklärte, man habe ihn in den letzten drei bis vier Jahren
nicht lachen sehen. Lafontaine spricht von dem *«sombre
plaisir d'un cœur mélancolique»*. Man erfand für diese
Gemütsverfassung, die zum guten Ton gehörte, eine ganze
Reihe von Namen: *Tristesse, Bile noire, Folie, Rêverie,
Minuaderie, Douce passion* usw. Während diese neue
Stimmung immer mehr um sich griff, erschien ein Buch,
das wie ein Blitzstrahl zündete und wie eine neue Offen-
barung wirkte, die Lettres portugaises, Liebesbriefe
einer portugiesischen Nonne. Diese Briefe, welche auf
die Entwicklung des psychologischen Romans einen starken
Einfluß geübt haben, sind zugleich das bedeutendste Er-
zeugnis einer ausgedehnten Briefliteratur, die 1666 von
Edmé Boursault (1638—1701) mit den vielgelesenen
Lettres de Bahet (1666) eröffnet worden war. Denn
die *Lettres amoureuses et morales des beaux esprits de ce
temps* von François de Rosset (1612) kommen als isolierte
Erscheinung dafür noch nicht in Betracht. Boursault

hatte in diesen angeblich an ihn selbst gerichteten Briefen der Tochter eines hohen Justizbeamten den weiblichen Stil besonders gut getroffen und preziöse Schalkhaftigkeit mit weicher Sentimentalität zu verbinden gewußt. Sie sind so natürlich geschrieben, daß man sie für wirkliche Frauenbriefe gehalten hat, und die oftmalige Erwähnung der Michelon (Michelle Milley), der späteren Gattin Boursaults und Mutter seiner elf Kinder, spricht für diese Annahme. Sicherlich hat aber Boursault die Briefe vor der Herausgabe redigiert. Wie verblaßte jedoch der Zauber dieser Korrespondenz vor der seelischen Wucht, die sich in den Nonnenbriefen kundgab!

Die *Lettres portugaises, traduites en français* (1669), an der Zahl fünf, bilden nur ein kleines Büchlein. Verfasser, Übersetzer und Adressat sind nicht genannt. Der Orginaltext war verloren und blieb es. Man sah nur, daß es Briefe einer portugiesischen Nonne an einen französischen Offizier waren, der ihr Geliebter gewesen war und sie verlassen hatte. So war für die Franzosen das Interesse an dem Werk mit jenem an den Personen kombiniert. Aber erst 1690 erfuhr man, daß der Offizier mit dem nachmaligen Marschall von Frankreich N o e l B o u t o n d e C h a m i l l y, Grafen von S a i n t L e g e r (1636—1715) identisch war. Saint Simon nennt ihn *«un gros et grand homme, le meilleur, le plus brave et le plus rempli d'honneur, mais si bête et si lourd, qu'on ne comprenait pas même qu'il eût quelques talents pour la guerre.»* 120 Jahre später (1810) entdeckte Boissonade die Schreiberin in einer Franziskanernonne im Kloster Beja (Alemtejo), M a r i a n n a A l c o f a r a d o (1640—1723). Diese hatte 1663 die Bekanntschaft Chamillys gemacht, der damals mit dem Feldzug Schombergs nach Portugal kam und mit ihr in intime Beziehungen trat. Er schwor ihr, am Hofe zu Lissabon zu bleiben, kehrte aber 1668 aus Familiengründen nach Frankreich zurück, vielleicht auch weil ihm diese Beziehungen lästig wurden. Da schrieb sie ihm diese fünf Briefe, die für ihn eine herzzereißende

Lektüre gewesen sein mögen. Sie sind voll Leidenschaft, unter einziger Herrschaft der Stimmung geschrieben, ohne Mache, ohne jede Rücksicht auf den Stil, der zwischen Ausbrüchen der Verzweiflung und flehenden Bitten wechselt, und in beiden gleich natürlich und dadurch anziehend ist. Er enthält keine Phrasen, alles ist einfach und tief empfunden: «*Je vous aime mille fois plus que ma vie et mille fois plus que je pense.*» Mitunter scheint sie allerdings zu weit zu gehen, und dann berauscht sie sich an ihrem eigenen Schmerze und an ihrer Verzweiflung, die einen dämonischen Charakter annimmt. «*J'ai perdu ma réputation, je me suis exposée à la fureur de mes parents, à la séverité des lois de ce pays contre les réligieuses, et à votre ingratitude qui me paraît le plus grand de tous les malheurs. Cependant je sens bien, que mes remords ne sont pas véritables, que je voudrais du meilleur de mon cœur avoir connu pour l'amour de vous des plus grands dangers, et que j'ai un plaisir funeste d'avoir hasardé ma vie et mon honneur.*» — «*Je suis bien aise que vous m'ayez séduite; votre absence rigoureuse et peut-être éternelle ne diminue en rien l'emportement de mon amour; je veux que tout le monde le sache; je n'en fais point un mystère et je suis ravi d'avoir fait tout ce que j'ai fait pour vous contre toute sorte de bienséance.*» — «*Je ne veux plus être sensible qu'aux douleurs ... Adieu, je n'en puis plus, adieu, aimez-moi toujours et faites moi souffrir encore de maux!*» Wo blieben die Versuche älterer Autoren, die weibliche Psyche zu ergründen beim Anblick dieses authentischen Realismus, der sich in so vehementer Weise bekundete? Das war Natur, und man kann nur lächeln über das Urteil Rousseaus, der die *Lettres Portugaises* in einem Briefe an Dalembert für das Werk eines Mannes erklärt: «*Elles (les femmes) ne savent ni décrire ni sentir l'amour même. La seule Sapho qui je sache et une autre méritent d'être exceptées. Je parierais tout au monde que les Lettres Portugaises ont été écrites par un homme.*»

Chamilly scheint diese Briefe nur literarisch gewürdigt zu haben. Er gab sie selbst dem Übersetzer, der ziem-

lich sicher mit Perdou de Subligny, dem Verfasser der
Fausse Clélie (1670, s. ob. S. 298) zu identifizieren ist. Nach
anderer Ansicht wäre es Pierre Girardin de Guilliera-
gues, ein Freund der Mme. Scarron, an den auch eine
Epistel Boileaus gerichtet ist (*«esprit né pour la cour et
maître en l'art de plaire»*). Die Briefe machten großes
Aufsehen und erlebten noch im selben Jahre eine zweite
Auflage, die um sieben weitere Briefe vermehrt ist. Diese
sind angeblich von einer *«femme du monde»* verfaßt,
deren Schreibweise zu jener der Nonne einen wirksamen
Gegensatz bilden sollte. Tatsächlich rühren sie wohl von
dem Übersetzer her. Sie sind lange nicht so elementar
und natürlich wie die ersten, weit raffinierter und aus-
geklügelter und nur als das erste französische Original-
werk dieser Art beachtenswert. In der Folge mehrten
sich diese Briefe dank der Bemühungen spekulativer
Buchhändler. Noch im selben Jahre erschienen angebliche Antworten Chamillys, die dieser nie geschrieben
hatte, sowie recht matte Nouvelles réponses *aux
lettres portugaises*. Diese vier Gruppen wurden in den
späteren Ausgaben vereinigt. Bis 1700 erschienen deren
zwanzig, und *«Portugaise»* wurden sprichwörtlich für einen
glühenden Liebesbrief (Mme. de Sévigné an ihre Tochter,
19. Juli 1671).

Es entstand eine förmliche Briefepidemie in der
damaligen Literatur. Unter den späteren Briefen erregten
die Lettres galantes de Cléanthe et de Belise (1691)
durch ihre Authentizität das größte Aufsehen. Sie wurden
seit 1697 oft mit den portugiesischen gedruckt. Es sind
76 Briefe einer Präsidentin F. (Ferrand) an einen Baron
B. (Breteuil) im Haag. Da es sich hier um eine verheiratete Frau handelte, war die Situation eine kom-
pliziertere; zur Leidenschaft gesellten sich noch mehr
Angst und Vorsicht als bei der Nonne. Man weiß heute,
daß die Briefe echt sind und daß die Präsidentin mit
ihrem Gatten wegen der Anerkennung ihrer 1686 geborenen
Tochter einen langen Prozeß führte, der erst 1738 ab-

geschlossen wurde. Wie sehr beliebt alle diese Briefe
waren, zeigt der Umstand, daß jene der portugiesischen
Nonne und jene der Präsidentin nebst solchen von Bussy-
Rabutin, Voiture, Scarron, Fontenelle, Boursault u. a. 1693
zu einem Corpus der «*Lettres les plus passionnées et plus
amoureuses*» vereint wurden. Es war auch kein Zufall,
daß sich gerade damals die Aufmerksamkeit dem Briefwechsel zwischen Abälard und Heloise von neuem zu-
wandte. J. Alluis (1675) und Rémond de Cours (1693)
rückten ihn den Zeitgenossen näher und Bussy-Rabutin
übertrug ihn 1687 in französische Prosa. Auch der Begründer der ganzen Richtung, Boursault, veröffentlichte noch 1698 *Sept lettres amoureuses d'une dame à un
cavalier,* die den ganzen Entwicklungsgang der Liebesgeschichte einer verheirateten Frau in leidenschaftlicher
Darstellung geben. (*«On y verra la naissance, le progrès,
la violence et la fin d'un amour qui a duré plus de quinze
ans.»*) Diese ganze Briefliteratur hat sehr stark dazu beigetragen, daß sich in der Erzählungsweise eine große
Wendung vollzog. Sie vereint sich später mit dem großen
Strom von Briefromanen, der sich von England aus nach
Frankreich ergoß (Richardson, Rousseau). Ohne die portugiesischen Briefe wäre die *Princesse de Clèves* der Mme.
de Lafayette vielleicht nicht geschrieben worden.

Marie Madeleine Pioche de la Vergne war 1634
als die Tochter eines Stallmeisters bei dem Marquis de
Brézé und bei der Herzogin d'Aiguillon geboren und verlebte eine recht traurige Jugend im Hause ihres Stief-
vaters, den die Mutter, eine eitle und bornierte Frau,
geheiratet hatte. Sie zeigte bald eine ungewöhnliche Begabung und studierte Latein, Griechisch und Italienisch
bei Ménage, den sie bald übertroffen haben soll. Der
schon bejahrte Lehrer verliebte sich in sie, wie in alle
seine Schülerinnen, und besang sie als *Doris, Euone,
Amaranthe* und besonders als *Laverna* (die Diebsgöttin,
Herzensdiebin, Wortspiel mit *La Vergne*) in 40 lateinischen
Gedichten voll platonischer Verehrung. Sie verkehrte

darauf viel in den mondänen Kreisen des Hotel Rambouillet, und Somaize widmet ihr unter dem Namen *Féliciane* folgende Charakteristik: «*Féliciane est une précieuse fort aimable, jeune et spirituelle, d'un esprit enjoué, d'un abord agréable; elle est civile, obligeante et un peu railleuse, mais elle raille de si bonne grâce, qu'elle se fait aimer de ceux qu'elle traite le plus mal ou du moins qu'elle ne s'en fait pas haïr.*»

1655 heiratete sie, 21 Jahre alt, ohne besondere Neigung, aber wohl auch ohne Widerwillen Jean-François Motier, Grafen von Lafayette, einen Aristokraten aus der Auvergne. Er scheint ein Mensch ohne hervorragende Eigenschaften gewesen zu sein. Sie lebte mit ihm eine Zeitlang in leidlicher Ehe auf seinen Schlössern und gebar ihm zwei Söhne, von welchen der ältere Abbé wurde, der jüngere die militärische Laufbahn einschlug. Seit 1660 verschwindet dieser Mann aus ihrem Leben, so daß man lange glaubte, er sei um diese Zeit gestorben, bis d'Haussonville entdeckte, daß er erst 1683 (26. Juni) starb. Die Gatten lebten diese ganze Zeit über freiwillig getrennt, er auf seinen Gütern, sie in Paris. Seit der zweiten Heirat ihrer Mutter verband die Gräfin eine intime Freundschaft mit ihrer Verwandten Mme. de Sévigné, von welcher Freundschaft die letztere sagt, daß sie nie durch eine Wolke getrübt wurde. (*«Jamais nous n'avions eu le moindre nuage dans notre amitié.»*) Und Mme. de Lafayette schreibt an sie: «*Croyez, ma très chère, que vous êtes la personne du monde que j'ai le plus véritablement aimée.*» Die Sévigné schrieb viele ihrer Briefe im Hause ihrer Freundin.

Von größerer Bedeutung war für sie der Verkehr mit Henriette d'Orléans, der sie ihre Position am französischen Hofe verdankte. Henriette, genannt Madame, war eine Tochter Karls I. von England und die Gattin Philippe d'Orléans', des Bruders des Königs. Anmutig und geistvoll, bildete sie den Mittelpunkt der höfischen Gesellschaft. Sie wurde eine Zeitlang von Ludwig XIV.

erehrt, der sich, um den Verdacht abzulenken, zum
cheine um ihr Ehrenfräulein Mlle. de Lavallière bewarb,
us welchem Scheine dann bekanntlich Ernst wurde.
Ime. de Lafayette besaß das Vertrauen der Prinzessin in
ohem Maße und schrieb auf ihren Wunsch und nach
hren Erzählungen die Histoire d'Henriette d'Angle-
erre, *première femme de Philippe de France, Duc d'Orléans*
gedr. 1720). Sie beschloß dieselbe durch eine ausführ-
iche Schilderung ihres Todes. (Henriette starb 1670,
26 Jahre alt, in den Armen der Gräfin, vielleicht an
Gift.) In dieselbe Richtung gehören die Mémoires de
la cour de France *pour les années 1688/89* (gedr. 1731).
— Den größten Einfluß auf ihre geistige Entwicklung
hatten aber ihre Beziehungen zu dem Herzog François
de La Rochefoucauld (1613—80), dem geistvollen Verfasser der *Maximes*, die soviel Menschenkenntnis und
Menschenverachtung bekunden. Ursprünglich Soldat, war
der Herzog in die Kämpfe der Fronde verwickelt worden
und hatte lange in der Verbannung vom Hofe gelebt.
Seit 1659 war er wieder in Paris, wo er mit Vorliebe in
den preziösen Kreisen der Prinzessin von Montpensier
(Mademoiselle) und der Marquise de Sablé verkehrte.
Seine Bekanntschaft mit Mme. de Lafayette datierte seit
ca. 1665. Der Herzog und seine Ansichten fanden anfangs
nicht das Gefallen der Gräfin. Sie schreibt an die Marquise de Sablé: «Ich habe die *Maximes* gelesen; wie ver-
derbt müssen Herz und Geist sein, um so etwas zu
schreiben!» (Es gibt ein Exemplar der *Maximes* mit
handschriftlichen Bemerkungen der Mme. de Lafayette).
Aber bald gewöhnte sie sich an ihn, und seit 1670 kam
er täglich zu ihr. Sie bildeten ein wohl harmonierendes
Paar, dessen ruhige, mehr den Charakter einer Gewohnheit tragenden Beziehungen ein öffentliches, von jedermann respektiertes Geheimnis waren. Ihre Gegensätze
ergänzten sich glücklich. Sie pflegte mit Bezug auf den
Herzog zu sagen: «*Monsieur de La Rochefoucauld m'a donné
de l'esprit, mais j'ai réformé son cœur.*» Sein Tod (1680)

war ein harter Schlag für sie. «*M. de La Rochefoucauld est mort*», schreibt Mme. de Sévigné an ihre Tochter, «*où Mme. de Lafayette retrouvera-t-elle un tel ami, une telle société, une pareille douceur, un agrément, une considération pour elle et son fils? Elle est infirme, elle est toujours dans sa chambre; elle ne court point. M. de La Rochefoucauld étoit sédentaire comme elle. Cet état les rendoit nécessaires l'un à l'autre. Rien ne pouvoit être comparé à la confiance et aux charmes de leur amitié.*» Ihr Gesundheitszustand verschlimmerte sich nun immer mehr. In den letzten Jahren litt sie sehr an Neuralgien *(vapeurs)*, zu denen sich Herzschwäche und ein Nierenleiden gesellten. Zu beständigem Liegen verurteilt, pflegte sie zu sagen: «*C'est assez que de vivre.*» 1693 erlöste sie der Tod, 60 Jahre alt. Man weiß nicht, wo sie begraben ist.

Ihr Bild erhielt einen neuen, interessanten, aber nicht sympathischen Zug, als Perrero 1880 im Archiv zu Turin 28 Briefe der Mme. de Lafayette an Lescheraine, den Sekretär der Herzogin von Savoyen, entdeckte und publizierte. Aus diesen geht hervor, daß sie Geheimagentin dieser Herzogin, Jeanne Baptiste de Nemours (*«Madame Royale»*), der Witwe Karl Emanuels II. von Savoyen war, die damals für ihren unmündigen Sohn die Regierung führte. Für sie intrigierte Mme. de Lafayette am französischen Hofe. Der savoyische Gesandte nennt sie «*un furet qui va guettant et parlant à toute la France pour soutenir Madame Royale en tout ce qu'elle fait.*» Die Herzogin zeigte sich ihr durch Geschenke erkenntlich. Nur wenige Zeitgenossen wußten von diesen Machinationen.

Mme. de Lafayette war nicht hübsch, besonders die starke, herabhängende Nase störte ihren Gesichtsausdruck. Nur der Kardinal von Retz fand sie schön. Im Umgang vereinigte sie hoheitsvolle Liebenswürdigkeit mit einer sanften Melancholie. Ihre Freunde nannten sie «*le brouillard*» und anerkannten, daß sie sehr aufrichtig (*«très vraie»*) sei. Obwohl sie den angesehenen jansenistischen

Theologen Père du Guet zum Beichtvater hatte und ihm viele Briefe schrieb, war sie doch nicht fromm.

Als einer Frau der vornehmen Gesellschaft fehlten ihr eigentlich die literarischen Ambitionen, und sie publizierte, was sie schrieb, anonym oder unter fremdem Namen und verleugnete auch ihre besten Werke. Sie erschien zum erstenmal in der Öffentlichkeit mit der kurzen Erzählung La princesse de Montpensier (anonym 1662), die zwar nur wenig Beachtung fand, aber schon alle charakteristischen Merkmale ihrer Kunst zeigt. Es ist eine Hofgeschichte aus der Zeit Karls IX., in der wirkliche Personen mit ihren richtigen Namen auftreten. Die Vorgänge sind dagegen erfunden. Die junge Tochter des Marquis de Mezières soll den Herzog du Maine heiraten, verliebt sich aber in dessen Bruder, den Herzog von Guise, der auch seinerseits in heftiger Leidenschaft zu ihr entbrennt. Da jene Heirat aus anderen Gründen nicht zustande kommt, wird sie die Gattin des Prinzen von Montpensier. Als dieser verreisen muß, läßt er die Prinzessin in der Obhut seines besten, viel älteren Freundes, des Grafen von Chabannes, zurück. Sie faßt Vertrauen zu diesem und gesteht ihm ihre Neigung zu Guise, von welcher sie glaubt, daß sie im Erlöschen sei. Während auch Chabannes sich in sie verliebt, sieht sie Guise wieder, ihre Liebe zu diesem erwacht von neuem und wird nicht wenig gestachelt durch die Nachricht, daß Guise sich um eine andere Frau bewerbe. In ihren Herzensqualen wendet sie sich an Chabannes, dessen Neigung zu ihr selbst sie nicht errät, mit der Bitte, daß er ihr beistehe. Dieser überwindet sich und bringt Guise in der Nacht zu ihr. Sie fordert ihn auf, ihrem Gespräch beizuwohnen, aber er zieht sich zurück, *«ayant dans l'esprit les plus tristes pensées qui aient jamais occupé l'esprit d'un amant.»* Der Prinz von Montpensier, durch ein Geräusch aufmerksam gemacht, eilt herbei und findet die Tür zu dem Zimmer seiner Frau versperrt. Während er sie erbrechen läßt, hilft Chabannes dem Guise zur Flucht und läßt sich an seiner Statt überraschen. *«Je suis criminel à votre égard»*, sagt er dem Gatten, *«et indigne de l'amitié que vous avez eue pour moi, mais ce n'est pas à la manière que vous pouvez imaginer. Je suis plus malheureux que vous et plus désespéré; je ne saurais vous en dire davantage»*. Der Prinz glaubt ihm und hält seine Frau für unschuldig. Guise, der so viele Hindernisse findet, wendet sich schließlich einer anderen zu. Chabannes findet als Hugenotte in der Bartholomäusnacht, die den Hintergrund des ganzen Gemäldes bildet, den Tod. Die Prinzessin stirbt, gramgebeugt, in jungen Jahren, nachdem sie verloren: *«l'estime de son mari, le cœur de son amant et le plus parfait ami qui fût jamais»*. Die Geschichte ist kurz und spannend erzählt, eine Novelle, noch kein Roman, aber höchst bemerkenswert, weil hier zum erstenmal eine verheiratete Frau im Mittelpunkte der Handlung steht. Mme. de Lafayette begann also dort, wo die früheren Romanciers aufzuhören pflegten. Die Prinzessin von Montpensier ist die moderne, romantisch veranlagte Frau jener Zeit, die ihre Pflicht vergißt. Sie ist in ihren Konflikten aber auch in der ganzen Vornehmheit ihres Wesens eine Vorstudie zur Princesse de Clèves. Ein Meisterstück ist die Figur des Chabannes, der seinen Freund verrät, um seinem Rivalen zu helfen und die Ehre seiner Dame zu retten.

Acht Jahre später erschien Z a y d e (1670), ihr erster größerer Roman, der aber für die Verfasserin eher einen Rückschritt bedeutet. Sie publizierte ihn unter dem Namen von S e g r a i s , dem trotz seiner bescheidenen Verwahrung gewiß ein bedeutender Anteil an dem langweiligen Buche zukommt. Man hielt ihn lange Zeit allgemein für den alleinigen Verfasser, bis Huet (in den *Origines de Caen*) erklärte, daß er das Manuskript der Mme. de Lafayette gesehen habe, und daß sie selbst den Roman *«mon enfant»* nannte. Zayde steht dem heroischgalanten Roman sehr nahe, und man hört aus manchem Satz die Konversation des Hotel Rambouillet heraus. In der Wahl des Milieus und des Stoffes gibt sich die Ein-

wirkung von Hitas *Guerras civiles* und von Mlle. de Scudérys
Almahide kund. Immerhin nimmt sich das Ganze weniger
extravagant aus als bei der Scudéry, und es fehlt nicht an
Details, in welchen man die Eigenart der Lafayette deutlich erkennt. Die Geschichte spielt in der letzten Zeit
der maurischen Herrschaft in Spanien. Don Consalve,
der Sohn des Gouverneurs von Kastilien, will nach
schmerzvollen Enttäuschungen in der Freundschaft und
in der Liebe nach Griechenland gehen und dort als
Eremit leben. Auf dem Wege dahin findet er in Kata-
lonien einen Leidensgenossen in Don Alphonse, der eine
Einsiedelei am Meeresufer bewohnt. Er bleibt bei ihm
und findet dort eines Tages auf seinen einsamen Spazier-
gängen am Strande unter den Trümmern eines Schiff-
bruches eine wunderbar schöne, vornehm gekleidete Frau,
die Griechin Zayde. Sie wird mit ihrer Begleiterin
Zelime von den Einsiedlern beherbergt und will so lange
bleiben, bis «das nächste Schiff» nach Tunis geht. Aus
ihren Reden entnimmt Consalve, daß sie ihren Geliebten
verloren habe. Seine eigene Neigung zu ihr wächst mit
jedem Tage. Als er einst heimkehrt, erfährt er, daß
eine Schaluppe die beiden Frauen entführt habe und
daß einer ihrer Insassen der Geliebte Zaydes gewesen
sei. Trostlos verläßt er den Ort und begibt sich nach
Tortosa, wo er sie wiedersieht. Aber ehe er sich ihr
nähern kann, wird er von Soldaten des Königs von Leon
umringt, die ihn in seine Heimat fortschleppen. Nach
einem Siege der Spanier über die Sarazenen findet er
sie wieder als die Tochter des Prinzen, Zulema, um welche
sich Alamir, Prinz von Tunis, bewirbt. Nachdem er
diesen im Zweikampf überwunden hat, nimmt er zu
seinem Glück wahr, daß sie jenen nicht liebe und daß
ihr Herz ihm selbst gehöre. Nachdem Zayde in ihm
das Original eines Porträts, welches nach Aussage der
Astrologen ihren Zukünftigen darstellen sollte, erkannt
hat, läßt sie sich taufen und heiratet ihn. Neben der
Geschichte des Helden verdient jene des Don Alphonse

die meiste Beachtung, weil sie direkt zu dem Hauptwerk der Verfasserin hinüberleitet. Don Alphonse erzählt, wie er sich durch seine unbegründete Eifersucht sein Leben vergiftet hat. Auf sein Verlangen schilderte ihm Belasire, wie sie früher von dem Grafen von Lare geliebt wurde. Ihm erscheinen in seinem Argwohn diese Beziehungen intimer, als sie waren, und er richtet seinen Verdacht nun auch auf die Gegenwart und beschuldigt sie des heimlichen Einverständnisses mit seinem besten Freunde Don Manrique. Vergebens suchen ihn beide von seinem Irrtum zu überzeugen. Er tötet Manrique, Belasire geht ins Kloster. An dieser Episode voll feiner Psychologie hatte Segrais wohl keinen Anteil. Dem Werk ist als besondere Zierde der Traité sur l'origine des Romans von dem Bischof Huet vorangedruckt.

Auf *Zayde* folgte abermals nach achtjähriger Pause La princesse de Clèves (1678), das Meisterwerk der Gräfin von Lafayette und unstreitig der beste Roman des Jahrhunderts. Die Geschichte war, wie aus einem Briefe der Mme. de Sévigné hervorgeht, schon 1672 geplant. 1673 wurde sie nach dem ersten Entwurfe von Boursault dramatisiert. Seit dem Winter 1677 arbeitete die Gräfin neuerdings daran mit La Rochefoucauld, im März 1678 wurde sie bei Barbin unter Segrais' Namen veröffentlicht. Den letzteren hielt übrigens diesmal niemand für den Verfasser. Die Handlung erinnert schon auf den ersten Blick an das Erstlingswerk der Lafayette. Sie führt uns in die Zeit Heinrichs II (1547—59), welche sie nach dem Werke von Péréfixe (*Histoire du roi Henri le grand,* 1662) gut studiert hat. Fräulein von Chartres wird aus Familienrücksichten mit dem Prinzen von Clèves verheiratet, der, seit er sie gesehen, für sie «*une passion et un estime extraordinaire*» empfindet. Sie heiratet ihn auf den Wunsch ihrer Mutter «*avec moins de répugnance qu'un autre*», aber ohne jede «*inclination particulière pour sa personne*». Er hält sie deshalb für kalt und der Leidenschaft unzugänglich. Da sieht sie eines Tages den Prinzen von Nemours, den vollendetsten Ritter seiner Zeit, und verliebt sich sofort leidenschaftlich in ihn, wie auch er von diesem Augenblicke an vergißt, daß er die Königin von England heiraten soll. Der Roman schildert nun die inneren Kämpfe der Heldin, deren Leidenschaft immer heftiger wird. Der Gatte bemerkt ihre Seelenqualen und bittet sie um Erklärung ihrer Unruhe. Wenn ihm seine Geliebte, ja seine Frau, die Liebe zu einem anderen gestünde, so würde ihn das zwar betrüben, aber nicht erzürnen, und er würde sich dann nicht als ihren Gatten, sondern als ihren Freund betrachten. *(«Si je savais une femme telle que vous éprise d'un autre que moi je quitterais le personnage d'amant et d'époux pour la conseiller et la plaindre».)* Im Vertrauen auf seinen Edelmut wirft sie sich ihm in einer unvergleichlichen und mit Recht hochberühmten Szene zu Füßen und bekennt ihm, daß sie einen anderen liebe und Gefahr laufe, seinen Werbungen nachzugeben. Der Prinz ist außer Fassung. Nemours, der davon Kenntnis erhalten hat, schleicht sich in der nächsten Nacht in den Park von Coulommiers und erblickt durch ein geöffnetes Fenster die Prinzessin, wie sie mit liebenden Blicken sein Bild betrachtet. Er kommt in der folgenden Nacht wieder, kann sie aber diesmal nicht sehen. Ein Vertrauter des Prinzen hinterbringt diesem die Nachricht von Nemours' zweimaliger Anwesenheit im Park. Der Prinz glaubt sich von seiner Frau hintergangen, denn er muß annehmen, daß sie jenen schon erhört habe, und stirbt vor Gram. Zu spät sagt sie ihm, daß er das Opfer eines Irrtums sei. Als Witwe wäre sie jetzt frei und könnte Nemours' Gattin werden, aber sie bringt es trotz aller Bitten des letzteren nicht über sich, diesen Schritt zu tun. Ihre Liebe, die den Tod des Gatten verursachte, bleibt für sie verbrecherisch, der tote Gatte trennt die Liebenden. Sie zieht sich von der Welt zurück und verbringt den Rest ihres kurzen Lebens auf ihren Gütern und im Kloster mit Andacht und Werken der Mildtätigkeit. Nemours' Liebe zu ihr erlischt mit den Jahren, wie sie selbst es ihm in ihrer letzten Unterredung vorausgesagt hatte.

Man kann sich kaum einen größeren Unterschied denken als denjenigen zwischen diesem Roman und den heroisch-galanten und realistischen Erzählungen der vorhergegangenen Zeit. An die Stelle äußerer Vorgänge, unmöglicher oder ausgelassener Abenteuer ist hier eine auf inneren, psychologischen Vorgängen basierende Handlung getreten. Anstatt vieler retardierender Momente, des Spiels des Zufalls, der Ausfälle gegen soziale Zustände finden wir hier nur seelische Hemmungen, anstatt der Vereinigung der Liebenden am Schlusse ein melancholisches Ausklingen, ein Entsagen. Nicht die Neugier, nur die Teilnahme des Lesers wird geweckt, und über den Personen scheint ein düsteres Verhängnis zu walten, eine *fatalité,* eine tiefe Tragik, die an die Dramen Corneilles gemahnt. Eine große, stille, vornehme Schwermut spricht aus jeder Zeile des Werkes, das nicht von einem professionellen Schriftsteller geschrieben ist, sondern von einer Frau der Gesellschaft, welche die Feder mit ebensoviel Grazie hält wie den Fächer, und die von ihrer Höhe tief in die Seele der Menschen hineinblickt und niederschreibt, was sich in ihrem Geiste widerspiegelt. In der Kürze und Präzision des Ausdrucks erinnert sie bisweilen an den großen Menschenkenner, der ihr zur Seite stand und dessen Geist nicht weniger über dem Werke schwebt als der ihrige. Die Freundin La Rochefoucaulds pflegte zu sagen: «*Une période retranchée d'un ouvrage vaut un louisd'or et un mot vingt sols.*»

Den Mittelpunkt des Ganzen bildet das berühmte Geständnis der Prinzessin, durch welches sie das Leben und das Glück ihres Gatten wie auch ihr eigenes vernichtet. Man hat über die Möglichkeit dieser Szene viel gestritten und gefragt, warum die Prinzessin dieses Geständnis ablege? Eine Frau, die anständig bleiben wolle, bedürfe keines Beraters, und warum verursache sie ihrem Gatten, der ihr nicht helfen könne, diese Qual? Bussy-

Rabutin meinte in einem seiner Briefe: «*L'aveu de Mme. de Clèves est extravagant. Il n'est pas admissible qu'une passion d'amour soit longtemps dans un cœur de même force que la vertu*». Solche Einwände entbehren gewiß nicht der Begründung, dennoch wird niemand von dieser Szene den Eindruck der Unmöglichkeit haben. Übrigens hat Mme. de Lafayette dieselbe nicht erfunden. Eine ziemlich ähnliche findet sich schon in einem Romane des Abbé de Villars, Anne de Bretagne (1671), eine fast analoge in den Désordres de l'amour, dem Erstlingswerk der Mme. de Villedieu (1670, s. u. S. 381), allerdings ganz ohne jene psychologische Feinheit, welche in der *Princesse de Clèves* so sehr fesselt. Derselbe Vorgang wird auch im März 1678 im *Mercure galant* erzählt.

Abgesehen von der hohen stilistischen Vollendung geben zwei Momente diesem Roman eine besondere Bedeutung in der Entwicklung des Genres. Zunächst der Umstand, daß hier zum erstenmal der seelische Konflikt einer verheirateten Frau in den Mittelpunkt der Handlung gestellt wurde. Frühere Autoren kümmerten sich nicht um die verheirateten Frauen. Als im *Roman bourgeois* die Heirat zwischen Lucrèce und Bedout zustande gekommen ist, sagt Furetière: «*S'ils vécurent bien ou mal ensemble, vous le pourrez voir quelque jour si la mode vient d'écrire la vie des femmes mariées.*» Und Madelon in den *Précieuses ridicules:* «*En venir de but en blanc à l'union conjugale . . . prendre justement le roman par la queue . . . il ne se peut rien de plus marchand que ce procédé.*» Die vereinzelten Romane verheirateter Frauen, welche die frühere Zeit seit dem Mittelalter aufzuweisen hat, sind kaum als Vorläufer dieser Neuerung anzusehen, da ihnen wie der älteren Novelle die Psychologie fehlt. Nur Mme. de Lafayette hatte sich in ihrer ersten Erzählung selbst ein wenig vorgearbeitet. — Wer in dieser Hinsicht die Bedeutung der *Princesse de Clèves* ermessen will, braucht sie nur mit Boursaults Marquis de Chavigny (1662) zu vergleichen. Edmé Boursault (1638—1701), der sich

zuerst durch seine Fehden mit Molière, Racine und Boileau
bekannt gemacht hatte, und dessen bescheidener Ruhm
sich heute ausschließlich auf seine Komödien gründet,
gibt in dem genannten Roman eine Umkehrung der Geschichte des Grafen von Gleichen.   Belise glaubt, daß ihr
Gatte Agenor in der Schlacht bei St. Gotthard an der
Raab (1664) gefallen sei und heiratet auf Verlangen ihrer
Familie seinen Freund Léonce.   Als darauf Agenor, der
nicht tot, sondern nur in türkischer Gefangenschaft war,
zurückkehrt, läßt sie Léonce im Stich und wird wieder
Agenors Frau, als ob nichts geschehen wäre.   Obwohl
dem Leser dies genügen könnte, wird Agenor in der
Folge noch wegen Verrats verurteilt.   Ein Wüstling (Ariston)
benutzt dies zu einer Erpressung, indem er der Frau das
Leben ihres Gatten verspricht, wenn sie sich ihm hingebe
(cf. *Marion Delorme, Tosca*).   Sie tut es, er aber hält sein Wort
nicht, und der Mann wird dennoch hingerichtet.   Welcher
Unterschied zwischen einem solchen Machwerk und der
vollendeten Schöpfung dieser hochbegabten Frau.   Während
dort bunte Abenteuer aneinander gereiht werden, an
welchen das Herz keinen Anteil zu haben scheint, wird
hier die Ehe zum Ausgangspunkt seelischer Kämpfe, die
über den Tod des Gatten hinausreichen. — Nicht minder
bedeutsam ist es, daß Mme. de Lafayette den Gatten der
Heldin in sympathischem Licht erscheinen läßt.   Ihr Werk
zeigt in dieser Hinsicht den vollkommenen Bruch der
neuen Zeit mit der Tradition des Mittelalters, Boccaccios,
der Farcen und Molières.   Mme. de Lafayette bereitet auf
Augier und Dumas fils vor.   Nicht unerwähnt möge
bleiben, daß die Prinzessin in ihrer Seelenangst den Namen
Gottes nicht ein einzigesmal nennt.   Jede moderne Heldin
täte dies in solcher Situation gewiß des öfteren.

Der Roman machte großes Aufsehen und fand viel
Bewunderung.   B o u r s a u l t, der schon die *Princesse de
Montpensier* dramatisiert hatte (s. *Lettres* 3, 156), dichtete
bereits nach dem Manuskript der *Princesse de Clèves* ein
Drama, verwandelte es aber in der Folge in einen «*Ger-*

ianicus» (1673). Fontenelle, damals 19 Jahre alt,
ɔbte die *Princesse de Clèves* im *Mercure de France* und
rklärte, das Buch habe ihn so bezaubert, daß er seinen
uklid verlassen und es viermal hintereinander gelesen
abe. In dem «*murmure de louanges qui s'éléva*» (Mme.
e Sévigné) fehlte es natürlich auch nicht an absprechenden
ʼrteilen (s. ob. Bussy-Rabutin). Mlle. de Scudéry war
ehr böse und schrieb mit altjüngferlicher Bitterkeit:
*Mr. de la Rochefoucauld et Mme. de Lafayette ont fait un
ʼoman de galanterie de la cour de Henri second, qu'on dit
tre admirablement bien écrit. Ils ne sont pas en âge de
ʼaire autre chose ensemble*». (Im Jahre 1678 war Mme. de
afayette 44, der Herzog von La Rochefoucauld 65, Mlle.
e Scudéry 70 Jahre alt.) Den heftigsten Angriff gegen
as Buch führte Trousset de Valincour in seiner
*ʼettre à Mme. la Marquise *** sur le sujet de la princesse
e Clèves* (1678), die er unter Mithilfe des P. Bouhours
erfaßte. Er tadelte darin u. a. als schweren Fehler, daß
sich Held und Heldin bei einem Juwelier kennen lernen
und nicht in einem Tempel oder in einer Kirche, wie es
der alte Stil verlangte. Er bekam die Antwort darauf
in den *Conversations sur la critique de la princesse de Clèves*
(Lyon 1679) von dem Abbé de Charnes. Mme. de Lafayette wahrte ihr Inkognito und leugnete hartnäckig die
Autorschaft. Am 13. April 1678 schreibt sie an Lescheraine:
«Ein kleines Buch, welches vor 15 Jahren herumlief und
an dem das Publikum mir einen Teil zuschrieb, ist die
Ursache, daß man mir auch einen solchen an der *Princesse de Clèves* gibt ... Was mich betrifft, so bin ich sehr
geschmeichelt, daß man mich im Verdacht hat, und ich
glaube, ich würde meine Autorschaft eingestehen, wenn
ich sicher wäre, daß mich der wirkliche Verfasser nicht
eines Tages zur Rede stellte. Ich finde die Geschichte
sehr hübsch, gut geschrieben, wenn auch nicht allzusehr
gefeilt, voll mit Dingen von wunderbarer Zartheit. Man
muß sie öfter als einmal lesen. Was mir darin aber besonders gefällt, das ist die ausgezeichnete Darstellung der

Gesellschaft am Hofe und der Art, wie man dort lebt. Es ist darin nichts Romantisches und nichts Übertriebenes *(grimpé)*. Auch ist es kein Roman, sondern es sind eigentlich Memoiren, und wie man mir sagte, sollte dies auch der ursprüngliche Titel sein, man hat ihn aber geändert.» So konnte Mme. de Sévigné mit Bezug auf den Roman an Bussy-Rabutin schreiben: «C'est une orphe-line que son père [La Rochefoucauld] et sa mère désavouent». Die Gründe für die Haltung der Verfasserin sind nicht klar. Vielleicht fürchtete sie Jeanne de Nemours zu er-zürnen, weil ein Nemours darin eine immerhin unvorteil-hafte Rolle spielt. Aber das wäre doch so leicht zu ver-meiden gewesen. Vielleicht wollte sie sich aber aus der Ferne nur um so besser am Erfolge weiden.

Mme. de Lafayette schrieb noch einen kurzen Roman: La comtesse de Tende, der erst 1720 im *Mercure* erschien. Weit weniger bedeutend, erinnert er in der Handlung sehr an die *Princesse de Clèves*, doch wird hier der Ehebruch vollzogen. Die Heldin ist schuldig, glaubt dies ihrem Mann nicht verheimlichen zu können, und gesteht ihm alles, und zwar, da sie sich mündlich nicht getraut, auf schriftlichem Wege. Es ist jedenfalls höchst merkwürdig, daß die Verfasserin immer wieder auf die-selbe Szene zurückkommt. Wie Belasire dem Don Alphonse, so gesteht die Prinzessin von Clèves, so auch die Gräfin von Tende ihrem Gatten das Geheimnis ihrer Liebe, wo-bei bezüglich der Gewichtigkeit desselben eine Steigerung zu bemerken ist. Im ersten Falle handelt es sich um belanglose, im zweiten um bedenklichere, im dritten um gravierende Dinge. So ist wohl die Vermutung Le Bretons (S. 293 f.) nicht abzuweisen, daß hier ein persönliches Moment im Leben der Dichterin nachwirkte.

Hätte Mme. de Lafayette nur die *Princesse de Clèves* geschrieben, sie wäre ebenso berühmt. Die Folgezeit stellte das Buch immer höher. Boileau sagt, die Ver-fasserin sei jene Frau, welche den meisten Geist habe und am besten zu schreiben verstehe; Marmontel nennt as Buch: «*ce que l'esprit d'une femme pouvait produire de plus adroit et de plus délicat*». Laharpe sagt: «*Jamais l'amour combattu par le devoir n'a été peint avec plus de délicatesse*», Voltaire: «*C'est Mme. de Lafayette, qui a fait les premiers romans où l'on ait vu les mœurs des honnêtes gens et des aventures naturelles décrites avec grâce. Avant elle on décrivoit en style empoulé des choses peu vraisemblables*» (*Siècle de Louis XIV.*). Und auch heute, nach mehr als zwei Jahrhunderten, ist dieses Werk noch jung. Es wird stets zu den Perlen der Romanliteratur zählen.

Der *Zayde* (1670) ist, wie schon erwähnt, als besondere Zierde eine Abhandlung des Bischofs Pierre Daniel Huet über den Ursprung der Romane vorangedruckt (Traité sur l'origine des romans). Dieselbe ist in der Form eines Briefes an Segrais geschrieben und verdient als erster Versuch dieser Art nähere Beachtung. Sie erlebte bis 1711 acht und in der Folge noch mehrere Auflagen und fand auch in der lateinischen Übersetzung von Wilhelm Pyrrho (*De origine fabularum Romanensium*, 1682) Verbreitung. Der Verfasser gehörte zu den originellsten Persönlichkeiten seiner Zeit. Er war 1638 zu Caen geboren, früh verwaist und wurde von Jesuiten erzogen. «*A peine avais-je quitté la mamelle que je portais envie à tous ceux que je voyais lire.*» Er studierte in der Folge eifrig Mathematbik, Physik, Geographie, Sprachen und Literaturen, ohne dabei seine weltmännische Bildung zu vernachlässigen. 1670—80 war er Sous-précepteur des Dauphins unter Bossuet und begann die Ausgabe *In usum Delphini* zu edieren. Er wurde Mitglied der Akademie und mit 40 Jahren Priester, dann Abt von Aulnay, Bischof von Soissons und seit 1685 von Avranches. Er pflegte bereits um drei Uhr morgens am Studiertisch zu sitzen und rühmte sich, die Bibel 24 mal im Original gelesen zu haben. Sein Wissen war für jene Zeit ein phänomenales. Segrais erzählt, daß seine Diözesanen, wenn sie ihn aufsuchten, häufig abgewiesen wurden, weil er studiere, und daß sie sich schämten, einen Bischof zu haben, der mit seinen Studien noch nicht fertig sei. Huet erreichte, ohne jemals krank gewesen zu sein, ein Alter von 91 Jahren. Er hat in diesem arbeitsreichen Leben eine große Menge von Werken verfaßt, eine Über-setzung von *Daphnis und Chloe*, einen Roman *Diane de Castro ou les faux Incas* (s. ob. S. 257), einen Traktat *De la faiblesse de l'esprit humain*, Noten zur *Vulgata*, eine Ab-handlung über die Lage des irdischen Paradieses, eine Geschichte des Handels und der Schiffahrt bei den Alten und viele kleine lateinische Werke und Verse in lateinischer und griechischer Sprache. Außerdem hatte er Zeit, 600 bis 700 Briefe zu schreiben.

In seiner Abhandlung über den Roman trennt er diesen vom Epos unter Berufung auf Petronius, verlangt aber, daß die Romane nach epischen Grundsätzen gebaut seien. Er nennt sie «*d'agréables passetemps des honnêtes paresseux*» und definiert sie als «*fictions d'aventures amoureuses écrites en prose avec art pour le plaisir et l'in-struction des lecteurs.*» Er verlangt also, daß die Form die Prosa, der Inhalt eine Liebesgeschichte und der Zweck das Vergnügen und die Belehrung des Lesers sei. «*Je dis des fictions pour les distinguer des histoires véritables; j'ajoute d'aventures amoureuses, parce que l'amour doît être le principal sujet du roman. Il faut qu'elles soient écrites en prose pour être conformes à l'usage de ce siècle; il faut qu'elles soient écrites avec art et sous de certaines règles, autre-ment ce sera un amas confus, sans ordre et sans beauté.*» Auf die Belehrung des Lesers legt er das Hauptgewicht. Nur die moralischen Romane sind «*réguliers*». («*La fin principale des romans . . . est l'instruction des lecteurs à qui il faut toujours faire voir la vertu couronnée et le vice châtié.*») Da aber der Geist des Menschen den Belehrungen von Natur aus abhold sei und ihn seine Eigenliebe gegen die Unterweisungen empöre, müsse man ihn durch den Köder des Vergnügens täuschen, die Strenge der Vorschriften durch die Annehmlichkeit der Beispiele ver-süßen und seine Fehler korrigieren, indem man sie an

einem anderen verurteile. So ist die Unterhaltung des
Lesers, die sich der geschickte Romanschriftsteller zum
Zweck zu machen scheint, nach Huet nur dem Hauptzweck untergeordnet, der in der Unterweisung des Geistes
und in der Verbesserung der Sitten liegt, und die Romane
sind mehr oder weniger *réguliers*, je nachdem sie sich
weniger oder mehr von dieser Definition und von dieser
Absicht entfernen. — «Die guten Romane sind stumme
Erzieher, welche auf jene der Schule folgen und auf eine
viel gründlichere und überzeugendere Weise sprechen und
leben lehren als jene, und man kann von ihnen sagen,
was Horaz von der Iliade des Homer sagte, daß sie die
Moral stärker und besser zeigen als die geschicktesten
Philosophen.» Daneben sei es Sache der guten Roman-
lektüre, «*de dérouiller l'esprit, de le façonner, de le rendre
propre au monde.*» Darum lobt er wohl d'Urfé und die
Scudéry, weil sie den Leser einen mondän-galanten Ton
lehren, aber ihre Werke sind keine Romane nach seinem
Geist, weil sie nur die Liebe berücksichtigen und in so
vielen anderen Punkten ohne Unterweisung lassen. Der
Télémaque war gewiß ein Roman nach seinem Geschmack.

In ihrem historischen Teil ist die Abhandlung begreiflicherweise für unsere heutigen Anforderungen etwas un-
befriedigend. Immerhin kann man in Huet den ersten
Vertreter der sogenannten orientalischen Theorie sehen,
da er die Ansicht vertritt, daß die Romane vom Orient
über Lydien nach Griechenland und von da zu den west-
europäischen Völkern gekommen seien. Er sucht zu
zeigen, inwieweit die Ägypter, Araber, Perser, Inder und
Syrer zur poetischen Fiktion *(l'art de mentir agréablement)*
veranlagt waren, bespricht dann die griechischen Romane, Antonius Diogenes, Jamblichus, Achilles Tatius,
Xenophon, Lukian, besonders ausführlich Heliodor, verweilt auch bei dem Buche *Du vray et parfait amour* (s.
oben S. 195), über welches er sich recht vorsichtig ausspricht *(n'ayant pas vu l'exemplaire grec)*, und kommt endlich über die milesischen Fabeln und Apulejus zu den

mittelalterlichen Ritterromanen. Die neuere Romandichtung geht nach seiner Ansicht von Frankreich aus, nicht von den Arabern, wie Salmasius (Saumaise) glaube. Über die Herkunft des Wortes *Roman* gibt er selbst keine Auskunft. Er sagt nur, daß Giraldi es auf griechisch ῥώμη zurückführe «*parceque ces livres ne sont faits que pour vanter la force et la valeur des paladins*», was einem heute ebenso vorkommt wie wenn Claudius Verdierus *(Censio autorum,* S. 43, bei Morhof, *Unterricht von der teutschen Sprache,* 1700, S. 627) erklärt, *Roman* sei per metathesin aus *Norman* entstanden, weil Romane zuerst in normannischer Sprache verfaßt worden seien.

Mme. de Lafayette hatte auf dem Gebiet des psychologischen Romans viele Nachfolgerinnen. Wie sie, so versuchten auch andere Frauen ihr Glück in der Romanschriftstellerei, während sich die Männer von derselben zurückzogen. Aber unter diesen weiblichen Autoren finden sich nur wenige Individualitäten. Sie alle wetteifern darin, Empfindung, Stimmung zu erwecken, die *science du cœur* zu erkunden. Ihre Psychologie hat etwas Schwächliches, sie verrät allzu sehr die zarte, von keinem La Rochefoucauld geführte Hand, das Gefühl nimmt einen zu breiten Raum ein. Besonders zeigt sich dies in der Zeichnung der männlichen Charaktere, die weichlich und unmännlich werden, eine geradezu krankhafte Sensibilität zur Schau tragen und mit einbezogen werden in den «*grand et universel fonds de tendresse*», wie Bayle das nennt. «*Je faisois pitié à moi même*», sagt einer der Helden der *Histoire secrète de Bourgogne.* Dagegen sind die weiblichen Charaktere stärker, mutiger, und nicht selten zeigt sich sogar ein feministischer Zug, wie später in den Romanen der George Sand. Es handelt sich fast stets um verheiratete Frauen, die Konflikte spielen sich meistens in der Ehe ab. Man schien sich des Wortes von La Rochefoucauld zu erinnern: «*Il y a de bons mariages mais il n'y a point de délicieux.*» Es ist bezeichnend, daß gerade damals die Geschichte von **Euryalus** und **Lucrezia**

(s. ob. S. 192) neuerdings Beliebtheit fand. François de Louvencourt, Seigneur de Vauchelles, bearbeitete sie unter dem Titel *Les amans de Sienne, ou les femmes font mieux l'amour que les filles et les veuves* (Leyden 1702).

Die Stoffe dieser Romane sind aus allen Teilen der Geschichte entnommen. Die Art, wie diese mißhandelt wird, erinnert nur zu sehr an jene des heroisch-galanten Romans, an den *Grand Cyrus* und die *Clélie*. Die Widersprüche, welche sich aus der unhistorischen Auffassung ergeben, macht sie mit wenigen Ausnahmen zu unglücklichen Zwitterdingen. «Die politischen Romane und Märchen sind die undankbarsten von allen», sagt schon Herder. «Sie sind als Romane zu schlecht, um die Geschichte vergessen zu machen, und als historische Darstellungen zu schlecht, um für Geschichte genommen zu werden.» Der Standpunkt der Autoren ist ein wechselnder. Bald pochen sie auf Wahrheit: «*Je peux l'assurer* [den Leser] . . . *qu'il ne trouvera rien de romanesque dans cette histoire, qui sera toute vraie, comme je l'ai promis,*» beteuert die anonyme Verfasserin der *Amours d'Eumène et de Flora* (1704); dann erklären sie wieder, daß das *embellir l'histoire* ihr Hauptzweck sei. Mme. de Villedieu sagt in ihrem *Journal amoureux* (1670), einem vierbändigen Roman über Liebesintrigen am Hofe Heinrichs II.: «*L'on n'y a inséré des noms connus que pour flatter agréablement l'imagination*», und in den *Exilez de la cour d'Auguste* (1677): «*J'augmente donc à l'histoire quelques entrevues secrètes et quelques discours amoureux. Si ce ne sont ceux qu'ils ont prononcés, ce sont ceux qu'ils auraient dû prononcer . . . Il n'est pas plus extraordinaire de voir un amant de 1674 faire l'amour comme on le faisait en 950.*» Und Mme. d'Aulnoy schreibt in der Widmung des *Warwick*: «*J'ai été obligée de chercher dans les siècles passez une cour et des noms qui convinssent à ceux dont je parlois.*» Einsichtige Kritiker nahmen an dieser Methode schon damals Anstoß, und Bayle (*Dict. histor. et crit.*, Artikel *Nidhard*, 1697) spricht sich rückhaltlos darüber aus: «Auf diese Weise wird die historische

Wahrheit in Dunkel gehüllt, und ich glaube, man wird schließlich die Mächte veranlassen müssen, die neu auftretenden Romanschriftsteller zu nötigen, daß sie sich entscheiden, entweder bloße Geschichte oder bloße Romane zu schreiben, oder daß sie sich wenigstens der Klammern bedienen, um Wahrheit und Erfindung sichtbar voneinander zu halten.» In der Tat war es eine recht unglückliche Mixtur, die durch die Gleichartigkeit der Darbietungen noch trostloser wird. *«Toujours la même viande diversement assaisonnée»* (Bussy-Rabutin). Auch die äußere Technik wird unter dem Einfluß der Racineschen Tragödie stereotyp, wie die eingeschalteten Ich-Berichte, der Parallelismus der Vorgänge, die Einführung von Vertrauten zeigen. Der Wortschatz ist immer derselbe. Auf Schritt und Tritt begegnen *Tristesse extraordinaire, Profonds soupirs, Douleur mortelle, Torrents de larmes, Sanglots qui ôtaient l'usage de la parole, Extrême abattement.* Man ist stets *sensiblement touché,* jedes Wort dringt *au fond de l'âme.* Das war nun alles ebenso schablonenhaft wie einst der heroisch-galante Roman. Aber es war eine andere Schablone, und die Vertreter der früheren begriffen die neue nicht. Die Liebe hatte andere Ausdrucksformen angenommen. Die Scudéry klagte schon 1673: *«Il n'y a plus de galanterie»,* und die Deshoulières, welche für die romantische Liebe der alten Zeit schwärmte, richtet in einer Ballade an den Herzog von Montausier folgende Aufforderung an den Liebesgott:

> *„Fils de Venus, songe à tes interêts . . .*
> *Tout est perdu, si ce train continue.*
> *Ramène-nous le siècle d'Amadis `. . .*
> *On n'aime plus comme on aimoit jadis".*

Unter diesen Schriftstellerinnen war Mme de Villedieu unstreitig eine der begabtesten. Ihre Biographie ist merkwürdig. Marie-Cathérine-Hortense Desjardins war 1631 oder 1632 als die Tochter eines Offiziers und einer Kammerfrau der Herzogin von Rohan-Montbazon zu Alençon geboren. Sie entlief infolge einer Liebesintrige

mit einem Vetter dem Hause ihrer Eltern, entband heimlich im Hause der Herzogin (1651), wurde Schauspielerin,
schloß sich der Truppe Molières an und tauchte 1657 in
Paris in Gesellschaft des jungen Husarenoffiziers Boisset
de Villedieu auf. Obwohl dieser schon eine legitime Frau
hatte, soll er sie geheiratet haben; jedenfalls führte sie
seinen Namen. Er starb bald darauf in nicht aufgeklärter
Weise. Seit dieser Zeit war sie auch schriftstellerisch tätig.
Sie begann 1659 mit einem *Récit en prose et en vers de
la farce des Précieuses* und erwarb sich drei Jahre später
mit dem *Carroussel de Monseigneur le Dauphin* die Gunst
des Hofes. Ihre Tragödie *Manlius Torquatus* (1662) hatte im
Hotel de Bourgogne einen rauschenden Erfolg, der *Favori*
wurde 1664 von Molières Truppe gespielt. Die Reihe
ihrer Erzählungen eröffnete *Alcidamie* (1661). Sie entwickelte als Erzählerin bald eine solche Produktivität, daß
es ihr, als der ersten Frau, möglich war, von ihrer Feder
zu leben. Der Verleger Barbin soll ihr pro Seite ein
Honorar von fünf Franken bezahlt haben. Außerdem bezog
sie eine Pension von 1500 Franken aus der Schatulle
des Königs. Nach einem Aufenthalt in den Niederlanden
(1667) zog sie sich unter der Protektion des Erzbischofs
Harlay in ein Kloster zurück, als aber die Oberin desselben die Verfasserin der *Désordres de l'amour* und der
Annales galantes nicht in ihrem Hause beherbergen wollte,
verließ sie es wieder und heiratete den alten, todkranken
Marquis de la Chate, und nachdem dieser das Zeitliche
gesegnet, endlich den Vetter aus ihrer Jugendzeit. In
der Folge ergab sie sich gleich diesem der Trunksucht
und starb 1683, wenig über 50 Jahre alt, an den Folgen
eines solchen Lebens. Obwohl häßlich, war sie nicht ohne
Reiz, und ihre Konversation wird als geistvoll gerühmt.
«*C'est une personne, qui toute petite, avait beaucoup de feu*»,
sagt Tallement des Réaux, «*elle parlait sans cesse. La
petite vérole n'a pas contribué à la faire belle. Hors la taille
elle n'a rien d'agréable, et à tout prendre, elle est laide;
d'ailleurs à sa mine, vous ne jugeriez jamais, qu'elle fut bien*

sage.» Er nennt sie auch *«la plus grande menteuse qu'il y ait au monde».*

Unter ihren Erzählungen hatten die Sammlungen pseudohistorischer Novellen verhältnismäßig mehr Glück als die eigentlichen Romane. Sie wurden noch in der zweiten Hälfte des XVIII. Jahrhunderts viel gelesen, und an ihnen haben Mme. de Tencin, Mme. de Graffigny, Mme. de Riccoboni u. a. ihre Talente gebildet. Die Stoffe derselben entnimmt sie mit Vorliebe dem privaten Leben der alten Griechen und Römer, deren *«désordres domestiques»* sie dem Leser mit völliger Verachtung des historischen Kolorits vorführt. Hierher gehören ihre Annales galantes de la Grèce (1670), deren Erfolg Boileau neben jenem des *Journal amoureux* bestätigt, die Amours des grands hommes (1671) und das Portrait des faiblesses humaines (1674). Man sieht da Sokrates nächtlicherweile zu einem Stelldichein schleichen, Solon ändert die Gesetze, um eine Salaminierin heiraten zu können, Alkibiades belauscht die Königin von Sparta im Bade und versteckt sich, als der königliche Gatte erscheint, in der Wanne. In den Exilez de la cour d'Auguste (1672) wird u. a. auch Ovids Schicksal erzählt, der ganz wie ein Galant des ausgehenden XVII. Jahrhunderts spricht. Daneben schöpft sie aber auch aus der älteren Geschichte Frankreichs *(Agnes de Ponthieuvre)*, Italiens *(Les Fraticelles)*, Spaniens *(Don Pèdre, roi de Castille)*, Portugals *(Don Sébastien)*, Englands *(Ethelvod et Alfrède)* und sogar der Türkei, beteuert stets die Wahrheit des Berichteten und versetzt hin und wieder der Scudéry einen wohlgezielten Hieb (*«Les adieux seraient d'un bel effet dans un roman, mais non dans une histoire véridique. Je renvoie le lecteur curieux des adieux passionnés au Cyrus ou à la Clélie»* [La nièce du pape]). In den Galanteries‾ grenadines (1673) setzt sie die Traditionen der *Almahide* und der *Zayde* fort, noch ferner liegende Milieus schildert sie in den Nouvelles et galanteries chinoises und in den Nouvelles africaines. In die pastorale Richtung gehört Carmante, wo sie auch Theokrit auftreten läßt, ihre Hirten aber selbst für «*des courtisans solitaires ou des mondains contemplatifs*» erklärt (vgl. ob. S- 220).

Ihr erster größerer Roman Alcidamie (1661) spielt zwar in der Familie eines Königs von Fez und Marokko, aber wie Tallement des Réaux, so erkannte jedermann in den Vorgängen die Skandalgeschichten, welche sich kurz vorher in der Familie Rohan zugetragen hatten. 1669 folgte Cléonice ou le roman galant, 1671 Les amours du comte de Dunois und das Journal amoureux. Sie alle bestätigen das Urteil Bayles: «*Il est certain que les romans de cette dame sentent fort la nature*», wobei Natur allerdings im Sinne der Villedieu zu verstehen ist, welche die Liebe als die einzige Triebfeder aller menschlichen Handlungen ansieht. Für den Literarhistoriker sind besonders zwei ihrer Romane interessant: Les désordres de l'amour (1670) und Les mémoires d'Henriette-Sylvie de Molière (1672 ff.). Die *Désordres de l'amour* spielen in der Zeit der Ligue und zerfallen in drei nur lose miteinander verbundene Teile. Der erste und dritte haben recht verworrene Hofintrigen zum Gegenstande, der zweite aber *(Qu'on ne peut donner si peu de puissance à l'amour qu'il n'en abuse)* frappiert durch seine auffallende Ähnlichkeit mit der *Princesse de Clèves*. Ein Marquis de Ternes heiratet eine Mlle. de Guyenne, welche er früher nur wenig kannte. Nach der Heirat zieht er sich mit ihr auf eines seiner Schlösser zurück, und hier fällt die junge Frau einer «*fièvre lente*» anheim, gegen welche kein Mittel hilft. Als sie der besorgte Gatte um die Ursache ihres Leidens befragt, gesteht sie ihm, daß sie seinen Neffen, den Baron de Bellegarde, liebe, den sie auch heiraten wollte, doch habe ihr Vater diese Verbindung nicht gestattet. Um sie frei zu machen, bietet ihr der Marquis selbstlos die Scheidung der Ehe an, aber sie will sich von ihm nicht an Großmut übertreffen lassen. «*Restez et je demeurerai la femme que je dois être!*» Bald darauf stirbt der Marquis in der Schlacht.

In seinem Testament hat er Bellegarde zum Universal-
erben eingesetzt unter der Bedingung, daß er seine Witwe
heirate. Das Gerede, welches entsteht, veranlaßt jedoch
den Vater der Marquise, ihr diese Ehe auch jetzt noch
zu verbieten. — Obwohl die Erzählung der Lafayette als
Kunstwerk hoch über jener der Villedieu steht, ist nicht
zu leugnen, daß die Charaktere der Personen und die
Hauptsituation (das Geständnis) in beiden identisch sind.
Deshalb erhob schon Valincour gegen die Lafayette die
Beschuldigung des Plagiats. Ihr Verteidiger De Charnes
wies dagegen darauf hin, daß die *Princesse de Clèves* bereits
als Manuskript zirkulierte, ehe die *Désordres de l'amour*
im Druck erschienen. Inwieweit Mme. de Lafayette den
Roman der Villedieu noch nach dieser Zeit benutzt haben
kann, ist nicht festzustellen.

Die Mémoires d'Henriette-Silvie de Molière
vermischen Autobiographie und Dichtung so miteinander,
daß es nicht möglich ist, diese Bestandteile zu sondern.
Die Heldin wird 1647 unfern von Montpellier geboren,
zuerst von Bauersleuten, seit ihrem fünften Jahre vom
Herzog von Candale erzogen und dann einem Freunde
des Herzogs, Molière, für dessen eigene Tochter unterschoben. Herangewachsen, zeigt sie einen bedenklichen
Hang zu galanten Abenteuern, der ihre weiteren Erlebnisse
vollkommen beherrscht. In der Reihe ihrer Galane befinden sich ihr angeblicher Vater Molière, der Liebhaber
von dessen Frau, Marquis de Birague, der Graf d'Englesac,
ein Herzog von Guise, der Gouverneur von Brüssel, der
alte Don Francisco Gonzalès de Menèze und viele andere.
Der letztgenannte heiratet sie, Englesac findet sie aber
wieder, wird ihr Haushofmeister, sie flüchtet mit ihm
und kommt, als Prinz von Salm verkleidet, an den französischen Hof. Nachdem Menèze vor Gram gestorben ist,
will sie Englesac heiraten, aber seine Mutter vereitelt es
und läßt ihr als Hexe den Prozeß machen. Sie bezaubert
ihre Richter und heiratet den Geliebten, was sie nicht
hindert, auch in der Folge andere Männer zu erhören

(«*Je ne sais . . . mais je suis résolue d'en user à l'avenir
avec les amants comme avec les domestiques, c'est-à-dire d'en
changer jusqu'à ce que j'en trouve un qui m'accomode*»). Nachdem sie Witwe geworden ist, führt sie Prozesse in Belgien,
zieht sich in ein Kloster nach Köln zurück und heiratet
schließlich einen M. de Séville. Wenn Mme. de Villedieu
ein Viertel des hier Erzählten selbst erlebt hat, so war
ihr Leben ein sehr bewegtes. — Bei dem realistischen
Roman L'illustre Parisienne, der in den Gesamtausgaben der Werke der Mme. de Villedieu gedruckt wurde,
ist ihre Autorschaft nicht sicher, und die Wahrscheinlichkeit spricht eher dafür, daß der Abbé Preschac der Verfasser dieser übrigens recht albernen Geschichte ist, in
welcher eine Pariser Bankierstochter und ein als Ham-
burger Geschäftsmann verkleideter deutscher Prinz die
Hauptrollen spielen.

Neben der Villedieu ist die schöne und geistvolle
Gräfin Marie-Cathérine d'Aulnoy (1650—1705), eine
geborene Jumelle de Barneville, aus vornehmer Familie
der Normandie, zu nennen. Sie ist besonders bekannt
durch ihre vielgelesenen Feenmärchen (1697) und ihre
interessanten Mémoires de la cour d'Espagne (1690),
die ihrerseits auf dem gleichnamigen Werk des Marquis
de Villars (1679—81) beruhen. Sie schrieb auch *Nouvelles espagnolles* (1692). Ihre Romane zeigen feine Beobachtung und sind gut geschrieben. Die Histoire de
Hipolyte comte de Douglas (1690) ist «ein wahres
Reservoir für alle sentimentalen Mittel, Stimmungen,
Situationen und Charaktere, mit denen der Frauen-
roman damals wirtschaftete». Hipolyte und Julie werden
zusammen erzogen, verlieben sich ineinander, werden
jedoch getrennt und das Mädchen mit einem nicht
geliebten Manne, dem Grafen Bedford, verheiratet.
Hipolyte findet sie wieder, entführt sie, und endlich
werden die beiden nach mannigfaltigen Schicksalen vereinigt. Der Held ist nach dem Worte des Abbé Jaquin
(*Entretiens sur les romans)* ein «*tableau des faiblesses du*

cœur humain». In Le comte de Warwick (1703) hat die Verfasserin den berühmten Königsmacher ganz un-historisch in einen schmachtenden Liebhaber verwandelt. Die Heldin dagegen klagt: «*Cette malheureuse beauté, qui seroit pour une autre un sujet de satisfaction n'est pour moi qu'une source de douleur qui se re nouvelle tous les jours*».

Mlle. Charlotte-Rose de Caumont de la Force (1650—1727) war die Enkelin jenes Duc de la Force, welcher dem Blutbad der Bartholomäusnacht entkam. Sie vermählte sich 1687 mit Charles de Briou, welche Ehe nach zehn Tagen unter großem Aufsehen für nichtig er-klärt wurde. In der Histoire de la Reine de Navarre (1696) schildert sie den Kampf der Mutter um den Ge-liebten der Tochter. In Gustave Wasa, *histoire de Suède* (1697) — «*pitoyable ouvrage, écrit d'une manière dé-goutante*», sagt Gordon du Percel — überraschen die roman-tisch ausgeführten Schilderungen der Landschaft, welche einen in der Zeit vor Rousseau seltenen Natursinn bekunden. «Es ist der erste moderne französische Roman, in dem bewußt romantisches Empfinden, in welchem in voller Absichtlichkeit das romantische Naturgefühl zu künst-lerischen Zwecken verwendet wird» (Waldberg, S. 249). Bei ihr zeigt sich zuerst die Wendung des psychologischen Romans zur Skandalgeschichte. Sie schrieb eine Histoire secrète de Bourgogne (1694) und eine Histoire se-crète des amours de Henri IV., roi de Castille (1695). In der letzteren sieht man einen Mann, der zwei Frauen zu gleicher Zeit liebt. Alphonse de Cordoue schwankt zwischen Cathérine de Sandoval und der Königin. «*Je vous adore*», sagt er, indem er sich der Königin zu Füßen wirft, «*mais la passion que j'ai pour vous, ne me rend point insensible à ce que je dois à Cathérine de Sandoval. Je l'aime et je sacrifierois mille fois ma vie pour elle. Je ne sçais pas s'il est possible de vous aimer l'une et l'autre; mais je sens bien que je ne puis faire autrement: et si vous croyez que mon cœur vous trompe et n'est pas de bonne foi, je vous prie de me permettre de le percer en votre présence*;

car j'aime mieux mourir que de vous laisser croire à l'une ou à l'autre que je ne vous aime pas.»

Cathérine Bernard (1662—1712), eine Nichte Corneilles, schrieb unter Mithilfe Fontenelles und in steter Nachahmung der Lafayette eine Reihe von Romanen, Eléonore d'Yvrée *ou les malheurs de l'amour* (1687), Le comte d'Amboise (eine Nachahmung der *Princesse de Clèves*, 1689) u. a.. Sie ist eine jener Schriftstellerinnen, die gegen die einreißende Lüsternheit in der Erzählung scheinbar entrüstet Stellung nehmen, und wie der Bischof Camus von dem Laster angeblich nur sprechen, um von ihm abzuschrecken. Da sie übrigens kaum etwas Anstößiges schildert, berührt diese Heuchelei in ihren Vorreden um so unangenehmer. Von anderen Schriftstellerinnen dieser Art wären noch Mlle. de la Roche-Guilhem (Astérie ou Tamerlan, 1675; Jacqueline de Bavière, *comtesse de Hainaut,* 1709) und Mme. Durand (La comtesse de Morlane, 1699; Le comte de Cardonne *ou la constance victorieuse, histoire sicilienne,* 1702) zu nennen. Die Roche-Guilhem schrieb auch eine Geschichte der Favoritinnen der verschiedensten Zeiten in Romanart (Histoire des favorites *contenant ce qui s'est passé de plus remarquable sous plusieurs règnes,* 1697—1703), die Durand beschränkte sich klug auf die griechischen Kurtisanen (Les belles grecques *ou l'histoire des plus fameuses courtisanes de la Grèce,* 1712). Man hat es in beiden Fällen mit Verarbeitungen im Genre der *Exilez* zu tun, die damals sehr beliebt waren. Man vgl. de Mailli, *Rome galante ou histoire secrète sous les règnes de Jules César et d'Auguste* (1695), Lescourel, *Aventures de Jules César dans les Gaules* (1695), Jean de la Chapelle, *Amours de Catulle et Tibulle* (1699), Mlle. ***, *Sapho ou l'heureuse inconstance avec le jeune Alcée ou la vertu triomphante* (1706) — Bücher, die auf den heutigen Leser sämtlich «den Eindruck von beabsichtigten Travestien» machen. — Viele andere Romane wären noch zu erwähnen: Boursault, *Artemise et Polianthe* (1670) und *Le Prince de Condé* (1675), Abbé de

Villars, *Anne de Bretagne* (1671, s. ob. S. 369), Gabriel de Brémond, *La princesse de Montferrat* (1677) und *L'heureux esclave* (1680), Le Noble, *Zulima ou l'amour pur, Nouvelle historique* (1694), Baudot de Juilli, *Cathérine de France, reine d'Angleterre* (1696) usw.

Diese Richtung hält bis gegen Mitte des XVIII. Jahrhunderts an. Wie sich schon aus mehreren der angeführten Titel ergibt, artete sie in die sensationelle Skandalgeschichte aus, die durch unlautere Mittel zu reizen sucht. Die Literatur jener Zeit wimmelt von *Annales, Anecdotes, Mémoires* mit den lockenden Beisätzen *secrets, galants, véritables*. Die *Amours secrets* der Könige wechseln mit den *Histoires galantes* der verschiedenen Höfe. Es zeigt sich hierin der Einschlag einer anderen Art der pseudohistorischen Erzählung, die sich in den zwanziger Jahren des Jahrhunderts von der großen Strömung des heroisch-galanten Moderomans loslöste. Es wurde seinerzeit bemerkt, daß die Autoren dieser Bücher mit Vorliebe wirkliche Personen unter falschen Namen auftreten ließen *(personnages déguisés)* und ihren Geschichten dadurch einen besonderen Reiz zu geben suchten — eine Gepflogenheit, die der Verfasser der *Astrée* gewissermaßen sanktioniert hatte und welche die Scudéry in der umfassendsten Weise ausbildete. Was hier nur zur Erhöhung des Interesses diente, wurde bei anderen Autoren zum Hauptzweck. Sie benutzten die Form des Romans nur dazu, um pikanten Hofklatsch vorzutragen. Einer der ersten Romane dieser Art ist der Roman de la cour de Bruxelles *(ou adventures des plus braves chevaliers*, anonym, Spa 1628) des schon erwähnten Puget de la Serre, der die Chronique scandaleuse des belgischen Hofes breittritt. In seinen Hauptpersonen erkennt man unschwer den Fürsten Chimay und die Herzoginnen von Croy und Aerschot. Zehn Jahre später publizierte der Abbé Cériziers (s. ob. S. 332) unter dem Pseudonym Desfontaines einen Roman des Titels Les heureuses infortunes de Celiante et Marilinde, veuves pucelles (1638), dessen

Schäferinnen deutlich die Züge der Frau von Charny und der Frau von Marigny tragen, während der Held Cambise Ludwig XIII. vorstellt. Protosilas ist der Prinz von Condé usw. In seiner **Illustre Amalazonthe** (1645) behandelt Cériziers den sensationellen Prozeß des Gerichtspräsidenten Philippe Giroux in Dijon, der 1638 der Ermordung des Pierre Baillet, Präsidenten der Chambre des comptes ebenda, angeklagt war. Auch der oft gedruckte, gewöhnlich der Prinzessin von **Conti** (Louise de Lorraine) zugeschriebene Roman **Les amours du grand Alcandre** (1652, später unter dem Titel **Les amours de Henry IV.**) gehört hierher. Paulin Paris, der darin ein Werk des Herzogs Roger de Bellegarde erkennen wollte, entschädigte die Prinzessin durch Zuweisung der unter dem Namen **Jean Baudouin** erschienenen **Advantures de la cour de Perse** (1629), in denen Geschichten aus dem Hofleben Heinrichs III. und IV. erzählt werden. Das Chef d'œuvre der ganzen Klasse ist aber die berüchtigte **Histoire amoureuse des Gaules** des Grafen **Roger de Bussy-Rabutin** (1618—93). Wegen eines Epigramms auf den großen Mund der Mlle. de Lavallière (wahrscheinlicher der Maria Mancini) vom Hofe verwiesen, schrieb er auf seinen Gütern in Burgund dieses Pamphlet, welches zuerst als Manuskript zirkulierte und 1665 gegen den Willen des Verfassers in Lüttich gedruckt wurde. Es enthält Skandalgeschichten aus der Hofgesellschaft, in denen Wahrheit mit Dichtung gemischt erscheint. Die Namen der wirklichen Personen sind nur wenig verändert, in Mme. de Sevigny erkennt man deutlich die berühmte Briefschreiberin, eine Kusine des Verfassers, an welcher dieser sich rächt, weil sie seine Liebe unerwidert ließ.

Ein Angehöriger dieser Richtung ist auch **Gatien Sandras Sieur de Courtilz** (1644—1712), der einer südfranzösischen Familie entstammte und 1644 zu Paris geboren wurde. Er ist der Typus des literarischen Abenteurers und charakterlosen Pamphletisten jener Zeit. Sandras diente zuerst als Hauptmann in der königlichen

Armee und ging 1683 nach Holland, von wo aus er verschiedene Libelle gegen Frankreich schrieb. Diese Tätigkeit setzte er auch nach seiner Rückkehr (1689) fort. Nachdem er eine neunjährige Haft in der Bastille (1702—11) abgebüßt, ging er wieder nach Holland und starb dort 1712. Unter seinen Schriften sind die Intrigues amoureuses de la cour de France und die Conquêtes amoureuses du grand Alcandre (1684) reine Schmähschriften. Andere treten mit historischen Prätensionen auf, so die Vie de Turenne (1685), das Testament de Colbert (1694), die Histoire de la guerre de Hollande (1689), die Mémoires de M. L. C. D. R. *(le comte de Rochefort)*. Bedeutsam für die Geschichte des Romans sind die Mémoires de M. d'Artagnan, *capitaine-lieutenant de la première compagnie des Mousquetaires du Roy, contenant quantité de choses particulières et secrètes qui se sont passées sous le règne de Louis le grand* (1700). Sie sind zwar etwas verworren, aber in amüsantem, lebhaftem Stil, wohl nach den Memoiren des wirklichen d'Artagnan geschrieben, und sind das Vorbild der *Trois Mousquetaires* von Alexandre Dumas père. Dumas hat hier die Figuren des verschlagenen geschwätzigen Glücksritters und der drei Musketiere Athos, Porthos und Aramis gefunden und sich im übrigen mit einer Umarbeitung des Buches von Sandras de Courtilz begnügt. Sandras, dessen Schriften wegen ihres flotten Stils und der treffenden Charakteristik der Personen eine beliebte Lektüre waren, wurde übrigens schon vor Dumas von anderen Autoren geplündert. Eine bekannte Szene der *Marianne* von Marivaux — das Umstürzen eines Wagens, wobei nur ein Kind gerettet wird — ist den Mémoires de Mr. de Bouy von Sandras de Courtilz (1711) nachgeahmt.

Als das XVIII. Jahrhundert anbrach, war sowohl der heroisch-galante Roman wie auch sein realistischer Antipode in der Gunst des Publikums längst abgetan, und das neue psychologische Genre, welches sich auf den Trümmern erhoben hatte, war einer Entartung anheim-

gefallen, von welcher es keine Rückkehr gab. Wie
40 Jahre früher, so sehnte man sich auch jetzt nach
etwas Neuem. Der gewürzten Hofgeschichten müde,
griff man gerne zu den naiven Contes de ma mère
l'oye (1697), die Perrault dem Volksmunde abgelauscht
hatte. Sie fanden unzählige Nachahmungen. Die Frauen,
welche eben noch in schlüpfrigem Ton die Alkoven-
geheimnisse der regierenden Persönlichkeiten erzählt hatten,
schrieben nun um die Wette Feenmärchen. Kein Wunder,
wenn sich auch diese bald in Skandalgeschichten ver-
wandelten. Und während man zwischen größter Naivität
und ausgelassenster Unsittlichkeit schwankte, tauchte in
dem Erziehungsroman des Fénelon die Antike mit all
ihren Reizen vor den Augen des Lesers auf, und fern von
Paris wuchsen bereits die Männer heran, die nach langer
Pause den realistischen Roman zu neuem Leben erwecken
sollten. Aber es dauerte noch mehr als ein halbes Jahrhundert, bis unter dem Einfluß völlig neuer Anschauungen
in Rousseaus Nouvelle Héloise (1761) jene Art des
Romans geschaffen wurde, welche für die Zukunft maßgebend blieb.

Literatur. Über die in diesem Kapitel behandelte Epoche
der französischen Romanliteratur vgl. man Max Freiherr von
Waldberg, *Der empfindsame Roman in Frankreich. I. T. Die
Anfänge bis zum Beginn des 18. Jahrhunderts.* Straßburg 1906.
— Ferner die oben S. 276 angeführten Werke von Koerting,
Morillot (bei Petit de Julleville, V. Bd., 1898, S. 550 ff.), Le
Breton usw.
Anfänge des psychologischen Romans. d'Audiguier, *Les
diverses affections de Minerve, avec une apologie d'elle-mesme.
Et une palynodie de l'autheur.* 2 Bde, Paris 1625. — Englische
Übersetzung: *Love and valour, celebrated in the person of the
author, by the name of Adraste, or the diverse affections of Minerva.
One part of the unfained story of the true Lisander and Caliste.*
Translated out of the french by W. B. London, 1638, 4°. —
Duverdier, *La Floride.* Paris 1625. — *La Chrysolite, ov
le secret des romans.* Par le sievr Mareschal, Paris,
Toussainct Dv Bray 1527; dann Paris, Nic. et Jean de la Coste
und Ant. de Sommaville 1634. — Du Bail, *Les galanteries de*

la cour, Paris 1644. — Vgl. über diese vier Romane Walther
Küchler, *Zu den Anfängen des psychologischen Romans in Frank-
reich* (Archiv f. d. Stud. d. neueren Sprachen, 123. Bd., 1909, S. 88 ff.)
— Zu *Chrysolite:* Koerting, l. c., II., S. 132 ff.

Boursault, Lettres à Babet. Gedruckt in: *Lettres de
respect, d'obligation et d'amour de M. Boursault.* Paris
1666. — Spätere Ausgaben: Paris, J. Guignard 1669; ibid.,
J. Girard 1683; ibid., J. Guignard 1698 usw.; ferner in den *Lettres nouvelles de M. Boursault, accompagnées de fables* ...
Paris, Vve de T. Girart 1697; dann ibid. N. Gosselin 1699 usw.
— Neue Ausgabe von E. Colombey, Paris 1891 (vgl. Revue
critique XXXIII, 1892, S. 276). — Deutsche Übersetzung:
Die Liebesbriefe der Babet, von W. Printz, Leipzig 1908. —
Vgl. C. Noch, *Ein Liebesroman von Edme Boursault* (Zeitschrift
für französische Sprache und Literatur, XXXVIII, 1911, S. 105 ff.)

Lettres portugaises. *Lettres portugaises, traduites
en français.* Paris, Claude Barbin 1669 usw. — *Réponses aux
lettres portugaises* traduites en françois. Paris, J. B. Loyson,
1669. — Neuere Ausgaben der *Lettres portugaises:* Paris 1824
(conform dem Text von 1669, mit Rückübersetzung ins Portugiesische; Herausgeber: D. J. M. S. [de Souza]). — *Lettres du 17.
et 18. siècle, Lettres portugaises avec les réponses,* publ. par Ed. Asse,
Paris 1873. — Vgl. Carl Larsen, *Schwester Marianna und ihre
Liebesbriefe.* Leipzig 1905 (der dänische Originaltext erschien
1894). — Waldberg, l. c. S. 45 ff. — Gröber, l. c. II, 2, S. 354.

Madame de Lafayette. *La Princesse de Montpensier*
(anonym). Paris, Th. Joly (Cl. Barbin; Ch. de Sercy; Louis Billaine), 1662, kl. 8⁰. — Spätere Ausgaben: Paris, Th. Joly 1671;
ibid., Cl. Osmond 1674; in der *Bibliothèque de campagne*, Bd. 5,
1749; Paris, Renouard 1804. — *Zayde, histoire espagnole,*
par M. de Segrais, *avec vn traitté de l'origine des romans,* par
M. Hvet. Paris, Cl. Barbin, 1670, 2 Bde, kl. 8⁰. — Spätere
Ausgaben: ibid. 1671; Amsterdam, Elzevier 1671; Paris 1700, 1715,
1725; in der *Bibliothèque de campagne*, Bd. 10, 1749 usw. — Englische
Übersetzungen: *Zayde, a spanish history,* written ... by Monsieur
de Segrais. London 1678, 8⁰; dann 1690. — *Zayde, a spanish history*
(andere Übersetzung) in: C., *A select collection of novels* 1. Bd.,
1722; dann 1729; ferner in: Mrs. E. Griffith, *A collection of novels,*
1. Bd. 1777. — *La Princesse de Clèves* (anonym). Paris,
Claude Barbin 1678, 4 Bde. in zwei, kl. 12⁰. — Spätere Ausgaben: ibid., 1689, desgl.; s. l., s. a. (Amsterdam, Elzevier); Amsterdam, Abraham Wolfgang 1688; Amsterdam, Jean Wolters
1695 (unter dem Titel: *Amourettes du duc de Nemours et de la
Princesse de Clèves*); Paris 1719; ibid. 1764; in der *Bibliothèque
de campagne*, 8. Bd. 1749; zusammen mit *Zayde:* Paris, Didot

l'aîné 1780, 2 Bde; ibid. 1814, 1815; Paris, Werdet 1826, usw. —
ferner mit Vorwort v. P. Jannet, 1668; in der *Bibliothèque de
luxe des romans célèbres,* Bd. 1,' Paris s. a.; in der *Bibliothèque
des dames,* Bd. 2, Paris 1881 (mit Einleitung von De Lescure);
Paris 1878 (mit Vorwort von Taine u. Stichen von Masson);
Paris 1889 (mit Vorwort von Anatole France u. 12 Illustrationen von J. Garnier) usw. — Englische Übersetzungen:
The princess of Cleve ... rendred into english by a person of
quality. London 1688, 12⁰. — *The princess of Cleves* (andere Übersetzung) in: C., *A select collection of novels,* 2. Bd., 1722; dann
1729; ferner in Mrs.: E. Griffith. *A collection of novels,* 2. Bd., 1777.
— *La comtesse de Tende.* Zuerst gedruckt im *Mercure* 1720;
dann in der *Bibliothèque de campagne,* 5. Bd., 1749; in der *Bibliothèque universelle des romans* I, S. 183 ff., Janvier 1776 usw. —
Ausgaben der *Oeuvres de Mme. de Lafayette:* herausgg. von
Delandine, Paris 1786 — von Auger (mit jenen der Mme de
Tencin), Paris 1804, 5 Bde. — *Oeuvres complètes de Mme de
Lafayette, nouvelle édition revue, corrigée et précédée d'une notice
historique et littéraire* [von J. D.] *et d'un traité sur l'origine des
romans* [von Huet]. Paris 1812, 5 Bde, 12⁰. — *Mme. de Lafayette,
ses oeuvres avec celles de Mesdames de Tencin et de Fontaines.
Avec des notices par* MM. Etienne et Jay. Paris, Montardier
1825, 5 Bde, 8⁰. — *Oeuvres de Mme de Lafayette* ... *gravures
d'après les dessins* de G. Staal etc. (mit Einleitung von L. S. Auger).
Paris, s. d. [1874], 8⁰. — *Oeuvres,* Paris 1909 ff. (Bd. I: *La princesse Clèves.* Avec une notice par Max. Formont). — Vgl.
d'Haussonville. *Mme de Lafayette.* Paris 1891; 2. Aufl. 1896
(Les grands écrivains français XII.). — Domenico Perrero,
Lettere inédite di Madama de Lafayette. Turin 1889 (vgl. Arvède
Barine in *Revue des deux mondes* vom 15. Sept. 1880). — Erich
Meyer, *Die Gräfin von Lafayette.* Leipzig 1906 (Biografien be-
deutender Frauen, IV). — Ernst Scheuer, *Mme de Lafayette,*
Diss., Bonn 1898. — H. Ferrettini, *Etude sur Mme de Lafayette,* Mailand 1902. — M. Crawford, *Mme de Lafayette and
her family.* New York 1908. — Sainte-Beuve, *Portraits de
femmes,* Paris 1826. — H. Taine, *Essais de critique et d'histoire,*
1858. — Leo Jordan, *Eine Handschrift von Werken der Gräfin
Lafayette mit dem inedierten Fragment eines Romans* (Archiv f. d.
Stud. d. neueren Sprachen, 123. Bd., 1909, S. 119 ff.) (über eine
Histoire espagnole, welche der Mme de Lafayette in einem Münchener Ms. zugeschrieben wird). — Le Breton, l. c., S. 265 ff.,
297 ff. — Dunlop, l. c., S. 389 ff. — Über Segrais' Anteil
s. Brédif, l. c. (vgl. oben S. 244) — über Valincour s. G. Faguet,
Un critique homme du monde au XVII. siècle (Revue des deux
mondes vom 15. Mai 1909).

Huet, Lettre sur l'origine des romans. *Lettre de M. Huet à M. de Segrais sur l'origine des romans.* Paris, s. a., 8° (Separatabdruck aus der *Zayde*). — *Seconde Edition*: Paris, Seb. Mabre-Cramoisy 1678 (mit Einzählung der Auflagen der *Zayde* ist dies die 6. Auflage). — Spätere Ausgaben unter dem Titel: *Traité de l'origine des romans.* Paris 1693, 1711 (8. *Edition revue et augmentée d'une lettre touchant Honoré d'Urfe*). — Lateinische Übersetzung: von Guil. Pyrrho, *De origine fabularum romanensium.* Hagae 1682 u. ö. — Englische Übersetzungen: *A Treatise of Romances and their original, translated out of french.* London 1672, 12°. — *The history of Romances* . . . made english . . . by S. Lewis. London 1715. — *Letter to Segrais upon the original of romances* (in: C., *A select collection of novels*, 1. Bd., 1722) — Vgl. M. A. Gournay, *Huet, évêque d'Avranches, sa vie et ses œvres, avec des extraits de documents inédits.* Caen-Paris 1854 in den *Mémoires de l'Académie de Caen*). — Abbé Flottes, *Etude sur Daniel Huet, évêque d'Avranches.* Montpellier-Paris 1857. — Le Breton, l. c. S. 239 ff. — Bobertag, l. c., I., S. 4 ff.

Boursault. *Le marquis de Chavigny* (anonym). Paris 1662. — Spätere Ausgaben: Paris, E. Martin 1670; ibid., Nyon fils 1739 usw. — *Le prince de Condé* (anonym). Paris, J. Guignard 1675. — Spätere Ausgaben: Paris, T. Girard 1683; ibid., Didot 1739; ibid., Didot l'aîné 1792 (herausgg. von J. B. de Laborde). — Englische Übersetzung: *The prince of Condé.* 1675, 12°. — Vgl. Saint-René Taillandier, *Un poète comique du temps de Molière.* Paris 1881 (zuerst in der (Revue des deux mondes Nov.—Dez. 1878). — Victor Fournel, Einleitung zum *Théâtre choisi de Edmé Boursault.* Nouv. éd. Paris 1883. — Ludwig Grave, *Edmé Boursaults Leben u. Werke.* Diss., Münster 1887. — Alfred Hoffmann, *Edmé Boursault nach seinem Leben und in seinen Werken.* Diss., Straßburg 1902. — Vgl. oben S. 390.

Mme de Villedieu. Die ersten Ausgaben ihrer Schriften erschienen in den im Texte angegebenen Jahren bei Cl. Barbin in Paris, spätere Ausgaben bei Hilaire Baritel u. Besson in Lyon, bei Guillemin ebda., bei Desclasseu in Toulouse usw. — *Les amours du comte de Dunois par Mme Desjardins.* Paris, Cl. Barbin 1675 (in der *Bibl. univ. des romans*, Juni 1779, S. 133 fälschlich als Werk der Gräfin Murat bezeichnet). — *Les Désordres de l'amour.* Paris, Cl. Barbin 1670; dann ibid. 1676, Lyon 1686; Toulouse 1702 usw. — *Mémoires d'Henriette-Sylvie de Molière.* Paris, Cl. Barbin 1672—78, 6 Bde.; dann Lyon 1693 usw. — *Oeuvres completes.* Lyon, Baritel et Besson 1695—1713, 12 Bde, 12°. — Paris, Compagnie des libraires 1721, 12 Bde, 12°. — Paris, Gaudouin 1741, 12 Bde, 12°. — Paris,

Roslin 1741, 12 Bde, 12⁰, usw. — Vgl. Emile Magne, *Mme de Villedieu (Hortense des Jardins) 1632—92.* Paris 1902. — A. Kretzschmar, *Mme de Villedieu.* Diss., Leipzig 1908. — H. E. Chatenet, *Le roman et les romans d'une femme de lettres au 17. siècle, Mme de Villedieu* (1643—83). Paris 1911. — Alph. Séché et Jules Bertaut, *Une aventurière des lettres au 17. siècle, Mme de Villedieu* (Mercure de France vom 15. Febr. 1907). — Waldberg, l. c. S. 161 ff.

Mme d'Aulnoy. *Histoire d'Hipolyte, comte de Duglas* (anonym). Paris, Louis Sevestre 1690, 2 Bde, 12⁰; dann Brüssel 1704 usw. — *Histoire de Julie et d'Hipolyte, comte de Duglas.* Lille, Castiaux 1817, 4 Bde, 12⁰. — *Histoire des amours d'Hippolyte, comte de Duglas et de Julie, comtesse de Warwick,* par Mme d'Aulnoy. Paris, Le Bailly 1875, 18⁰. — *Le comte de Warwick,* par Mme Daulnoy. Paris, par la compagnie des libraires associez 1703, 2 Bde, 12⁰; dann Amsterdam, J. Desbordes 1704 *(suivant la copie de Paris),* 2 Bde, 12⁰; Paris, par la compagnie des libraires 1729, 2 Bde, 12⁰; 1740, desgl. usw. — Vgl. Waldberg, l. c. S. 259 ff.

Mlle de la Force. *Gustave Wasa, histoire de Suède.* Paris 1697; dann in der *Bibliothèque de campagne,* Bd. 1 1749. — *Histoire de Marguerite de Valois, Reine de Navarre, sœur de François I. (Histoire secrète de Navarre).* Paris 1696. — Spätere Ausgaben: Paris 1716, 1720, 1739 usw.: in der *Bibliothèque de campagne,* Bd. 14—15, neuherausgg. von De Laborde, Paris, Didot 1783, 6 Bde, 12⁰. — *Histoire secrète de Bourgogne.* Paris, Simon Benard 1694, 2 Bde, 12⁰. — Spätere Ausgaben: A la Haye 1694; Paris 1710; Amsterdam 1722; ibid. 1729, 1746; in der *Bibliothèque de campagne,* Bd. 13, 1749; neuherausgg. von De Laborde, Paris, Didot 1782. — *Histoire secrète des amours de Henri IV, Roi de Castille, surnommé l'Impuissant.* Paris 1695. — Spätere Ausgaben: A la Haye 1695; in der *Bibliothèque de campagne,* Bd. 4, 1749, usw. — Vgl. Waldberg, l. c. S. 205 ff.

Cathérine Bernard. *Les malheurs de l'amour. Première nouvelle: Eléonor d'Yvrée* (anonym). Paris, M. Guérout 1687, 12⁰; dann La Haye, E. Foulque et L. van Dole 1683; in der *Bibliothèque de campagne,* Bd. 2, 1749 usw. — *Le comte d'Amboise, nouvelle galante* (anonym). Paris 1689; dann La Haye, A. de Hondt 1689; in der *Bibliothèque de campagne,* Bd. 2, 1749; im *Recueil des romans historiques,* Bd. 2, 1749 usw. — Englische Übersetzung: *The count of Amboise, a novel, written originally in french by Mme **** and rendred into english by P. B[ellon], I. T. 1689; dann in *Modern Novels,* Bd. 11, 1690. — Vgl. Eug. Asse, *Une nièce du grand Corneille, Mlle Bernard,*

(Revue biblio-iconographique 1898—99). — Waldberg, l. c. S. 192 ff.

Puget de la Serre, Roman de la cour de Bruxelles. *Le roman de la cour de Bruxelles ou aduantures des plus braues chevaliers.* Spa und Aix, Jean Tournoy 1628, kl. 8⁰. — Vgl. Camille Picquet in der *Revue trimestrielle*, Bd. 26. — Koerting, l. c. II, S. 271 f.

Cériziers (Desfontaines). *Les heureuses infortunes de Celiante et Marilinde, verfves pucelles* par le Sieur D[es] F[ontaines]. Paris, Trabouillet 1638, 8⁰; dann ibid., Veuve Trabouillet 1662 (mit Schlüssel). — *L'Illustre Amalazonthe...* par le Sr. Des Fontaines. Paris, Antoine Robinot 1645, 2 Bde, kl. 8⁰.

Princesse de Conti, Les amours du grand Alcandre. *Les amours du grand Alcandre, en laquelle sous des noms empruntez se lisent les advantures amoureuses d'un grand prince du dernier siècle.* Paris, Veuve Jean Guillemot 1652, 4⁰. — Spätere Ausgaben: im *Recueil de diverses pièces pour servir à l'histoire de Henri III.* Cologne, Pierre Marteau 1660, 1662 usw. — *Les amours de Henri IV avec diverses lettres écrites à ses maîtresses et autres pièces curieuses.* Leyde, J. Sambix 1663, 1664, 1665; neuherausgg. von De Laborde, Paris, Didot, 1786, 2 Bde. — *Les Advantures de la cour de Perse divisées en sept journées, où, sous des noms étrangers, sont raccontées plusieurs histoires d'amours et de guerre arrivées de nostre temps,* par J. D. B. [Jean Baudouin]. Paris, Nicolas de la Vigne und Fr. Pomeray, 1629, 8⁰. — Vgl. Paulin Paris, *Sur deux romans anecdotiques* (Bulletin du Bibliophile, X., 1852, S. 812 ff.).

Bussy-Rabutin, Histoire amoureuse des Gaules. Erste Ausgabe (anonym): Liége 1665, kl. 12⁰. — Spätere Ausgaben: ibid., s. a.; *à l'hopital des fous, chés l'auteur* 1666; s. l., 1666; Cologne 1680; ferner in den *Amours des dames illustres de notre siècle,* Cologne, Jean Leblanc 1680 und ibid., Pierre Marteau s. a. (ca. 1737); unter dem Titel: *Histoire amoureuse de France,* Amsterdam 1671, 1677; Bruxelles 1708; Haag 1710 usw. — Neue Ausgaben: *Histoire amoureuse des Gaules* par Bussy-Rabutin, revue et annotée par M. Paul Boiteau. Suivie des romans historico-satiriques du XVII. siècle, recueillis et annotés par M. Ch.-L. Livet. Paris 1856, 2 Bde. (Bibliothèque Elzévirienne). — *Histoire amoureuse des Gaules, suivie de la France galante, romans satiriques du XVII. siècle,* avec une introduction et des notes par Aug. Poitevin. Paris 1857, 2. Aufl. 1858, 2 Bde. — Bussy-Rabutin, *Hist. amour. des Gaules, suivie de la France galante...* Nouv. éd., précédée d'observations par M. Sainte-Beuve. Paris 1868, 2 Bde. — Italienische Übersetzung: *La storia di*

Luigi XIV re di Francia . . . *nella quale si truova compendiato quanto di più rimarcabile è seguito sotto il suo regno fino all' anno 1693,* compilata in lingua francese dal sig. di Rabutin, conte di Bussy e portata nell' idioma italiano da P. P. B. che l'hà continuata fino all' anno 1700. Milano 1702, 12⁰. — Vgl. *Mémoires de Roger de Rabutin comte de Bussy,* nouv. éd., revue sur un ms. de famille, augmentée de fragments inédits, suivie de *l'Histoire amoureuse des Gaules,* avec une préface et des notes, par Ludovic Lalanne. Paris 1857, 2 Bde (die erste Ausgabe erschien Paris 1696). — *Correspondance de Roger de Rabutin, comte de Bussy, avec sa famille et ses amis (1666—93).* Nouv. éd. revue sur les mss. et augmentée d'un trés grand nombre de lettres inédites . . . . . par Ludovic Lalanne. Paris 1858—59, 5 Bde (erste Ausgabe der *Lettres* 1697--1709, 4 Bde).

Sandras de Courtilz. *Mémoires de M. d'Artagnan* usw. (s. oben S. 388). Cologne et Amsterdam 1700, 3 Bde; dann ibid. 1701, 1715 usw. — Vgl. André Le Breton, *Le roman au XVIII. siècle.* Paris 1898, S. 1 ff. — Jean de Bernières, *Le prototype de d'Artagnan* (Revue bleue vom 10. März 1888). — Charles Samaran, *D'Artagnan, capitaine des mousquetaires du roi, histoire véridique d'un héros de roman.* Paris 1912.

Register.

Lightning Source UK Ltd.
Milton Keynes UK
UKHW020444091218
333599UK00008B/551/P